技艺与身体

斯多亚派修身哲学研究

Technē and *Sōma*
A Study of the Stoic Philosophy of Self-Cultivation

于江霞 著

图书在版编目(CIP)数据

技艺与身体:斯多亚派修身哲学研究/于江霞著.—北京:北京大学出版社,2021.5

ISBN 978-7-301-32039-6

Ⅰ.①技… Ⅱ.①于… Ⅲ.①古希腊罗马哲学—研究 Ⅳ.①B502

中国版本图书馆 CIP 数据核字(2021)第 040079 号

书　　　名	技艺与身体:斯多亚派修身哲学研究 JIYI YU SHENTI: SIDUOYAPAI XIUSHEN ZHEXUE YANJIU
著作责任者	于江霞　著
责 任 编 辑	王晨玉
标 准 书 号	ISBN 978-7-301-32039-6
出 版 发 行	北京大学出版社
地　　　址	北京市海淀区成府路 205 号　100871
网　　　址	http://www.pup.cn　新浪微博:@北京大学出版社
电 子 信 箱	pkuwsz@126.com
电　　　话	邮购部 010-62752015　发行部 010-62750672 编辑部 010-62752025
印 　刷 　者	天津中印联印务有限公司
经 销 者	新华书店
	965 毫米 × 1300 毫米　16 开本　20.5 印张　357 千字 2021 年 5 月第 1 版　2021 年 5 月第 1 次印刷
定　　　价	72.00 元

未经许可,不得以任何方式复制或抄袭本书之部分或全部内容。

版权所有,侵权必究

举报电话: 010-62752024　　电子信箱: fd@pup.pku.edu.cn

图书如有印装质量问题,请与出版部联系,电话: 010-62756370

国家社科基金后期资助项目
出版说明

后期资助项目是国家社科基金设立的一类重要项目,旨在鼓励广大社科研究者潜心治学,支持基础研究多出优秀成果。它是经过严格评审,从接近完成的科研成果中遴选立项的。为扩大后期资助项目的影响,更好地推动学术发展,促进成果转化,全国哲学社会科学工作办公室按照"统一设计、统一标识、统一版式、形成系列"的总体要求,组织出版国家社科基金后期资助项目成果。

全国哲学社会科学工作办公室

致读者

关于本研究的行文结构和书写形式,需要向读者做出以下几点说明:

(一)若无特别说明,文中所引的古典文本或外文资料均由我根据原文并参照译文译出。对于已有中文译本的,我尽可能对照原文而不同程度地进行了保留、调整或修改;对于尚未有中译本的,则由我自己译出。以爱比克泰德的著作为例,文中的相关引文主要是根据希腊文"Epicteti Dissertationes ab Arriano Digestae"(H. Schenkl [ed.], Leipzig: Teubner, 2nd ed., 1916),并参考了英文版"The Discourses of Epictetus, with the Encheridion and Fragments. Epictetus"(translated with notes by George Long, London. George Bell and Sons. 1890)、"Epictetus: The Discourses as reported by Arrian, the Manual, and Fragments"(translated by W. A. Oldfather, 2 vols., London and Cambridge, Mass.: Harvard University Press, 1925-1928)、"Epictetus: The Enchiridion"(translated by T. W. Higginson, with an introduction by Albert Salomon, New York: Bobbs-Merrill, 1948)、"The Handbook"(translated by N. P. White, Indianapolis: Hackett, 1983)、"The Discourses of Epictetus"(revised translation by Robin Hard, with an introduction by Christopher Gill, London: Everyman, 1995)、"Epictetus: Discourses and Selected Writings"(translated by R. Dobbin, New York: Penguin, 2008)和中文版《爱比克泰德论说集》(王文华译,商务印书馆,2009年)、《哲学谈话录》(吴欲波等译,中国社会科学出版社,2008年)而最后译出。对于斯多亚派的哲学文本,我大多给出了古代文本的原始出处以及在冯·阿尼姆《斯多亚文献残篇》(Stoicorum Veterum Fragmenta,一般简写为SVF)与A. A. 朗和D. N. 塞德利的《希腊化时期哲学家资料选编》(*The Hellenistic Philosophers*,一般简写为LS)这两部当前最重要的汇编资料中的编排情况。对于后者的引用,我采用学者们通用的形式(如LS 60E,即第60栏E目)来标示文本,用页码在注释中标示两位作者的解释和评论。对于其他古希腊文本,则一般以英语世界最为通行的文本为准,如希波克拉底文集主要参照的是洛布本(LCL),同时也借鉴了其他版本。具体请参见书末的参

考文献。

（二）关于注释，我采用了内注和脚注两种形式作注。对于英文著作或文章，我采用了目前国际上大多学术出版社或期刊普遍使用的格式："姓名××,出版年××:页码××"，中文著作或文章则根据国内惯例采取了"姓名××,书名××/文章名××,页××"的形式（个别因为版本的不同而有所调整）。对于文中的内注，我是将标码放在"[ ]"或"( )"内,且放在引文、文段之后,以标明出处和文段的具体位置。除部分简写之外,文中重要的古希腊文本名称尽量给出了中文译名（对于部分著作则给出了文本原名、参照版本）以及中英文译者,但注释部分则基本保留了英文原文,便于读者对照、检索。

（三）为了便于读者查阅,文中所出现的希腊文大多都保留了希腊语形式,只有极少数因尊重所印文献等缘故而采取了拉丁（斜体）书写形式。

目 录

导 言 身体与一种哲学的生活 …………………………………… 1
  一 两种态度:抑身与扬身 ………………………………………… 1
  二 同一主题:修身 ………………………………………………… 7
  三 重思修身,返本开新 …………………………………………… 9

第一章 医学的诞生与身体的发现 ………………………………… 16
  第一节 "神"控制下的身体 …………………………………… 17
  第二节 医学对身体的发现 …………………………………… 22
  第三节 关心伦理的形成与实践 ……………………………… 25

第二章 医学类比:从苏格拉底到斯多亚派 ……………………… 31
  第一节 苏格拉底:技艺与关心灵魂 …………………………… 34
    一 技艺类比与关心灵魂 ……………………………………… 34
    二 德性与身心训练 …………………………………………… 36
  第二节 柏拉图:哲学生活与道德健康 ………………………… 38
    一 医学类比中的身心关系与医哲关系 ……………………… 38
    二 身体与哲学的生活 ………………………………………… 43
    三 从身心健康到道德健康 …………………………………… 53
  第三节 亚里士多德:医学何以作为伦理范型 ………………… 59
    一 医学作为一种典型技艺 …………………………………… 61
    二 医学作为一种伦理范型 …………………………………… 65
    三 医学的限度与人的好生活 ………………………………… 68
  第四节 斯多亚派的医学类比:作为治疗技艺的哲学 ………… 72
    一 作为身心现象的灵魂疾病与激情 ………………………… 75
    二 自我的治疗 ………………………………………………… 79
    三 双重意义上的"修身" ……………………………………… 83

第三章 技艺与修身:以斯多亚派为例(上) ……………………… 87
  第一节 作为修身方式的技艺 ………………………………… 87

一　技艺之源:作为特殊技艺的知识 …………………… 88
  　二　技艺之"型":作为技艺之技艺的德性 …………… 91
  　三　技艺之首:作为治疗灵魂之技艺的哲学 ………… 101
 第二节　作为修身场所的身体　104
  　一　斯多亚派身心观:一元论抑或二元论? …………… 105
  　二　"存在即身体"及其伦理意涵 ………………………… 109
  　三　多维身体与天人之际 ……………………………… 113
  　四　中性的身体:身体、自我与οἰκείωσις ……………… 125
  　五　可训练的身体:身体与生活 ………………………… 135

第四章　生活技艺与修身:以斯多亚派为例(下) ………… 141
 第一节　修身之本:生活技艺的习得与践行　141
  　一　恩披里柯对生活技艺观念的质疑 ………………… 142
  　二　斯多亚派就生活技艺可能做出的反驳 …………… 144
  　三　生活技艺的内涵及其结构 ………………………… 149
  　四　理解与践行生活技艺 ……………………………… 159
 第二节　修身目的:一种健康的好生活　162
  　一　具身性作为生活的本质 …………………………… 163
  　二　修身实践与好的生活 ……………………………… 167

第五章　技术与塑身:从斯多亚派治疗实践说开去 ……… 176
 第一节　技艺与身体及其关系的演变　177
  　一　斯多亚派的"工匠精神"与尊重身体 ……………… 177
  　二　由"技艺"到"技术" ………………………………… 188
  　三　转变中的身—技关系 ……………………………… 191
 第二节　作为"修"身手段的技术　199
  　一　技术视野中的身体:机器 …………………………… 200
  　二　医学的凝视与人的发现 …………………………… 205
  　三　从有限之身到身之边界 …………………………… 214
  　四　技术与陌生的身体 ………………………………… 220
 第三节　作为生活重心的身体　222
  　一　身体与自我认同 …………………………………… 222
  　二　技术与身体之善的转移 …………………………… 235
  　三　幸福与可塑的身体 ………………………………… 238

第六章　修身:回到斯多亚派的治疗哲学 ………………… 240
 第一节　当代伦理学的身体转向 ………………………… 242

第二节　如何认识身体 ··· 244
　一　本体论上——多面向的身体 ···················· 245
　二　价值论上——有价值的身体 ···················· 248
　三　生存论上——作为栖居场所的身体 ·········· 250
　四　感知身体及其限度 ·································· 252
第三节　如何关心身体 ··· 255
　一　何种身体,何种合理性 ····························· 256
　二　修"身"技艺与技艺修"心" ···················· 258
　三　身体间的意义共享与规范向度 ················· 272

结语　一种关心自我的生活方式如何可能 ·········· 284

参考文献 ··· 291
缩写语表 ··· 319
后　记 ·· 321

导言　身体与一种哲学的生活

> 只与身体在一起，就不可能获得任何纯粹知识。因此两者必有一真：或者我们永远得不到知识，或者在死后获得知识……当我们活着，如果我们尽可能避免与身体相联系，除非绝对必要而不与其接触；如果我们不受身体本性的污染，而是净化自己直至神来解救我们，我们就会最为接近知识。
>
> Phaedo, 66e-67a, 格鲁伯（G. M. A. Grube）译

我们经常在柏拉图的对话中看到类似的关于哲学生活（学习知识的生活）以及好生活（拥有知识的生活）与身体之间的关系的哲学讨论，其中以《斐多》尤甚。对这些讨论的一种流行的理解是，身体是过哲学生活的羁绊，而哲学实践的本质恰恰就是将自我与身体相分离。然而，对哲学生活与身体关系的揭示并非只局限于抽象的哲学论证，它还涉及具体实践中的人的生活方式、生存状态以及人对生命，尤其是对身体真切而复杂的感受和体验。围绕着这些方面，苏格拉底和柏拉图最早对哲学家与生活、身体之间的纠结关系进行了深入的思考和讨论。而循着他们的问题意识，后来的哲学家又从不同维度对这些相关问题进行了广泛而有趣的探讨，其中的"理一""分殊"之处则需要我们从多种角度去体会和揣摩。

一　两种态度：抑身与扬身

尽管西方哲学史上对人的生命的定义和理解林林总总，但与人们的常识和认知、语言习惯相一致（尤其是经历了哲学上对"身体"和"灵魂"的依次"发现"之后），哲学家们似乎都倾向于以一种一元论或二元论的方式在概念上和经验上承认，人的生命是由灵魂和肉体①所构成的。在人的生命史这一

---

① 基督教还有一个属神的"灵"（希伯来语：ruach；希腊语：πνεῦμα），而有些哲学家还将努斯（νοῦς, νοός）与灵魂、身体相并列（如马可·奥勒留），但这些尝试在根本上并没有突破以上框架。古希腊语的"灵魂"（ψυχή, psyche, 对应拉丁语词 anima）本意是"呼吸"，一般指生命或生命力，即与无生命的东西相区别的生命体的所有功能，包含人（转下页）

名下,以对天地人神或动物、人、神的自然秩序的理解为基础,似乎也存在心灵史的和身体史的两种理解生命或人性的进路,以及由此所产生的对人的最好生活的不同认知。如果我们暂且搁置灵肉一元论或二元论以及生命一元论等不同哲学理路之间的差异与交集,那么可将这两条进路粗糙地总结为:一条是从灵魂出发:从上到下,由内向外,从大地到天穹,从动物到神,由物性到灵性的柏拉图、康德式进路;另一条则是反其道而行,从身体出发,即从下到上,由外向内,从天上返回大地的伊壁鸠鲁、尼采式进路。当然还有人可能选择某种中间路线,如法国哲学家梅洛-庞蒂在某种意义上就是强调生命的含混性,只不过他明显偏向身体("世界之肉")。相对而言,在古希腊哲学领域,在很大程度上继承了柏拉图的目的论,并开启了康德道德哲学的斯多亚哲学颇为特殊。因为尽管持某种意义上的泛神论和人格认同上的二元论观念,但斯多亚派却始终坚持一元的自然主义和形体主义立场,将任何存在之物都视为身体($σ\tilde{ω}μα$, body)。

我们不妨暂时将以上提到的从灵魂出发与从身体出发的两种进路分别称为灵魂进路和身体进路。它们既代表了对生命的不同理解和信仰方式,又在某种意义上暗示了不同的生活方式。尽管今天神经生理学的发展、身体——灵魂(大脑)——心灵问题的讨论使我们关于身心的知识得到极大增加,但这并没有撼动这两条进路之间的对立局面。[①]

灵魂进路将灵魂视为根本的生命原则和自我认同的基点,重视对先验意识、纯粹理性、绝对真理的追求。由于人的身体感官局限于意见、个别、具体和表象,无法认识永恒和绝对真理,因此实现生命提升和善之生活的唯一可能路径就是设定一个超验的世界、普遍的人性或神性的上帝,激励人们超越肉体的羁绊和时空的限制,以与神接近或成为神一样的人。在这一进路的哲学家看来,灵魂独立于肉体且赋予身体以生命;它"通过自身可以使自身运动"(*Laws*, 896a),并且直接沟通神或上帝等最高实体;它甚至是不朽的。由于灵魂被定义为真实、理性的自我,所以哲学家们通常以人作为一个有理性的动物为起点,集中论证理性的同一性、不变性、抽象性,或突出强调肉身从"神"或"道"而来。而灵魂的不朽性则为人永远向善、追求德性提供了可能。

(接上页)的思想、感觉和维持生命的力量,英文通常译为"soul"。但正如下文将要揭示的,"ψυχή"含有"spirit""mind""ghost""life""reason""understanding"等多种含义。在基督教中,神与信徒的灵(*ruach*, πνεῦμα)高于一般人的灵魂(*nephesh*, ψυχή),古希腊人的ψυχή概念由此被降低,甚至有时低至与σάρξ(肉、肉体)同位。大约从笛卡尔开始,"ψυχή"概念被简化成接近理性灵魂之意的"mind",从而失去其原有的生命意义上的丰富内涵,现代意义上的"灵魂"一般指区别于"mind"和"body"的"spirit"。

① 可参见 D. Frede & B. Reis (eds.), 2009, Introduction, p.4。

因为相比之下，人的动物性的一面决定了人不可能完全超凡入圣。而作为一堆纯粹的质料，身体的短暂、脆弱则易使其成为灵魂的监狱、洞穴、坟墓、容器。具体而言，身体的存在或者人的具身事实本身即意味着人的脆弱性和非自足性。身体不仅使人外在地遭遇运气、不可抗力、欲望、疾病的侵袭，而且时刻为身体的健美及身体之外的各种表象所忙碌奔波、扰乱心境。因此痴迷身体的人通常极易受到他人或物的控制，进而不能做出理智的判断和进行理性的思考。正是这种身体的脆弱性促使哲学家们设法实现理性对肉身的绝对统治，力图在玄思中成就对世俗生活的超越，寻求一种完全自足的幸福。在这种思想图景中，身体经常被一种类似解剖学的眼光所打量，并被锁定在一种非正常状态下的躯体（corpse）形象上。

因此，出于一种对个体自主性、意志的自由选择和身体作为所有物的普遍主义关切，这种路线对身体基本持一种静止、褊狭的理解。相应地，它主张返回自我，通过个体的自省、自我认识和反思达到心灵与神的交流，寻找一种摆脱肉体控制或限制的某种"纯灵魂、纯理性的生存"。但是在这种进路内部，哲学家进行哲学研习的方式是非常不同的。例如柏拉图及其笔下的苏格拉底在寻求认识、照看自身的哲学实践中，始终包含着对如何使身体服务于德性以及好生活的考虑。尽管对身体这种角色的观察和讨论经常使用的是贬低性、攻击性的话语，但对身体欲望的管理始终被认为是一个人成为有德性的人的重要条件。而且至关重要的一点是，在柏拉图哲学（如《费德罗》《会饮》）中，人通过由血气与欲望所推动的一种特殊的身体性体验——"迷狂"（ἔκστασις），同样可以摆脱和超越肉体之束缚而达到对知识的直观。经历这种独特体验的身体将会真正地活现、灵动起来，而不再是有病、僵死的躯壳。或许这也可以部分地解释，为什么在柏拉图的超验哲学、受毕达哥拉斯派影响的禁欲主义等各种思潮盛极一时的古希腊，现实生活中的身体与灵魂基本上仍然能够保持友好而和谐的关系。因为总体上看，在这一时期，哲学在某种程度上还被视为一种生活方式，①一种担保身心和谐（即真正的自爱）秩序的修身技艺；身体则被视为一种有威胁，但可以得到训练的工具。然而经过诺斯替主义、新柏拉图主义等对心灵训练方式的进一步提纯和净化，身与心之间的紧张对立在中世纪基督教的教义和生活中愈发突出。正是

---

① 关于古代哲学家在这个问题上的相关讨论与交锋，就所读文本而言，这里尚无法从整体上作出清晰的描述。可以确知的是，拉尔修曾将哲学与ἔνστασιν βίου（生活方式）相对立，并特别强调昔尼克派的学说是一种哲学，而不仅仅像某些人所认为的那样，是一种ἔνστασιν βίου（DL 6.103）。这可能是针对昔尼克派的"捷径说"而做出的评论。不过，他在序言中曾提到，希珀伯托（Hippobotus）曾断言，有九种派别（αἱρέσεις）和生活方式（ἀγωγὰς，又译"学派""准则"）。

出于对这一漫长历史中的人的命运和生活的深刻反思,所以才开始有了近代从超世到现实的急剧逆转。例如笛卡尔式的精神修养即是将认识自己和关心自己相分离①,将身体主要视为一个生理学和物理学视域下科学话语的言说对象,进而在哲学实践中基本上剔除了对一个活生生的身体的伦理关怀。在笛卡尔眼中,身体更多的是被视为医学上可以改造的机器,而不是一个道德上需教化的对象;尽管身体仍然是哲学上认识自我的障碍,但对真理的探求却可以脱离它而进行。

身体进路一开始就拒绝这样一种人神划分,它相信没有先天的必然性和预定的命运,身体也并不是在世生活的万恶之源,而只是人的一种生存事实,甚至是人的存在之根。当然这一进路的哲学家并不否认,人应当充分发掘自我的潜力,去追求一种至善的、自由的生活。例如尼采的"永恒轮回"学说便强调的是生命在永不停息地生成、流逝中成就不朽。② 但相比之下,他们更强调的是通过发掘"身体"这一可能生发丰富意义的场域,从人的自然本性(伊壁鸠鲁)、生命意志(尼采)、意志(叔本华)、潜意识(弗洛伊德)、神圣的爱(费尔巴哈)、生命冲动(柏格森)、触觉(德里达)、知觉(梅洛-庞蒂)、想象(德勒兹)中去寻觅和实现人的完善。从人的具身性这一基本事实出发,他们将作为生命本源的大地视为本质上的肉体,人的身体则出于此而又归于此:自然即"是人的无机的身体"③,世界则是我的身体的扩展。④ 不仅如此,按照这条路线,作为身体的一部分,灵魂归根到底是物质性的,也是脆弱、可朽的;相反,身体则是多面向的、富于创造性的。因此这一理路总体上以感性的差异性、多样性、可变性与灵魂进路的灵魂或理性理论相对抗,强调人可以借助肉体,在与自然和世界的交往中,通过不断地自我创造而在与万物的一体中尽显其高贵。因为人永远是一种未完成的、历史性的动物,追寻人的存在的超越性无需设定一个身不能至的彼岸世界;对生命的自我肯定在于坚定地植根于此岸的大地,如此人才可以在凡世中过神一般的生活,从有限中活出无限。用尼采的话说,哲学的目的就是塑造"一种更高级的肉体",我们认识自然的渴望不过是肉体想借以完善自我的一种手段。⑤ 在他看来,这种高级的肉体就是精神化的肉体:身体必须是有精神的,但是身体是始点,优先于精神。⑥

---

① 米歇尔·福柯:《主体解释学》,第16页。
② 尼采:《快乐的科学》,第310页。
③ 《马克思恩格斯文集》第42卷,第95页。
④ Maurice Merleau-Ponty, 1964, p. 17.
⑤ 尼采:《权力意志》,第682页。
⑥ Friedrich Nietzsche, 2006, pp. 22-23.

实质上，除了唯物的功利主义者对身体以及快乐的高扬与推崇外，尼采可能是近代最早以自然主义视角，向人们展现一个与理性秩序主宰相对的，充溢生命本能之力的世界，并且以最大的怀疑式真诚，公开为身体正名的"非理性者"。尼采认为所有哲学其实都是对身体的解释，①包括它的行动、生存时间和终止等等。在尼采那里，身体不再是理性或意识的附庸，而是其本源和载体，②甚至指向人的整个生命存在。身体既是世界及其作品的基本原理和标准，又是精神创造意义的工具，一切行动的依据和基础。与之相对应，希腊思想中的表征瞬变性的血气（πάθος），而不是永恒性的品格（ἦθος），不仅受到尼采热情的褒扬，而且被赋予新义，甚至被视为生命的根本意义所在。继尼采之后，前期的福柯致力于探寻身体被历史所刻写、被制度所驯服的历史，即身体经验反复地被理性话语所纠正、被知识型所构造以及被权力所规训而成为顺从的主体的过程。③ 但福柯最终同样回到古希腊，并从希腊人的修身实践中挖掘出了作为修身主体的身体。这个主动的身体在某种程度上正是向尼采的回归。④ 另外，德里达以对触觉的关注来解构西方的视觉中心主义，德勒兹等人则诉诸"无器官的身体"，通过挖掘身体永不停息的生产性和创造性来抵抗资本主义的专制。⑤ 然而，在这些所谓的后现代的身体哲学中，身体的被动性和物质性总体上有被过于放大和张扬的倾向。相比之下，或许身体的灵性更多地在法国精神性传统和现象学领域突显出来。例如列维纳斯将有能力表达心灵、表达内在性的身体视为一个事件。⑥ 而以身体为整个哲学的中心的梅洛-庞蒂则将身体问题视为世界问题的开始。他不仅将身体理解为物性的客观身体与灵性的肉身主体的统一，而且还将其视为一种具体的、普遍化的思维方式。⑦ 此外，如人们所熟知的，受到以上哲学思想，尤其是梅洛-庞蒂的身体现象学以及人文医学等的影响，还有各种形形色色的思想派别，如人类学者、社会学者、女性主义者也都加入了对"身体"的思考与辩论。在此无法进行逐一考察。但值得注意的是，随着现代生活的世俗化，身体进路似乎正日益昌盛，甚至有转入极端之趋势。这种极端化趋势显然是非正常、反自然的。因为它甚至已经远离了人们日常所

---

① Friedrich Nietzsche, 1974, pp. 34-35.
② Friedrich Nietzsche, 2006, p. 23.
③ 参见福柯《事物的秩序》《知识考古学》《临床医学的诞生》《古典时期疯狂史》等著作。
④ 参见福柯《性经验史》二、三卷，尤其是《主体解释学》等作品。
⑤ 参见 Jacques Derrida, 2005；德勒兹、加塔利（又译瓜塔里，作者注）：《资本主义与精神分裂（卷2）：千高原》。
⑥ Emmanuel Levinas, 1978, p. 71.
⑦ 可参见杨大春："从身体现象学到泛身体哲学"，第24—30页。

感知、体验的身体,而是倾心于肉体、躯体等生理学的身体或意识化、泛化的身体,因此本质上仍是一条去身体化的道路。

当然以上这种有二元论嫌疑的区分方式只是权宜的、视角主义的。因为无论是将人的肉体与灵魂,还是将作为生命存在之根的天与地纯然地分开更多的是在认识论、修辞学意义上的,而不可能是在存在论或生存论上的。所以尼采一直强烈抨击任何对生命存在所作的灵、肉、魂等的肢解,并强调哲学家之所以倾向于采取某种对生命的虚构划分,主要是受到日常生活经验和语言的影响。因为身体的观点与灵魂的观点其实不过是两种信仰。① 也正因如此,出现了各种试图在精神与身体间寻觅适切的结合点的不同向度的努力。但对于沟通身体与灵魂的神秘区域到底是什么这个问题,无论是哲学还是科学、宗教,都似乎至今无法给出令人满意的回答。斯多亚派曾不顾古代哲学中普遍流行的两种物质不能在同一时间占据同一空间的观点,坚持认为"完全混合"(σύγχυσις)的(不同于机械并置或化学合成)两种物质可以占据同一空间。因为作为本源之火的神可以渗透于宇宙的每一部分。然而他们在世界始于一个本原还是两个本原这一问题上始终难以自圆其说。笛卡尔著名的解决办法是诉诸古希腊医生盖伦就曾详细描述过的松果腺和上帝来保证身心关联(并承认只有感觉才能把握)②,但同样被后来的哲学和科学所否弃。受到胡塞尔用肉体和意识相统一的身体来建构主体间性的交互世界的启发,梅洛-庞蒂则尝试用一种身体—主体的观点取代笛卡尔的"我思故我在",用"肉"连接身体与世界、肉体与心灵,以一种身体的、物质的知觉来理解和认知世界;肉体被视为同时包含在场与不在场,具身与超验、存在和意识的统一体。③ 但这种过于模糊的身体概念显然易将身体意识化,进而将其从社会历史中分离出来。德勒兹和加塔利试图通过一种块茎式的连续过程来连接身心,通过对微观过程的关注来打破二元逻辑④,但这种理论似乎在消解身体自身的同时又陷入某种另类的二元论。女性主义者则把活生生的生命体验与文化表象联系在一起,但是将生物学意义上的性(sex)与文化意义上的性别(gender)相对照不仅同样有陷入二元对立的嫌疑,而且并非十分有用。⑤

由此可见,各种试图结合物质主义和精神主义的哲学尝试,似乎总会不

---

① 尼采:《快乐的科学》,第二版前言,第38页。
② 具体参见 René Descartes, 1989; Descartes to Elisabeth, Egmond du Hoef, 28 June 1643, AT 4: 691-692。
③ 具体参见梅洛-庞蒂:《知觉现象学》。
④ 具体参见德勒兹、加塔利:《资本主义与精神分裂(卷2):千高原》。
⑤ 相关的讨论可参见 T. Moi, 1999; M. Mikkola, 2011。

可避免地遭遇某种困难。所以柏拉图就似乎直接避开了这种努力:无论是在《斐多》,还是在《费德罗》,甚至是《蒂迈欧》中,他都没有具体告诉我们(物质的)身体与(无物质的)灵魂究竟如何相互作用(机制、渠道或方式)。① 即使是现代科学也并没有在此问题上取得突破性进展。从人的经验事实看,根本不存在纯粹、孤立的身体、灵魂或心灵,生命的各部分之间总是存在某种程度的含混性,因此不可能在它们之间划出清晰的界限。所以哲学家在很多情境下或者避开这种看似徒劳无功的工作,或者直接用"身体"或"灵魂"来统摄对方。实质上,即使是对于柏拉图而言,其灵魂概念(尤其是"有朽灵魂")也大多是具身(embodied)的(如在《理想国》《蒂迈欧》和《法义》中),身体则有时指代的是有灵魂(ensouled)的身体(如在《斐多》中)。或许因为在具体生活实践中很难将身体单独抽离出来,并解释其如何影响灵魂,所以中后期的柏拉图将前期一直强调的身体与灵魂之间的二元对立转化为灵魂之内理性、血气和欲望三部分之间的区分或斗争。这时的灵魂至少部分地变为具身的,因而只有理性才是真正的不朽之物。而尼采眼中的身体本质上就是一个精神性的身体。而精神化的肉体即是肉体化的精神。身体是连接人的生理与心理,并沟通伦理的。尽管如此,这些身心之间的长久讨论和争执并非只是纯粹的文字游戏和修辞策略。要真正超越这种二元对立的框架和相关哲学困惑,除了要辨清认识论和存在论等不同观察视角外,还需回归语言本身,正如维特根斯坦所主张的,剖析语法结构对人的思想表达的影响和限制。② 更重要的是,从伦理学的维度来看,不管是一元论还是二元论,扬身还是抑身,它们大多都承认身体在道德教化和塑造自我中的重要作用。

二 同一主题:修身

如上所述,沿着尼采、福柯等哲学家将身体问题化的思路,关注身体之哲学意涵与历史命运的后现代哲学、身体现象学对身体进行了本体论和认识论上的重要"翻身",并开始了从人向自然、从人性到物性的转向。他们通常质疑所谓的意识哲学或超验哲学对身体的贬低和对身心的分离,主张回归和重视具有直接性、多元性的身体,重建一种有身体的或者说具身的哲学。我们将重视并认真对待这种哲学取向在伦理学上的重要意义,但同时也将谨慎地反思这种主张的合理性。因为从一种伦理教化或立德修身的角度看,在不同哲学家所持守的一元论或二元论之间,或许其中的差距并没有人们想象的那么大。尽管身心二元论一度在西方哲学中占据主流,但与东方思想相一致的

---

① 可参见 John Dillon, 2009, pp. 349-353。
② 参见俞吾金,"问题意识与哲学困境——梅洛-庞蒂知觉现象学探要",第45页。

是,这些哲学思想都是在不同的话语结构下普遍在价值论上将灵魂置于身体之上。即使是在尼采、福柯等哲学家那里,身体的问题也不能仅仅被概括为一个快乐、快感问题,因为身体更多的是作为修养的质料和拯救的对象而出现,因而总是与哲学的生活、人的完善结合在一起的。一种极度享乐主义的身体观,从来都是被这些哲学家所排斥的,纯粹的肉体善也不可能被视为最终的目的善。一种灵性的身体总是隐约地显现在他们所主张的哲学生活和伦理实践中。更重要的是,通过对古希腊哲学作为一种生活方式的关注、争辩和讨论①,我们看到,西方哲学其实也向我们展示了以认识和关心自我为主题的不同修身方式或生活技艺。② 尽管有时隐而不显或者不被承认,但身体,包括哲学家的外在气质和言行举止,在这些修身哲学中一直承担着重要而特殊的角色。因此从伦理学角度看,透过一元论和二元论之争,一条可能的研究路径就是寻找一条中间路线来沟通二者。例如斯多亚哲学作为一条可能路线,就为我们理解身体何以作为一种可训练的修身材料提供了丰富的资源。他们一些看似极端、反直觉,但具有高度的内在一致性,甚至实践性的哲学讨论和精神态度也为今天探讨如何对待身体提供了重要启示。因为总体上,在斯多亚派的哲学实践中,以"什么对人是好的"(what is good for a man)这个根本问题和对人性的考虑为出发点,身体并不是作为完全禁欲、遗忘、否弃的对象,而是一直被视为哲学生活的训练场、修炼自我的重要素材。而且身体在这个过程中也会得到锻炼、改造和提升。人生就像一场在身体这个战场上与具身化的心灵进行的斗争,即一种修行。身体在某种程度上虽然是外在、不可控的,但我们可以在实践中通过自我教化由内向外有限地作用于身体。关键问题就在于如何通过身体和心灵训练(μελέτη-ἄσκησις, meditatio)而改变自我,树立对人所不可控之物的正确态度,并对身体以及身体的延伸物进行恰当地处理,让其符合自身的自然,并与心灵相和谐。如此看来,不仅是东方思想,西方哲学中也有通过身体修行而改变身心关系的思想。

而回到今天的日常生活,人们对身体的理解和关注,并不因为近代哲学的转向和科学技术的发展而产生了某种根本性的变化。尽管我们也承认,柏拉图、笛卡尔、尼采、梅洛-庞蒂等哲学家及其追随者在思想上确实存在某些

---

① 在我们看来,在一种不严格的意义上,将哲学作为一种生活方式在某种意义上可以说是古希腊哲学家的一种共识,只不过其建构的具体样态有所不同。虽然希腊化哲学的实践趋向更为明显,并更为强调经验和感觉,但其对理性、知识的推崇是一贯的。
② 希腊语:τέχνη περὶ τὸν βίον,拉丁语:ars vitae, ars vivendi。鉴于"τέχνη"之多义,因此"τέχνη περὶ τὸν βίον"也相应有"art of living"或 "expertise in living","skill of living"等不同英译方式。鉴于论证需要,本文保留了"生活技艺"这一译法,而没有采用"生活艺术"这一更为现代的说法。

歧见,而且这些差别很难消弭。因为哲学家们对生命的多元化理解这个事实也不会随着科学的发展、时空的改变而变化。今天的科学技术对身体秘密的挖掘、对形体内外的改造,以及对人自我感知和自我知识的重构确然超乎古人的想象。但另一方面,在很多情况下我们对身体的脆弱性依然表现出超乎寻常的无奈,因为技术并没有从根本上控制人的生老病死和改变身体的基本特性,尤其是就大多数人的日常生活而言。

鉴于以上考虑,本书将从"哲学作为一种生活技艺"的角度,以斯多亚派的实践哲学为主要讨论对象,尝试从其哲学中挖掘出丰富的修身思想和研习方式,并最终从古希腊的哲学实践生活走向对现代日常生活的反思。其主要线索则是围绕医—哲互动、身体与技艺观念以及各自关系的变迁与演变而展开。在我们看来,身体所固有的自然和社会特征,或者说其本身的有机性和机械性决定了身体至少具有两种面向:艺术性与技术性。因此柏拉图在《理想国》中很自然地将身体类比于自然与社会,分别对应于自然的有机联系与社会的制度分工。与之相关的则是在古希腊哲学和文学作品中更为重要和普遍的医学类比和隐喻:即使用疾病隐喻,将医学对身体的治疗类比于哲学对灵魂的治疗。① 以这种类比关系以及由此演化而来的医学式的哲学表达和实践样式为研究起点,我们可以更好地考察身体的本质特征,理解古希腊哲学中的修身技艺与关心身体,以及现代生活中的技术与塑身之间的可能关联,从中思索出一条真正关心身体、享受全面健康的伦理之路。

三 重思修身,返本开新

从修身史的角度讲,在西方哲学中,"技艺"(τέχνη)和"身体"(σῶμα)的哲学实践内涵尚未得到足够重视。就以往大多数研究而言,在关于古希腊哲学的理智主义解释传统下,灵魂(ψυχή)一直是关注和探讨的核心,身体作为反面的言说或类比对象居于重要但不被重视的地位。② 技艺则被作为一种低级理智形式,尽管经常充当德性(ἀρετή)和科学知识或("科学")(ἐπιστήμη)的重要类比和隐喻,甚至是同义词(就ἐπιστήμη而言),但同样地位卑微,正面伦理意涵隐而不显。然而从以上的讨论看,这一研究理路

---

① 据安纳斯(Julia Annas)的考察,灵魂的健康这一隐喻可能最早也来自《理想国》,而后又被斯多亚派,尤其是克吕西普等人系统地加以发展。请参见 Julia E. Annas, 1992, p. 107。但也有学者认为将哲学训练(philosophical ascesis [ἄσκησις])对于灵魂的作用类比于医疗之于身体最早来自伊索克拉底。请参见 Ivan Illich, 2011。

② 例如斯内尔(Bruno Snell)的著名观点即是,"身体"出现在对心灵的发现之后,而且是次要的、惰性的、非整体的(1953),克拉克(Michael Clarke, 1999)、拉克斯(André Laks, 2018)、汉金森(R. J. Hankinson, 2006)等人也有类似观点。

并不完全符合思想的事实,尤其是对于人性和社会疾病丛生、自我教化极为盛行的希腊化时期而言。以对生活技艺的讨论和实践为要务,斯多亚派尤其将医学作为哲学伦理学的重要范型,关注这两种"技艺"之间的内在关联以及身体在哲学实践和德性训练中的重要角色。

如果说将哲学作为一种生活技艺与将哲学作为一种生活方式具有某种相关性,那么开启这些讨论的现代哲学家中,最为著名的当属皮埃尔·阿道(Pierre Hadot)和福柯。斯多亚派的哲学实践无疑是其关注的重点。在阿道看来,古希腊哲学是作为一种生活方式而存在,其主要作用就在于激发个体改造自己,转化和改变自己的存在方式。① 受其影响,福柯曾在其《性经验史》《主体解释学》等著作中从"快感的身体"和"修养技艺"的角度,对古希腊时期到基督教时期的医学与伦理关系进行了细致的研究。其主要工作之一就是重新阐述"认识自己"和"关心自己"这两大古希腊哲学主题,并在尼采所强调的营养学以及重新规定哲学之本质的基础上,把古希腊罗马时期的养生学也解读为一种生活技艺,着力发掘医学范式和身体的伦理学意义。② 福柯的重要工作不仅吸引了很多福柯的研究者,③而且还引起了很多著名古典学者的关注,如文集《塞涅卡与自我》④就围绕福柯所阐释的"自我"与"关心自我"概念而反思、续写了福柯对于塞涅卡哲学的解读和阐释。也有很多学者专注于对福柯生存美学的研究,包括对他就伦理学与医学关系的阐述的质疑,例如戴维·沃尔夫(David Wigg-Wolf)在其专著《福柯与古典时代:权力、伦理和知识》(*Foucault and Classical Antiquity: Power, Ethics and Knowledge*, 2005)中结合希波克拉底全集的相关文本指出,福柯忽视了希腊伦理学中至关重要的主题"εὐδαιμονία";古代养生法并非是作为一种伦理性的、普遍的生存艺术而出现,而是主要作为一个新的科学的知识领域,同时构成道德主体化的一个组成部分,从而与对"εὐδαιμονία"、好生活的追求相关联。作为阿道的学生,沃尔夫对福柯伦理学的批判与其师对福柯的批评如出一辙,但又不乏独到、新颖之处。尽管如此,我们认为,即使福柯对古典希腊时期的生存美学阐释有所偏颇,但他对希腊化罗马时期医学与伦理学关系的重要变化(即更为强调医学与伦理学的内在关联)的观察却是极为深刻的。令人遗憾的是,福柯对关心自我的伦理重构往往被此前的生存美学理论的轻

---

① 具体参见 Pierre Hadot,1995;2002。
② 尤其参见米歇尔·福柯:《性经验史》,第176—207页。
③ 阿诺德·戴维森(Arnold Davidson)就是最著名的学者之一。他编辑了福柯的多部著作,并阐发了福柯的工作的重要价值。可参见 Arnold Davidson,1994,pp.115-140;2004。
④ Shadi Bartsch & David Wray (eds.),2009.

率和局限所遮蔽。

继阿道和福柯之后,越来越多的西方学者加入到将古希腊哲学作为一种生活方式或生活技艺的探讨中,①从而开辟了理解古希腊哲学的新向度。此外,德国哲学家伽达默尔的《健康之谜》(英文版,1996)也是从古希腊伦理学和医学角度反思医学之本质和方向的扛鼎之作。而对于希腊化罗马时期的治疗哲学,玛莎·纳斯鲍姆(Martha C. Nussbaum,又译玛莎·努斯鲍姆)则在其力作《欲望的治疗:希腊化时期的伦理理论与实践》(*The Therapy of Desire: Theory and Practice in Hellenistic Ethics*, 1996)中指出,医学实践不仅是道德教育的隐喻,而且还构成希腊化各哲学派别进行伦理学思考与实践的重要范型。② 值得注意的是,纳斯鲍姆对福柯的《性经验史》也多有批评,她认为福柯并没有就古代哲学中的诸多概念予以清晰地界定和发掘,并且疏于对理性和理性论证之重要作用的分析(在这一点上也指向阿道)。③ 当然又有不少学者回击纳斯鲍姆的批评。例如塞拉斯(John Sellars)认为阿道强调哲学只是一种精神训练,忽视理论学习;而福柯并没有像阿道一样,他的自我技术应被理解为自我艺术而不是自我训练。作为一种艺术,福柯的"技术"概念并没有贬低理论论证的价值,而是将"λόγος"与"ἄσκησις"结合起来。④ 另外,泰勒曼(Teun Tieleman)等学者则基于斯多亚派哲学的统一性以及其以神学作为起点、重视预防性方法等特点,同样对纳斯鲍姆的治疗哲学范式提出了质疑。⑤

或许也正是受此启发,近年来越来越多的学者加入到对古希腊思想中的医—哲互动的讨论中,尤其是关于希波克拉底文集以及其他医学文本对柏拉图、亚里士多德等哲学家的可能影响,以及希腊化罗马时期著名医生兼哲学家盖伦对受医学影响的斯多亚主义的思想传递与批评等。对于前者而言,福尔摩斯(Brooke Holmes)的《症状与主体:古希腊身体的出现》(*The Symptom and the Subject: The Emergence of the Physical Body in Ancient Greece*, 2010)可以说是以古希腊思想中的身体为研究主题,将古希腊思想与社会文化理论、现象学等现代哲学方法相结合的匠心之作。就后者而言,古典学者吉尔(Christopher Gill)的《盖伦与斯多亚派的自然主义心理学》(*Naturalistic Psychology in Galen and Stoicism*, 2010)与泰莱曼的《盖伦与克吕西普论灵魂:

---

① 主要代表性著作有:John Cooper, 2012; Alexander Nehamas, 1998; Wilhelm Schmid, 1998; John Sellars, 2003/2009 等。
② Martha C. Nussbaum, 1994, Chapter 1.
③ Ibid., Introduction, pp.5-6.
④ 请参阅 John Sellars, 2009, pp.117-118。
⑤ 参见 Teun Tieleman, 2003, p.143。

《论希波克拉底和柏拉图的学说》第二、三卷中的论证与反驳》(*Galen and Chrysippus on the Soul: Argument and Refutation in the De placitis Books II-III*,1996)则是代表性的优秀成果。不仅如此,与斯多亚派哲学的实践趋向相对应,西方学者还从对身心结构的探讨入手,在实践方面进行了很多可贵的尝试。例如吉尔就与威尔金斯(John Wilkins)等从事古代医学研究的优秀学者一道,致力于探讨古代医学与哲学对于现代医学保健,包括心理保健的重要启示等。①

可以说,古希腊中的很多哲学派别,尤其是斯多亚派,都是将哲学或智慧(σοφία)作为一种关心自我或灵魂的生活技艺来实践和训练的。西方学者的相关研究对这一基本命意的把握是非常准确的。然而差强人意地是,他们或者对身体在生活技艺或修身技艺中的角色缺少足够的重视,或者未将对身体的研究与哲学实践和训练相联系。

与国外日益精深的研究相呼应,国内亦有对希腊化时期,尤其是斯多亚派之修身实践(或治疗哲学)的相关讨论。例如浙江大学包利民教授很早就撰文对西方哲学中的治疗性智慧进行了研究("西方哲学中的治疗型智慧",《中国社会科学》,1997年第2期),并据此对希腊化罗马时期的三大哲学流派的伦理学和政治哲学进行了探讨。其所编纂的"两希文明哲学经典译丛"在某种程度上也是基于"哲学治疗"这一主题而对希腊化罗马哲学研究所做出的重要努力。但就总体而言,一方面,目前多数学者的研究进路较少关注当时的医学与伦理学之间的互动,更少触及对身体之角色和作用的细致剖析。另一方面,如何理解"治疗哲学"研究范式及其可能的局限性,斯多亚派之早、中、期思想的连续性,其技艺和身体概念与古典哲学的承继关系等相关问题,更是有待深入探讨。

以古希腊哲学实践方式的复兴与现代哲学流行的身体话语为背景,本研究将在关照古希腊医学思想与实践的哲学影响的前提下,以斯多亚派哲学为例,对古代哲学生活中的身体及其修身实践进行探讨和反思,并在对技艺"修"身史的简要考察后返回当下,力图探寻一条相对健全的修身之路。其核心思路在于,通过从身体角度理解技艺、从技艺视角研究身体,并以医学切入哲学、以哲学规约医学,有利于在对身体的多维思考中,在伦理学与医学的交叠处,照管好人自身并获得最大程度的健康。

具体而言,本研究首先考察了随着古希腊医学的诞生,身体如何被"发

---

① 相关著作与网站:Christopher Gill, Tim Whitmarsh, John Wilkins (ed.), 2009; http://humanities.exeter.ac.uk/history/research/centres/medicalhistory/projects/healthcareandwellbeing/2013.10.6.

现",并被凝视、被关心的过程。从荷马史诗到希波克拉底文集,本书通过对早期医学文本的研读而对古希腊医学与哲学"观察"身体的方式进行了交替式讨论,并以一种"关心伦理"的兴起为背景而剖析了这一时期身心观的转化过程。

第二章则从医学类比和隐喻这个独特视角入手,强调古典希腊时期对医学类比的使用主要为了从比似与对比,或相似与相异两个角度做教化之用。正是通过医学类比,苏格拉底借助问答法(ἔλεγχος)而将"关心灵魂"作为毕生的使命来实践;柏拉图则将作为人之脆弱性来源的身体与哲学(或灵魂)生活之间的紧张关系进行了清晰地展现,从而提供了理解人的具身生活本质与哲学任务的重要模式和获得道德健康的基本路径;而亚里士多德在借助某些医学术语和隐喻对其伦理学或实践哲学进行阐释的同时,还对医学、身体与人的生活的关系、医学与哲学在(人的)自然知识方面的从属关系进行了深刻的探讨和揭示。在古典时期的技艺类比与医学之喻的影响下,斯多亚派进一步将这种隐喻实在化,并以独特的身体和技艺观念为基础,以灵魂疾病与激情为治疗对象,以自我治疗为基本范式而建立起一种独特的修身哲学。这种哲学不是主张最大程度地忘记身体,而是更倾向于用哲学改造、重塑身体,并在客观上实现双重意义上的"修身"目的。

在医学类比和隐喻这一背景下,第三、四章详细展开对斯多亚派有关观点、立场的述评与澄清。如果说柏拉图在对身体和世界的否定与肯定中摇摆,斯多亚派则主要承继了积极的一面,致力于将身体训练为很好的工具。其主要根据就在于斯多亚派发展并高扬了一种独特的技艺(τέχνη)观念。不仅如此,他们还将德性视为一种技艺,称哲学为生活技艺或治疗技艺,由此将"技艺"概念知识化、伦理化、艺术化。在各种"身体"及相互之间的"共通感"的作用下,一个作为锻炼材料的可训练的身体在治疗、根除灵魂疾病和激情的技艺实践中发挥了至关重要的作用。尽管人之本性结构决定了灵魂的健康才是人的真正目的,中性、不可控的肉骨身体与幸福、德性、自我并无直接关联,但作为人行动的工具以及通过修炼自身而得到改观的质料,身体的脆弱性、价值性、社会性无疑使其成为进行哲学思考、德性训练的最为根本、贴近、直接的修身场所。个体需要基于身体来发展、升华自爱、扩展对外关怀,需要通过身体性实践来检验自身是否具有德性,并从这种不断锻炼的求真过程中取得进步。因为德性与身体的结构和功能相关,道德必须建立在自我知识的基础上,并最终服务于人性的目的。通过在道德上"训练"身体,人也就逐步完善了自我(即不再是分裂、分离的自我)与生活的关系,即接近了一种健康的生活。

接下来的第五章从"技艺"到"技术"、从"身体"到"躯体",追寻从斯多亚派的可训练之身到现代可修饰之身的转换过程及身—技关系的重要动变。斯多亚派对古希腊"工匠精神"的发展体现出其对人本身前所未有的尊重和对德性的尊崇,以及在较为普遍的意义上对"工作"的道德化。然而,随着早期基督教对斯多亚派道德哲学中的诸多根本性的形而上学、认识论原则的解构,尤其是对"οἰκείωσις"思想的否定和对"ἄσκησις"的重构,对自我(自爱)的否弃逐渐成为其道德哲学的主旨。经历了中世纪对身体的急剧压抑后,医学启蒙运动又走向对人的生理性的片面放大。随着"技术"从"技艺"范畴中分离出来,身体、技艺各自的命运及相互关系也相应发生变化,并对人的生存方式和感知自我、世界的方式产生了深刻影响。身体与技艺之间主要不是一种自由的伦理实践,而经常是一种被定制的生物性实践;一个技艺上可训练的身体更多地被一个技术上可操作的身体所取代。然而鉴于技术和身体各自的有限性、不可控性,技术对有限之身的改造也是有限的,尽管技术在将身体陌生化的同时倾向于遮蔽这种有限性。另一方面,身体在现代社会已成为某种标准、尺度,进而被很多人视为生活的重心或心灵所操持的核心对象。身体之善的迁移、自我同一性的改变必然会影响人的心灵健康,带来自我关系的重要改变。

本书第六章从斯多亚派的修身哲学转向今日之哲学语境,并在与其后学(包括尼采、海德格尔、福柯等人)的对话中探寻合理的"修身"之路。斯多亚派的技艺—身体范式、心灵训练方法所启示的核心要义就是,在一种广义的技艺概念下,通过认识、关心身体,以自我治疗规约外在治疗,与自身建立一种最好的关系,并由此推及他者。因此"修身"的真正对象不是身体,而是心灵,以及对身体的态度等心灵活动。对身体的态度则很大程度上体现在对"技艺"的使用上。尽管在结构上构成人的这个物质的身体并不是人格认同的基点,但作为多面向、有价值、能动的心灵的栖居场所,身体是需要关心、锻炼和重塑的。这种关心显然不是满足于对身体的外在料理或对身体感官的无限满足,而是在内在地反思身体本质及其需要的基础上,通过一种照管对人的自我结构和功能之使用的技艺而使身体服务于人的德性的获得、品格的完善。在我们看来,重要的是阐释和实践一种正确的技艺观念,以哲学伦理学意义上的修身来规约、指导纯技术意义的修身。当然,将一切身体操作艺术化,通过身体的自我诉说来建构一种多元、具身的伦理是不够的,甚至是危险的。本研究所重点关注的"技艺"并不是单纯的艺术活动,而是一种有目的、有规范的实践活动。所谓的自我关心,必定是有规范导引的实践活动,如此才能在持续的反思性练习中,改变旧的价值观和生活方式。另一个与实践理智相关联的方面是,对身体的修饰需要在一种兼顾个人、他人和社会互惠结构的规范性框架内进行。身体本源的伦理性和身体间生存论意义上的"共身性",决定了我们不仅要关心自我的身体,还要关心他人、共同体的身体,并借此重新审视和改造自己。作为有技艺、有理性的存在,人的技术实践活动应当将各种理智德性相结合,谨守"节制"这种规制人之行为的最重要的德性,尽可能地使技术的可能性化为伦理的合理性。

  总之,鉴于人的条件的有限性和潜能的无限性,身体与技艺之间的互动将是永恒的。但这种互动必须被融入一种人真正地关心自我、发展自我的生活样态。在对生活技艺的训练中与自身建立一个最好的关系,使身与心都有好的归宿,这不仅是个体本源性的生活目的,也是共同体同心圆向外扩展的圆点所在。身体问题本质上是心灵问题,身体的治疗与灵魂的治疗密切相关;只有在伦理学与医学之间的交叠处照管好自我,才能获得最大程度的健康。

第一章　医学的诞生与身体的发现

如上文所言,与对古希腊哲学的理智主义解释传统相一致,灵魂(ψυχή)或心灵(νοῦς)一直是现代学者思考的起点和关注的核心,对灵魂的研究则被认为是古希腊最重要、最有影响的思想成就之一。但古代思想者对身体及其伦理内涵的观察与探讨可能早于"灵魂的伦理学",而且这些讨论直接影响着人们的灵魂观念及其对人本身的理解、对生活方式①的思考。很多学者都曾论及荷马时代与柏拉图时期在身心观上的重大差异,并大都将这种演化的根源归于宗教,即奥菲斯教与毕达哥拉斯主义的影响。但近年来随着古代医学对哲学的影响日渐得到重视,越来越多的古典学者②开始转向始终关切哲学议题的医学文本,从不同角度对身体的伦理出场和重要意义进行了极有价值的探讨。我们将重视这些研究思路和结论,即承认希腊自然哲学对早期医学的影响,以及早期医学文本对古典希腊时期以来的哲学思想的某种影响。但本研究将主要从哲学家们所使用的医学类比和隐喻切入身体话题,通过考察荷马史诗,尤其是著书于公元前5—前3世纪的希波克拉底文集③中对身体的多维观察与叙述,来重新检视身体视角在古希腊哲学史中的重要作用。我认为,鉴于医学与哲学在认识、教化人性以及寻求人类更好的条件方面存在多层重叠,医学技艺围绕身体所形成的伦理话语与实践,借助医学隐喻或类比的作用至少在某种程度上影响了"关心灵魂"这一哲学主题的形成;其结果是作为生命原则的ψυχή最终成了伦理—心理行为体,而σῶμα(身体)却经历了由作为人(或所有物)被认识、关心,到作为异在物被贬低、

---

① 古希腊语"τρόπος"("生活方式""习惯")还有"品性"之义。据说毕达哥拉斯最早声称要教授一种生活方式(*Rep.* 600a9-b5; Isocrates, Busiris 29)。
② 如汉金森(R. J. Hankinson, 2006)以及前文提到的吉尔、福尔摩斯、泰勒曼等。
③ 希波克拉底文集各文本间的异质性与不一致性尽人皆知,但多数学者仍然承认它们在医学技艺的功能与地位等很多议题上的统一性。可参见 Philip J. Van der Eijk, 2005, pp. 105-106, 111。需要指出的是,大约同时期的另外一个重要的医学文本来自于卡里斯托斯的狄奥克勒斯(Diocles of Carystus),但由于其著作仅剩少许残篇,因此本研究将主要关注希波克拉底文集。

类比,最后到作为训练材料而被锻炼、塑造的角色转变过程。

在前苏格拉底时期,从有医学论述的荷马史诗到专门的医学著作希波克拉底文集,可以说都是研究身体的经典文本。而诗人、历史学家、自然科学家等的思想,尤其是涉及医学的相关著述,则在其中起到了重要的过渡性作用。他们对医学的这种广泛兴趣并非纯粹出于古怪的好奇心,而是还缘于诸多的现实关切。对于古希腊思想者来说,医学意味着对自然与人的现实的重要探索。有些自然哲学家甚至还亲身从事一些医学实践,如同时是医生的哲学家泰勒斯为了将古希腊医学理论纳入古希腊哲学,提出了第四种体液"黑胆汁"。恩培多克勒曾从事很多医疗活动,德谟克利特则进行过很多解剖学研究,而后来希腊化时期的塞克斯都·恩披里柯(Sextus Empiricus)更是将其怀疑论主义的哲学著作与医学实践相结合。① 尤其是在希波克拉底文集大部分著名作品的写作时期,哲学在相当程度上被认为相关于某些实践活动,如伦理和政治活动、健康与治疗活动,以及对自然物与自然过程的技艺上的控制等等。② 因此哲学与医学在理论与实践上就不可避免地产生关联。

第一节 "神"控制下的身体

希腊词τέχνη,除了"技艺"外,还有"手艺""技能""艺术""科学"等义,但有时亦被翻译为"策略""诡计""花招"等。在早期医学文本中,甚至直到柏拉图哲学,τέχνη与έπιστήμη("[科学]知识"或"科学")都经常是互换使用的。由于作为一种έπιστήμη的医学技艺一直受到社会政治与公众话语,包括诗人诗作的影响,并始终尝试对其做出某种回应,因此我们有必要首先提及较好揭示了早期身体观念的,同时也是希腊医学史上的最早文本的荷马史诗。

众所周知,荷马传统及希腊世俗社会与柏拉图等哲学家对身体的态度是截然不同的。在史诗中,可见、可感、可朽的身体和在世的生活得到强调和重视。③ 被柏拉图及其后学视为核心概念的"ψυχή"(灵魂)仅仅意味着生命,

---

① Philip J. van der Eijk, 2005, Introduction, p. 13.
② Ibid.
③ 例如在《奥德赛》11卷中,奥德赛下到哈迪斯与死者对话一事:他不能拥抱死去的母亲,因为人死后不再有肌腱将骨肉连在一起,灵魂(ψυχή)就像飘忽的梦幻一样溜走(Odyssey 11, pp. 218-222);阿基里斯则对他讲,自己宁愿做人间的一个帮仆,也不愿成为死人的最伟大国王(Odyssey 11, pp. 489-491)。

它只是人死的那一刻离开人体而化成的虚幻影像(εἴδωλον),①"σῶμα"(身体)则指向死亡后无生命的,甚至没有得到安葬的尸体(但在生命终结之时,也必须予以安葬以安身)。因此ψυχή与σῶμα总是相关于有朽物(的来世),而与不朽的神、人的精神、情感活动没有任何关联。② 甚至可以说,二者都指向的是人青春、生命的终结,即濒死或死亡。另一方面,荷马用δέμας([人的]身体,[动物的]活的身体,尸体)等词来表示活生生的身体③,用大量表达身心一致的观念,尤其是θυμός(血气)等反映人的心理与情感认同的概念来描绘人的精神世界和行动。换言之,θυμός在荷马思想世界中的地位类似于ψυχή在后来哲学家那里所充当的角色。正是θυμός(还有καρδιά[心,心脏;心神],ἦτορ[心,心脏;生命欲望与情感的器官],κῆρ[心,心胸])等术语,而不是ψυχή/σῶμα或理性/非理性,在荷马对人的本性和活动的描述中起着更为核心的作用。④

福尔摩斯(Brooke Holmes)在研读大量的古代文本后甚至指出,在荷马史诗中,一种更重要的观察人的视角和理解人的进路是"被看"和"被感知"。⑤ 身体的外在症状(symptom)构成神性世界和具身之人的通道,身体则是生与死的张力点。在荷马等早期的身体观念中,尽管魔力和神被认为是疾、病和所有人体现象的原因,但始终借助感知而被识别的身体总是依靠对症状的解释而显现自身:或者从被"看"的角度界定——一个人的结构和皮肤,以及由深深的伤口所显露出来的血肉和骨头;或者从被"感知"的角度被描述——人的认知—情感维度,如勇气的迸发、情感、思想、呼吸等等。⑥ 不论我们是否同意福尔摩斯从"观看"和"感知"视角来界定荷马眼中的"人"的做法,但荷马展现给我们的确实是一种活力十足、心身一致的人性。在荷马的眼中,似乎只有肉身性的现世生活才是真实的、有价值的:真正的人是肉体

---

① 在荷马这里,在生命终结的意义上,αἰών(一生、终生)有时可做ψυχή的同义词(*Iliad*. V.685)。参见 Hynek Bartoš, 2006, p.60。
② 参见相关讨论:Hynek Bartoš, 2006, pp.59-62;安东尼·朗:《心灵与自我的希腊模式》,第一章。
③ 例如在《伊利亚特》第7卷中,赫克托尔说道,如果自己被杀死,要"把我的身体(σῶμα)归还给我的家"(7.80)。赫西俄德以降,σῶμα逐渐用于指活的身体。
④ 安东尼·朗:《心灵与自我的希腊模式》,第一、二章;罗念生等:《古希腊汉语词典》。
⑤ 福尔摩斯认为,这种"被感知"不仅构成一个人感知体内"*thumos*"(生命、勇气、精神)、"*etor*"(心、心脏)、"*kradie*"(心脏、心神、胃)的力量和能力,而且有时候甚至还涉到对"*menos*"(精神、气血)、"*noos*"(努斯)和"*psukhe*"(灵魂)的感知。她强调,或许我们不能说一个肉体和灵魂,但是在一个具有边界(皮肤)的某种东西("被看")与一个更难辨分的领域(即通过症状而显示主体的存在的"被感知")之间确实存在着清楚的区分。参见Brooke Holmes, 2010a, pp.60-61。
⑥ Brooke Holmes, 2010a, p.59.

的人,真正的生活是肉体性的生活;身体性的自然功能和结构,例如力量、美丽,包括健康以及保持或恢复健康的技艺医学是值得赞美和褒扬的。

荷马的这些观点在其他诗人那里很大程度上得到延续。例如品达曾在他的诗里提到"黄金般的健康"(《皮托颂歌》3.73),并写道:"如果一个人被赋予健康且能够依赖的体质而生活,他就是与命运在抗争。只要远离疾病和无助的贫穷,欢乐将会侍奉每一种生命状态"(《胜利颂歌》i,49ff,比尔森[C. J. Billson]译)。深受医学影响的索福克罗斯则将医学置于人的各种非凡创造物之首,认为医学使人脱离人心灵深处的无望疾病;尽管人无法逃离死亡,但可以与疾病抗争(《安提戈涅》361—362 行)。埃斯库罗斯也认为医学是仁慈的技艺,是神性的礼物。从总体上讲,荷马史诗以及稍后的一些文本对身体的描述反映了诗人们对人的一般理解;在这里,人并不是"有一个身体",而是"我就是身体"。相对而言,作为生命原则的ψυχή实际上是与生者无关的,因此不可能是被关注、关心和被教化、保存的对象。与之对应的一副人神景象则是,不朽的神与可朽的人之间存在着严格的界限。①

当然,荷马以后,在专业的医学诞生之前,诗人、自然哲学家、历史学家等的身心观念存在着一些过渡性的变化。他们开始用不同或相似的术语来呈现身与心之间的某种对比或对照,例如赫西俄德用φνή(身材)与νόημα(心灵),色诺芬尼则用δέμας与νόημα。② 但直到公元前 5 世纪以后,身与心之间的对立才较为常见,并且开始出现模糊的灵魂不朽信念以及灵魂与身体可以分离的观念。例如品达就表达出某种灵魂不朽和死后赏罚的思想,③并认为神也可能有"ψυχή"(《皮托颂歌》3.41)。

更明显的变化则是发生在自然哲学家那里。自然哲学家最重要的研究成就之一就是完成了从宏观宇宙到微观个体的转化,并将他们关于宇宙的观点用于人本身。首先,恩培多克勒和赫拉克利特等人已经有明显的灵魂不朽和末世论的观念,但他们主要是用一些模糊的,甚至神秘的语言来表达这些思想,而尚未以一种柏拉图式的二元对立方式来谈论σῶμα和ψυχή。例如恩培多克勒仅在生命原则的意义(因而类似于荷马)上使用过一次ψυχή(DK 31 B138),同时认为每个人都是一个守护神(δαίμων),这个守护神在漫长的前后相继的生命中从一种身体转移到另一种身体。④ 自然哲学家们之所以没有采取身心二元论,一个根本性原因或许在于,他们大都将灵魂视

---

① 安东尼·朗:《心灵与自我的希腊模式》,第 56 页。
② Hynek Bartoš, 2006, p.64.
③ 安东尼·朗:《心灵与自我的希腊模式》,第 55 页。
④ 同上书,第 65 页,译者将δαίμων译作"精灵"。

为形体性的,并认为灵魂由某种特殊的、精细的物质(soul-stuff,例如气、火,或土、水、气和火的混合物)构成。既然身体与灵魂都是形体性的,并且区别只在于构成物质精细程度的不同,那么它们之间就并非截然对立或存在本质的不同。其次,他们通过引进一种新神——"自然",主张从自然进程方面来解释疾病与健康,从而完全摆脱了任意的超自然干预等因素的影响。相应地,自然哲学家的所有对自然的探索都倾向于将思想解释为一种物理性的遭遇,并经常将认知能力依附于可感知的混合物的状态。例如在恩培多克勒看来,思考过程要求我们自己的混合物是和谐的;思考发生时要经过环绕心脏的血液(DK 31 B105)——以至于认知行动是"爱的行动"。赫拉克利特宣称:"一个干燥的灵魂(ψυχή)是最智慧和最好的(DK 22 B118)";如果灵魂变得太湿,例如过多的饮水,一个人就会蹒跚而行,被奴隶所牵引。巴门尼德强调,"四肢"的混合物看起来会影响思想的质量(DK 28 B16)。德谟克利特则据说一直认为灵魂(ψυχή)是个纯粹的物质性构成物,思想会随着灵魂的物理状态的变化而变化(DK 68 A104)。但正如我们在《阿纳克萨戈拉残篇》中发现的,关于灵魂之特殊本质的一些信念已经表明,灵魂可能会脱离物理性的自身——甚至在生命历程中就如此,就像荷马史诗中灵魂自身远离尸体一样容易。而且与荷马史诗中相似的是,ψυχή在大多诗人和哲学家眼中(这在德谟克利特时代开始发生变化)尚不是代表心灵及其各种能力的标准词汇:相对于品达的εἴδωλον,恩培多克勒用φρήν(心,心胸;横膈膜;心膜;理智)与δαίμων,阿那克萨戈拉则使用νοῦς。这些思想者似乎都在传达这样一种讯息,人无知的直接原因不是因为神看得更清楚、知道得更多,而是由于我们人自身——因为那些掌控各种物理变化的力量可能会使我们的思考发生混乱。

历史学家希罗多德、修昔底德等,一方面受到高尔吉亚①等人的某些影响,强调心灵的非自主性,即易受修辞、演说的影响,并容易屈从于身体;另一方面,逐渐将心灵(但他们依然很少用ψυχή)视为一些道德品性的来源与持有者;它总是与德性,尤其是一些特定的德性相关,如勇敢和力量。这特别地体现在战争之中,勇敢的人被称为是有坚强或强壮的心灵。② 值得注意的是,σῶμα在希罗多德那里得到了更为广泛的应用:σῶμα既指人,也指动物;既指生者,

---

① 据学者们考察,在公元前5世纪,开始使用心理学意义上的ψυχή概念(即ψυχή成为统一各种心灵功能的核心器官),并强调ψυχή与σῶμα之差异的主要有德谟克利特、安提丰、高尔吉亚、希波克拉底文集的作者等人,参见 Hynek Bartoš, 2006, p. 173; Charles H. Kahn, 1985, p. 13, note 29。

② Hendrik Lorenz, 2009.

也指死者。① 人的心灵(φένες)与生长着的身体(αὐξομένῳ τῷ σώματος)一起生长(《历史》3.134.3);如果身体(σώματος)受到难以忍受的折磨,心灵(φρένας)也可能会致病(《历史》3.33.1)。因此不同于德谟克利特将身体视为工具(DK 68 B159)的观点,希罗多德似乎更倾向于强调身体与心灵的一体性、平等性。但他们毕竟都没有对身体进行任何道德意义上的贬低,因为在他们看来,心灵才是真正的道德行为体,即德性或恶的原因。②

当然最值得一提的似乎是在这之前的、作为希波克拉底医学先驱者之一的毕达哥拉斯。因为人们通常认为毕达哥拉斯派持典型的身心二元观,而且主张一种颇为特别的音乐治疗,即通过某些旋律和节奏来治疗人类的行为和激情(或者说来自身体与灵魂的疾病)。这其实就涉及所谓的净化法(κάθαρσις)——据说"毕达哥拉斯主义者们通过医术来净化身体,通过音乐来净化灵魂"。③ 通过巧妙运用医学类比,毕达哥拉斯派也较早地将医学术语引入对灵魂的训练和照管。但由于其学派教义和实践的神秘性、封闭性以及文本传播等方面的原因,毕达哥拉斯曾被冠以"圣贤""宗教教师""庸医"等各种各样的名号。可以说,是柏拉图使其形象得到了很大转变,即使其成为一个数学哲学④的创始者,尽管这并非完全是柏拉图的杜撰。⑤

就对身体的管理和规训而言,毕达哥拉斯派主张严格的饮食法,认为吃肉将会降低一个人判断的能力,稀少的素食则可能提高德性、健康和预言能力;戒酒,少量、易消化的饮食加上短暂的睡眠,可以促进灵魂的警觉、纯粹和身体持久的健康。⑥ 据说普罗提诺就通过节制饮食来保持轻度睡眠状态(波菲利:《普罗提诺的生平》8)。这些主张至少表明毕达哥拉斯派极为看重身体以及身体性的训练对灵魂的影响。

但毕达哥拉斯本人(需要与公元前5世纪的毕达哥拉斯主义者、开始于公元前1世纪的新毕达哥拉斯主义等相辨别)并无著作,其追随者的著述以及各种二手文本也充满了争议。因此对于希波克拉底传统在多大程度上受毕达哥拉斯主义的影响,以及在更普遍的意义上,毕达哥拉斯在古希腊哲学、医学中到底居于何种地位等诸如此类的问题,我们并不能获得完全的认知。

---

① Hynek Bartoš, 2006, pp.172-173.
② 德谟克利特认为灵魂(ψυχή)是守护神(δαίμων)的寓所(B171),他对灵魂的界定并非完全一致,其原因和具体内容可参见 Charles H. Kahn, 1985, pp.1-31。
③ Aristoxenus, fr.26 Wehrli = Cramer, Anecd. Paris. 1. 172.
④ 关于其"数的和谐"思想的科学史意义,相关的中文文献可参见吴国盛:《科学的历程》,2002年;吴国盛:"希腊数学作为自由学术的典范",2016年。
⑤ 具体参见 Charles H. Kahn, 2001。
⑥ Photius, Bibliotheca 249; Iamblichus' life of Pythagoras, 16. 68;24. 106;30. 186;31. 187.

对于毕达哥拉斯与斯多亚派的关系，尤其是斯多亚派的道德训练与毕达哥拉斯派的道德规训的关系，我们所能做出的观察和讨论更是极为有限。当然这不否认我们能或多或少地找到某些痕迹。例如，塞涅卡所提到的照镜子以抑制愤怒的方法（愤怒使人丑陋）就是来自毕达哥拉斯（《论愤怒》2.36.1）。盖伦则告诉我们，波西多尼（Posidonius）将毕达哥拉斯作为古代第一个将灵魂区分出理性与非理性部分的哲学家（PHP 4.7.38-9）。毕达哥拉斯派所持有的"人是小宇宙，蕴含着宇宙的所有力量"（佛提乌斯[Photius]，《文库》[Bibliotheca]249）等观点似乎也与斯多亚派的宇宙身体观有一致之处。但总体上，据我目前有限的考察而言，毕达哥拉斯的治疗哲学以及哲学作为一种方式、一种团体性的生活等思想对斯多亚派的影响并不明显。① 加之毕达哥拉斯及其思想的真实性仍然存在很大争议，因此我将不做进一步的详细展开。

第二节　医学对身体的发现

就对人本身的理解而言，希波克拉底文集的作者们显然受到诗人、自然哲学家以及历史学家们的影响（涉及正面与负面），并一直试图对他们的讨论和见解做出某种回应。在这里，自然与身体之间的界限是非常模糊的，身体经常作为人性或人的自然的换喻词。② 尽管在一种相对的意义上频繁使用"灵魂"（ψυχή）与"身体"（σῶμα）这两个术语，③但《论养生法》的作者主要是将身体作为认知对象，依靠对身体征象的观察和对可见、可触之物的推导来寻求病源（Vict. I. ii.），通过探索人体结构、功能知识而进入不可见世界，获得对"身体"的完整认知。在医生这里，不再是神（愤怒）和邪魔等超自然力量，而是体内强大但不稳定的体液④、冷热等物质或特性以及各种外在的非人力量（但可能与人的意愿有关），例如气候、地理位置、水源、日月星辰等环境要素在侵害身体。更重要的，σῶμα在这里不再是尸体，而更多的是一种活生生的存在。因此医生与诗人的视角存在着明显的差异：对于诗人而言，任何情况都涉及的是人—神关系问题；身体是人神关联的领域，神的因素被视为人间战争胜利的原因。而医生则将神所代表的所有人事干预大都排

---

① 拉尔修提到芝诺有一本名为"毕达哥拉斯问题"（Πυθαγορικά）的著作，但除书名之外，我们对其他内容一无所知（DL 7.4）。
② Brooke Holmes, 2010a, p.190.
③ 巴斯涛结合相关文本指出，从总体上讲，当与σῶμα相对时，希波克拉底文集更多的是用"γνώμη"，而非"ψυχή"（Hynek Bartoš, 2006, pp.65-66）。
④ 希波克拉底文集提到血液、黏液、黄胆汁和黑胆汁四种体液。

除在外,他们首要考虑的是人与环境的关系:身体在他们看来是人与环境相互作用的产物①,战争中的勇敢则被认为最突出地受气候条件的影响。② 例如《论空气、水和地域》一文的作者就强调医学必须重视这样一个事实,人是环境的一部分。例如人的体格(身材、体型)会随着季节的频繁变化而变化,并由于水土的不同而呈现出地区间的明显差异(Aer. XII, XXIII, XXIV)。品性(ἠθῶν)亦是同理,(气候的)缓和变化培养了灵魂和身体的耐力(Aer. XIX. 23-24)。所以在这些作者眼中,在大自然中,身体是一个整体物,人是一个整体的人;医学"看"人总是基于一种综合生态学、气象学和宇宙论的视角,真正的医生需懂得宏观宇宙之奥秘、日月星辰的变化规律。因此早期医学对身体的理解也不同于之前的历史学家;③在未能将人神因素相区分的希罗多德看来,勇敢这种德性是一种获得的品质、法律的产品;而对希波克拉底而言,勇敢则是一种内在的特性、气候的产品,同时受到法律的影响。④ 这种观点的差异显然是多种因素交互作用的结果,因而很难简单归结于某种"学科"视角的差异。

当然,希波克拉底主义者们也不是自然环境决定论者,他们还强调社会习俗、法律、习惯等其他因素对身体的塑造作用⑤,即注意到自然环境与文化习俗的统一(Aer. XXIV)。⑥ 例如《论空气、水和地域》的作者强调,政治体制也会对一个民族的心灵产生影响,一个基于自由的民族倾向于产生勇气,而一个专制的政治则导致胆怯(Aer. XXIII)。⑦ 总体上,人的品性既受到身体结构的影响,也受到整体生活方式的塑造;这或许可以部分地解释为何希腊词"τρόπος"同时具有"生活方式"和"品性"之义。医生对病人的诊断总是开始于对生活方式的描述,⑧以尝试从这里寻找可能的药方。不仅如此,如雅

---

① Brooke Holmes, 2010a, p.216.
② 当然学者们在希波克拉底文集的作者对于神和神性的界定方面存在争议。例如有些学者认为这些医学作品代表着从神学解释到自然解释的转变,即宗教与自然之间的分野;有学者则坚持这些医学作者的神学倾向,否定对"theios"的自然法解释和自然哲学解释(尤其是在《论神圣医学》中),Philip J. van der Eijk, 2005)。我们认为不同医学作者的意见可能有所不同,因此我们不可能做出一种决然的分界,但考虑到修辞策略等原因,这些作者总体上持一种不同于自然哲学家的自然主义视角的神性概念。
③ 主要文本就是修昔底德关于雅典瘟疫的著名论述。
④ Jacques Jouanna, 1999, p.231.
⑤ Ibid., p.229.
⑥ 在我们看来,社会政治因素正是福尔摩斯等人相对较少考证的领域。乔尔·奥尔登·施罗塞(Joel Alden Schlosser)也持相似看法。参见 Schlosser, Review of The Symptom and the Subject Foucault Studies, 2012, No.13, p.200。
⑦ 笔者刊登于《道德与文明》2017年第3期的"身体与关心伦理的诞生"一文(第90页)误将此观点归于希波克拉底文集中《论古代医学》一文的作者,在此向读者表示诚挚的道歉。
⑧ Jacques Jouanna, 1999, p.226.

克·茹阿纳(Jacques Jouanna)等人所见,医学作为一种其对象是他人而非自身的拯救艺术,还尤其被类比于政治科学,身体的命运被类比于城邦的命运。无论是人的身体,还是身体政治,只要它们所有的组成元素都是统一、完整和混合的,它们就是平静的;相反,如果其中的一部分想单独孤立出来并获得权力,那就会对整体造成破坏,它们就会陷入混乱和疾病。当然,身体与城邦之间的这样一种类比在希波克拉底那里并不明显,只有在柏拉图那里才十分突出。尽管如此,这样的隐喻也会偶尔出现在希波克拉底文集中,医学作者们似乎很乐意用关于权力与战争的词汇来描述生理和病理过程。[1]

可以说,相较于早先的神性、道德法,医学所代表的是一种理性和自然的法则。它作为一种理性的推理与实践的知识,充当着 λόγος 与 ἔργον("后果"或"产品")[2]之间的连接。与之相关的是,古代医者的重要任务就是利用医学作为技艺之相对于运气的确定性、可控制性来确证医学作为一种独立、专业、优越的技艺的地位。作为一种以身体为对象的技艺,医学的特点是将"现象"作为第一原则,注重对现象的感知、归纳,通过观察、思考其中的关联而获得深入的理解。因此即便没有完全脱离"神",但在医生眼中,已经不再是神意和神性正义,而是在自然法则下按照季节规律运动的体液主宰了人事的浮沉[3],医学即是人的一种发现。对于将医学的发现归于神的早期信仰这一做法,尽管希波克拉底和其追随者没有对其予以完全漠视,但他们确实对这种信仰进行了一种巧妙地利用,从而对人所发现的医学予以更多的赞赏。如茹阿纳所言,"早期发现者认为技艺值得被归因于神,这实际上是通常的信仰"[4]。而人则能够利用技艺与自然的合作来繁荣生命与生活。因此这些作者反复向我们申明:只有健康的城邦、健康的季节与健康的食物才能造就人体结构的平衡和中道,进而最终担保身体的健康,甚至卓越的品性和智力;[5]掌握、运用这种技艺或知识最终可以将人与非人、文明与野蛮区分开来。

总之,早期医学文本所呈现的身体概念是极为开放、宏大、多元的,身体是知识的对象,也是责任的场域。这些医学作者们不是像智者那样只关注自然与习俗的对立,而是更强调其中的协作;不是只聚焦于身体的表征,而是注重从多种维度观察、展现身体的整体。因此正像很多学者所认为的,古希腊医学的诞生不仅标志着人类科学的诞生,而且还导致了对身体(σῶμα)这一

---

[1] Jacques Jouanna, 2012, pp. 21-22.
[2] 复数 ἔργα,有"产品""活动""工作""功能"之义。
[3] Jacques Jouanna, 2012, p. 211.
[4] Ibid., p. 75.
[5] Ibid., p. 213.

概念的发现。① 身体及其结构的脆弱性、易变性和不透明性,需要医学技艺的具有稳定性、可理解性的帮助与个人持久的照管、节制,以保护身体的内在活力,抵制体液的混乱,防止个人损害自身的健康。② 反过来,医学技艺对身体的认识与理解又在某种程度上缔造了个体生活的伦理领域,身体已经基本上从神的掌控中走出来,成为一种内嵌于文化与环境之中的,人可以认识、管理,甚至一定程度上进行控制的所有物。与之相关的是萌发于医学的一种照管(或关心)伦理的诞生以及当时希腊社会对其日益增长的兴趣。更有趣地是,在解释灵魂恶的根源和向善的可能性上,我们在柏拉图等后来哲学家的伦理思考中大致可以找到与早期医学对生命体的病理学阐释相对应的模式。③ 由此可推测,在对生命构造和机理的理解中,医学观察在从神学解释向哲学思考的转化中发挥着某种重要作用。当然对于这一点,我们还需要透过从"照管身体"到"关心灵魂"这一伦理话语转换背后的医哲互动来进行更多的检验和说明。

第三节 关心伦理的形成与实践

就照管身体与维持健康而言,古希腊医生主要是通过转向以"一个健康的人如何生活"为主题的养生法($δίαιτα$)而证明其必要性的。而人们对健康价值的珍视(普通人眼中的最大善或外在善中的最大善)——"没有健康,一切无益,包括金钱和其他任何东西"(Vict. I. lxix. 5-7,琼斯译),又反过来极大地提高了养生法的地位和声望。④ 在希波克拉底文集中,养生法在泛义上通常指向生活方式及其管理或个人、群体的某种习惯行为,甚至包括其居住地。换言之,如上文已揭示过的,这种意义上的生活方式不仅包括空气(如《论呼吸》,《论人的本性》第9章)、食物、饮水和锻炼,而且还涉及个人或群体生活的地方(Aer. I)。⑤ 尽管希波克拉底传统总体上将治疗而非预防置于核心地位,但《论古代医学》一文的作者确实将养生法视为医学的最初来源和基本内容,即倾向于将医学的诞生与饮食原则的发现相结合。⑥ 而《论养生法》尽管大谈怎样避开疾病,但也论及医学知识和身体锻炼对于身体的

---

① Jacques Jouanna, 2012, pp. 210-242.
② 可参见 Brooke Holmes, 2010b, p. 351。
③ Ibid.
④ Ludwig Edelstein, 1967, p. 314.
⑤ 可参见茹阿纳(Jacques Jouanna, 2012, p. 139)的讨论。
⑥ Jacques Jouanna, 1999, p. 2.

塑造作用(Vict. I. ii)。总之,在大多数医学作者笔下,身体(σῶμα)是一个连接病因和症状的特殊结构①,一个深受内外各种因素(饮食、年龄、体质、气候、地域、政制,甚至运气等)(Vict. I. ii)影响的知识对象。而探索和理解这些因素如何影响身体,并通过锻炼、饮食和环境的选择,即遵循一种特定的生活方式而防止身体的不适和促进身体的健美,便促成了某种"照管技艺或知识"。因此《论技艺》的作者有言:"如果人们有知识,他们就不会陷入那些疾病……"(XI 20)

由于身体内部的自然或生命力是易变的、难以琢磨和控制的,因此必须通过实施医学技艺(包括医生的行为和病人的自我照管),通过自然与技艺的结合战胜疾病。而技艺上的关心或照管,既意味一种伦理上的责任,也意味着一种道德上的自主性。虽然医学对伦理与政治的关切是有限的②,但身体的特点以及与医学知识之间的密切关系确为哲学家呼吁"关心灵魂"并寻求实践理智提供了范本,尽管很多哲学家另一方面又将身体视为灵魂的附庸。

但对于这样一个略显突兀的判断,我们还要在阐释医学之喻的基础上,从医学角度做更多的论证和解释。尽管除《论古代医学》外的大多作品都认为医学养生法的产生晚于医学(治疗)传统,但宽泛意义上的养生法(即作为一种整全的生活方式,包括史前时期的烹调和食物制备)无疑一直影响着其他治疗之法,而系统的养生理论形成后更是在哲学讨论中占据重要地位——柏拉图、亚里士多德、斯多亚派等显然都深受影响。③ 因此我们不妨援引全面阐述了养生理论并详尽分析了人的自然(φύσις)的《论养生法》(De diaeta 或 De victu)一文中的部分内容④,通过分析医学技艺的始点、方法来凸显身体的地位、角色及其伦理内涵。

《论养生法》无疑更彻底地将养生法医学视为一种生活方式。其内容涉及特定季节与时间的饮食与锻炼、洗浴、睡眠、性交、呕吐等方面的教学法与实践(Vict. III. lxviii);其目的则是在"协助自然"的意义上调节与平衡体内水火混合物的冷热干湿等特性。在尊重自然之自主、自足、自愈本性的基础上,

---

① 福尔摩斯用"腔"(cavity)来表示。
② 尽管养生法的目的并不只是保证身体的健康,而且还包括促进智力的完善,但它显然不可能像哲学伦理学一样,即将灵魂或人的心理结构作为一个伦理、社会与政治的主体来关心。巴涛思也特别指出这一点,参见 Hynek Bartoš, 2015, p.224。
③ Hynek Bartoš, 2015, pp.230-289; Susan B. Levin, 2014, p.19, n.42, n.43.
④ 作为希波克拉底文集篇幅最长的文本,《论养生法》的作者、写作时间等问题在古代就有争论。本书假定这一文本的真实性,并采纳其写作时间大概在公元前5世纪到前350年这一被大多重要研究者所认同的说法。对于文本的作者,我们认为他不像是一个医生或健身教练,而其读者也并非仅仅是一些专业人士,而是还包括一些门外汉(旨在鼓励他们在自然自愈能力的基础上照顾自身)。

作者极为关注食物与锻炼的力量(δύναμις)对身体的影响以及习惯对于身体状况,乃至心灵行为的重要作用,即强调自然与人的自助、自我关心的结合。《论急性病中的养生法》和《论古代医学》的作者在讨论养生法时,都强调习惯(尽管《论古代医学》更强调人的本性)与变化是调节健康与疾病的重要力量(*Acut.* XXVIII;*VM* X,XX)——这不仅仅是对身体,对心智亦是如此。相似的,《论养生法》的作者相信,如果人们能正确地使用他所建议的养生之道,就可以获得尽可能好的智力和记忆(*Vict.* I. xxxv)。在关乎身心的共同知识领域,我们已经看到医学与哲学的深层互动与共同关切。

古希腊养生法极为关注食物(包括热量、味道及其平衡程度等等)对身体的影响以及习惯对于身体,乃至心灵行为的重要性。由于食物与身体被认为内含着某种共同物质,食物甚至成为身体的一种类比。①《论急性病中的养生法》的作者特别强调保持与改变饮食习惯的重要性(*Acut.* XXVIII)。有些食物本性不好,人们却可能出于习惯而依赖于它;如果改变这种习惯,就可能带来疾病,因此习惯与变化是调节健康与疾病的重要力量。

与之相关的是,在《论养生法》这一谈论"灵魂"(ψυχή)最多的希波克拉底文本中②,尽管身体与灵魂常被分别类比于水与火(作为相互区别、构成身心的元素,相关影响、不可分割)而以相对的方式出现,它们绝非是二元对立的关系。因为且不说它们原初的同质性(*Vict.* I. vi-vii),即使是在灵魂看似独立发挥功能的唯一情形——睡眠中③,灵魂也是在身体内部运动,并且依赖于身体所提供的营养。④ 而身体与灵魂之间的合作关系或有序状态一旦被打破,就会导致疾病。⑤ 不仅如此,《论养生法》作者所提供的治疗身体

---

① Jane Barton,2005,p. 44.
② 据巴涛思统计,《论养生法》中谈及灵魂的地方大概占据了文集的三分之二(Hynek Bartoš,2015,p. 170)。
③ 因为当身体(σῶμα)醒着时,灵魂(ψυχή)是它的奴仆,而不再是自己的主人,她将注意力分散在很多东西上,把它的一部分分给身体的每一种能力——听力、视力、接触、行走以及整个身体的行动;然而心灵(διάνοια)从来不享有独立。但当身体休息时,灵魂动起来并醒着,管理着她自己的家务,执行着身体的所有行动。因为身体睡着时没有知觉;但是灵魂醒着时却具有对所有东西的认知——看见可见的,听见可听的,行走、碰触、感受痛苦、考虑。一句话,在睡眠时,身体和灵魂的所有功能都由灵魂来实施(《论养生法》IV. lxxxvi. 2-13)。
④ Hynek Bartoš,2015,p. 204.
⑤ 正如龚德尔特(Beate Gundert)就希波克拉底医学所评论到的,"在本质上,与其说身体,不如说人的自然(*physis*),作为包含着身体结构、生理过程和心灵事件的整体,充当着更为根本的解释模式"(John P. Wright & Paul Potter,2000,p. 35)。在我看来,由于福尔摩斯等人过多地使用身体/自然二元话语来解释这里的伦理关系,他们才会认为医学作者在身体问题上陷入一种矛盾:即身体同时作为需要控制的客体与随时可能突然爆发的某种主体。

与治疗灵魂的方法其实都是相似的一些养生策略；我们今天所说的心理疗法（psychotherapy）在这里没有得到严肃的对待。① 即使是在希波克拉底文集中的其他作品中，也没有灵魂能从身体中分离出来或者在身体消亡后还能存活的相关说明。就此而言，我不太认同盖洛普（D. Gallop）等人对第 4 卷 86 章的解读②，即认为《论养生法》受到奥菲斯教或毕达哥拉斯主义的影响，而倾向于同意汉金森（R. J. Hankinson）、辛格（P. N. Singer）、巴涛思（H. Bartos）③ 等人的观点，即否认文集中的二元论倾向而坚持其渗透的心理—生理的连续性。如巴涛思所评论的，毕达哥拉斯实际上对健康的养生理论似乎也并不怎么感兴趣。④

另一方面，从人本身来讲，医学作者们特别强调身体的特殊性、个体性，并以此作为观察与把握人的自然或本性的关键。他们清楚地认识到，不同人的身体（σῶμα）和灵魂（ψυχή）是非常不同的，而且这些差异影响极大（Praec. 2.12.22-23）。每个（病）人所处的环境显然是不同的，体内的自然也是易变的，每个人天性的不同以及积习、习俗的影响造就了不同的饮食习惯。这一切都决定了一种固定的、普遍的养生法是不存在的。当然，养生法所涉及的所有因素最终都要通过人来实践与落实，因此医患关系以及医、患与其自"身"的关系就成为至关重要的方面。具体在医生与自我的关系上，文集作者特别强调医生必须保证自身的健康，因为"人们认为那些没有良好身体条件的人不能照顾他人"（《论医师》I. 3-5，琼斯译）。医生只有关心好自我才能关心他人，维护自己的声望。在医患关系中，医生则不仅要医治、关心病人的身体，而且还要教育病人学会自我照管。在《论养生法》一文中，作者明确指出人们应该"帮助自己"，并将医学教育法的对象主要指向两种特定的人：第一种是生活很混乱的大多数人。他们由于忽视一切东西而不能关心好自己的健康，这是不应当的；第二种是少数富人。他们确信如果没有健康，财富和其他东西都无益，并试图为了健康而不惜一切代价，但这是不可能的。⑤ 对病人来说，他应有自我知识，并为恢复自己的健康而负责：不仅要知晓并描述好自己的状况，而且还要在行动上辅助治疗。因此柏拉图在《法义》中曾区分了自由人和奴隶两种医生，并强调自由人的医生会教育病人理解症状和

---

① 除 IV. lxxxix. 52-6 这一处文本外，另参见 Hynek Bartoš, 2006, p. 70。
② David Gallop, 1990, p. 13, n. 25.
③ R. J. Hankinson, 1991, pp. 200-206；P. N. Singer, 1992, p. 141；Hynek Bartos, 2015, p. 185. 对第二条路线的详细辩护，请参见 Hynek Bartoš, 2015, p. 185。
④ Hynek Bartoš, 2015, p. 99.
⑤ 具体可参阅 Brooke Holmes, 2010b, p. 352。在这种教学法中，医生的演讲能力或修辞艺术，即与病人的对话艺术是至关重要的。这也是病患关系真正开始的标志。

治疗,从而将对身体的关心与自主性联系起来(*Laws*, 720a-720e)。而在这之前,与"自我照管身体"的思想相呼应,很多哲学家甚至已经提出某种心灵治疗的思想:因为身体的健康与毁坏可能不是自然或身体本身的原因,而是我们欲望在作梗,因此自我节制才是健康之道。例如,德谟克利特强调心灵治疗高于身体治疗,并直言:"人们在祈祷中向神请求健康;但不知道对健康的控制权是在他们自己手中。由于缺乏自制,他们反其道而行之,自己把健康的原因出卖给他们的欲望"(*DK* 68 B 234 = *Stob*. III. 18. 30 = D 98,泰勒[C. C. W. Taylor]译)。这里的共识似乎是:身体状态可反映人的某种品格状态,拥有知识、照管好身体是增强人的自主性的重要前提;但一种仅仅为身体而活的生活方式显然是不可行的,也是不足取的。这两方面都印证了人与自"身"的关系在医学上的某种规范性或者说医学的伦理维度。

总之,身体的健康不仅是一种善,而且是一种德性;作为一种需要借助知识与推理的能力(δύναμις),医学养生法的核心就是指导人对身体进行某种照管。这种照管本身也体现了人之为人的卓越——不仅仅为活着,也为活得好。换言之,利用技艺照管、掌控身体,从而提高自主性,实质上体现的就是对人自身的关心。因此在根本上,是对身体的发现和关注使得围绕关心自我的实践的伦理主体性得以可能。一般情况下,个体有能力凭自己的知识和理解为肉体的健康负责,也因这种关心或照管所造成的品性状况而被表扬或责备。① 正如福尔摩斯所敏锐观察到的,《论疾病》的作者特别地用反身代词"ἑαυτοῦ"来形容自己的身体(τὸ σῶμα ἑαυτοῦ)和病人自身的理解(ἀπὸ τῆς ἑωυτοῦ γνώμης),似乎在暗示:只有了解自己的身体,才算真正地拥有身体。② 这个观察是重要的,因为这种表达方式恰与苏格拉底的"关心灵魂"中对反身名词的创新性使用相对应。③

这种关心自身的思维方式不仅出现在医学的理论与实践中,而且也以不同形式频繁地出现在哲学话语中。在苏格拉底和柏拉图那里,尽管他们不会

---

① 可参见 Brooke Holmes, 2010a, p. 176。
② Ibid.
③ 同伯内特(John Burnet)等很多之前的学者一样,哈夫洛克(Eric Havelock)坚持苏格拉底所倡导的关心灵魂是希腊社会中的全新现象,而且利用反身名词来塑造作为关心对象的自我也是新颖的。他认为苏格拉底在强调关心灵魂时实际上很大程度上将灵魂等同于人,因此关心灵魂即关心自我。参见 Eric A, Havelock, 1972, pp. 1-18,另参见 Brooke Holmes, 2010b, p. 354。我基本同意这一观点,并且认为这一点在很大程度上影响了斯多亚派,尽管反身词的使用与身份认同之间的关系还需具体探讨。

认为身体是自我①,进而对人有任何伦理要求,但"照管身体"这种观念并没有完全消失。从苏格拉底到柏拉图、色诺芬,再到亚里士多德,都表现出对一种自我负责的养生法的重视。尤其是在色诺芬的记述中,苏格拉底"从来不忽视身体健康,也没有称道过那些忽略身体健康的人"(Xen. Mem. 1.2.4)。但另一方面,在当时某些哲学家和医生眼中,(过度地)关心身体与关心灵魂之间,哲学与医学作为两种自我知识会存在某种紧张关系;而且内在地看,身体甚至是灵魂疾病的直接来源。② 因此在《理想国》中,苏格拉底又声称过度关注身体会影响理智沉思,即对灵魂的关心(Rep. 407b8-c6)。正是在这种背景下,关心灵魂的话语与实践逐渐流行开来,并成为哲学家关注的主题。而如何对待身体的问题就一直暗含在对好生活的思考和对灵魂的关心、救治中。

综上,古希腊医学提供给我们更重要的不只是预后和治疗上的某些具体技术,而且还有对人性的理解、探寻方法和医学实践中所使用的伦理话语与伦理范畴。正是这些医学上的养生法话语和实践对哲学思考产生了重要影响,其中最为明显的莫过于哲学家乐于将自己的伦理教导与实践称为对灵魂的治疗,即将哲学教育与医学治疗相类比。下面我们就将通过医学之喻而切入哲学家们的伦理议题,从而具体分析和验证这一判断。

---

① 从总体上讲,古希腊思想中没有现代意义上的"自我"概念,在斯多亚派的灵魂学中对"自我"做一个明确的界定更是难上加难。尽管很难说斯多亚派的自我是什么,但似乎更容易说它不是什么:它既不是普罗提诺的远离他者的自我和基督教的弃绝自身的自我,也不是笛卡尔式的"主体—个体模式"下的自我。我将在第五章第三节第一小节对人格同一性问题进行较为详细的探讨。

② Michael Frede, 1987, p.241.

第二章　医学类比：从苏格拉底到斯多亚派

以医学类比哲学，赋予哲学以治疗功能可以说是众多西方哲学家的理论旨趣，例如现代哲学家尼采、维特根斯坦、罗蒂等。追根溯源，这种哲学传统可上溯至与医学文化密切关联的古希腊哲学。哲学的医学类比与身体的象征主义①相伴而生，尽管在理智主义传统占主导的古希腊，哲人们普遍将灵魂作为人的中心或本质，但身体作为外观上一个易观察、理解的自然物，充当着一个很好的类比物，极便于哲学家探讨和论证如何将灵魂作为认知和关心的对象②，并将不可见的身体内部与可感知的外在世界相关联。对应于身体—医学，哲学，尤其是某些具体话语和论证，被很多哲学家看作一种医治灵魂疾病的方式，身体和疾病则由于其深刻的隐喻性常被视为某个象征或符号系统，二者共同触发了哲学和医学在语言和思想上的互通。

当然，哲学的治疗与医学的治疗显然有所不同。笼统地说，医学以身体的健康为目的；哲学则以灵魂的完善为目标。但二者不能截然二分，因为它们所研究的对象都指向人本身，并且共同构成整体的人。对个体来讲，医学与哲学意义上的健康都需要运用某种知识而进行自我管理。正如上文已经论证过的，在古希腊思想中，所谓的关心灵魂和对其疾病的相关论述似乎与公元前5世纪兴起的希波克拉底医学关于照管身体的思想有密切关联③，由此可以印证σῶμα观念深刻的历史性和文化性。鉴于医学、修辞学与哲学之间密切而复杂的关系，尤其是医学语言的独特修辞效果以及哲学与医学在研

---

① 一直以来，人们不仅用自己的身体及其各器官来隐喻地命名和描述上手之物和周身世界，还用身体语言来建构自己的伦理、文化和生活方式。因此与身体隐喻最为密切的伦理生活与医学生活，从一开始就成为密不可分的领域。从人类学上讲，借助身体与自然之间的隐喻交换，身体的不同部分往往被赋予不同的道德文化和民族医学意义（可参见相关讨论：Nancy Scheper-Hughes & Margaret M. Lock，1987）。而伴随着人类抽象思维的发展，尤其是哲学的诞生，身体隐喻也自然地成为哲学思考和话语中不可或缺的一部分。
② 可参阅 Brooke Holmes，2010a。
③ 可参阅 Brooke Holmes，2009。

究对象和方法上的会通,许多兼有医生身份的古希腊哲学家①在其伦理思想中都喜用医学之喻,并在很多方面将哲学(伦理学)与医学做类比。而这种类比关系所彰显出的方法论关联,则在根本上关乎人之构成与自然、人的生存境遇与技艺、人的生活与哲学的本质等之间的多重关系,并体现为一种对如何在理解人性的基础上关心自身,选择有益于己的生活方式的反思和观察。

对医学类比和隐喻的使用可以上溯至前苏格拉底时期,尤其是那些兼是医生的哲学家和悲剧诗人那里。例如索福克勒斯的《安提戈涅》与欧里庇德斯的《俄瑞斯忒斯》就将政治混乱、过度欲望、内疚意识称作"νόσος"(疾病)。但就可见文本而言,医学类比和隐喻可能流行于古典时期。例如修昔底德将普律塔尼斯国王(Prytanis)比作治疗患病城邦的医生。② 德谟克利特则以一种不同于《论养生法》作者的形式,对治疗身体与治疗灵魂做了明确区分:"医学治疗身体疾病,智慧从灵魂中驱逐激情"(DK68 B31 = 亚历山大的克莱门[Clement of Alexandria]《导师》(*Paedagogus*)1.6 = D30,泰勒译)。③ 当然,这尤其见于苏格拉底及其学生柏拉图、安提斯泰尼以及后来的亚里士多德的作品和学说中。据有些学者统计,柏拉图的"苏格拉底"和亚里士多德对医学之例的引用多于其他任何技艺。④

古希腊哲学家为何如此钟情于医学之喻? 耶格尔曾解释道,前苏格拉底时期的哲学家基本上是从一种整体的视角研究作为总体的自然;而到了出现分科、细化的自然科学的古典时期,医学逐渐成为这一时期唯一达到对自然的较为精确观察和理解的领域。因此如同数学,医学操作的方法等同样引起受过教育的非从医者的广泛兴趣。⑤ 对此,我们可以在一般意义上做进一步补充:与"physics"(物理学)同源(均来自φύσις,"自然")的、医学意义上的

---

① 泰勒斯、赫拉克利特、毕达哥拉斯、恩培多克勒和德谟克利特,包括柏拉图和亚里士多德,甚至后来的盖伦和恩披里柯都是精通医学的哲学家。
② Jacques Jouanna, 2012, pp.21-22.
③ 卡恩指出,这句话的思想虽是德谟克利特的,但措辞却是克莱门的。克莱门的这一公式实际上预示了斯多亚派对πάθος的这一界定:一种理性应该清除的、过度的或有害的后果。德谟克利特的意思不可能是智慧应该清除情感,因为值得欲求的朗悦(εὐθυμία)状态本身就是一种情感状态(an emotional state)(Charles H. Kahn, 1985, p.14, n.32; p.24, n.50)。但值得一提的是,尽管德谟克利特与斯多亚派的情感学说(及其ψυχή概念)存在很多差异,但德谟克利特的"朗悦"思想极可能影响了某些斯多亚者,尤其是塞涅卡(他用 *tranquillitate* 来翻译εὐθυμία,见于《论心灵的宁静》[*De Tranquillitate Animi*])。与之相关的是,二者在对人的内在性的挖掘方面似乎也有很多可比较之处。
④ R. D. Parry, 1996, p.3; W. Fiedler, 1978, pp.180-183. 转引自 Tom Peter Stephen Angier, 2008, xii, p.32。
⑤ Werner Jaeger, 1957, p.55.

"physic"主要不是研究人身以外的自然,而是指向人本身的自然,但两种自然是息息相通的,研究人的自然需要关照外在的自然,同时对人的自然的研究又为理解外在自然提供了理解的镜子。因此作为一种治疗的科学和思考自然的知识,医学的理论性知识(尤其是生理学、生物学)理所当然地成为古代哲学家的兴趣领域。很多哲学家都投身于对身体的生理学与人体构成的研究,最著名的如恩培多克勒、德谟克利特的治疗术、解剖学以及柏拉图《蒂迈欧》对人体构成、疾病与健康的讨论等等。随着哲学降至人间,人的自然变得愈加重要,医学文献的广泛传播和对医学话题的广泛讨论促使哲学家们对医学之喻更加信手拈来。

再次,上文已提到,古典时期哲学家对医学之喻的使用还与当时希腊社会日益增长的对萌发于医学的一种照管(或关心)伦理的兴趣密切相关。希波克拉底文集将作为一种生活方式的养生法视为医学的最初来源和基本内容①,促进了某种"关心伦理"或"照管伦理"的形成。尽管我们不能证实这种伦理是否真正在当时的希腊社会兴起为一种文化,但这种致思方式的确在哲学中得到了进一步的放大。② 只不过与对身体的关心、治疗相关联、相对应③,这时认知和关心的对象演变成灵魂及精神疾病(同时为前者确立一种尺度);其治疗灵魂的方法主要不再是饮食锻炼,而是逻各斯、积习的实践等。④ 对于苏格拉底、柏拉图和亚里士多德而言,尽管担负着抵制智者的以医学为模型,以人的感知、感觉为基础的知识论这一重要使命,他们仍然将医学范式,尤其是医学类比或隐喻作为一种重要的教学法。当然,尽管同样诉诸医学之喻,哲学家使用的方式、赋予的意义和阐发的理路却各不相同。

---

① 《论古代医学》指出,养生法并不是医学的一个分支;恰好相反,医学其实起源于人们对养生之道的关注。因为最先引起人们关注的是饮食、睡眠、生育、锻炼等养生法,人正是靠这些养生方式的变革而与动物区别开来的(*VM*. III)。
② Brooke Holmes, 2010a, pp. 182, 210.
③ 但正如福柯的众多批评者所指出的,这种所谓的关心自我最多只涉及一小撮人,因此所谓的伦理主体(ethical subject)的出现是过于夸大和具有误导性的。施洛瑟(Joel Alden Schlosser)则认为,到底这种现象只涉及精英,还是这种悲剧里的记叙确实暗示着一种广泛的意义,这或许取决于当时社会的民主体制(Joel Alden Schlosser, 2012, p. 200)。我们认为这一文化现象确实存在,但仍需更多的证据加以佐证其影响范围和演化进程。
④ 这在德谟克利特那里就已得到了清晰的强调:"人们考虑灵魂而不是身体是恰当的。因为灵魂的完善会使糟糕状态下的寓所(σκήνεος,即身体,灵魂的寓居地)恢复正常,但没有思想,寓所的力量却不会使灵魂好多少。"(*DK* 68 B 187 = *Stob*. 3.1.27 = D52,泰勒译)

第一节　苏格拉底[①]：技艺与关心灵魂

西塞罗曾称"理性的运用是苏格拉底的药"（*Tusc.* 4.24）。一生与"药"（哲学和医学双重意义上）息息相关的苏格拉底，可以说是最早将哲学视为一种治疗方式，并称自己为医生的哲学家之一。正是以"关心灵魂"为名，他身体力行，一生致力于探索如何治疗由无知引起的各种灵魂疾病，并诉诸被称为"灵魂助产术"的哲学对话来启发人们灵魂中的德性知识和实践对好生活的哲学诉求。也正因此，在某种意义上，"苏格拉底"这一形象成为柏拉图的伦理思想以及后来斯多亚派的道德理论的某种具身的道德榜样。

我们都熟知"苏格拉底"的"练习死亡"思想，并且知道这一主张主要来自柏拉图中期作品《斐多》（通常被认为主要体现了柏拉图本人的思想），而非主要记录苏格拉底思想的早期对话。但其实在"关心灵魂"的呼吁下，苏格拉底本人确实多次阐述过训练、实践等思想，并表现出对养生法观念的重视。而进行这些哲学训练的目的无疑就是发展、照管好自己的神性部分或自身中最好的部分，也就是实现对灵魂的关心。

一　技艺类比与关心灵魂

苏格拉底通常被认为第一个在道德话语中使用技艺类比的希腊哲学家。尤其在被认为可能是柏拉图最早作品之一，并为福柯等现代哲学家所重点关注的《阿尔西比亚德》中，苏格拉底通过技艺类比区分了"关心自己的东西"与"关心自我"的不同，并在对"自我"（即灵魂）定义的追问下，详细探讨了技艺、教育与关心自己的关系，即如何认识和关心灵魂的问题。在128d处，苏格拉底与阿尔西比亚德有这样一番对话：

　　苏：所以我们用以照管各种事物本身的技艺（τέχνη）并不等于我们照管属于该物的东西的技艺。
　　阿：显然不一样。
　　苏：那照管你自己的东西，并不等于照管你自己。
　　阿：当然不是。

[①] 为了便于讨论，这一小节暂时搁置相关的争议，主要讨论历史上的苏格拉底，尽管这种讨论的局限性是非常明显的。

这里的"自我"显然即是指灵魂。通过引入技艺(τέχνη)概念并借助技艺类比,苏格拉底阐明了他关于关心自我的哲学理想:一个人应该知道并关心灵魂,这才是真正的关心自己。在对各种技艺类比的使用中,苏格拉底似乎运用医学类比和隐喻多于任何其他技艺。他本人也似乎更喜欢"医生",而不是"教师"①,尤其是"德性的教师"这个称号。正是借助技艺类比和隐喻,尤其是医学之例,苏格拉底进一步发展了"关心自我"这种观念,并最早启发了关于"生活技艺"(τέχνη περὶ τὸν βίον)的思想②,而这些重要遗产都最终在希腊化时期,尤其是斯多亚派那里得到发扬光大。

由于本身内涵之广以及与一些其他重要概念,如知识(ἐπιστήμη)、运气(τύχη)、经验(ἐμπειρία)之间的重要关联,"τέχνη"成为整个古希腊哲学中极为重要的概念之一。在古希腊思想中,技艺通常意味着一种在"是"与"无"之间生成,需要经验训练的,通过人的活动得以实现的具有一定偶然性的知识。尤其与机运和经验相比,技艺象征着一定程度的精确性、权威性、可信赖性和可教性,因为它预示着"λόγος"(逻各斯)与"ἔργον"(活动、产品)的一种恰当的结合。在雅典人眼中,技艺具有一种非凡的、通常是积极的象征性价值。正是知道、表达和教授某种技艺的能力与拥有这种实践技能本身之间的密切关联,在相当程度上解释了技艺可能是德性的有用类比的根由。因为德性就意味着话语与行动的和谐一致,就像技艺概念所展示的那样。③

当然,苏格拉底频繁使用技艺类比与对其问答法的运用是密切相关的,前者正是后者的一部分。换言之,苏格拉底式的技艺虽在表面上具有消极性,但却在具有权威性的问答法推理中发挥着重要作用。它作为一种批评习俗、经验的工具,一种专家的知识或技能,可以对某些人自以为是的理智上的得意发起强有力的挑战。具体就德性与技艺的相似性而言,作为对于卓越品格的一种展示,德性自身也可以从技艺的实践过程与效果方面得到批判性的检视。正如德性被理解为一种体现在可识别的行动和行为模式中的"卓越"或"好",某项技艺的专家在该技艺上的展示也表现出某种(些)德性,虽然技艺活动的践行并不总能与所有的德性标准相符合。苏格拉底的这一哲学工具可能影响了其追随者,例如安提斯泰尼就类似地称自己有一种伦理性的技艺(*Xen. Sym.* 3.4-5)。

---

① 这一点或许在《普罗泰格拉》(340d-e)和《高尔吉亚》(475d7,521e2-4,521a2-5)中体现得尤为明显。
② Teun Tieleman, 2009, pp.247-252.
③ J. R. Wallach, 2003, p.128.

然而,尽管技艺概念是标志雅典人特殊才能的一种实践知识,但它并不能作为社会知识或德性的一种普遍标准,尤其是就其作为一种专业、实践的技能形式而言。换言之,直接以知识或技艺及其标准来定义德性永远是不充分的,智慧不可能是纯技术性的。这在某种程度上也暗示了苏格拉底式问答法及其技艺类比的最终命运。但另一方面,苏格拉底及其追随者其实也反对只为技艺本身的单纯技术性行为,因为它们对好的生活并没有什么用(因此仅仅将对几何和天文学等学科的学习限于日常之用),并使人无暇从事很多其他重要的研究(以成为更好的人)(*Xen. Mem.* 4.7.1-7)。后来第欧根尼也嘲笑那些只顾调协竖琴的琴弦,而忽视其灵魂品性之和谐的人(*DL* 6.27)。

但值得一提的是,作为哲学概念的"生活技艺"不仅直接来源于τέχνη,而且还相关于σοφία(智慧),这就在很大程度上弥补了τέχνη本身的缺陷。因为在古希腊思想中,τέχνη与ἐπιστήμη,尤其是σοφία之间存在着一种原始的关联:τέχνη与ἐπιστήμη最早是互换使用的,而"σοφία"最早也指向某种技艺与工艺。因此当较早时期的古希腊人说"σοφός"(有智慧者)时,其实就是指具有某种特殊的技艺或技能的人。① 直到公元前5世纪晚期,在"解释一切"(开始显见于米利都学派)这一理智尝试的推动下,秉有哲学和智者二词之通性的σοφία才逐步获得了一种更为专业化的内涵。② 关于这一点,我们将在第四章中详细展开讨论。

二 德性与身心训练

与技艺的内涵相对应,技艺类比的重要意义除了暗示生活的一致性以外,还突出了训练或实践(ἄσκησις)活动的重要作用,而后者正是生活技艺思想的核心要义之一。从词义上讲,"ἄσκησις"③在古希腊中思想的基本含义为"训练""实践"或从事某种"技艺""职业""行业"。它最早指一个人做某事时的自我规训、习惯的养成等,因此逐渐被用来指代体育、军事、教育活动中的自我规训与训练。后来借助古希腊思想中的身—心类比,该词更多地指向对德性与理智的训练,并最终为人熟知地演化为隐士、宗教团体对身体

---

① 安东尼·朗:《心灵与自我的希腊模式》,第134—135页。另外亚里士多德也提到智慧用来指技艺上(即某一特定方面)的德性这一用法(*NE* 1141a9-14)。
② A. A. Long, 1999a, p.12.
③ 据学者考证(Kenneth Donovan, 2011, p.19),有记载的对ἄσκησις的第一次使用可追溯至公元前5世纪普罗泰格拉的作品。普罗泰格拉曾言,教育需要自然天赋与实践(ἄσκησις)(Diels, *Fragmente*, Vol.2.264, frg.3)。

的极端规训行为,成为"ascetics"(禁欲者)的词源之一。① 从古希腊的教育观念与传统看,"ἄσκησις"(askēsis)主要指依靠内在勉力而进行自我训练、自主行事、自我管理。最早得到广泛使用的是 askēsis 的动词(askéō)与形容词形式(askētos),其后才是名词形式(askēsis,askēma,askētes)。② 与名词的演化相一致,动词ἀσκέω原有"工作、塑造、努力训练"之义,后逐渐从体育训练和技艺实践(τέχνη,包括工艺、艺术等)引申到宗教、道德领域中。值得一提的是,"askēsis"与两个同义词"meletāv"(多指思想训练)、"gumnāzv"(重在体育训练)以及它们的同源词密切相连,很多古希腊哲学家都普遍将之作为哲学生活或公民生活的一部分。③

我们还需要特别注意色诺芬笔下的苏格拉底。其中很重要的一个缘由在于,一些证据表明色诺芬笔下的苏格拉底形象可能就是安提斯泰尼的苏格拉底或者受到后者的影响,而安提斯泰尼又在很多方面启发了斯多亚派的道德实践思想。色诺芬将ἄσκησις这个概念特别地归于苏格拉底(Xen. Mem. 1.2.19),并从正面讲述了苏格拉底如何将身体作为积极的训练材料,进而服务于对灵魂的关心等事实。在色诺芬的记述中,苏格拉底极为重视身体的锻炼和健康④,因为这不仅直接有益于灵魂,能对思考产生好的影响,而且还利于人们获得德性,尤其是节制(σωφροσύνη)。他还强调人们所做的一切事情上都需要使用身体,而一个强壮、健康的身体是对人的强有力保护(Xen. Mem. 1.2.4, 3.12.5)。表面上看,色诺芬笔下的苏格拉底形象是非常不同于柏拉图《斐多》中的"苏格拉底"的;但正如我们将要证明的,从自我关心和寻求好生活的角度,二者其实有其一致、可互补性。⑤ 在当我们考虑到作为生活方式的医学养生法与哲学伦理学之间的重叠之处时尤其如此:作为用于自我管理的知识,它们都不同程度地影响到人的灵魂和身体。⑥ 对苏格拉底来说,最关键的当然是关心灵魂,不断追求至善;但是身体的训练也不能忽视,这不仅因为身体的健康直接影响到灵魂的求善活动,而且更因为身体训练本身就有助于灵魂之善的获取。完全由于不关心而造成的身体和心灵上

---

① 奥里弗尔(Patrick Olivelle)将以下诸词作为禁欲主义的同义词:自我否定、自我牺牲、自我禁欲、自我惩罚、自我折磨、自我控制、自我约束(2006, p.27)。
② Kenneth Donovan, 2011, pp.16-17.
③ Richard Valantasis, 1999, p.208.
④ 拉尔修也有相似的记述:苏格拉底注意身体的锻炼,而且身体很健康(DL 2.22)。
⑤ 《美诺》(70a1-4)等对话也是将"学习"(μαθητόν)(不同于"教授",διδακτόν)与训练(ἀσκητόν)并列为获得德性的可能路径。
⑥ 一个实际的原因或许是,作为根治身体脆弱性、帮助人们应对恶劣环境、赋予人们安全感和减少无助感的最重要技艺,医学在当时仍然十分落后。而且由于庸医盛行,医生这一职业也常得不到信任。

的任何虚弱状态都是可耻的。这一点似乎是对德谟克利特的这一主张的回响,即由于身体的苦难和疾病而定罪粗心(纵欲)的灵魂,就像谴责某人将自己的用具弄坏一样(*DK* 68 B 159)。另一方面,它也被后来的小苏格拉底派所吸取,例如安提斯泰尼、第欧根尼和亚里斯提卜等人都强调ἄσκησις,尤其是身体性的ἄσκησις对获得德性的重要作用(如 *DL* 2.91,6.2, 6.48-30,6.70-71;*Diss*. 3.22.56,58)。其中安提斯泰尼还特别地将"苦干"(πόνος,宾格复数τοὺς πόνους)作为一种技术性术语引入其哲学,强调要实现德性,需要通过苦干来获得道德上的某种力量①,以更好地抗御未知的灾难;"苦干是一种善"(*DL* 6.2)。斯多亚派基本上继承了苏格拉底,乃至小苏格拉底派的这些观点,并将其吸纳进自身的各种理论教义中,苏格拉底后来也成为斯多亚派,尤其是第一代斯多亚主义者心目中的"圣贤"或道德典范。

第二节 柏拉图:哲学生活与道德健康

对苏格拉底以上形象的树立功不可没的柏拉图也当之无愧地被拉尔修称为"不朽灵魂的医生"(*DL* 3.45)。以身心二元论为基础,身体治疗和灵魂治疗以相类比,甚至有时以对立的形式广泛地散布于柏拉图的前、中期对话录中。尽管柏拉图的后期对话在某种意义上有放弃技艺类比的嫌疑②,但在我们所主要关注的有关他的"苏格拉底"对身体与技艺的讨论中,柏拉图不仅借助于医学之喻将身体的脆弱性及其与哲学(灵魂)生活之间的紧张关系进行了清晰地展现,而且将这种紧张关系的由来和可能化解的方法也进行了一定的说明。而从此角度展开详细的考察,也有助于追根溯源,重温和梳理这些讨论在思想史上的回响,尤其是重新检视柏拉图所谓的身心二元观的内涵与要义。

一 医学类比中的身心关系与医哲关系

柏拉图对灵魂所做的思考实际上暗含着对身体的深刻洞察。如果说荷马是从正面肯定的角度关注身体所指向的有朽生活,那么柏拉图则倾向于从负面反思的角度来传达希腊人对身体的思考。因为后者一直试图证明人一

---

① Susan Prince, 2015, t.113, 134f, 163.
② 有学者认为之所以抛弃是因为寻求一种德性的技艺的失败,也有人认为这是因为在本质上任何人,包括苏格拉底,都不能获得这种技艺。正如我们在上一小节所揭示的,在政治上,这可能还与苏格拉底的审判与死亡有密切关联。

定是可以超越身体的局限性与脆弱性的心灵存在者,并努力引导人们从对身体的关心转向对灵魂的关心。对医学之喻的使用则渗透和显现着柏拉图所发起的这种转变。

受到来自苏格拉底、智者(尤其是公元前5世纪的安提丰[Antiphon])以及医学等方面的影响,医学隐喻或类比成为柏拉图对话中的技艺类比的重要部分。然而,医学所面向对象,即身体的特殊性,加之哲学家作为灵魂医生的角色,又使其医学之喻不同于一般的技艺类比,更非单纯的修辞工具。因为身体不仅作为灵魂的可类比对象,而且还经常以可对比,甚至是相对立的对象出现的。身体的异在性与生机性可以分别作为阐释灵魂之无知与繁茂的根由的模板,身体与灵魂之间的对立则可比拟为生命体内人与非人、自我与非我之间的一种对立,并外化为一种纯生物性生活和一种伦理性生活之间的对立。不仅如此,身体还可以超越类比或对比对象这一角色,直接对灵魂的健康施加影响(主要是负面的),即从一种模型变为一种原因。

就技艺概念的使用而言,在前柏拉图时期,具有精确性、确定性的技艺(如数学)与推测性的技艺($\sigma\tau o\chi\alpha\sigma\tau\iota\kappa\grave{\eta}\ \tau\acute{\epsilon}\chi\nu\eta$,如医学、航海)的分开经历了一个渐进的过程。与之相伴随的是,人们对技艺价值中立性的认识也逐渐增强。① 但总体上,作为一个实践的、用于批判性评价的概念,"技艺"在柏拉图之前尚未得到很大程度上的挖掘。② 具体而言,希波克拉底文集中的《论古代医学》一文最早对推测技艺和精确科学的直接区分做了很好的论述。文集作者的重要目的就是通过技艺概念确认医学实践的益处和局限:医学代表了关于身体健康的最好的知识,就像德性被认为是人总体上的最好状况与实践活动一样;然而,实施一项技艺并不会自动地产生有益的或伦理上有德性的后果。③

柏拉图在某种程度上仍然采用的是一种广泛意义上的技艺概念。对他而言,技艺虽有其价值中立的方面,但在其基本方面是有益的;"技艺"要成为"知识",必须在其使用中能够识别其目的对象的善或恶。这就需要加以哲学的纯化而从理念世界的高度对其做出正确的阐释。④ 技艺的伦理性不在其本身而在其使用中,而技艺之为"知识"又在于其"使用"中所体现出来的"善"。换言之,技艺是在其使用中展现伦理关怀的。因此在《卡尔米德》中,苏格拉底强调关于善恶的知识一定要与其他知识结合在一起,这样才能

---

① David Roochnik, 2007, p.55.
② Ibid., p.128.
③ J. R. Wallach, 2003, p.127.
④ 可参阅 F. E. Sparshott, 1978, pp.273-290。

保证其他知识有益于人(*Charm.* 174c-d)。在《高尔吉亚》中,技艺与经验和惯例(εμπειρία καὶ τριβή)相对(*Gorg.* 463b4)。这不仅在于作为一种相对稳定的知识,它能对自身活动进行一种理性的说明,而且还在于它总是服务于它所作用对象的利益:医学和体操追寻身体的善,正如立法与司法寻求灵魂的善(*Gorg.* 464c)。在《理想国》中,"苏格拉底"则直接将政治统治定义为一种照顾城邦利益的技艺(*Rep.* 342e)。但在其他对话中,"苏格拉底"又强调,一个真正的统治者必须拥有知识,包括实践知识和理论知识,以担保他能够获得对城邦善有益的东西,因为有专门知识的人在特定的活动领域一定表现得最好。换言之,一种统治知识总是有它的技艺性,这种技艺性又总是在其运用中被赋予伦理内涵,技艺与伦理由此自然地相关联起来。总之,柏拉图是在一种比较松散的意义上使用"τέχνη"一词的,他有时将技艺和知识交替使用(如在《卡尔米德》《理想国》《政治家》某些文段中)或并置而谈(如在《菲丽布》中),有时又将技艺与能力(如在《高尔吉亚》中)联系起来。他在对技艺进行等级划分的同时从不同方面内在地揭示了技艺的理论和实践维度。

  正是在这种背景下,柏拉图赋予了医学这种技艺以一定的伦理性、政治性,这一点对于我们理解今天这个技术社会的种种问题具有重要的启发意义。在柏拉图看来,医学是一种与体育相似的,以身体为对象,寻求身体利益的技艺。但不同于直接的药物和手术治疗,作为当时医学基本内容的养生法还直接指向人的灵魂,因为养生的重要目的就是通过照管身体而帮助灵魂为应对外在世界的偶然性做准备,从而尽可能维护人的自主性。反过来,身体的很多疾病其实都源于灵魂的恶行纵欲,因而在某种意义上对身体的治疗可以通过对灵魂的净化、德性的培植取得成功。从另一方面来说,由于各种医学专家的意见总是通过说服的方式先影响人的灵魂后影响人的身体,因此医术必须得到逻各斯和善目的的指引和归导,以避免来自经常伴随医术而生的美容术和修辞术等技艺的误导与干扰(*Gorg.* 464c-465d)。尽管柏拉图表面上对医学颇有微词,但其真正意图似乎是为医术的发展划定合理的界限和路线,进而触及医学的政治维度。在他看来,疾病名称的增多、医术的产生乃至大行其道是人们生活方式不当,即放纵自己、追求奢华安逸而致病的结果。如果人们总是患病并把大量时间花在寻求医术、治疗身体上,那么必然会影响公民的职责履行和道德思考(*Rep.* 405a-407c)。因此柏拉图极力反对这种不应当、不自然的过度医疗(*Rep.* 404e-407a)。① 在他看来,养生法固然是一

---

① 他尤其对医生赫罗狄库斯(Herodicus)提出激烈批评,因为赫罗狄库斯不仅将养生法作为一种维持和获得健康的方法,而且还将之视为一种获得好生活的方式(*Rep.* 406a-c)。

种生活技艺,但背离了自然就会成为一种医疗技术的延伸,进而变为一种纯粹的生存机巧。仅就疾病而言,这也有其合理根据:疾病若不是很危险就不应当用药物来治疗,不顾自然生命期限的药物强压往往使疾病更多、更严重,尤其是从好生活的角度看(Rep. 407d-408b, Tim. 89c)。因此"治与不治""如何治"等问题直接关涉个人与城邦的利益,医学技艺必须受到道德哲学或政治科学的管治。柏拉图对医学的上述态度与其对身体的认识是密切相关的,医学与哲学的关系可以说正相对应于身体对灵魂的关系。他看到哲学伦理学与医学作为两种自我知识和生活技艺之间的可类比关系,但更看到其中的紧张关系——尤其是在《理想国》(甚至是《蒂迈欧》)中,尽管在《法义》中他似乎又重估了医生在他的典范城邦(Μαγνησία)中的地位。①

柏拉图对话中所透露出的以上思想观念与荷马传统和希腊世俗社会对身体的态度是非常不同的。在柏拉图这里,ψυχή可以转世进入新的σῶμα中,并承担人的心灵活动;σῶμα不再仅指死人,它在作为ψυχή的寓所时也可以是活生生的;但与此同时,"活"起来的ψυχή与σῶμα也陷入了持久紧张、敌对的状态。② 人们所熟知的一个原因是,随着奥菲斯教的传入,灵肉二元的思想逐渐广泛地传播开来,并在柏拉图那里达到了一个高峰。但除此之外,德谟克利特关于灵魂与身体以及两者关系的论述或许也影响了柏拉图。③ 再加上出于反击智者的需要④以及受到来自毕达哥拉斯派的影响与早期医学文本的启发,柏拉图在不同对话篇中表现出对身体,同时也是对灵魂的复杂态度。例如从《高尔吉亚》将身体视为并非天生即恶的中性之物和对身心锻炼以获取其各自德性的呼吁,到《斐多》在认识论上的,甚至略带道德色彩的对身体公开地贬低、仇视以及对高贵灵魂和理智生活的赞扬,再到《蒂迈欧》对锻炼身体和身心和谐的强调;从被说服的身体到欲望的身体,再到锻炼的身体等等。如此,柏拉图对灵魂的自主性(如 Rep. 443d)及其对身体的主宰性可以说进行了一种规范性的说明。对柏拉图来说,灵魂才是永恒存在于人的过去、现在和将来,决定人之为人的东西;⑤灵魂的状态则是人的生命和生活状态的集中体现。如果说灵魂的正义代表着灵魂好的状态,那么

---

① 详细的讨论可参见 Susan B. Levin, 2014; Michael Frede, 1987, p.241。
② Hynek Bartoš, 2006, pp.61-62。
③ Charles. H. Kahn, 1985, pp.6-8。
④ 在柏拉图之前的智者,尤其是高尔吉亚等人曾就身体对灵魂的巨大影响力和灵魂的非自主性(进而无道德能力)做出颇具说服力的常识性说明。
⑤ 尽管如此,在柏拉图对话中,灵魂的不朽性还是需要进一步讨论的复杂问题。因此朗教授在2012年中国人民大学的系列讲座中指出,柏拉图每次说到不朽,大都是用神话或寓言;即使在理论性文本中提到灵魂的不朽性时,他也总是用"尽可能、尽量"(as far as possible)这个词,可参见 A. A. Long, 2015, pp.117-118。

正义就预示着人的好生活。相反,身体则经常被他视为一种威胁:它极易使人进入一个象征流变、非人的世界的潘多拉之盒,它受制于运气、必然性和自然的影响,通过抵制逻各斯和努斯,远离善而危及人的真实本性。如此,荷马式的身心关系似乎在他这里被颠倒过来:荷马的血气($\theta\upsilon\mu\acute{o}\varsigma$)等概念被柏拉图窄化为灵魂内易受身体影响的一部分,人的情感活动则被转化成灵魂内不同部分的一种控制与反控制的斗争。

然而,这不能证明柏拉图的观点与荷马的观点、当时希腊社会的流行观念是完全相悖的。因为哲人、诗人和一般人所关注的问题域和所面对的辩论对象显然是不同的,而且世俗的观点与哲学的思考一直是在相互争辩和影响中进行的。事实上,即使在《斐多》中对身体最猛烈的抨击也主要是知识论上的,而非道德意义上的,而其在认识论上的讨论则为我们提供了一种对身体脆弱性和异在性最为深刻、生动的理解。身体不仅是灵魂的一种反衬物,而且还是一种重要的类比物,因此有些表述通常是以身体健康和灵魂健康做类比的形式做出。在大多数情况下,这种理路主要是通过强调身体之善相对于灵魂之善的从属性和感性欲望相对于纯粹理性的低级性,来凸显关心灵魂对于过一种好生活的重要性。而对身体的伦理关注更多的是通过强调如何保持灵魂的和谐,减少放纵欲望对灵魂造成的伤害体现出来的。福柯甚至指出,当柏拉图试图说明灵魂怎样使用($\chi\rho\tilde{\eta}\sigma\theta\alpha\iota$)身体和确定何为真正应关心的"自我"($\dot{\epsilon}\alpha\upsilon\tau\grave{o}\nu$)时,他要指出的"不是灵魂与外界或身体之间的一种工具关系,而是主体对他周身之物、他可利用的对象,以及与他有关系的他人、他自己的身体、他自己的特殊的、超越的立场"。① 尽管除了饱受争议的"自我—主体"概念外,福柯在这里似乎还有过于强调"$\chi\rho\acute{\alpha}\omega$"(使用)之嫌②,但他对希腊思想中流行的"身体—工具"之说的重思却不乏深刻和新颖之处。

总之,柏拉图尽管在一般意义上持某种身心二元论,但是他对身体的态度、对灵魂构成(即通常所认为的灵魂三分理论)的看法并非十分清晰与前后一致。我们更愿意将柏拉图关于身心关系的论述放到具体的人的生活中,进而理解其对话中所透露出的相关讯息。总体上,医学知识(技艺)和医学之喻确实为柏拉图提供了理解灵魂疾病和人的行为的重要维度,以及理解人的具身性的生活本质和哲学任务的重要模式。同时他也借此从哲学上提醒

---

① 米歇尔·福柯:《主体解释学》,第60页,译文有改动。
② 因为我们更熟悉的是"灵魂统治($\check{\alpha}\rho\chi\omega$)身体"这一修辞,即使是在福柯所关注的、两种意象同时出现的《阿尔西比亚德 I》30α 中(具体参见《主体解释学》,第59—61页)。英武德就指出这一点,参见 Brad Inwood, 2005, p.334, n.14。

人的肉体需要只是人与自我、他人关系的一部分,进而限制各种面向身体的技艺的自负,强调真正应当追求的目的和表面上值得追求之物的根本不同。由于人的具身性存在本身即意味着有限性与脆弱性,人的完善和幸福在某种程度上可视为是通过与这种脆弱性作斗争的一种结果和奖赏。如上文所述,这种思想旨趣总体上可归结于在苏格拉底和柏拉图哲学中"关心灵魂"这一伦理主题的凸显和"技艺"(τέχνη)概念及技艺类比的引入。继《阿尔西比亚德》之后,在《申辩》(29e1-30b4)、《斐多》(107c1-5)、《会饮》(216a4-6)、《拉凯斯》(179d2-4)等对话中,关心灵魂或自我无疑更是反复出现并贯穿其中的一致主题。我们将在下文对《斐多》的重点解析中予以详细展开。

二 身体与哲学的生活

如人们所熟知的,与奥菲斯教关系密切的毕达哥拉斯派一直因"灵魂不朽"等观点而闻名于西方古代社会,而且柏拉图的灵魂观也被认为在很大程度上受毕达哥拉斯的影响。但有两点值得注意。首先,尽管人们惯于将毕达哥拉斯与柏拉图的灵魂观放置在一起而进行讨论,但柏拉图关于灵魂的观点显然是更为开放的,尤其是当我们将视野聚焦于某些具体语境和情境时。其次,由于在灵魂模式上的一元论与二元论之间的分别,毕达哥拉斯的灵魂治疗模式与斯多亚派的哲学治疗模式是存在根本区别的,尽管其中也有少许相通之处。① 在这里我们将主要以《斐多》为例而重点围绕第一点进行讨论。

在柏拉图对话中,对身体提出最激进观点的当属《斐多》。正是在这篇对话中,柏拉图以一种极端的方式对身体本性与哲学生活之间的紧张关系进行了最引人注目的展示。柏拉图的"苏格拉底"作为灵魂医生的形象[2],以及身体在这位哲学家的生活中的角色也体现地最为真切。其中最鲜活的哲学场景莫过于苏格拉底嘱托克里托向医神阿斯克勒庇俄斯奉献一只公鸡。

正如苏格拉底之死,苏格拉底的遗言也已经成为一个争论不休、常谈常新的研究课题。很多学者将其视为一个柏拉图式的讽刺幽默或者一个反毕达哥拉斯主义的偶然事件。然而考虑到遗言本身的性质和所处情境(单独文本内的小语境和文本间关联的大处境),它可能不仅只涉及临终最近发生

---

[1] 因此后来西塞罗在解释柏拉图主义与斯多亚派的见解时对于一元论与二元论之间的争论就不太感兴趣。参见 Teun Tieleman, 2003, p.297。

[2] 在这里,我假定柏拉图对历史上的苏格拉底,换言之,对前期作品中的苏格拉底形象是尊重的,因此《斐多》中的苏格拉底形象并不简单地是柏拉图个人主观臆造的结果。

之事,而且还指向某种关系苏格拉底一生的重要事件。① 我们认为,鉴于获得灵魂健康,而非证实灵魂不朽才是作为灵魂医生的苏格拉底生命最后一刻,乃至终生的最为关切之事,他向医神献祭公鸡的临终嘱托很可能首先是对自我健康的感激,这是通过关心自我的灵魂以实现神的关心而获得;其次还可能是对集体治愈的感激,而这则是通过劝告他人关心自我灵魂的哲学讨论而实现。然而灵魂的健康需在以身体作为训练质料的哲学生活中得以实现,而灵魂的医生反过来甚至可以"治疗"身体。《斐多》对身体脆弱性的揭示实质是用一种隐喻的方式揭露人的具身生活的本质,并以此暗示哲学实践之必要性和可能性。可以说,苏格拉底的临终之言不仅关涉苏格拉底对真理的最后探索,而且还暗示着柏拉图和他本人对其作为灵魂医生的一生的肯定。

(一) 濒死的身体:自我的治愈

《斐多》记载了苏格拉底在狱中服毒受刑前的最后一次对话,其主要对话者是西米亚斯(Simmias)和赛贝斯(Cebes)两个毕达哥拉斯主义的信奉者。以苏格拉底濒死为背景,这篇对话的讨论主要围绕着两个问题而展开:"灵魂是否不朽",以及以此问题的肯定答案为前提的"灵魂离开身体后是否更好"?② 在引导众人进行了一番最后的精神旅行后,在身体变冷的临终之际,苏格拉底向克里托(Crito)做出了极为著名而又极富争议的叮咛:

ὦ Κρίτων, ἔφη, τῷ Ἀσκληπιῷ ὀφείλομεν ἀλεκτρυόνα · ἀλλὰ ἀπόδοτε καὶ μὴ ἀμελήσητε(*Phaedo*, 118a2-3).

---

① 这里的讨论并非是重在关注其形而上学论证,而是更多地将这种论证纳入对话所彰显的伦理关怀中。其路径是既将苏格拉底临终之言的理解置于对话场景中,又非绝对地局限于言语间的表面之意。其目的则在于,力图澄清由于对话者和语境的不同所造成的字面上反苏格拉底和柏拉图的一面,从而从文本内外找寻其一致性的一面。因此我们将讨论建基于两个前提之上:首先,拒绝将苏格拉底神秘化,尽管哲学史上从未就真实的苏格拉底形象达成一致意见。其次,假设柏拉图对话对苏格拉底形象的塑造是大体一致的。与此同时,我们也就排除了将病人视为正在生病的柏拉图,或者苏格拉底感谢医神使自己无痛苦的死去等可能性。

② 在对话中,苏格拉底先是在所谓的"第二次申辩"中对后者进行了论证,其次才详细展开前者,并最终返回至后者。后者虽面向的是另一个世界的问题,但谈话的重点却是这个世界的事情,即身体之本质和哲学家的任务:锻炼死亡(μελέτη θανάτου)或照看灵魂。之后,苏格拉底从四个角度论证了灵魂不朽问题,并就对话者的反驳一一做了回应。其中,从灵魂和肉体所代表的生活方式转向作为实体的灵魂、身体,探讨哲学家缘何及如何照看灵魂是后两个论证,即相似性论证和理念论的重点之一。论证结束后,苏格拉底进一步强调要在所有时间都关心灵魂,但之后却不得不从理性转向信仰而介入另一世界的问题。不仅如此,苏格拉底还为之前未能尽善的理性论证做了一个神学补充:灵魂不朽是一种危险但可激发人之信心的信仰。而人要做的就是之前反复提及的,也是他最后告诫克里托的:"关心自己。"(*Phaedo*, 115b)

约翰·库珀(John Cooper)主编之英译本的中文翻译为:"克里托,我们欠阿斯克勒庇俄斯一只公鸡;要祭献给他,(你们——按:作者加)别忘了。"①

这一遗言的表面之意似乎很清晰,但引出的问题却非常多:这里的"欠"是医学意义上的还是哲学意义上的?医神在这里是隐喻的还是实在的?如果是隐喻的,谁才是真正的医生?谁又是痊愈者?他(们)患何种疾病,又是如何被救治的?综上,对这一遗言的分析可以围绕"谁是医生"?"谁是病人"?"何种疾病"?"何种治疗"等几个问题而展开。

思想史上对此的持续讨论正显明了这一遗言的严肃性。在以往众多的哲学评论中,②比较有名的两个解释来自尼采和福柯。同样自称为"(文化)医生"的尼采的诠释颇为率直,但却历来被奉为"标准解释"。在他看来,苏格拉底向医神致谢是因其想摆脱有病的、具身的生活,生命本身就是在患病。因此苏格拉底本人即是病人、一个痛恨身体和生活的禁欲者和厌世者,而死亡即是真正的解脱和痊愈。③ 但福柯联系《申辩》《克里托》认为④,这里的疾病实际是一种持有虚假意见的灵魂疾病,而治愈则是通过关心自我(ἐπιμέλεια ἑαυτοῦ),具体说是寻求逻各斯或说真话(παρρησία, parrhesia)来实现的。⑤ 依此理路,福柯认为"μὴ ἀμελήσητε(mé amelesete)"⑥表面之意是不要忽略祭祀,但实际上还间接地指向关心自我。因为所要献祭的

---

① 英译者还在这里注释到,病人通常向医神阿斯克勒庇俄斯祭献公鸡,以期获救,显然苏格拉底的意思是死是对人生疾病的一种治愈。王晓朝本的中文翻译是"克里托,我们必须向阿斯克勒庇俄斯祭献一只公鸡。注意,千万别忘了。"(《柏拉图全集》[第一卷],第132页)。
② 在古代文本中还有一种不太受重视的说法:埃斯基涅斯(Aeschines)跟色诺芬说,苏格拉底叫他们给阿斯克勒庇俄斯献祭公鸡是因为一个誓言,他从戴利昂(Delium)战场回来后生病了(Letters of the Socratics, no. 14.9 [Köhler])。
③ 尼采:《快乐的科学》,第316—317页。
④ 福柯认为,在《克里托》中,克里托曾劝苏格拉底逃走。苏格拉底通过逻各斯和好的推理,促使克里托放弃了说服自己逃走的虚假意见,而转向尊崇真理本身,从而避免了灵魂不义。类似的,《斐多》中,克里托又患上"相信苏格拉底生好于死"的疾病,而西米亚斯和赛贝斯则犯了"认为一个人死后并不必然有一个不朽的灵魂"的错误。正是由于对这些疾病的治愈,苏格拉底叫克里托给医神献祭公鸡,参见 Foucault, 2011, p. 108。
⑤ Foucault, 2011, p. 107.
⑥ ἀμελήσητε的动词原型是ἀμελέω(ameleō),主要有"不关心、忽略、忘记做"之意,在这里为第二人称复数、不定过去时的虚拟语气。麦迪逊(Laurel A. Madison)从语法结构上解释到,如果仅将后半句翻译成"做X,并且不要忘记X"(Do X and don't forget to X),就会造成在一个祈使的……和一个否定虚拟的……之间笨拙、冗余的重言(Laurel A. Madison, 2002, p.433)。再者,祈使语气与虚拟语气之间的连词ἀλλά(转折词,"但是")可能暗示了话题的微妙变化。因此从文意和文法上看,我们认为该词在这里可能做一语双关之用。

神会在我们关心自己时帮助我们治愈自己。① 所以,苏格拉底更多的不是以一个尼采眼中的病人和悲观主义者大发感慨,而是作为一个灵魂的治愈者,一个通过神的帮助而治愈了自己的人在劝诫众人。

福柯的深刻之处在于将苏格拉底哲学中的"关心自我"(ἐπιμέλεια ἑαυτοῦ)观念提取出来。而"ἐπιμέλεια"一词主要涉及对照管对象的义务,如神对人的照看、"一家之主的活动,君主监督臣民的工作,对病人或伤员应尽的关心,或者是人对诸神或亡灵的义务"②等,但亦可引申出艰苦劳动和努力之义。例如苏格拉底曾说过,人只有凭借坚持不懈的努力(διὰ καρτερίας ἐπιμέλειαι)才能取得美好和高尚的业绩(Xen. Mem. 2.1.20)。然而沿着自我关心的路数,苏格拉底在逻辑上首先关心的应是他自己与真理的关系(对自己真正的好),渴望的是"使自己信服"的论证(Phaedo,91a9-10),庆幸的则是自己在濒死的身体面前对德性的坚守。在对话中,正迎合场外人对苏格拉底"如何死去"的好奇心理(Phaedo,58c),苏格拉底如何直面濒死的身体,如何在言行中高尚、勇敢、从容地死去也得到了全面地展演。尽管苏格拉底对身体和热爱身体的人一再加以拒斥,但还是为腿上去除铁镣感到快乐,并于临终前坚持洗澡。因为这也是一种自我关心,但不是在寻求身体快乐的意义上的自我放纵,而是在为自己负责意义上的自我管理。德性的死固然是苏格拉底当时情境下自我选择的结果,但更是其积习之德性品格的自然释放和具身化。

而观其一生(尤其是就《斐多》之前的柏拉图对话所呈现的"苏格拉底"而言),探求善的知识与获得灵魂的健康也是苏格拉底的神圣使命。在为此使命而奔波期间,虽然他不时地遇到各种关于德性的错误意见以及不健康的生活方式,他总能坚持对真理的追求和保持灵魂的正义,直到生命的最后一刻。这是自我关心的结果,但如他所说,也是神的号召的结果和神的关心的实现。这正好体现了"ἐπιμέλεια"的两重含义,即神的关心和自我的勉力与责任。而这也对应于遗言中隐含的双重意思:因神的关心而向神献祭;但(ἀλλὰ)还要自我勉力,不要不关心(自我)。因此当他完成生命中最后的哲学讨论,向神表示感谢是自然的。由于其所致谢的具有人类血缘的医神阿斯克勒庇俄斯不仅是一个医治者,据说还是一个拥有广泛权力的救助者和帮

---

① Foucault, 2011, p.113. 福柯之解确实可通过苏格拉底在本篇对话的多处谈话中得到印证。例如针对西米亚斯关于人性弱点的感叹,苏格拉底回应道:"如果灵魂是不朽的,它不仅在我们所称为生命的时间里需要关心,而且在所有的时间都需要。一个人如果不给予这种关心,将会面临很大的危险。"(107c1-5)而极为靠近这句临终之言的,苏格拉底对克里托"关心自己"的最后告诫似乎更能确证这一点。

② 米歇尔·福柯:《主体解释学》,第335页。

助者①,这就不仅再次彰显神之看护和自我照管的一致性,而且也使"苏格拉底"虔诚的"不虔诚的牛虻"形象得到了维护。

因此苏格拉底的"得救"不是缘于死亡,即灵魂和身体的分离,而是通过在世的哲学实践对灵魂进行守护、照料的结果。真正的救治之方不可能去来世中找,而只能回归于现世。况且,遗言中的"φείλομεν"为不定过去时,一般表明"欠"这一行为已经发生。因此被尼采等大多解释者确定为治愈良药的"死亡"在何种意义上治愈了苏格拉底,甚至其他人,是值得讨论的。与之相关的另一问题是,这个句子的所有动词均用的是复数,显然得救的人不只苏格拉底一人。但这个集合的剩余部分是克里托,还是在场的一部分人或所有人,抑或是现场之外的人,是不清楚的。由于病人主体、死亡都与灵魂不朽这个话题密切相关,因此解决问题的关键集中于应从何种角度解释苏格拉底遗言:是灵魂不朽的论证,还是关心灵魂以成为一个德性的人这个苏格拉底毕生关心的主题?或者说这两者存在何种关系?由于无法简单地否弃或赞同任何一种观点,因此只能回到对话中来厘清死亡,即灵魂/身体的分离与灵魂的治愈之间的可能关联。

(二)论证中的身体:集体的治疗

如上文所述,由于后半句中的主语是"你们",因此不可能只包括克里托自己。而且从对话中的表现看,克里托对关心灵魂、过哲学生活这一教义的领悟和实践效果并不如西米亚斯和赛贝斯等人,因此这里最可能指现场所有人。他们的获救显然更不可能是依靠真实的死亡这种途径,而只能是通过哲学生活对灵魂进行训练和纯化。因为如果将治愈之方视为灵魂与身体实在的分离,可以说除了苏格拉底外,没有任何人得到治愈。而且严格地讲,苏格拉底也是即将被治愈,而非已经被治愈。因此福柯通过评介历史学家杜梅泽尔(Georges Dumézil)的观点解释说,按照一致性原则(principle of homologia),这是一种基于苏格拉底与对话者之间的友谊纽带的集体债务;一人得病,其他人也同样患病。同理,当一个真理被发现,所有参与谈论的人都会获得相同的逻各斯。作为这个治疗手术的指导者,苏格拉底与其他参与者的命运是紧密联系在一起的。② 按这种理解,是所谓的手术,即面向前世与来世的灵魂不朽论证治愈了在场所有的灵魂。实际上,作为一种更简洁的思路,《申辩》的苏格拉底还将对灵魂的关心与财富等一些在世的福祉直接勾连(30b3-4)。但如果前面的结论是正确的,那么《斐多》中的灵魂不朽在关心

---

① Robert Parker, 1996, p. 183.
② Foucault, 2011, pp. 107, 108-109.

灵魂这一哲人任务中究竟承担何种角色呢？

但令人失望的是，在论证过程中，苏格拉底对身体、灵魂、死亡等的定义或模糊或武断，不仅明显不同于其他对话，而且即使在本篇中也互不一致，进而影响了论证效果。① 由此推知，柏拉图和苏格拉底在这里的直接目的更可能是基于一种教学法的需要而对症下药，以消除所有对话者对死亡的恐惧和对追寻真理的动摇。鉴于对话者的信仰和主讲者的处境，"灵魂如何不朽"这个占据对话近三分之二篇幅的话题的确提供了一个很好的思想实验；这不仅为苏格拉底的哲学生活划上一个完满句号，而且也使现场所有人获得了理智上的进步。如苏格拉底所阐明的，当前讨论的目的或者说寻求健康的原因，就他自己而言，是如何面对濒临的死亡，而对于其他人来讲，则是应对未来的生活(*Phaedo*, 90e)。因此这将是一种集体的治疗。然而从一种更整全的视角切入，苏格拉底的遗言却不仅关涉灵魂不朽论证，而且还深入到怎样关心灵魂这一问题，后者也是《申辩》的庭前申辩中提到的哲学任务。或者说，这个关于灵魂不朽的论证作为一种哲学练习，正是关心或治疗灵魂的一种表现。对于苏格拉底来说，要实现自我关心和一种检省的生活，必须诉诸理性，关心逻各斯。神会关心那些通过寻求最强有力的论证以及德性知识而关心自己的人。而如果这一命题成立，就可以激励人们更积极奋发地从事这种训练，因为教育和训练才是真正永恒，且唯一可以带到另一个世界的东西(*Phaedo*, 107d)。

然而不管灵魂是否不朽，哲学实践毕竟是对居住在身体中的在世灵魂的训练：人的灵魂的健康是在与身体的欲望和感觉做持续的斗争中实现的，德性则是通过这种持久的训练而获得的。尼采正确地看到了苏格拉底对现实的人的弱点——包括脆弱的身体与有限的理智(*Phaedo*, 90e3)——的清醒认识。这种医学式实践似乎预设了一种有疾病的人的生活，而神性的生活就是完全地摒弃身体。然而苏格拉底并不怀疑人寻求真理和获得德性的能力，因此鼓励同伴们努力获得健康(*Phaedo*, 90e3-4)。而且从另一个角度而言，对人性和人的生活本质的这种洞悉恰恰是对自我认识和照管之必要性的揭示。联系到《斐多》中的关键词之一"φάρμακος"所具有的"毒药"和"解药"双重含义，这表面上可以佐证尼采的观点，即：对身体的毒药正是灵魂

---

① 例如在此对话中，柏拉图和苏格拉底并没有指出灵魂到底是自我、理智还是生命原则，而是似乎在交替使用这几种含义。又如，他们在对话开始直接将死亡定义为"灵魂从身体的分离"(*Phaedo*, 64c)，但并无任何论证，而在《申辩》中，苏格拉底还提到死亡可能是一种"移居"或"无梦的睡眠"(*Apology*, 40c-d)。参见 David Gallop, 1975, pp. 88-91；Laurel A Madison, 2002, pp. 427-428。

(或逻各斯)的解药,然而一种更准确的解读似乎应是,身体之本性对于灵魂的治疗是重要的。

这是因为,无身体的生活毕竟对人来说是不可能的。神不需要汲汲于德性,而人寻求知识和德性的很大原因则在于他们生活的具身性质。所以苏格拉底的处方不是摒弃身体,而只是通过理性的统治或自我知识而控制、管理身体。而苏格拉底之所以成为苏格拉底也无非是依循此路,但他仍是一个有身体的人,一个爱智慧胜过爱身体的人。正是在一种不受约束和错误意见烦扰的生活中,苏格拉底树立了一个可以在最大程度上忘记身体的典型,并且引导着他的病人来治愈自我。所以当被问及众人做何事可以使自己愉快时,苏格拉底告诉克里托:他们可以通过在做任何事情时都关心好自己来取悦他和他们自己(*Phaedo*, 115b4-6)。真正重要的是首先当好自己的医生;当一个人真正学会了自我照管和治疗,他才会主动地去关心他人。后面我们将看到,这种哲学理路被很多希腊化哲学家所继承,尤其是斯多亚派。因此苏格拉底极为关心年轻人的灵魂,总是督促他们怀疑自己、关心自己、关心德性,并使这种以相互间的哲学讨论为形式的关心成为一种惯例,直到生命最后。

而且,苏格拉底作为众人之救治者的角色也得到了同伴们的认肯。例如斐多就称苏格拉底用技艺治疗了他们,使他们放弃逃离和失败,而追随苏格拉底一起审查论证(*Phaedo*, 89a4-6)。由于把自我囚禁在身体之内的灵魂(*Phaedo*, 82e-83c)才是主要的治疗对象,这种治疗的主要特点是通过正确地对待身体而治愈灵魂。虽然灵魂本身是纯洁的而不是某种化合物的一部分,但它必须具身化,并与身体相结合,才能使人的生活成为可能。它的纯洁度则取决于它能在神的关心和自我的努力两方面达致的程度。只有朝着这两个向度努力,一个人才能最终获得灵魂的健康而成为自己生活的主人。因此苏格拉底一再强调关于灵魂不朽的论证(作为寻求治愈的努力)仍需完善(*Phaedo*, 771-5, 84c6-8, 107b4-9),并且指出厌恶推理($\mu\iota\sigma o\lambda o\gamma\acute{\iota}\alpha$)(作为致病的原因)是最大的恶(*Phaedo*, 89d2-3)。因为如果说逻各斯是人之为人的根本,那么作为一种灵魂的旅行,激发和运用逻各斯的哲学探讨本身即表征着一种最好的人活着的状态,放弃这种努力则在实质上选择了一种灵魂的死亡。

苏格拉底在讨论灵魂的同时也在事实上和隐含意义上讨论身体,而且大多时候都在对立的意义上剖析这两者。然而当我们从论证过程本身转向现场的布景花絮,从思考中的抽象身体转向言行中的具体身体时,却发现《斐多》中所展现的画面是非常人性化的:在这个集体性的治疗活动中,理性与情感、快乐与痛苦、笑与泪相互交织,随处可见身体的在场。① 即使是在对神话的讲述中,当谈及大地和来世生活时,苏格拉底也是描述了一幅具身的理想的世界图景,即一个可以摆脱凡世疾病的美好身体所隶属的世界(*Phaedo*, 84b)。更有趣的是,当涉及那些经哲学纯化而享受无身体生活的亡灵的住所时,苏格拉底说道,"这是很难描述的","我们也没有时间这么做"(*Phaedo*, 114c6-7)。是这种生活和居所真的很难描述或没时间讨论,还是人类的理性根本就做不到这一点,即使是在神话中? 实际上,苏格拉底在第一次申辩中就已说过,他对于死后的世界没有足够的知识,他也并不认为他有这种知识(*Apology*, 29b5-6)。或许真正的原因在于,只有此世这个与身体相连的世界才是人可知的、可把握的。即使灵魂到那个世界有可能过得更好,这也必须以在这个世界做得好为前提。而且这种纯化灵魂的在世努力是无限度的。

不但克里托对苏格拉底的即将失去的身体表示出持续的关注,苏格拉底本人也通过将论证效果与斐多是否剪"美丽的卷发"相联系以反对"厌恶辩论"。他还进一步将厌恶辩论类比于厌恶人,从而将问题根源转向人本身并使哲学讨论具身化(*Phaedo*, 89b)。不仅如此,在苏格拉底喝下毒药时,在场所有人都忍不住追随一直没停止哭泣的阿波罗多洛(Apollodoru)而掉下眼泪(*Phaedo*, 117d2-4)。尽管苏格拉底责备他们并劝其控制自己,但遗言证明他仍然认为他们已经得到治愈,对逻各斯的探寻是成功的。与之相关的是,苏格拉底在这篇对话中鲜明地反对自杀,其缘由是这是高级学说之规定,人是神的财产(*Phaedo*, 62b3)。这似乎也是在强调,人负有在世的责任并得到神的关心(ἐπιμέλεια),因此人不应该从世界②中走出来而选择逃离、结束生命(而人的身体恰恰可以作为这个世界的隐喻)。而这一点也可以被视为对尼采之解的回击。

如果说照看灵魂才是保持和恢复健康的根本路径,那么这个并不完善的灵魂不朽论证,确实从一个特殊的视界开出了某种药方。首先,论证灵魂不朽的这个过程本身作为一种哲学实践让现场所有人消除了对死亡的恐惧,并

---

① 例如,克里托曾反复询问和提醒苏格拉底一些身体之事,包括谈话如何影响毒药的作用(*Phaedo*, 63d-e),是否对教育孩子有何指示(*Phaedo*, 115b),在何处埋葬苏格拉底(*Phaedo*, 115c)等等。

② 在 62b 处,苏格拉底说道,"我们人类就像处在某种'φρουρᾶ'"中(ὡς ἔν τινι φρουρᾷ ἐσμεν οἱ ἄνθρωποι)。"φρουρᾶ"有"牢狱"和"哨所"两种翻译,库珀本和王晓朝本都选择前者,但我们倾向于采纳西塞罗的建议而选择后者。尽管西塞罗首先确认将生命视为"φρουρᾶ(phroura)"这一观点来自毕达哥拉斯传统,但他在《论老年》中也将"phroura"理解为哨所(*statione*)而不是监狱(*De Senectute* [*On Old Age*], 20.73)。另外,塞涅卡也与西塞罗的立场相一致(*Ep.* 65.18)。

暂时地忘却了身体。其次,通过这场讨论,苏格拉底让所有人都认识到关心逻各斯、过一种哲学生活的重要性。再次,对死后亡灵情形的不同描述,明晰人进行自我照管和努力所获得疗效的不同,有利于激发在世者的净化自我的勇气。如果说这个论证过程对于"关心灵魂"这个主题同等重要,甚至重于结果,那么可朽的身体与这种自我关心,或一种反思的哲学生活又有何种关联呢?

(三) 哲学生活中的身体:何以治愈

诚然,围绕着灵魂之好与灵魂不朽两个问题,苏格拉底谈话中的身体与灵魂表面上是非常对立的。苏格拉底反复强调一个真正的哲学家应该将灵魂从身体中脱离出来,因为身体不仅具有物质需要、可能患病、带来激情、欲望、恐惧和愚昧,而且还会引发战争、内讧,从而夺走实践哲学的闲暇;或者用困惑和恐惧扰乱闲暇中的人们,从而中断和阻碍人们的哲学探索和对真理的寻求(*Phaedo*,66b-d)。且不说身体对灵魂所造成的这些广泛影响恰恰表现了身体与灵魂之间的密切关联①,这里对身体的攻击已经隐喻性地指向了现实社会和经验世界,而有身体的人显然也不能逃离这些外在的大身体。对应于对话中灵魂概念的模糊性,其对身体隐喻之义的使用甚至还超过了其字面之义。在大多讨论中,身体与灵魂更多的不是作为本体论上的独立实体,而是分别代表着两种生活,即一种高级的生活和一种低级的生活,而死则是对投身于哲学的一种隐喻。②

但柏拉图对身体和具身生活的脆弱性的全面揭示正证明了实践一种哲学生活的必要性。既然身体是人作为人的宿命,而灵魂则更具可塑性,那么通过持续地锻炼逻各斯,检查和抵制由身体的欲望和感觉而引起的错误意见、信念,就可以使灵魂变得更有德性,进而获得幸福。而这个过程本身就构成了哲学生活的主要内容。如果说哲学的实践是一种训练将灵魂与身体相分离的过程,那么前提必须是有一个身体,尽管这种分离是哲学意义上的。没有身体这个训练素材,就没有哲学实践和人的德性。当然,尽管身体有一系列的脆弱性或者说身体是人之脆弱性的基本来源,但灵魂疾病的真正原因来自灵魂自身而不是身体(*Phaedo*,82e-83a):在人的世界中,灵魂既是身体的生命赋予者、使用者、统治者,又是身体的囚禁对象,最终需从这种自我异化中重塑、实现其自身。此外,身体在灵魂寻求知识过程中还发挥着重要作用。因为身体在这里主要是一个有感觉和情感的有灵魂的身体(an ensouled

---

① 尽管柏拉图在这里并没有谈身体与灵魂之间的因果关联:他既没有交代灵魂如何统治身体,也没有具体阐明身影影响灵魂的机理和方式,如身体如何污染灵魂。

② Laurel A Madison,2002, pp.426-428.

body),正像在《理想国》《蒂迈欧》和《法义》中,(有朽)灵魂又是一个具身的灵魂(an embodied soul)一样。正像苏格拉底在第二个论证,即回忆论证中所承认的,人对知识的寻求开始于与世界的感性互动(*Phaedo*, 75a-76a)。正是这种借助身体的感性互动激起了对知识的回忆,从而将人与另一个世界相连结。因此,无论这篇对话对身体的抨击多么激烈,其所描述的哲学生活或者说精神实践活动始终不能游离于身体领域。或许正是身体在哲学实践中的作用才引发了柏拉图对身体的这种高度重视和特殊"偏爱"。

另一方面,以身体为质料的哲学实践也同时训练、改造了身体。不可否认,由于人的自然本性更倾向于关注身体善,欲求外在的身体性之物,因此身体不可避免地从内外两个方面成为寻求知识的障碍。然而人还是能够通过关注其灵魂,投身于思想生活而让灵魂短暂地与身体相"分离",并使得灵魂这个真正的自我免受伤害。在某种意义上,所谓的死亡训练涉及的又是对身体以及在世生活的真正关心:即,使人不仅仅忙于、满足于一种肉体生活,而是还要追求一种值得的、有价值的在世生活,使灵魂成为真正的主宰者。因为做得好不仅仅是为了死得好,更是为了在世的活得好。真正健康的生活是由灵魂的健康做保证的。与之相关的是,在其他对话篇中,柏拉图曾多次将德性与灵魂的健康相等同,将德性的卓越与身体的健康相对比。相对于身体的健康,灵魂的健康无疑是首要而根本的,只有治愈灵魂才能在一种内在的意义上应对身体的脆弱性和非自足性。更重要的是,人经常需要身体的医生来照管身体,但是人必须依靠自身来关心灵魂(*Crito*, 47b-e)。而且即使是身体的医生,也应该接受灵魂的治疗;① 而一个灵魂的医生却可以间接地治疗身体。因为如《理想国》中所言,一个好的灵魂自身就可以带来身体的善,而不是相反(*Rep.* 403d-e)。② 所以哲学才被苏格拉底视为是"最伟大的技艺"(*Phaedo*, 61a)。③ 经过这门技艺的洗礼,人们至少可以拥有一个苏格拉底式的身体,即那个洗完澡后"容光焕发"(*Phaedo*, 116b7)的身体。实际上,斯多亚哲学家爱比克泰德正是将苏格拉底的这个身体形象视为哲学对身体之有益影响的见证(*Diss.* 1.24.8; 4.11.19),从而使苏格拉底的已死身体也"活"起来。总之,人的生活是一种具身的生活,人的世界是一个具身的世界。没有人在其生命过程中能真正地离开身体。或许柏拉图和苏格拉底真诚地相信灵魂不朽,但他们对身体的态度与毕达哥拉斯主义是不同的;经训

---

① 《普罗泰戈拉》开篇曾描述了与医学之父同名的希波克拉底欲求教于普罗泰戈拉、以托付照料灵魂之事的急切之情。
② 另参见 *DK* 68 B 187 = *Stob.* 3.1.27 = D 52(泰勒译),参见本书第 33 页注释④。
③ 后来爱比克泰德也有此说法(*Diss.* 1.20.13)。

练后的节制,而不是禁欲才是他们所推崇的实践行动。而当他们说我们必须超越身体和对身体的关心时,关键之点也只是强调人必须抵制住身体欲望的侵袭。

综上,从柏拉图笔下苏格拉底的医生角色以及哲学生活与身体的关系入手,可以推之,苏格拉底的临终之言指涉的还是其毕生所致力于的逻各斯的治疗和反思的生活。希腊人所理解的生活是一种整体的生活,它由一种内在于品性的基本态度所决定;不同的态度和品性将会带来不同的生活①,但是最好的生活一定是通过德性来获得的。因此不同于尼采与福柯对哲学生活的理解,我们认为这种生活首先是一种基于逻各斯或理性的德性生活。在由柏拉图所启发的哲学生活中,灵魂始终是自我关心的真正对象,而身体则可以说是灵魂的训练素材从而使得哲学实践成为可能。所以,哲学并不是完全对立于身体,哲学家不仅教人们如何关心自己的灵魂,而且还启示人应如何直接或间接地对待身体。作为医学式教学法的一部分,这不仅是一种对自我知识的探索,而且还是对他们作为"灵魂医生"之魅力的一种展示。对柏拉图来说,基于人性的弱点,大多数人都需要不时地运用德性来面对和解决身体与灵魂以及其代表的两种生活方式之间的冲突。哲学家,通过持续的哲学实践,将会更少地与身体以及身体之事相接触,从而在俗世生活中进行一种神性的生存。这种生活是由对逻各斯的爱和持续的哲学探讨得到保证的;而且这种生活中的身体实际上是一种处于最佳状态,即与自我建立了最佳关系的身体。因为从现象学的角度看,只有有病、有问题、非正常的身体才会持续地在场。如果一个哲学家能体会到思考的乐趣,他就会暂时地忘记身体,从而使生命类似于一种死亡,即一种有身体的死亡。在这种生活中,他将完全被一种自我知识或真实的自我所统摄。这也就是柏拉图的苏格拉底作为一个哲学家的生活和他的生活哲学。没有了身体,苏格拉底通过他的哲学实践留给后人反复讨论他的死。而通过选择一种合适的方式去死,他使人们真正地知道如何通过思想与实践获得永生。

三 从身心健康到道德健康

如果说《斐多》主要是在一种特殊情景下,以一种极端的方式暗示身体与人类生活的脆弱性与灵魂训练的可能性与必要性,那么《高尔吉亚》则通过运用大量的身心对比,尤其是针对身体的饮食、训练②与灵魂、智力的训练

---

① Diego Gracia, 1978, p.7.
② 《理想国》甚至提出通过教育和培养不断提高人的身体素质、逐步实现人种优化的问题(*Rep.* 424a)。

之间的类比,提出了独特的灵魂健康理论。根据朗等人的说法①,身体的健康与灵魂健康之间的类比,即道德健康的思想,在历史上的苏格拉底那里甚至都未明确提出来,因此可能是柏拉图的创造,尤其是在《高尔吉亚》中。至于具体如何理解身体与灵魂的密切关联,并锻炼、协调、平衡二者,由身心健康走向道德健康,则成为《蒂迈欧》中讨论的重要问题。总体上,在《蒂迈欧》《法义》与《菲丽布》等中后期著作中,柏拉图倾向于不再将身体置于一个非人、非我的世界,而是更强调身体(或具身的有朽灵魂)与灵魂(或不朽灵魂)的相互影响以及对于道德上的健康的重要性。

在最集中体现柏拉图的身体观的《蒂迈欧》中,柏拉图借蒂迈欧之口,最详细、客观、直接地讨论了身体的结构、功能、可能的退化以及身体与灵魂的相互影响。尽管理性的统治和灵魂不朽部分的优越性依然得到强调,但这里的核心不是如何将灵魂从身体分离出来(《斐多》),或者哀叹灵魂堕落到人间(《费德罗》),而是更为突出人的身体的积极方面以及与灵魂合作的可能性。鉴于身体的运动可以干涉灵魂的运动,灵魂在各处的运动是空间性的(*Tim*. 43b-44b, 86b-87b),身体甚至成为灵魂遵循理性的一个助手和合作者。具体而言,这篇对话在一种宇宙目的论视野下,从人类学的角度,更客观地讨论了灵魂具身化的必要性、合理性以及人获得幸福生活的可能路径。在这里,神创造人的身体的目的是道德的、哲学的。人类不但被赋予各种能力与和谐的本性,而且拥有一种学习哲学和追求幸福的独特目的。关键在于人是否能训练自身中最好的部分,照顾好自己的神性部分(*Tim*. 90b-d)。所以对具身化的讨论并不意味着柏拉图对人的本性的悲观,毋宁说体现出他对人的条件的一种全面而深刻的洞察。而借助对灵魂具身化过程(*Tim*. 69a-72d)以及身体结构、功能的描述,从医学类比和隐喻说开去,医学与伦理学之间在这里已经不仅仅是一种类比,而是通过目的论产生了一种内在而直接的关联。

这种关联主要是通过生理学的方式体现出来的。按照《蒂迈欧》,当灵魂在身体中具身化后,灵魂就成为身体活动的主导原则,与身体密切联系而且在人的有朽生命中再也无法分开。灵魂激活身体,使其成为开展基本生命活动的一个有机体;同时,有朽灵魂又需要身体作为它的寓所,提供运动所需的营养。有趣的是,我们还被告知,骨髓使灵魂各部分在身体中得以安顿,成为身体与灵魂的联结物:"使灵魂与身体得以结合的纽带就系在骨髓中,为有朽灵魂提供根据。"(*Tim*. 73b)就身体对灵魂的影响而言,《蒂迈欧》中有很多可以与希波克拉底文集《论养生法》一文中的论述可比较的思想,其中

---

① A. A. Long, 2015, Chapter 3; cf. Julia E. Annas, 1992, p. 107.

最重要的莫过于关于身体与灵魂的疾病部分(*Tim*. 81e6-87b9)。

[86e]……因为没有人自愿地是恶的。坏人之所以成为恶的是由于身体的恶劣状况和缺乏教育的成长过程,而这些对于有此遭遇的人是可恶的和不自愿的。在痛苦方面也相似,灵魂也由于身体而招致了很多恶。……当人处于这样一种恶的状况,[87b]再加上政治管理的恶,城邦中公私言论的恶,他们从孩童开始起所受的教育又不能治疗这些恶——这时,这两个不是出于我们意愿的原因就造成了我们当中已变坏的人的恶。

鉴于论题限制,我们暂且搁置《蒂迈欧》在这里对恶的原因的解释是否完全取消了人的责任这一问题,而是重点关注他对人的灵魂疾病之生理原因的分析。尽管柏拉图在别的对话中曾否定身体能对灵魂造成损害(*Rep*. 610a5-c1),但在这里他甚至暗示,同教育的匮乏一样,身体的一些恶劣状况(διὰ δὲ πονηρὰν ἕξιν τινὰ τοῦ σώματος)会影响灵魂的德性养成,即身体会影响,甚至决定品格(*Tim*. 86d5-e3)。具体而言,《蒂迈欧》认为富足的营养物是造成理智紊乱的很重要的原因,因为它不仅会带来灵魂在具身化过程中的最初的疯癫,而且还会在灵魂的旋转中导致紊乱和思想上的麻烦,例如健忘和无知。相似的,如上文已经提到的,希波克拉底文集中《论养生法》的作者极为重视对理智的反思,因为他确信一种不健康的养生法定会对理智带来负面影响。另外,关于感觉理论,这篇对话更是详细地阐释了营养物对身体,进而对灵魂的影响。① 所有这些又似乎影响了后来斯多亚派,乃至医生盖伦等人对于身体构成与心灵疾病之间的关系的理解。我们后面将看到,斯多亚派对于灵魂疾病的原因、症状、治疗的解释似乎都在某种程度上受益于《蒂迈欧》中的讨论。②

就灵魂具身化这个过程而言,它是两种因果关系的结果。一种是代表着自发性和偶然的必然(ἀνάγκη)原则。它以一种无序的方式发生作用,像自然力量和命运因素一样在人的能力之外,即使是神也不能选择和改变它的作用方式和结果。正是由于必然性,神必须将灵魂的有朽部分置于人的身体内,使人的身体性生活成为可能。人的一些身体器官甚至纯粹是必然原则的产物。然而必然的具身化过程一旦开始,人类的恶也随之产生。尤其是在没有理性干预或神缺失(ἀπῇ τινος θεός)(*Tim*. 53b3-4)的开端,灵魂的血气、

---

① 可参见 Hynek Bartoš, 2015, pp. 231-240。
② 当然,《蒂迈欧》的身心学说(生理意义上与道德意义上的)对斯多亚派、盖伦的影响,或者说斯多亚派、盖伦对《蒂迈欧》身心学说的解读和态度是非常复杂的。相关研究请参见 Teun Tieleman, 1996; Christopher Gill, 1997, pp. 268-273。

欲望以及它们所共有的感觉等来自身体内在的因素都会污染神性灵魂和制造不安,将人置于各种诱惑和情感之下。但是血气和欲望部分也有其重要作用——它们可以服务于一种德性的生活,这也是具身化过程以及所依赖的感知所使然;甚至那些由它们所产生的骚乱也是必然的,它们都是人之成为人的必要条件(无此部分及其欲求,人将无以维存)。可以说,对"必然"的讨论体现了柏拉图对人类本性的基本观察和认识。不同于《费德罗》,灵魂降落在这里不仅仅是一种不幸,而且是一种服从于神性意志的自愿行动。正如人类的创造是为了保证宇宙的完整性,其有朽灵魂的具身化不仅是可能的,而且是必须的,甚至合理的。

之所以是合理的,因为这种具身化为人的幸福生活提供了可能性。当然其最终根源在于作为另一种原因的理智(νόος)在具身化过程中发挥的重要作用。尽管必然在某种程度上限制了理智(如 *Tim.* 74e-75c),但理智在总体上高于必然并能成功地"劝说"(πείθω,48a2-5)必然服从自己的目的。① 从另一个角度也可以说,这种可能性是通过灵魂和身体的合作得到实现的。因为造物主(δημιουργός)为所有生命物提供了一种过理性生活的最大可能性(*Tim.* 89d):它将灵魂的有朽部分和人的身体尽可能塑造得完美(由年轻的诸神通过对他的创造的模仿而完成)②,从而使人的激情和欲望部分可以得到限制或保护,并与灵魂的不朽部分和身体维持一种和谐关系。在灵魂具身化过程中,更多的身体器官按照理性原则被设计和创造出来,从而服务于一种理智的生活(*Tim.* 72d4-81e5)。这样身体不再仅仅是恶的来源,而且在某种程度上充当了知识的媒介。只要它得到好的规训和导引,进而协助灵魂恢复其认知功能,就可以为好的生活提供积极有利的条件。

尽管人的灵魂的具身化不同于世界灵魂的具身化,但这个由诸神所创造的过程毕竟为人理解神性世界打开了窗口。而对神性的理解又构成了人类生活道德和哲学的基础。如果可以将人的有机体视为与宏观宇宙相通的微观宇宙,那么它也可以同样具有一种和谐的比例。人可以通过研究自身具身化的后果,即身体的构成、作用、目的以及身体与灵魂的关系,以更容易地理

---

① 可参见相关评注:D. J. Zeyl, 2000, Introduction, p. lxxxi。
② 尽管身体性结构和生物性功能是由必然所决定的,然而,它们一开始都是神有目的地(即道德上的)设计的结果。由此身体的结构可以帮助理性来维持其统治,使有朽灵魂遵循理性。例如,视觉、语言和听觉器官使得人类可以通过哲学的学习而探寻宇宙的本质和观察理智的轨迹(*Tim.* 47b-c),这样人就可以运用或模仿其所学之物。一些特殊器官,如颈、肺、肝和脾等,也都是为了灵魂的具身化而被创造,以担保理性的掌控(在避免麻烦的同时保持与可朽灵魂的畅通)。总之,身体的双重功能总是相互交织的:既为了必然,也为了最好(*Tim.* 75d-e)。关于这方面的有益讨论,请参见 Carlos Steel, 2001, pp. 105-128。

解神性。鉴于不朽灵魂与宇宙灵魂的同质性，如果一个人能够学习宇宙的和谐和变化，并模仿宇宙秩序而培养、训练他的身心，展现灵魂不朽部分的优越性，就可以无限地接近神性（*Tim*. 90d）。尽管我们并不清楚这是怎样的一种模仿，但可以确知的是，这个过程应是理智对必然进行劝说的结果。总之，灵魂具身化的合理性不仅关涉神性的参与，而且体现在理智对必然的强有力影响上。

如果做一种笼统的比较，必然原则在某种意义上可以类比于康德意义上的自然因；它相对于另外一种原因性：自由因。在人性的层面上，必然之影响固然暗示着无理性和无规律性，但是作为一种原因，它本身还意味着"一种可依赖的性质的存在以及这些性质之间所产生的有规律的结果"。[1] 因此它既可以解释现象世界中可见事物的性质和运动，也可以用来描述人的条件的局限性。作为人类生活的基本事实，必然的事物在根本上非善非恶，甚至可用来实现神性目的和最好的生活。相比之下，理智原则则代表了柏拉图为人所设定的本体原则和道德理想。正是理智原则设计、引导必然原则这个辅助性原因创造了世界上复杂和完美的结构，尤其是人类的身体。作为两种原则相互作用的结果，有朽的灵魂和身体机制以及身心之间的和谐比例还是理性原则和生物性事实的完美结合。但从另一个角度讲，这固然为一种善的哲学生活提供了无限的可能性，但同时也为人类的堕落开启了方便之门。所以柏拉图在《蒂迈欧》中显示出一种对于有朽灵魂和身体的模糊态度：身体与灵魂的有朽部分紧紧捆绑在一起是一个服从于神性意志的必要事实；相应的，由神所创造的人的身体，既是理性存在于可朽世界的主要体现之一，也是身体疾病与灵魂疾病的主要来源（*Tim*. 86a-87c）。尽管如此，从总体上看，如果说必然原则使道德的产生不可避免，那么目的论的设计和理智对必然的说服则为幸福的实现提供了可能性和具体路径。

在康德眼中，自由因属于道德的领域。如果按照道德法则行事，我们就可以超越自然因链条和身体性限制，获得一种积极的自由。[2] 因为无论由自然因素所决定的结果如何，善良意志是最重要、最根本的。因此对康德来说，尽管他最终还是坚持了一种亚里士多德式的自然目的论，但似乎没有必要在道德形而上学中引入一种柏拉图式的道德目的论（在这里暂不考虑康德生活时代的自然科学的发展状况）。而对柏拉图而言，有趣但令人困惑的是，他试图利用"劝说"联系两种原因性。这至少暗示了一种理智原则主导下的理智与必然合作的可能性。鉴于对于必然的强调，柏拉图似乎极为重视人之

---

[1] Glenn R. Morrow, 1950, p. 153.
[2] 康德：《道德形而上学原理》，第79—83页。

恶的社会和生理原因。但当他重述苏格拉底的"无人故意作恶"这一立场时①,似乎又表明了他对人的神性部分的信心。这一点也可以从《蒂迈欧》的目的论设计,尤其是关于头的设计中得到印证——受制于所面对的物质材料,理性所取得的结果可能不是绝对最佳,但却可能是最好的。② 因此以上所论并不必然意味着柏拉图思想中有某种内在矛盾,因为其所揭示的正是人的混合本性这一基本事实。有些事情确实在人的能力之外,但许多事情取决于人本身:人必须理解必然原则及其表征的人性事实,进而明晰神性目的,这样才有希望和可能获得德性和幸福,尤其是运用不可控制之物来服务于自己的目的。

在康德看来,灵魂的不朽性是在道德法则中得到揭示的。为了证明这一点,他将视野转向人的来世。为了能够继续对道德完善的追寻,人必须能够不朽。③ 严格地说,康德所给的不是基于逻辑的理论论证,而是依托信仰的道德论证。正是规定人的自由的一种可理解视角使灵魂不朽成为一种必须。相比之下,在《蒂迈欧》中,柏拉图试图通过观察神对人身心结构的完美设计来探讨道德的可能性。在没有拒绝灵魂三分结构和灵魂—身体二元之分的基础上,他更强调如何统一灵魂的三部分,以使之成为一种完整、和谐的整体。但他也指出,尽管神在一开始平等地给每个人设计好了完美的身体结构,但人品性(灵魂)的堕落会带来来世身体的退化(比如男人变成女人,甚至动物),因此可以说,《蒂迈欧》中的创世故事和贯穿其中的宇宙论,尤其是涉及灵魂具身化的部分,并不完全是隐喻性的。整个故事可以被视为一种源自先天的,无法为经验事实所证明的设计叙事。正如柏拉图所坚信的,并不存在关于世界生成的一种完全自洽、精确的解释(Tim. 29c5-7)。概而言之,基于各自的形而上学,柏拉图和康德都一方面深刻地探讨了人的条件,另一方面又基于此为人类设定了一个崇高的道德理想。④ 而一个好的道德哲学应该结合二者:它不仅需要通过严格的逻辑论证说服人,还要通过令人振奋的故事激励人。

总之,对于柏拉图而言,要获得灵魂和身体的健康,最重要的就在于人本

---

① 当然,蒂迈欧与苏格拉底的论证是不同的。蒂迈欧在这里强调的是,身体的恶劣状况以及"未受教育的培养"导致了恶行。可参见多罗西娅・弗雷德:《柏拉图的〈蒂迈欧〉:宇宙论、理性与政治》,第110页。
② G. E. R. 劳埃德:《早期希腊科学:从泰勒斯到亚里士多德》,第72页。
③ 康德:《道德实践批判》,第133—135页。
④ 正像纳斯鲍姆所指出的,或许柏拉图的灵魂观及其所描述的似乎可以身心分离的苏格拉底形象的真正意义与其说是一种科学事实,不如说是为人们树立了一种伦理理想(2001, p.195)。

身。一个人的不幸福或邪恶既不能归咎于他的有朽灵魂和身体,也不能归因于他所居住的现象世界,而是依赖于他怎样使用和对待他的身体,以及如何真正成为他的灵魂的主人。结合其他对话,具体而言,首先,他应该重视身体的健康。医学的养生法不仅有利于身体的健康,而且有助于灵魂的健康。但是好的(χρηστός)身体独自不能带来灵魂的善,而好的灵魂却可以使身体尽可能好(Rep. 403d)。其次,他不能过度锻炼身体(而造成"灵魂在一个过于有力的身体中昏睡不醒")或过度关注身体的健康(以导致时间的浪费和对公民责任的懈怠)①,但要时刻关注完全取决于他自己的灵魂健康。在这里身心的比例关系至关重要(不能强弱不均)(Tim. 87c4-6),这依赖于(适度的)训练。再次,必须遵循一种逻辑的,而非时间的顺序来重获健康:要治身体,应该先治灵魂;要治部分,应着眼于整体(Charm. 156b-157b)。最后,人不应回避责任,而"应该通过教化、工作和学习竭尽全力逃离恶,追求善"(Tim. 87b6-8)。如果人不能身体力行——正如《高尔吉亚》等对话揭示的,人就必须为恶而责怪自己(思想、态度、信念等),而不是人有身体这个事实(Gorg. 494b6)。② 因为神总是以一种最好的复杂方式塑造世界和人的身体,以服务于灵魂之善和一种好的生活,维持理性的统治秩序。更重要的是,人的灵魂的具身化,人的身体的诞生,总是与道德相伴而生。人需要身体而生活,并与各种身体打交道;人还有各种身体性需要,需要承受老、病、死以及身体释放的各种欲望、本能和冲动。所以没有身体,人或许就不需要道德,也不存在一种道德的生活。由此,人将能看清必要原则和神性原则之间的界分和互动。而这也是柏拉图所想要展示的人的条件和人性目的。基于这样一种哲学生活的角度,我们或许对柏拉图的身体观有更多同情的理解。后来亚里士多德其实也继承了先师的这一思路,即在关于人的好生活的观点中启示我们如何对待自己的身体,进而塑造好的生活方式。

第三节 亚里士多德:医学何以作为伦理范型

众所周知,亚里士多德及其追随者对早期以及同期的医学作品都极为熟悉,并在一定程度上吸收了医学在自然研究方面的重要成就。继柏拉图哲学之后,技艺类比,尤其是医学类比和隐喻同样在亚里士多德的伦理学体系,特

---

① 米歇尔·福柯:《性经验史》,第181页。
② Carlos Steel, 2001, p.120.

别是功能论证、中道理论和习惯理论中占据重要地位。① 从伦理学与医学共有的经验性和实践性特征切入，亚里士多德似乎在伦理学上不再像柏拉图那样依赖数学，而是更多地诉诸医学、生物学，以对道德德性与伦理教化进行更为经验的和现象上的说明。因为同健康问题一样，实践事务在本质上也是不确定的，不是固定不变的，这是由人以及人的事务的特点所决定的。因此可以说，鉴于亚里士多德的自然哲学背景，欲要真正理解其伦理学的基本概念和主要精义，同样必须充分关注其对医学与伦理学的类比分析。

在明确区分了理论科学与实践科学的亚里士多德看来，与伦理学、政治学等实践科学一样，医学处理的也是在具体环境和实践活动中如何追求善的问题，而不是要超越实践经验中的差异而追求某种超验的善理念。因此亚里士多德特别强调医学与伦理学共有的经验性特征，认为政治家应像医生研究身体一样研究灵魂与灵魂的德性，以求得灵魂的善（NE 1102a21-24）。在这一意义上，他甚至也将哲学类比于医学、体育训练两种身体技艺，并且称哲学为"一种照管和技艺"（《劝勉篇》23）！在亚里士多德看来，作为灵魂德性的道德德性即是一个人行为和感情合乎中道的品质或心灵状况（即哲学的"产品"[ἔργον]《劝勉篇》23），中道这种代表生命原理的灵魂的好或优秀的状态，恰好可用医学中的适度饮食（身体状态）等加以说明。基于伦理学与医学在方法上的这些互通性，亚里士多德对于具体德性（尤其是智慧与明智两种理智德性）以及快乐和痛苦这一组与德性和善相关的基本感情的讨论，对道德行为的自愿和不自愿的说明以及对于人的特定品质状态的描述，都频繁地使用了疾病、健康、治疗等医学修辞。② 不仅如此，亚里士多德在借助某些医学术语和医学隐喻对其伦理学体系进行了更为清晰的说明的同时，还对技艺、身体与人的生活（βίος）的关系，哲学与医学的从属、类比关系进行了深刻的探讨。总体上，与柏拉图相比，亚里士多德给予了人的生活的不确定性和脆弱性以更多的关注，并从经验生活的角度缓和了身体与伦理生活的紧张关系。在身心关系上，亚里士多德固然有非常复杂的表述和思想，但可以确定的是，对亚里士多德而言，灵魂和身体其实是一体两面：灵魂是身体的活动，心灵活动就是活着的身体的活动（《论灵魂》(415b9-11)③，因为身体就是潜在的生命，是生命活动的工具，而灵魂则是现实的生命，是生命活动的原因（《论灵魂》414a13-14）。亚里士多德也承认身体性状况会影响理智活动，尽

---

① 详细可以参阅 Tom Peter Stephen Angier, 2008。
② 如 NE 1104b15-20, 1129a 11-16, 1150b30-34, 1153a18-22, 1173b22-30 等。
③ 同时可参见 Geoffrey Lloyd, 2007, S140-S141。

管他也认为思考主要涉及非物质方面。① 此外,他也试图借助医学之喻论证那个他反复强调的命题:人不只是一种仅为了活着的生物性存在(ζωή),更是一种为活得好的实践性存在(βίος)(包括社会关系、理智能力、身体条件的审美特性等等)。身体的善恶与灵魂的善恶、身体的治疗与灵魂的治疗尽管密切相关,但毕竟灵魂善第一位,身体善、外在善(财富)分别居第二、第三位。这正是人之生命与政治体制自然而正确的秩序。② 因为仅仅活着的人类生活服务于属人的人类生活,后者的存在不仅在于某人的身体状态,而更在于其对灵魂活动的把握和生命质量的感知。然而作为实现这种生活的不同手段,技艺与德性既可相互结合③,又具有内在张力(*Pol.* 1328b39-1329a)。当然,要真正理解和体会亚里士多德的医学之喻以及其对技艺、身体、人的生活的关联的思考和洞察,首先必须对他关于医学的性质的界定有基本的把握。

一 医学作为一种典型技艺

正如上文所揭示的,医学在古代被视为一门很重要的技艺。医学在荷马时代被视为一种高贵的技艺,医生被认为"是比其他任何人都有价值的人"。④ 而希波克拉底文集中也宣称智慧爱好者的医生相当于神,在智慧与医学之间是不存在鸿沟的,医学具有通向智慧的一切特性(《论礼仪》V)。如此,医师就似乎不再仅仅关注肉体,而且还照管人的灵魂。鉴于这种特殊的重要性,后来的哲学家对医学的性质做了更加深入的批判性思考。例如柏拉图在《会饮》中就选择一个医生(Eryximachus)作为技艺的代言人,批评忽视自然整体的技术专业化行为。总体上医学也是古典希腊时期哲人们普遍感兴趣的领域。他们在对医学的关注和思考中,也从总体的高度对医学的性质、目的和限度进行一种无形的规约和范导。就在亚里士多德思想体系中而言,按照迪亚哥·格雷西娅(Diego Gracia)的著名论文,医学总体上被视为一种建立在理论科学或科学(ἐπιστήμη),即生物学基础上的实践科学与

---

① 我们在这里并没有展开亚里士多德的身体观点。显而易见的是,与柏拉图相比,亚里士多德无疑更关注人的身体性存在。后来漫步学派,尤其是阿弗罗狄西亚的亚历山大(Alexander of Aphrodisias),更注重对灵魂的自然主义解释,并极力维护灵魂在存在意义上对身体的依赖。
② 参见《尼各马可伦理学》第一卷第 8 章;《劝勉篇》34。
③ 在亚里士多德看来,技艺有程度之分(因此可能失败),所以内含一种使事物达致完善的德性,即一种可能的τελείωσις(完善、完满),而瞄准正确的明智则不包含这个意义上的德性。与之相关的是,我们经常说一个好的航海家、好的工匠,但是很少说一个具有完美德性的好人(*NE* 1140b21)。
④ 参见卡斯蒂廖尼:《医学史》,第 81 页。

技艺。① 也就是说,医学是与理论、科学、明智,甚至努斯等其他理智德性密切相关的一种"τέχνη"。

按照希腊文τέχνη一词的基本含义,作为一种τέχνη的医学兼有现代语境下的科学和艺术双重特性:作为一门科学,医学是一种以患病的身体为特定对象,主要面对普遍的、描述性的、客观的和生物学的问题的理性活动,其产品(ἔργον)是病体的健康;而作为一种艺术,医学则将特定的个人视为目的,将整体的生命健康作为其追求目标,主要处理具体的、评价性的、主观的和个人的问题。② 它不仅直接指向人,而且还服务于自然。在希腊人眼中,自然并不是受运气控制或自发(无目的)运行的,而是更像是神匠的作品,一如艺术家之于艺术品、医生之于健康。因此医生理解人的身体就像哲学家理解自然。健康即是一种自然的安排下的有序、平衡和中道,医学则是在"诊"与"治"的意义上帮助身体恢复至自然。疾病来自自然,也由自然所治愈。因而在某种程度上如希波克拉底文集所言,医学是理解人的基础,因而也是哲学以及其他一切与人有关的学问的基础。由于人的身体与宇宙身体全息相通,因此医学不仅隐含着特定的思维方式和价值信念,而且还真实地表征和显现着宇宙自然的规则秩序。而解剖学所致力于揭示的那个神圣的、不可见的区域正是为哲学家们所苦思冥想和激烈交锋的领域。因此尽管亚里士多德对技艺与实践理智、技艺与沉思(θεωρία)做出了严格的划分(这在古今都引起了巨大的争议)③,但他仍然承认医学是一门独特的技艺,它与其他理智德性和把握真理的方式是密切相关的。

首先,医学需以物理学为基础,而其本身可视为一种以辅助和模仿自然为要务的思索性技艺。不同于柏拉图,亚里士多德对技艺进行了专门界定,即"一种与真实的制作相关的、合乎逻各斯的品质(EN 1140a,廖申白译)",并在一种相对窄化的意义上使用该词。按照亚里士多德对于制作(ποίησις)、实践(πρᾶξις)和理论(θεωρία)的划分,技艺通常是一种局限于制造和生产,其目的在它本身之外的知识或制作(ποίησις);它主要面向具有偶然性的,活动的始点并非在其本身的事物。"Ποίησις"的对象不仅是未存在过的人工物、事物、行为,而且还包括已存在过的属性或状态,如健康。然而在严格意义上,古希腊医学并非是一种现代意义上的生产活动。用亚里士多德

---

① Diego Gracia, 1978, p. 34.
② 可参见霍夫曼(Bjørn Hofmann, 2002, pp. 135-149)的讨论。
③ 关于技艺和明智之间的张力,布罗迪(Sarah Broadie)的批判性解读颇具代表性,参见Sarah Broadie, 1991, pp. 201-209。关于技艺与沉思之间的关系,可参见Andrea Wilson Nightingale, 2004, pp. 223-227。

的语言说,医学是对自然的一种模仿。在亚里士多德看来,医生并不自己创造健康,而只是借助自然力量帮助身体恢复至一种平衡状态,即健康状态。因此这个过程的核心之处不在于生产人工物,而是帮助自然恢复其隐匿的自我运动,弥补自然安排可能的不足。医学的主要任务是模仿、辅助、恢复自然,而不是生产。更重要的是,就医生本人而言,医生所施展技艺的过程比结果更重要。换言之,医学的目的不仅仅是生产健康的东西,更重要的是尽可能地推进这个方向。①

其次,从亚里士多德的角度看,医学与自然最高的自明原则,即努斯相关联。在《感觉与所感觉到的》(Sense and Sensibilia)中,亚里士多德这样说道,

> 但自然哲学家也应该对健康和疾病的第一原则有清晰的认识,因为无论是健康还是疾病都不可能存在于无生命的事物中。事实上,我们可以说,对于大多数自然的研究者们和那些以哲学的方式学习他们的技艺的医生们而言,前者通过医学的探究来完成他们的工作,而后者则通常把他们的医学理论建立在物理学的原理之上(436a17-436b1,博瑞[J. I. Beare]译)。

因此,关于健康和疾病的第一原则不是在知识层面,而应到努斯层面去寻找。健康是一种自我恢复的平衡,医生所做的只是提供一种借助机体自身的力量而使之恢复平衡状态的途径(如 *Met.* 7.7)。可见,与现代西方医学对身体的干预和操作相比,古希腊医生的主要任务是识别疾病和在治疗的意义上帮助身体恢复其自然能力。他们主要处理的是"是"的问题。由于主要旨在解决人体的自然秩序和平衡,而人之微观宇宙与宏观宇宙又是相互关联,古希腊医学不仅致力于解释自然的安排、秩序和平衡,而且还被广泛地应用于人的行为规则。

再次,按照希波克拉底文集,医学活动以智慧为重要标准,尤其是那些肉眼看不到的疾病更是受到智慧之眼的掌控,需要运用理性及其提供的知识(ἐπιστήμη)探究病因,对症下药(*Art.* XI)。② 亚里士多德无疑也同意这一点:尽管区别于纯粹知识和思辨活动,医学也有理论基础和理性起源,并与逻

---

① 在《修辞学》中,亚里士多德曾使用医学之例来说明修辞学的情境。"修辞术的功能不在于说服,而在于在每件事情上找出其中的说服方式"(1355b10-13,罗念生译),就像在其他技艺中的情况一样。所以即使一个医生的病人死去,但医生可能已经实践了他的技艺,这种技艺目标的实现并不会损害他作为一个完善的技艺实施者的名声(Brad Inwood, 1986, p.547)。我们将在后文看到,这个观点其实与斯多亚派对技艺的观点是一致的。

② 在亚里士多德看来,技艺活动无疑是一种身心活动。工具的活动包含着技艺的逻各斯。铁匠或纺织者的活动包含着该门技艺的逻各斯,因为如果不参照工匠及其技艺的目标,一个人无法定义这些活动过程。可参见 David Charles, 2009, pp.291-307。

各斯的运用和对善目的的关照密切相关。它也建基于普遍知识之上并需要应对具有普遍性的事实(*Met.* 981a5-7);也需严格遵照因果性原则,并为其他自然科学提供确切的知识。换言之,医学之为技艺,必然有其哲学基础。虽然关于身体具体如何活动的知识仍然是隐藏着的,但一个经过技艺训练的医生可以通过推理探因,进而干预疾病和控制健康。实质上,正是医学的理性根基才使医学成为真正的技艺,并胜于经验、运气,区别于江湖巫术。简言之,具有特定主题的医学既是认识问题,又是实践问题;既须立足于日常经验,又离不开理性的指导。

最后,与实践理智的关系是理解医学性质的关键。① 按照亚里士多德的阐释,医学与伦理学的主要不同在于,伦理学是一门实践科学,而医学主要是一种技艺。但与科学相比,技艺需要更多的考虑,尤其是医学这样具有更多不确定性的推测性技艺(*NE* 1112b1-10)。所以可以说,医学活动是一门涉及技能、理论和实践,并且与实践理智活动可形成特殊对照的技艺。② 况且明智与技艺本来就密切相关。事实上,直到中世纪,人们仍然认为亚里士多德的明智(*recta ratio agibilium*)与技艺(*recta ratio factibilium*)、实践与制作,作为实践理智的普遍逻辑的一部分,存在着相互依赖的关系。所谓正确的理性(ὀρθὸς λόγος或 *recta ratio*)就是实践推理,而且是一种辩证的推理——这也是今天大多数研究者所同意的。

尽管作为一种知识,技艺和实践理智都有其实践和经验层面,但它们都更多的是一种知的方式,而不是一种做(或制作)的方式。与明智一样,医学技艺也面对的是或然性、情境性的事物,因此不能依据某种普遍、必然的规则,而是需要在具体应用和实验检验中不断修正、完善自身;也涉及推理、判

---

① 约恩森(Albert Jonsen)和图尔敏(Stephen Toulmin)将临床推理作为一种需要实践理智的典型的道德事业,认为医学是技术的核心,能有效地在实践理智的视野下被加以运用。按照他们对亚里士多德的理解,需要慎思、技巧的医学就是一种实践理智活动,医学推理的运用就是一种形式的实践理智(Albert R. Jonsen, Stephen Toulmin, 1990, pp. 37, 42, 69)。然而他们忽视了亚里士多德在运用医学之喻时所设置的界限,夸大了医学推理和实践理智之间的关系。正像下文将要论证的,类比不同于重合。

② 在亚里士多德的知识体系中,医学和修辞术这两种技艺与实践理智的关系似乎更为密切(尽管与政治技艺的关系[*NE* 1141b23-24]显然更为复杂)。这两种技艺与实践理智的主要差别在于始因上的不同(在慎思,是否遵照规则方面),而在方法及应用层面上(例如对习惯与训练的依赖上)却有众多相似之处。实践理智涉及对总体的好生活的思虑,它总是向我们显示总体生活的好(内在的、自身的好);它既不涉及在活动之外的产品生产,也不对它的目的或在它之外的善具有工具性;它自己就是最高目的的一种实现,即做得好。不过布罗迪也指出,"主张技艺是受规则支配的而实践理智则不是,这是一个有问题的区分,因为并非所有的技艺都是受规则支配的;鲜有受规则支配的技艺是完全受规则支配的;而不受规则支配的实践(activities)也会变得如此。"参见 Sarah Broadie, 1991, p. 207。

断和选择,并将观察与慎思的结果最终实现于行动;都与实践者的道德德性或内在品性具有内在关联,并需要以此作为土壤。因为技艺只有在总体善的导引下,才能真正有益于人;它可以在自身活动中体现出这种实践性的目的。因此在某种程度上,医学活动也受到实践理智的指引,是实现手段和行动目的的统一。临床推理本是一种实践性的推理:在医学活动中,医生通过对病史和症状的认知,将普遍知识运用于特定的病人,寻找疾因,推知病情,择时治疗。在实践层面,医学还是一种做的能力,这种能力的限度与具体情境和活动相关。由于普遍知识的相关性取决于特定的病人,所以医学是一种意在治疗特定病人的实践性活动。① 这种与实践理智的可类比性也是医学成为一种重要的伦理范型的重要原因之一。

二 医学作为一种伦理范型

医学及其活动的特征使其成为古希腊思想讨论中理解宇宙自然、社会生活和道德德性的重要范型。医学为哲学所提供的隐喻和类比也因此成为医学模式对古希腊时期的哲学思考和创作最核心、最典型的贡献之一。如上文所指出的,鉴于医学主要致力于探究人体的自然秩序,维持其平衡和谐,而人之身体与宇宙大体又是全息对应,因此古代医学不仅是解释自然安排及其秩序的入口,而且还被广泛应用于对人的生活的理解和伦理教化,成为与致力于灵魂之善的伦理学密切相关的领域。而和谐正是医学与伦理学的共同主题和首要价值,自然及其秩序则是其共同的溯源。尽管灵魂的健康高于身体的健康,但身体之善和灵魂之善在根本上互相促进、缺一不可,共同促成生命的完善和幸福。作为希腊伦理学的主题,"εὐδαιμονία"最初意指人的肉体与心灵活动全部的圆满实现,因而不仅仅限于一种心理状态。在此生命秩序下,身体健康、健壮、健美,尽其所能地服侍灵魂。按照一种亚里士多德式的思路,保持身体的健康如同获得灵魂的健康:要成为一个健康的人,不仅需要自我关心、适度节制并养成良好的生活习惯,还要维护身体各器官的和谐有序并在就医时对症下药;同样要成为一个好人,也应时刻关注自我的灵魂状态,在接受教育上力求教者因材施教,被教者则在行为和情感方面进行恰当选择并养成良好的习惯。反过来,如同一个一般意义上的不能自制的人,一个病人也并不总是能按照医学知识而行动,也会面临不能自制的问题,即如何知道、是否知道什么对自己好并采取恰当的行动。因此如上文已经论证过的,习得一种自我关心的能力无论在医学上还是在伦理学上都至关

---

① Bjørn Hofmann, 2002, pp. 135-149.

重要。① 或许正是这种多向度的互通性吸引了包括亚里士多德在内的众多爱智慧者去了解和研究医学,并将医学与哲学伦理学作对比或类比。结合希波克拉底文集中的某些观点,我们可以进一步对此做更详细的考察。

首先在语言上,医诊、治疗与德教、修身之间具有重要的关联性和可比性。在词源词义上,亚里士多德哲学中的很多词汇可同时用作医学和伦理学术语,其中最著名的就是"μεσότης"(中道)以及历史颇为久远的"κάθαρσις"(净化)。例如在《欧台谟伦理学》中,亚里士多德就将一个有德性的人在行动和选择时所依据的中道标准类比于一个医生在判断健康与健康的行为在量上的度时所采纳的准则(1249a21-b6)。而在具体实践活动中,哲学家和医师们则都十分注重话语和修辞在教育、治疗中的重要性。这种重视既体现在对话语的教育和治疗作用的认识上,也体现在对修辞术的慎用和警惕上。其目的则在于辨清虚假和真实、需求和欲望,以促成真正的身心健康。医学修辞要求对不同的人说不同的话,因人而异,以达到最好的治疗效果。由于医学也一直是思想者们相互辩论的领域,希波克拉底文集特别强调应避免引用诗歌(Praec. 12)②,因为医学本身就有吸引人的魅力,踏实地认真去做才是根本。同样,在亚里士多德看来,不管是对于医学还是伦理学,行动都比语言更重要,空谈不可能成为好人,只听医嘱而不去做也不会使身体好起来。身心交流语言的真与非真、畅与不畅、善与不善,直接关乎德性和健康的获得。语言既可治病,也可致病;这病既可以是身病,也可是心病。

在方法上,作为同样面向人的科学,医学(知识)和伦理学研究无疑都注重经验和理智活动的结合或者说学习与实践的结合。最古老的哲学智慧其实很多都间接地来自于医学知识,来自于人们通过观察身体和生活实验而获得的自然知识。在这个意义上,医学探究自然的方法也为哲学提供了范本。反过来,医学学习也从哲学教化中获得启示。无怪乎在《斐德罗》等文本的一些有名段落中,柏拉图曾极力称赞作为哲学辩证法之经典模型的希波克拉底式的医学方法(尤其是 Phaedrus, 270c-d)。正如"德性不可教"(Prot. 319a, ff.),也"没有人通过阅读手册成为医生"(NE 1181b1-2),希波克拉底文集甚至将医学的学习视为一个类似德性获得的过程,声称真正懂得医学必须具备天赋能力,从小接受教育,长期勤奋学习,最终使对技艺的学习成为第二自然(《法典》,II. 7-12)。而亚里士多德更是将品格的养成类比于一个疾病发展的过程,而真正的标准和尺度则是好人和健康人。他极为注重常识,

---

① Brooke Holmes, 2010a, p.182.
② 文集的作者还强调医师不但自己要学会阐释和解释病兆,而且还应当教病人和他们的照料者怎样正确地报告他们的身体症状,以运用合理的治疗艺术进行治疗。

尤其注重好人所积习养成的实践理智和感情在实践判断和选择中的核心性地位,强调"好人所希望的善就是他所希望的真正的善"(NE 1113a265,廖申白译),真正有益的东西就是对那些体质好的人有益。在亚里士多德看来,健康的人显然并不需要医学,因此只有自然而然的健康才能与智慧相类比。而智慧所带来的幸福也是"健康的事物带来健康"的意义上的,而不是医学产生健康的意义上的幸福(NE 1145a5-10)。由此可见,亚里士多德更注重的不是治疗,而是预防,是幼年习惯的养成、有德性的行为对有德性之人的塑造作用。只有从小对学习者的生活和学习进行持续的关注,使其养成良好的习惯和品格,才能保证其正常地成长,并抵制住任何外在的不良影响。没有任何关于成年人的道德理论可以代替这种持续的关注。① 另外,医学和伦理学都面对的是可变的、特定的而非普遍的事物。亚里士多德特别强调,伦理学不能只研究抽象的善理念,医学也不抽象地研究健康。虽然医学相关于普遍(καθόλου)的知识,但针对的是特定体质状况的病人,因此其所带来的健康并非是一种总体的结果,相反只是与个体病人相关的特定后果(NE1173a25-28, 1180b1-5, 1180b27-28, 1181b1-5)。而作为实践科学,伦理学也并没有质与量上的精确标准。亚里士多德的这番洞见也与当时医学的方法原则极为相近——正如《论古代医学》指出的,健康问题是不稳定的,全部留给感觉(Ⅸ.11-18)。伦理学之所以不同于物理学和数学,不仅在于它的实践目标,而且在于它的知识本性。医学类比显示了伦理学和医学的共同特性,即它们不是纯粹的理论科学,而是关涉人类活动的科学,因而都有其不确定性。

在思想上,在亚里士多德看来,健康作为身体的德性与灵魂的道德德性,分别是身体和灵魂一种相对而非绝对的平衡状态,而医疗和实践(πρᾶξις)就是分别使身体和灵魂获得平衡状态的活动。哲学家探究自然、政治家研究灵魂正像医生理解人的身体,其目的都是在一种对自然、生命、逻各斯的总体观照下,沿着自然指示的方向和所打开的空间,借助自然的治愈力量和自愈能力来协助自然恢复其秩序,使机体重获健康、力量、和谐。正如自然赋予人获得德性的可能,自然也同样赋予人类健康这种本能,而要使德性变为现实、使健康得到保持,则都要通过接受教育和积习训练,养成良好习惯,使"种子"最终发育、成长至完美。在人成长的过程中,并不存在固定的、普遍的指导行为的原则和理论。只有在适当的情境,选择适当的方式,做适当的事情,才能使德性积淀为品格,使身体素质得到提高,从而使人成为一个好的、健康

---

① Joel Warren Lidz, 1995, p.530.

的人。①

三 医学的限度与人的好生活

将医学视为一种生活方式的观点和态度似乎在古希腊社会中甚为普遍，在亚里士多德这里也不例外。诚如格雷西娅指出的，从一种宽泛的意义上讲，类似亚里士多德谈到的农民的生活、战士的生活、政治家的生活等，对亚里士多德来说，医学也可被视为一种活动、实现和实践，并代表着一种生活方式（βίος），涉及完成这项活动的人的整体生活。在亚里士多德所界定的政治的生活、快乐的生活和沉思的生活三种生活中，由于政治家的工作更多地涉及身体以及诸如此类的事情（NE 1178a24-25），因而医学的生活总体上更接近于一种政治的生活。② 但是政治生活又与理论生活密切相关，因为没有对如何实施正义的理论反思，对善的获得是不可能的。道德德性与理智德性是不可分离的。实质上，任何生活样式都可视为一种寻求特定善的实践活动，怎样过好这种生活则需要相应的德性。换言之，技艺活动确实涉及选择怎样的一种生活方式，进行怎样的教育与训练，进而成为一个怎样的人的问题。但从亚里士多德视角看，医生和病人并不拥有一般德性体系之外的特殊德性，成为一个好人更为根本，尽管医学情境下似乎确实更需要某些德性，例如勇敢、坚毅、节制和正义等。

在狭义上，从技艺与实践、理论的关系上，尽管医学在类比的意义上接近实践理智，但它毕竟只是一种技艺，类比显然不等于相同。而且健康至多是一种身体的德性，不是最高目的——幸福——即便是在类比的意义上。总体上，医学保留了技艺的主要特征：它要关注行动的结果，而且这个结果外在于

---

① 亚里士多德在使用医学之喻的同时，又对这种类比进行了较全面地反思。由于医学在本质上仅是一门技艺，因此从实践理智与技艺，实践理智与德性、幸福之间的关系出发，亚里士多德从多个层面解释了伦理学与医学的不同以及医学式的道德教育的局限性。在此方面，纳斯鲍姆做了很好的观察与总结，具体要点可概括如下：1、我们不会为了健康去学医学，但会为了伦理政治的善进行伦理学的理性学习，确定目的和好生活的内容；2、医学面对的是一个人的健康，而伦理学面对的个人是作为家庭共同体的一员；3、医学本质上是一种工具性的技艺活动，即为了身体健康这样一个生产性的目的，而无需实践理智。但教育是具有内在价值的，因为对善的追求本身就是有价值的，否则人将得不完整；4、哲学论证的标准是德性和逻辑的一致性和定义的清晰性。但这些价值在医学中是纯工具性的，甚至可能是附属性的。而在伦理学中，核心性的实践利益不仅是手段，而且其本身就是目的。5、医患关系是不对等、不对称的，医生享有绝对的权威；教师相对于学生虽具有一定的权威性，但仍然要求学生在仿效的同时还要有独立性和批判性。这种关系的维持需要的是每个人的理性参与和互惠性对话。而医学根本就不鼓励同情性的辩论和对不同观点的审查。请参阅 Martha C. Nussbaum, 1994, pp. 69-76。

② Diego Gracia, 1978, p. 7.

行动;它所作的判断并非主要基于自愿决断,而是事实的考量;它可学习可传授,但也可能被遗忘。尽管驱逐了宗教和机运因素,但医学毕竟不是智慧,因此治疗必定有"度"。医术作为一种技艺,它的本质、对象与目的规定了它的知识领域和行动限度。医学的对象只是生病的身体,因此医师不应强求医学技艺提供超出其力量的事情。亚里士多德对技艺的目的与其本身之间的关系进行过深刻的思考。在亚里士多德看来,医术从寻求健康这个目的来说是没有限度的,但寻求这一目的的手段却不是无限度的①,因为目的本身即可构成对技艺的限制。换言之,就技艺发展和完善其手段以完成一个确定的目的而言,是没有限制的,但却存在一种对技艺的外在限制,即对它所指向目标的限制。② 然而,技艺的无限制发展可能会推动对其目的的重新定义或过度解释,从而导致其目的最终被消蚀掉。因此不仅使用逻各斯的医学活动本身可能造成相反后果(如致病,而非治病),而且如果人们对医学技艺索求太多,就会对医学的目的进行不断解释,最终造成一系列的社会问题。正像柏拉图所警告过的,从积极一面说,疾病有其自然的一面,有病寻医也是自然,但是如果过于倾心于不必要的欲望和无用的药物,就不仅过于夸大了技艺的能力,而且还将危及社会公平正义,妨碍人们追求德性和理智的生活(*Rep.* 405a-d)。③ 从消极方面说,病体之外的问题并不属于医学领域,因此医生不应用一些医学方法处理非医学问题,不加区分地将所有用于躯体治疗的方式用于所有疾病,甚至将其用于灵魂的治疗,从而对自然造成某种负担。因此希波克拉底文集《论技艺》一文的作者指出,"如果一个人强求从技艺中获得并不属于技艺的权力,从自然中获得并不属于自然的权力,那么他的无知更接近疯狂而不是缺乏知识"(VIII 10-13,琼斯译)。或许这也是柏拉图强烈批评那些对生理疾病投入过多的医学关注,并讨论一个政治化了的医神阿斯科勒庇俄斯的主要原因(*Rep.* 407c-408c)。

总之,在亚里士多德看来,医学不但不是(自然)知识的最高权威,而且它对人类福祉的关切也是有限的,不可能独自承诺持久、可靠和整全的幸福。一方面,医学不可能治愈所有的疾病,给予人们完全的健康,因此医学必须将自身限制在自己的界域。另一方面,由于灵魂优于身体(《劝勉篇》23,61),灵魂善优于身体善,健康作为外在的善、具体的善,只是幸福的必要条件,但

---

① 亚里士多德:《政治学》,第30页。
② Stanley Rosen, 2013, p.346.
③ 值得注意的是,对话中也提到"健康的城邦",即格老孔说的"猪的城邦",但作为仅满足肉体需要的城邦,它并不能提供给人完满发展的可能性与获得真正德性的机会。与之相对的是"发烧的""奢华的"城邦。

不可能是充分条件。对身体的研究并不直接相关于对灵魂和好生活的研究，它所关涉的只是某种具体的善和益处，它甚至不是最重要的技艺。由于理性能更好地理解总体善，并统摄灵魂内其他部分的功能的发挥，因此身体的科学自然要从属于灵魂的科学①，也正因此，以至善或最高目的即幸福为研究对象的政治学要比以身体为研究对象，并以身体善这种特定善为目的的医学"更好，更受崇敬"(NE 1102a20)。

与之相关的是，亚里士多德还用医生给自己治病这一隐喻来阐发技艺(τέχνη)与自然(φύσις)之间的关系。"自然"与"技艺"之争由来已久，这在亚里士多德这里尤为明显。但对医学来讲，其理论基础即是人之自然的第一原则，其作用方式也不过是辅助自然。在亚里士多德看来，明智并不优越于智慧，正如医学不优越于健康本身。因为如上文所论，健康作为一种自然、自行的运动，本身并不需要医学，而医术只是为了健康而研究如何恢复健康(NE，第六卷12—13章)。为了阐明形式和质料的关系，进而说明制作物和自然物的区别，亚里士多德还对此隐喻进行改造，认为从制作物的角度讲，医生为自己治病好像证明了人工物根源于其自身，然而这只是偶性使然而不是一个自然的过程，因为医疗并不导向医术。只是在类比意义上，自然和技艺之内都有目的，因此自然也可被视为那个为自己治病的医生(《物理学》192b23-32，199b30-31)。

由此可见，在狭义上，亚里士多德对医学基本上还是持一种本质主义的理解，即在一般意义上将技艺视为对自然的模仿，具体则将医学界定为一种以健康为主题，并遵守特定规则的技艺。② 这个主题决定了它所需要的技能和所拥有的权威，因此并不允许让健康之外的目的来决定医生的行动。正如亚里士多德所强调的，医学并不考虑目的而只考虑通向目的的手段，医生也并不基于正义来考虑是否要尽力恢复病人健康，只是考虑适当的方法和治愈的药方，而其活动的价值则是根据活动的后果(ἔργον)来评价。因此严格地说，在此之外的(例如医疗对于生命、生存的价值等等)都已经进入慎思的领域，而不再隶属于技艺的范围。尽管医术可以制造疾病或用于作恶，但这

---

① Joel Warren Lidz, 1995, p.533.
② 布罗迪认为一个工匠自愿地违背技艺的指令并不损害他的工匠名号。一个医生下毒可被视为通过决定打破什么样的技艺规则来练习其技艺知识，但一个人自愿地违背实践理智指令就不是对实践理智的练习，而是一种不节制。我们可以区分一项对技艺的好的练习与坏的练习，但却不能以此方式来区分对实践理智的好的练习与坏的练习(Sarah Broadie,1991, p.205)。但我不认为亚里士多德会同意一个下毒药的医生是在正确地施行规则(虽然他仍然是在施行医术，相比而言，实践理智不存在滥用问题，否则就不是实践理智)，并仍然可以被称为一个好医生。

只是偶性的、违反医学之本质的。医术与健康之间的因果关系才是根本的、正常的、非偶性的。因此，从这个角度而言，希波克拉底誓言中颇具伦理意味的承诺都可以说是来自于对医学本质和目标的理解。或许这也是亚里士多德拒绝一种严格的(道德)德性—技艺(ἀρετή-τέχνη,τέχνη ηθική)①，甚至技艺与德性之间的相互类比，而坚持技艺和德性之间的重要区别(*EE* 1216b2-10)的原因之一。② 除此之外，亚里士多德也不像斯多亚哲学家那样乐于谈具体的修养技艺，而是更为注重对具体德目的分析，更为强调个人习惯、幼时教育对培养德性的重要性。

总之，医学模式和相关类比在亚里士多德对某些伦理概念的阐述以及建立规范的、科学的伦理体系的过程中发挥了重要作用。由医学之喻所呈现的是一种德性伦理，注重的是行为者及其品格、德性。因为人的道德状况正如人的健康，是一种内在的状况，尽管身体、灵魂和道德上的所有疾病的原因都可能是外在的。道德并不简单的是个体行动如何影响他人的问题，相反，道德关心的首要区域是内在自我。它试图基于人性而设定一个理想的标准来衡量自己，但并不诉诸单一的律法性的行为规则来决定自己行为的对错。③因此从一种宽泛意义上讲，在亚里士多德哲学中，医学与哲学伦理学不仅仅是在语言、方法和思想上存在可类比性和互通性，而且还有其内在关联——不仅是一种纯粹生理和心理的相关，而且是一种在人的生活主题下的个人与自我、他人间伦理上的相关。究其根源，医学与伦理学的最终目的都是服务于人的生活，只不过其指向的善的层级有所离分。另一方面，通过对医学作为技艺与其他把握世界的真的方式之间的关系、技艺的目的与手段及其关联等问题的分析，亚里士多德的讨论已经涉及技艺的发展限度等深刻问题。这也使得他在当时哲学与医学争夺在生活之事上的权威与影响的竞争中④明

---

① 参见《尼各马可伦理学》，第六卷第5章。
② 因为技艺知识属于制作(ποίησις)，区别于属于实践(πρᾶξις)的实践理智(φρόνησις)。亚里士多德将技艺定义为一种制作和生产的理性能力(*NE* 1140a 9-10)，并称实践(πρᾶξις)和制作(ποίησις)是不同的类型，一者不包含另一者(*NE* 1140a 2-17)。技艺能力在偶性条件下可被用于相反效果(*Met.* 1025a6-13)，而德性则是一种只用于唯一之善目的的稳定状态或固定质性。西方学者对于亚里士多德受技艺类比的影响程度仍然存在争议。例如邓恩(Joseph Dunne)拒绝承认亚里士多德伦理学受到技艺类比的重要影响(1993)。而安吉尔(Tom P. S. Angier)则在 *Technē in Aristotle's Ethics: Crafting the Moral Life* 一书中对技艺模式和隐喻在亚里士多德伦理学中的重要性进行了严肃的辩护，尽管他认为亚里士多德否认实践理智是一种技艺，即不承认一种 virtue-*technē* 的存在。可参见相关评论：Julie Ponesse, 2011, p. 36。
③ Joel Warren Lidz, 1995, p. 531.
④ 可参见 Paul Carrick, 2001, p. 22。

显偏向哲学,并不遗余力地捍卫哲学的至高地位。我们在他的很多著作,尤其是《劝勉篇》中都似乎嗅到了某种论战意味。① 然而如何内在地规制医学的界限,消解技艺生活与哲学生活之间的可能矛盾,还有待解决或进一步澄清。毫无疑问,古典时期医学之喻的使用以及就技艺与生活、身体之间的关系的讨论对斯多亚派的治疗哲学和修身实践产生了深远影响。当然这些理路内部仍存在很多分歧;只有厘清这些分歧,并明晰可能的契合之处,才能更深刻地将技艺与身体的关系显现出来。

第四节　斯多亚派的医学类比:作为治疗技艺的哲学

如果说苏格拉底、柏拉图在寻求对灵魂的医治中看到身体有用的一面,而亚里士多德则观察到医学范式在伦理学研究中的可利用之处,那么希腊化哲学,尤其是斯多亚哲学则彻底超越了对医学的本质主义规定,系统地用作为话语、方法、知识的医学和作为训练材料的身体架构起其实践性的哲学伦理学。

希腊化时期对医学话语和范式的运用具有深刻的思想和社会背景。一方面,这一时期是一个医学、科学、技术发现大量涌现,作为哲学之独立分支的知识论得到巨大发展的黄金时期,一个比以往更具科学自觉意识的时代。这一时期的哲学家们大量吸收了医学上的成就并将其用于对人学和道德心理学的研究,从而使得哲学与科学之间的联系更为密切,并使得医学的地位也相对提高。② 其中作为医生的盖伦尤其提高了医学的位置:他甚至将医学与哲学、人文艺术相提并论。尽管其论述有些主观,但并非毫无根据,也不乏支持者。普鲁塔克在《关于健康的建议》一文的开始就嘲笑一个名叫格劳库斯(Glaucus)的医生不精悉哲学;而其中的谈话者也同意任何一个哲学家都应该对医生友好(philiatros),就像他们也应该在几何、修辞和音乐方面受教育一样,因为医学论高雅和尊严毫不逊色于任何一种人文艺术。事实上普鲁

---

① 我们可以反过来回忆《论古代医学》的作者对于医学在获得关于自然的知识方面的根本地位的捍卫(VM. XX 1-17)。这方面的研究可参见 Constantin-Ionuț Mihai, 2016, pp.87-96。
② Julia E Annas, 1992, p.7. 关于哲学与医学的关系,泰勒曼也曾提到希腊化时期的两个重要发展背景:(1)哲学家对于知识论问题的日趋敏感和知识论作为哲学的分支学科的卓有成效的发展;(2)天文学(即应用数学)和医学(尤其是公元前3世纪亚历山大里亚的解剖学、生理学,以赫罗菲留斯[Herophilus of Chalcedon]和埃拉西斯特拉图斯[Erasistratus of Keos]为代表)的繁盛使其实践者们具有了更大的文化上的权威性。参见 Teun Tieleman, 2015, pp.133-134。

塔克有很多朋友都是医生。① 总而言之,在公元1—2世纪有些贵族门外汉,尤其是盖伦的同代人的作品,都表现出对健康和医学问题的博识与浓厚兴趣。②

然而另一方面,希腊化罗马时期又是一个人性和社会疾病得到凸显和放大的时代,在医哲互动空前的背景下,所谓的"治疗哲学"的兴起和修身技艺的盛行由此成为一种重要的文化现象。哲学与医学的频繁互动或许也促使医学领域出现了类似哲学领域的流派纷呈的局面,反过来进一步推动了哲学与医学在理论与实践中的相互影响。作为这一时期的主要两大哲学学派,斯多亚派和伊壁鸠鲁派尽管持守不同的灵魂观③,但都不约而同地将各自的哲学视为治疗生命的医术,并以灵魂的医师自居,试图医治人,甚至整个社会、国家、民族乃至全人类的精神疾病。然而就其根本,这种治疗是作为一种转向自我(επιστροφή εις εαυτόν, conversio ad se)的医术而指向生命的自我关怀和自我完善。这当然并不意味着与他人、与世界的隔绝,毋宁说是在寻求各种关系的适当定位中塑造真实、独立的主体自我。因此总体上而言,基于医学之喻,亚里士多德似乎注重健康隐喻,希腊化哲学家则更看重疾病隐喻。亚里士多德的德性论进路立足于健康状态,更强调从小习成的健康的德性品格、行为倾向以及实践理智及其感情发展的过程性。而在希腊化哲学家这里,习惯、习俗变得不再那么可靠,以生理性治疗为主的医学技艺拓展到治疗心灵、文化的个体实践,并与之相融合而逐步形成另一种实践进路。

这种治疗情结在斯多亚哲学中体现得最为明显。这一点首先在他们大量使用的医学术语和医学隐喻中可以得到证明。面对这样一个充满恶的世界,将伦理学称为灵魂的斯多亚派将哲学视为一种灵魂的技艺,并设计了预想、阅读、书写、良心审查、死亡沉思等一系列修身技艺,即法国哲学家皮埃尔·阿道所言的"精神修炼"(spiritual exercise)或福柯的"自我技术"(Technologies of the Self),来治疗来自灵魂本身的欲望和激情,以塑造不动心和安于自然本性的心境。他们甚至宣称作为幸福的德性本质上就是一种东西,叫作"健康"④,并在一种复数的意义上解释德性。⑤ 当然,斯多亚派哲学的这种实践内涵在其晚期发展阶段体现得最为明显。例如爱比克泰德明确地把

---

① 转引自 Susan P. Mattern, 2008, p.213。
② Ibid.
③ 这里没有提到怀疑派,但该学派显然也主张一种治疗的哲学,其主要对象即是由形而上学的独断论所带来的心灵疾病。
④ 斯多亚派在自制的意义上阐释了只有贤哲才具有心灵的健康这一点,但他们也承认非贤哲可以通过消除心灵的烦扰而享有某种健康(Tusc. 4.30)。
⑤ A. A. Long & D. N. Sedley, 1987a, p.377。

他的哲学学校称为"灵魂诊所",申明学生来学习的目的即是治疗(Diss. 3. 30)。自称"灵魂医生"的塞涅卡则对包括自己在内的人通常所患有的悲伤、贪婪、愤怒和缺乏感恩等各种心灵疾病的本性和源头进行了极为细致和深刻的诊断,鼓励人们通过实践哲学去战胜贫困、财富和死亡,同时消除由这些外因导致的各种激情。

其次,类比推理,尤其是医哲类比或身心类比实际已经构成斯多亚哲学的重要方法论原则。这种类比全面地体现在关于身心之间的优劣特性及其平衡状态的各种比较中。克吕西普在这一方面的贡献尤其显著。例如按照拉尔修的记载,克吕西普曾提到:"就像我们说对身体而言有多种类型的癖性,如感冒、腹泻,灵魂也存在一些倾向(εύκαταφορίαι),如妒忌、怜悯、好斗及其类似的东西。"(DL 7.115)①盖伦也转述克吕西普的话说:

> 我认为这种类比或相似性已经造成了它们(按:身体与灵魂)在名称(或同义词)上的相似性。因为我们事实上确实说有些人在其灵魂上也是强壮的或软弱的,坚实的或柔软的以及有病的或健康的;我们也这样说灵魂的激情、虚弱以及类似的情形(PHP 5.2.26-7 = SVF 3.471)。

深谙此道的塞涅卡更是对此做了极为详细的阐释,并在很多方面回到克吕西普。例如在第75封书信中,他曾提到:

> 激情……当它们频繁地发生而没有得到任何治疗时,就会引起疾病,就像单是头部受风,如果没有拖延,就会仅仅带来咳嗽,但如果它反复发生并持续很长一时间,就会带来萎缩病(Ep. 75.12,格里弗和朗译)。

而在第120封书信中,他又做了这样的类比,自然虽然没有教我们关于善和公正的知识,但却赠与我们知识的种子,从而使我们获得知识得以可能。而哲学家的任务就是通过反复观察和对比来探寻作为知识的德性概念。因此斯多亚派习惯用类比来理解公正和善。例如由我们熟知的身体健康,可确定存在一种灵魂的健康;由我们熟知的身体的力量,可确定存在一种灵魂的力量(Ep. 120.3-5,8-11 = LS 60E)。由于灵魂和身体一样,都有好的张力和

---

① 在这里,愤怒、怜悯和厌恶等典型的激情与我们对于这些情感的倾向是被区分开的。根据斯托布斯(归于狄迪慕斯的思想),倾向(εύκαταφορία)是一种易滑向激情或某种不自然行为的癖性,例如倾向于悲伤、暴躁、妒忌、容易动怒等等;但是倾向也涉及违背自然的行动,如盗窃、通奸和傲慢,偷窃者、通奸者和傲慢者正是因此而得名(Stob. 2.1-4,另参见 Stob. 2.7.5, 10)。与激情一样,倾向也是一种品质性(εξις),有程度之分(Stob. 2.70.21 ff.)。关于εύκαταφορία的重要讨论,还可参见 PHP 5, DL 7.115, Tusc. 3-4, De beneficiis, IV 以及 I. G. Kidd, 1983, pp. 107-113; Teun Tieleman, 2003, p. 107; Graziano Ranocchia, 2012, pp. 74-92 等。

坏的张力(τόνος),所以需要借助持续的锻炼以塑造好的身体和灵魂。总之,通过这种熟知的、可见的身体与医学之间的互动,我们可以类比性地探究哲学与灵魂之间的密切关联,并理解这种关联所隐含的重要的认识论和伦理学意义。或许这也是斯多亚派将哲学视为一种医学式技艺的主要原因。

当然,另一方面,我们也可以在揭示身体与灵魂之间的相异性之维上突出灵魂健康的特点。正如西塞罗所补充的,健康的心灵不会受疾病的侵袭,而身体则会;身体之恶并不必然地招致责备,但心灵之恶却不一样,后者的发生需要理性的作用(Tusc. 4. 31)。

再次,医学类比在克吕西普等斯多亚哲学家那里显然不再仅仅是一种隐喻,而且还是身体与灵魂之间具有重要意义的物质性关联(尤其是二者间的物质性张力)的极佳表达。① 与之相关的是,通过将哲学(或"智慧"[σοφία,sapientia])称为一种生活的技艺或治疗的技艺,斯多亚派真正将哲学变为一种实践哲学,而技艺的伦理性正体现在它的实践应用中。对哲学本质和技艺概念的这种理解促使斯多亚派在某种意义上尝试一种医学式实践,"治疗""拯救""泻药"等医学术语也随之成为其哲学体系中的重要概念。当然,他们也直接关注来自医学、物理学等自然哲学方面的知识,力求对人本身达至尽可能健全的理解。因为医学不仅研究身体,而且还关注灵魂。它从因果关系方面把握身体和灵魂的基本现象和主导原则,身体则在承担生命活动和保护灵魂等方面体现其重要作用。最关键的是,斯多亚派哲学家还用另一种方式和柏拉图诉说同一个道理:身体是哲学生活的训练材料和场所。

一 作为身心现象的灵魂疾病与激情

正如上文所提到的,尽管对于身心关系和幸福含义有不同的理解,但希腊化哲学家普遍从一种道德心理学的角度,将哲学视为一种治疗灵魂疾病的学问,从而把关注的焦点投向脆弱的个体和病态的社会,寻求一种心灵上的归属感。即便是把关注的起点投向感觉论的伊壁鸠鲁派,虽然强调灵魂的快乐起源于身体的快乐,身体的快乐更简单、自然、自足,但也同时认为哲学的治疗最终是对灵魂的治疗,灵魂的痛苦更大、更恶,灵魂的快乐更深刻、更持久,因此身体的"疾病并不可怕""死亡与人无关"(《致美诺西斯的信》124-125)。身体之善与灵魂之善在这里体现为矛盾的统一。

对于斯多亚派来说更是如此。按照斯多亚派的思路,道德规范首先界定的是人可以从中获得心灵健康的某种生活样式。因为人性上的道德卓越代

---

① Teun Tieleman, 2003, pp. 146-147.

表着人类心灵健康发展的顶点,即一种积极的理性行动力。我们如能从关于自我和世界的知识中获得心灵的健康,也就意味着遵守了斯多亚派所信守的道德规范。这种健康是不断进行道德训练基础上的一种人性的正常的发展。这种发展又是不受外在阻碍的,它勾画了借助于健朗的生命结构(σύστασις,cōnstitūtiō)在一个广泛的生活情境内不断延续的运动轨迹。身体健康的重要性在于它与灵魂的健康相关,因而与德性相关。①

相对于代表心灵健康最高点的德性,斯多亚派将恶视为一种疾病。与古希腊的整个哲学治疗思想相一致,灵魂的疾病在斯多亚派这里也主要指激情(希腊文πάθος,拉丁文 affectus,passio)。② 这是一种典型的身心现象:它既是物理性的,又是意愿性的。③ 遗失的克吕西普作品《论激情》的第四卷《治疗学》(有时也被称为《伦理学》或《治疗学与伦理学》)的主题就是对激情的治疗。④ 该著作也被认为是首部明确以治疗性目标为特征的著作,其中涉及了大量的医学术语。⑤ 在这里,克吕西普对激情的具体界定从多方面都印证了其激情理论的形体主义根基:

首先,激情是一种运动。克吕西普相应于身体的疾病和虚弱⑥而区分了心灵的疾病(nosêmata,sicknesses)与虚弱(arrôstêmata,infirmities),并论述了坏的癖性(euemptôsiai,proclivities)和错误(Tusc. 4.23-28)。心灵的疾病与虚弱的区分只是理论上的,它们都作为一种状况而属于错误。但激情却不同:作为一种处于运动的而非持久的状况,它是否是一种错误是值得讨论的

---

① Lawrence C Becker,2003,pp. 222,225.
② "πάθος"这个概念不仅指灵魂的激情,而且可以指身体的疾病,其内涵的丰富隐喻义使得"照顾""治愈""切除""牺牲""消除"这些词汇都可同时用于身体和灵魂上。据西塞罗的翻译,激情是疾病,但不适合一切情况(Fin. 3.35)。但值得注意的是,在前哲学以及非哲学的使用方式上,该词具有"某人经历过的""发生在某人身上的""经历"等义。因此,盖伦在《论品性特征》([De Moribus],26 Kr. 15)中明确区分了两种意义上的πάθος:一种是与主动活动(energeia)相对的;一种是与自然的东西相对的,即病理学意义上的。与之相关的是,斯多亚派的"πάθος"主要是指对外界的某种反映。另外需要指出的是,正如文中已经讨论过的,灵魂的疾病与激情是存在区别的。诚如罗伯特·拉贝尔(Robert J. Rabel)所言,斯多亚派有时候将灵魂的疾病等同于激情,在其他时候似乎否定疾病是激情,而强调它们是质性(ἕξεις,dispositions)(Robert J. Rabel,1981,p. 385)。倾向性的激情(Dispositional pathe)是激情与倾向之间的一种自然桥梁,因为它们均等地分享二者的特征。如果斯多亚派承认存在这一层级的存在物,那么西塞罗在激情是否被列为疾病这一点上产生困惑就不足为怪(Ibid.,p. 392)。
③ 参见 Teun Tieleman,2002,p. 207。
④ 可参见 Teun Tieleman,2003。
⑤ Christopher Gill,2013,p. 344.
⑥ 斯多亚派认为,就身体而言,疾病指身体作为整体而受感染,而虚弱则是指伴随弱点和错误之疾(Tusc. 4.28)。

(*Tusc.* 4.29-30)。因此,在与身体疾病进行类比时,他特别强调生病的灵魂尤其类似于处于发烧状态的身体,因为在后种状态中,高烧和颤抖不是定期地发生,而是发生于无序、任意的状态(*PHP* 5.2.14 = *SVF* 3.465)。

其次,激情的物理性。第一,与芝诺一样,克吕西普也将灵魂的健康视为四种物理性元素正确混合的状态,而激情则是这些元素之间的平衡(尤其是冷与热之间的比例)被打破的结果。第二,各种激情本身(主要包括欲望[ἐπιθυμία]、恐惧[φόβος]、悲伤[λύπη]和快乐[ἡδονή]四大类)都会产生明显的心灵或精神的收缩、提升、收回、逃避、伸出等物理性反应(*Tusc.* 4.14-15)以及更为外在的人的面容、声音、手势、姿势上的身体性变化等(*Off.* 1.102)。

克吕西普把灵魂持久的生病状态称为νόσος(疾病),并将灵魂的各种激情与阵发的发烧、颤抖相关联①的这一思想显然影响了塞涅卡。后者在解释那些尚未获得智慧但是已经十分接近的人时,特别区分了心灵的各种疾病与心灵的激情的不同:前者是顽固的、长期的疾病,主要是指一种持续存在的错误判断,即把只是值得适度欲求的事物视为值得高度欲求的事物;而激情则是精神中令人反感的冲动,突然而猛烈,频繁发生且不易被发现,以至于已经引起了某种疾病状态。那些处于道德进步中的人可能超越了疾病状态,但仍然会感觉到激情,即使在他们接近完善的时候(*Ep.* 143,175)。但塞涅卡在这里毕竟承认激情会引发疾病,并暗示了激情波及范围之广、发生频率之繁及其消除难度之大。之所以如此,一个直接原因可能在于,πάθος在斯多亚哲学中似乎含甚广,以至于容纳了那些传统上不被希腊人认为是恶或过度的情感的东西。这或许也是长期以来人们一直用小写的"stoic"("坚忍""寡欲""苦修""无情""听天由命")来概括斯多亚者之品性的重要原因之一。但正如很多学者已经指出的,这种脸谱式刻画其实隐藏着很深的误解:斯多亚派对激情本身的定义其实是非常狭窄的;爱比克泰德甚至在某些程度上肯定怜悯这种激情(*Diss.* 1.28.9)。可以说,斯多亚主义者的生活里从来不缺少眼泪与笑声!下文我们将尝试通过解决某些相关问题来进一步把握斯多亚派的πάθος的特征,并尽可能地澄清这种误解。

首先,从产生根源来讲,斯多亚派认为激情发生的原因不在于瞬间的、纯粹的情感宣泄,而在于更深层的灵魂状态(*Tusc.* 4.69-70)。他们观察到,人总是由于善恶知识的缺乏而极易产生各种激情。这种心灵上的弱点也是困扰人类的永恒疾病。究其本质,激情虽是一种对外在于心灵的事物的印象的

---

① Teun Tieleman, 2003, p.155.

一种错误反应,但其本身却是一种积极主动的、内在的心灵事件,一般有其开始、生长和发展的过程(塞涅卡:《论愤怒》2.4.1)。它在根本上区别于身体上的某些生理反应,尤其是那些代表激情的开始与前兆的身体性行为(即前激情状态,προπάθεια)。与古典时期的哲学家相比,斯多亚派的特殊之处是将激情视为一种违背理性原则的错误判断并将其转移至灵魂之内,从而使其成为可治、可控的理性的一部分(LS 65G1)。更关键的是,借助医学之喻,斯多亚派哲学家更关注的不是对灵魂德性或善之潜能的培养和塑造,而是对恶之表象持续的治疗和纠正。对于一般人而言,健康的灵魂都是通过治愈染病的灵魂而获得的。因为以上所描述的人性的自然发展轨迹只是一种理想状况,正如贤哲是否真正存在在某种程度上也值得怀疑一样。① 因此,与亚里士多德的思路不同:斯多亚派哲学家真正赋予医学模式以现实的伦理意义,而不仅仅将其作为一种技术性术语来使用。从认识自己到关心自己,在宇宙世界的视野下观照人的自我世界,也体现出与柏拉图所关注的面向另一个超验世界的灵魂转向的根本区别。

值得注意的是,哲人们一方面把哲学的修身实践纳入医学话语中,但另一方面又在言辞上表现出对肉体上的过度医疗行为的鄙视,进而有意将修身实践置于医学行为之上。对于斯多亚派来说,作为众多外在威胁的根源,肉体虽不是囚禁灵魂的牢狱、坟墓,但也不是锻炼甚至修饰的真正对象或主体。只有灵魂这个更高级的身体才是真正需要修炼、治疗和关心的。也只有这个心灵的城堡才可以坚不可摧地免受任何外在力量的侵扰、阻碍和压制,独享宁静、自由的幸福。尽管如此,斯多亚派一直坚持认为,灵魂的恶习可以引起肉体的痛苦,而肉体的放纵则显示和延续了灵魂的缺陷,因为灵魂的习性,包括它的道德特征,始终依赖于身体的生理性过程(例如四元素的相互作用)。克吕西普甚至认为医学上的药物也会导致德性的丧失;②尽管贤哲会服药以恢复健康或预防疾病,但令人反感的负面效应也可能随之而来(SVF 3. 238)。③ 塞涅卡则反复强调身体的痛苦和虚弱对人的心灵宁静的破坏作用。④ 后文还会进一步提到,鉴于身体与灵魂之间的相互作用,斯多亚派倾向于把养生法以及一些肉体上的磨炼作为哲学修行的重要环节。由于伦理学与医学面对的是同一个身体,这种对身体的关注和实践最终是为了确保作为主体的灵魂的安宁,因为后者需建基于人的整个体质(physique),即身心

---

① 例如塞涅卡就评论道,圣贤就像不死鸟,看起来可能每五百年出一个(Ep. 42.1)。
② 具体而言,克吕西普提到的是醉酒和抑郁(DL 7.127)。
③ Teun Tieleman, 2003, p.164.
④ 吕乌齐斯·塞涅卡:《塞涅卡三论》,第17页。

的连结。① 既然身体与灵魂的疾病总是相互干扰,因此对身体的医疗一定有利于对灵魂的治疗。

其次,就其表现而言,泛义上讲的灵魂疾病的共同特点之一就是体现为失去控制(Tusc. 4.22)。如前所述,这种疾病与德性的品格倾向相对立,并以情感的困扰为表征。在斯多亚派眼中,所有激情都是失去自我控制的产物,而其主要病根则在于无知或错误的价值判断,即意见(δόγμα, Diss. 3.3.18-19)。它是一种欲望性的观念,即将不值得寻求的东西视为值得强烈欲求之物的信念(SVF 3.421)。既然恶或激情的实质是一种信念错误,那么所谓的治疗在根本上就是一种对于错误的信念或意见的纠正,而主要路径则是在获得关于自我知识的基础上正确地使用自己的印象(φαντασία)。斯多亚派也从来没有给出一种立竿见影的良药,其策略主要是呼吁人们通过锻炼和提升灵魂,以对心灵印象做出正确的判断。

二 自我的治疗

如上文所提到的,亚里士多德举医生给自己治病这个例子的更特殊之处在于,这里的医术指的是医生对自己的治疗,因此表面上似乎具有了实践理智的特性,即活动目的的内在性。虽然亚里士多德曾多次从不同角度提及这一隐喻,但他仍然局限在类比的意义上饮用这杯"醉翁之酒"。其根本原因或许在于,他的视野在本质上就是以一个健康的人为基本视点,健康即是一种普遍的常态,无需医术。因为一般而言,只要经过从小积习的训练与培养而获得健全的实践理智和道德德性,个人就不会因为陷入不能自制或自我放纵而"寻医治病"。但是"自我治疗"这一被亚里士多德称为偶性的隐喻概念和活动在希腊化哲学,乃至于在尼采、福柯等后来的哲学家当中却上升至理论探寻和修养实践的核心性地位,进而成为一种理论和现实的常态。

黑格尔曾指出,斯多亚哲学将一种普遍的自我意识视为其哲学的旨归。②尽管我们也承认斯多亚派并没有一种现代意义上的自我或主体观念③,但是他们确实认为灵魂是个体认同的关键。相应的,斯多亚派不仅将哲学这门技艺比拟为医学(PHP 5.2.22-23; Tusc. 3.1),而且认为哲学家的任

---

① Teun Tieleman, 2003, p.165.
② 黑格尔:《精神现象学》,第134页。
③ 然而在一种更基本的意义上,由"οἰκείωσις"所获得的反思性或自我意识确实构成一种属于自身的典型特质。对于斯多亚派来说,一种反思的理性对于完整意义上的人是根本性的。这与柏拉图在《阿尔西比亚德 I》中的观点是不同的。可参见 Gretchen Reydams-Schils, 2008, p.194。

务主要不是治疗他人,而是更多地关注自我灵魂的疾病,即一种对自我的治疗(Tusc. 3.6)。如果说古典时期并没有强调这种关心的提供者是接受者本人还是来自外在,而希腊化时期则更明确地将这个提供者等同于接受者,即自我;而关注的核心则是自我中最好的那个部分,即与宇宙理性相一致的完善理性。如同医学上身体治疗的特点,哲学的治疗也是一种个案化的治疗过程,依据的则是一种二元医学关系,即"自己是病人兼医生的"福柯式的自我治疗模式。不仅是就一般人而言,即使哲学家本人也是病人,因此斯多亚派称一个贤哲或有价值的人为自我的最好医生。因为他会谨慎地对待自我的个性,成为一个对自我的密切观察者和对何物有益于自我健康富有知识的人①,并在改变自我生活方式的基础上进而影响他人。所以伦理学必须关注"怎样关心自我"这一问题,即如何自我感知、自我掌控、自我管理。在根本上,身体疾病是人所不能完全控制的,人自身的能力也是有限的——即使是医生也有束手无策之时。但另一方面,如亚里士多德所言,即使没有普遍的知识,一个人也可能凭经验照顾好某个人(包括自己),就像我们在很多时候尽管不能帮助他人,但实际上却是自己最好的医生一样(NE 1180b16-20)。因此斯多亚派相信,类比地看,就自己的灵魂而言,一个人更可能成为自己的好医生并使自我保持最佳的健全状态,其关键之点则在于人的意愿。

　　总之,尽管灵魂之善更重要,但它与身体之善毕竟是相似、可比较的,甚至是相互影响的。尤其是考虑到斯多亚哲学的形体主义基础,作为灵魂疾病的激情不仅是意愿性、目的性的,而且还显然是物质性的。这就为灵魂的治疗、自我的治疗提供了可行之路。具体而言,自我治疗的前提是自我诊断,这种诊断需要对形体性的各种症状进行感知、观察,以针对性地开出药方、进行治疗。而自我治疗则既有直接性的,又有间接性的。直接的自我治疗是指向自我当下的意念和生活方式,通过持续反思、检醒自我的心灵状态,实现内心的自由和宁静。但这种转向自我的治疗不是向外转向另一个世界,而是如同爱比克泰德经常强调的那样,从人们此世惯于追逐的不可控之物(τὰ δὲ οὐκ ἐφ' ἡμῖν)转向可控之物(τὰ ἐφ' ἡμῖν,即自我的意志选择),实现真正的、自由的自我(Diss. 1.1,4.1)。间接的自我治疗则是通过凝视、关注他人,将他者纳入自己的关怀范围来反观、提高和改造自己。例如很多斯多亚派成员之间就通过书信、面对面交谈、集体讨论等方式进行哲学的交流。这也就使自我治疗自然具有了一种公共向度。不过,斯多亚派所倡导的这种公共性注重的不是某个共同体,更不是一小撮精英,而主要强调的是

---

① J. Pomeroyp, 1999, p. 89.

一种尊重他者的眼光和一种平等、普遍的视角,从而赋予哲学治疗以一种身体间性。

当然归根到底,这种自我治疗的目的是为了切实地照看自己(cura sui),真正地解放自身、回归自然。福柯曾指出,在全部的古代哲学中,关心自己同时被视为一种职责、一种手段,一种基本的义务和一整套精心确立的方法,而其最终目的就是使自己成为一个公正的主体。① 因此这种自我关心绝不是自我迷恋、陶醉,失去自我的真相,更不是一种利己主义,而是时刻紧张地警惕自己,小心地内省自己,不要让自己失去对印象的控制或使自己受到痛苦和激情的侵袭。② 我们认为福柯的这个理解基本上是准确的。但这种自我内省又不是独守其身,摒弃他者和世界,毋宁说是在理解宇宙的协同性和一致性的基础上,恰当评估自己在世界中的地位的同时融入这种一致关系。

爱比克泰德曾对这种自我治疗模式进行过详细的阐释。按照他的教导,只拥有不可控之物,即质料上富有的动物是无需关心自我的;只有人才有可能、也应当通过不断地审查印象、解释世界,来关心灵魂这一神之托付之物。但这个远离动物性、接近神性的过程必须要经过长期的自我治疗或训练才能得以实现。而所谓的自我治疗,其关键就在于转向自我,辨明、把握可控之物,在不断自我审视、反思中与自我和宇宙建立一种适当的关系。这既是修行的最高境界;也是人的目的与神的旨意。这就不仅需要认识何为可控与不可控之物,而且还要将印象的正确运用落实到具体的实践中,使不可控通达可控,在自我认识与行动的结合中获致意志自由。这个过程实际上是对身体及身外之物所呈现的印象的一种转化和处理,即理性就对身体的状态和需要这种印象所做出的判断给予或不给予某种赞同,从而将客观事实主体化。这样,好坏善恶问题就转化为灵魂的状态和行动正确与否,即灵魂与命题、自我与真理之间的关系问题。

关心自己或自我治疗又是一种终生教育。而所谓教育问题,即"为何教、教什么、如何教",则与医学的思维、方法和语言密切相关。斯多亚派观察到,生活中人们经常因为围绕不可控制之物奔波、繁忙而失去自由;一旦面临挫折、困惑而陷入情感纷扰,他们便会陷入心灵,乃至身体的病态。因此疾病并不单纯是肉体层面的生理表达,而且还是精神不畅的外在征象。毋庸置疑,作为属人的科学,医学与伦理学面向的都是人:医学关注人的感受,帮助人摆脱疾苦;哲学则是一种针对灵魂的医术(克吕西普)(*PHP* 5.2.22-23),

---

① 《主体解释学》第二版,第383页。
② 同上书,第414页。

"最好的医生是个哲学家"(盖伦)。① 尽管这明显承继了柏拉图和亚里士多德的"医学哲学"思想,但希腊化哲学家们似乎更侧重强调医学与哲学的内在契合之处。可以说,将学习逻辑学(如何思考)、物理学(认识自然)和伦理学(如何行动)相结合,将真理探寻与自我塑造相结合是哲学家和医生的共同任务,尽管他们直接面向的对象、实践的方式大不相同。所以在斯多亚派看来,逻辑学、物理学同伦理学一样,不仅是理论的,而且是实践的,三者共同作为心灵训练的方式而构成一门"活的哲学"。② 它们共同服务于一种关乎终生教育的科学。

第一,这种教育的目的不是指向任何不可控之物,诸如物质财产、政治权力、个人荣誉和修辞技巧,而是通过持久的训练、自我审查,将自然的把握性概念运用于具体的事与物,将自己训练成意志(προαίρεσις)上自由的真正的人(ἄνθρωπος)(*Diss.* 2.10.1-2)。具体而言,就是从学生的切身体验出发,因势利导,努力让学生成为一个好人、好的演员、完美的作品(*Ench.* 17, *Diss.* 2.19.31);帮助其树立起自身的主导部分(ἡγεμονικόν)的权威,领略幸福和自由的真谛。这个内在化的过程也是一个更高层次的外在化,即与宇宙的总体性相一致的过程。

第二,哲学教育的方式是通过一种自由的教育,树立起理性的真正权威,而不是让学生屈从于老师、书本或运气。③ 教师作为医生要通过"λόγοι"帮助学生,使"病人"全面地认识、审视自己的病情,并在理性反思对事物的印象的基础上,实践于现实生活,最终成为自己的医生。作为病人的学生则要通过自我行动,努力使自己成为自我灵魂的救治者,并为关心他者做好准备。具言之,首先成为自己灵魂的医生,反观诸己、向心内求;其次通过照看自我而照看他人、照看一切,最后回到自我。究其根本,这个教育的过程即是依靠持久的哲学训练和由此积淀的德性力量,通过训练观看、感受和判断的方式,重建学习者看待世界的方式,以对生活以及各种印象做出合理的解释,依自然而行。④

---

① 这正是盖伦的一篇文章的题目("The Best Doctor is Also a Philosopher")。其英译文,参见 P. N. Singer, 1997, pp.30-34。
② Pierre Hadot, 1995, p.24.
③ 详见:Martha C. Nussbaum, 1994, p.494。
④ 值得强调的是,从"哲学医生"的角度看,大体上有三种具体的治疗方式:规劝、治疗和建议。这三种类型原本是由斐洛提出(*Stob.* 2.39.20-41.25),但基本可以用来概括希腊化时期,尤其是斯多亚派的主要治疗方式。具体而言,规劝可以鼓励人们接受治疗,治疗则帮助人们祛除造成灵魂疾病的错误信念,而建议则将带来真实的信念。这三种方式作为一个整体,以一种相互联系、相互作用的方式出现在斯多亚哲学家的著述中。例如克吕西普的作品主要是提供治疗方法,但也有规劝性、建议性的特点,以更好地辅助治疗。爱比克泰德的《谈话录》和奥勒留的《沉思录》也是以一种类似治疗性短文的方式(转下页)

三 双重意义上的"修身"

在斯多亚派的哲学语境中,"脆弱的身体"还是对变幻的社会环境的一种巧妙隐喻。反过来,外界环境的不可测性导致身体的不确定性愈加突出,这就迫使哲学家们对身体的软弱性和必死性做出充分的反思。而总体上,社会大体和个体小体普遍呈现出的不健康迹象会使人们对"有一个身体"的感受最为突出:身体被视为一个客观的外在之物而得到普遍而深入的思考;而思考的一个普遍结果就是身体是不可控的,灵魂却是可以自主的。相应的,身体的健康成为哲学家讨论身体善、德性与幸福等论题时的惯用类比。当然,哲学家们关注的不再是健身房里、运动场上的年轻的身体,而是处于各种疾病困扰和厄运威胁等困境下的身体。

这种对身体的哲学反思最终为了服务于对灵魂的照料。按照斯多亚派,实践哲学的主要任务就是要通过锻炼人的判断力而战胜各种激情,使个体重新回到灵魂的主导部分上来。具体而言,就是要懂得什么是真正的属我之物,什么才是对自我真正的好,认识好自己;在认识的基础上按照你真正的自我行事,做自己所能做之事,关心好自己。正如任何与我们相关的、灵魂之外的事物都属于不可控之物,塑造健全理性的哲学也无需依赖任何外条件。但这不否认哲学应以一种积极、广泛的方式介入生活,而生活世界本身也可视为实践哲学或培养理性的训练场和战场。过哲学的生活就是不断地与激情或疾病做斗争,战胜一切困难、不幸和痛苦。因此在爱比克泰德自己称为"诊所"的学校里,在某种程度上确实如纳斯鲍姆所言,哲学似乎是以一种医学的方式实践着,或者说类似一种实践的医学[①],其目的就是促使学习者更好地认识、投身于生活。有理性的人本质上是一种哲学动物,理性反思能力是人性自然的根本,因此每个人都应学习哲学,不断锻炼这种能力。哲学是要行动的、实践的,是要"改造世界"而服务于好生活的,尽管在斯多亚派这里主要改造的是心灵世界。

但如上文所言,对身体的照管(维护或恢复身体健康)不仅为如何关心灵魂(如击退和避免激情)提供了一种类比,从而间接地相互关联,而且对身体的治疗还直接地相关于对灵魂的治疗。同其他大多数希腊化哲学流派一

(接上页)而整合了这三种方法。受西塞罗影响,塞涅卡则创作了一些慰藉性的作品,但其主题、方法与治疗有很多一致之处。然而,严格来说,相关于斯多亚派的行动理论,爱比克泰德和塞涅卡等人其实采取了各自特殊的三分法(Christopher Gill, 2003, pp. 42-43)。在治疗的过程中,他们还根据灵魂病情的不同而设计了轻重不同,或温和或严厉的治疗方法(塞涅卡:《论愤怒》1.6.2)。

① Martha C. Nussbaum, 2009, p. 33.

样(当然各派在相互作用的形式和适用范围上歧见甚大),斯多亚派坚持用共通感(συμπάθεια)来形容灵魂与身体间的关联,并用身心疾病的相互影响来证实这一点(Nemesius 78, 7-79, 2 = SVF 1.518 = LS 45C)。正如我们已经指出的,对斯多亚派来说,医学类比的更深层意义正是对这种身心物质同一性的表达。由于坚持形体主义和自然主义的观点,因此在斯多亚派眼中,对应于一般的道德品格或德性概念的心灵健康实际上也是某种物理的健康①,体现为体内各种物质之间的相互作用。因此在阐述激情产生的本质原因时,斯多亚派会借助水、火、气、土等元素以及热、冷、干、湿等性质在身体与心灵之中的分布与变化来解释激情的产生发展、强弱变化(塞涅卡:《论愤怒》2.19)。总体上,斯多亚派的心灵训练活动不仅不以脱离或否弃身体或一种"有身体的死亡"为目标,而且还以一种积极的姿态突出了身体及其所涉入的特定环境对于精神生活的重要性。既然哲学可以作为一种生活方式来实践,那么推展开来,我们在日常活动,包括每一项具体的技艺实践中都可以实践哲学、修炼自我。但这个过程并不是轻松的,因为它意味要通过学习严肃的哲学而成为一个在各方面都做得好的行动者,即贤哲。所以斯多亚派哲学家认为只有贤哲才可能是好的预言者、诗人和演讲者,即在各种技艺上都卓越的实践者。各种哲学修炼方式,可以帮助我们通过内在德性的培养和内在形体的修炼,而正确地对待、塑造外在的身体。强调"德"对"身"的塑造作用,即德身合一,可以说是很多古典文明共有的普遍观念——在强调与自我合一的古希腊人那里也是如此,尽管这种文化取向没有像在东方文明中那样明显。在古希腊人看来,一种健康、俊美的血肉之躯本身就内含着高贵的精神品性;哲学的修炼不但不会损害身体,相反还使身体展现出最大的魅力。因此身体的锻炼与心性的修习是相辅相成的,灵性的美好某种意义上可以在形躯的气象中反映出来。

不可否认的是,随着奥尔菲斯教传入希腊本土,希腊哲学就逐渐显示出一种身心二元论的特点,尽管在二元论框架下又呈现出很多重要差异。虽然在希腊化时期的一些主流学派中呈现出一元论倾向,但是柏拉图哲学的强有力影响依然存在。而且这种观念对哲学与医学无疑都产生了深远的影响,并在以后的思想史中引起了持续而激烈的讨论。尽管如此,这并不能否认西方古代哲学内部有一部独具特色的修身史。古希腊的很多哲学家都是在承认灵魂与肉体之连接的基础上强调心灵或道德上的健康的重要性,主张关注医学的身体与伦理生活中的身体的密切关系,从而使医学和伦理学在互动中推

---

① Lawrence C. Becker, 2003, p.223.

动着一种好生活的形成。就哲学伦理学而言,它是通过探寻关于人(自我)的知识而对身体实施一种内在的影响。如果把身体这个不可控之物视为可控之物,自我就会被他者所异化,成为外在物的奴役对象。由于自我的中心是神、理性和主导部分,所以真正的自我关心就是对神的关心。哲学实践正是要在对神的认知的基础上增强自我的自足和对于外界的独立性。

总之,在古希腊文化中,身体作为灵魂的寓所和工具,承载着重要的文化意蕴和道德价值。尽管由于本性上的脆弱与有限(尤其是在非正常状态下),身体经常像柏拉图等哲学家所描述的那样显示出负面性,但是它在这一文化处境下并没感觉到压抑,相反,它自在、健康和健美。① 因为在崇尚身体之美善的希腊文化中,哲学家们的身心二元观念总体上是一种强调身心关联、重视身心修炼、关注生活世界的整体论。这是一种基于对好生活的总体理解而做出的伦理思考。灵魂和身体几乎总是共同出现在那些爱智慧者的言谈中,尽管其视角、语境和话语都有所不同。随着时代境遇的变化,希腊化时期的哲学家们,尤其是斯多亚派对身体的脆弱性做出了更为深刻、广泛的思考,灵魂的物质性构成他们的基本共识。以对具身生活的思考和持续的修身实践为基点,斯多亚派将终生之灵魂健康作为其最终诉求。而健康始终是与德性联系在一起的,因为灵魂的健康根本上是道德的健康。道德规则的寻求、培养德性的目的都是为了创造、延续和恢复人的道德健康。② 他们也并不忽视身体和身体管理对一种好生活的意义,只是主张对身体的管理最终要服从于对灵魂的管理,即哲学的治疗。尽管哲学家们宣称医学意义上的修身要在自然的引导下服从于伦理学意义上的修身(并在言辞中表现出对身体的医生的贬低之意,尤其是在爱比克泰德和奥勒留那里③),但关心自我却真实地成为当时哲学家与医学家的共同信念。

至此,我们已通过医学之喻引入了一些将要讨论的重要论题。就本书欲重点讨论的斯多亚哲学而言,可以肯定的是,以特有的身体观念和技艺观念为基础,该学派继承、发展了古希腊思想中的医学之喻,并建立了一种独特的

---

① 这一点也可以在福柯等哲学家所深入研究的极具争议的古希腊性伦理领域中得到印证。福柯的主要路数是将在性行为领域显示的自我实践与支配一个人生活全部的精神训练和练习相关联。因为在古代思想中,管理一个人的性实践是作为精神训练目标的管理自我的一个方面。因此哲学家们并不是主张外在的、强制性的禁欲,而是强调将一种对欲望的节制置于对自我的关心中,从而实现一种自然的自由。
② Lawrence C. Becker, 2003, p. 223.
③ 辛格特别指出这一点。他还认为,相比之下,盖论则并不特别喜欢用医学类比或隐喻,因为他生怕将严肃的科学话语置于流行伦理学之下会降低自己作为真正的专家的身份;将这种哲学话语与医学、科学,或者更大的哲学工程区分开来,可以使自己显得高哲学家一等(Singer, 2014)。

治疗哲学或修身哲学。基于此理论定位,下文将详细解释和阐述斯多亚派的相关观点和立场,并在重新审视人们对斯多亚派的刻板印象的同时尝试建构一个实践的斯多亚者形象。我们将试图证明,如果说柏拉图摇摆于对身体和世界的否定与肯定中,斯多亚派则主要从苏格拉底和柏拉图的遗产中继承了积极的一面,致力于将身体训练为很好的工具。但在总体上,古希腊视野中的身体不是应被弃绝或可规训的身体,而是可训练、可变好、变美的身体。对于古希腊人而言,一个美丽的身体里有一个扭曲的灵魂这一想法是非常怪异的,反过来亦是如此。因此要真正地促进个体完善和好善生活,必须和自己的身体建立一种友好的关系。在医学尚不发达、身体异常脆弱的古代是这样,在医学空前繁荣、身体似乎变得空前强大的今天更应如此。

第三章　技艺与修身:以斯多亚派为例(上)

斯多亚派之所以能发展出如此完善的一套医学式的哲学实践,与其对技艺(尤其是医学)以及医学的对象—身体(σῶμα)的理解密切相关。对于斯多亚哲学家来说,哲学不仅仅是一种理性的话语,而且是一种集逻各斯(λόγος)和修身实践(ἄσκησις)为一体的具有治疗功效的生活技艺。当然修身或训练的规范性标准是理性——是理性促使作为理性存在者的人做其应做之事。尽管"修身"①一词有东方思想的色彩,但我在这里使用该词正欲接着上文说,在古希腊哲学尤其是斯多亚哲学中,同样存在深厚的精神修养传统。哲学对于斯多亚派来说就是一种积极、持续的锻炼与检省;身体在斯多亚派的哲学修炼中一直承担着重要角色,而且这种角色并非隶属于禁欲主义的观念和实践,至多可归于制欲主义。追根溯源,斯多亚派的致思方式与修身观念是建立在其哲学人类学和神学,即如何理解人的结构功能特点以及人对德性、神性的内在亲和性等的基础之上。在最为根本的身心关系上,斯多亚派在形体主义的自然哲学框架下,坚持本体上的一元论和价值论上②的二元取向,并通过体现人之活动卓越性的技艺而将人的生理、心理和伦理等维度较好地统一起来。

第一节　作为修身方式的技艺

如上文所论,柏拉图和亚里士多德通过将技艺类比或隐喻作为一种哲学论证的重要策略,从而不同程度地从形而上学和伦理学角度论证了技艺本身可能具有的知识和伦理内涵。尽管如此,鉴于柏拉图的技艺概念对技艺本身

---

① 当然,近来也有不少学者(如何乏笔[Fabian Heubel])从修养史的角度,将西方具有宗教色彩的禁欲主义(asceticism)翻译为"功夫论",即赋予其修身或精神修养等义。
② 关于斯多亚派是否坚持自我认同的二元化问题,在西方学者中仍然存在很大争议。本书认为斯多亚派至少在价值论上是二元的,其主要目的是标示出两种迥异的生活方式。

自主性的忽视(主要是受其理念论的影响)①以及亚里士多德对技艺目的外在性的坚持,他们仍遗留了一个未能得到很好解决的重要问题:技艺概念如何在保持自主性的同时又不被贬低为不负责任,即实现可得与善用的结合?② 这也是留给频用这一概念的斯多亚派的重要难题。

对于技艺,芝诺将其界定为:"为了生活中的某个有益目标,通过实践而形成的系统性的理解(κατάληψις)的集合。"其继承人克里安特(Cleanthes of Assos)的定义更为简洁但趋于泛化,即"一种有方法地获得一切事物的质性(ἕξις)"。克吕西普则从技艺者的心灵状态角度对此予以了补充,进而修正为"一种运用印象的有方法地推进的质性"(奥林匹奥德鲁[Olympiodorus]《柏拉图的〈高尔吉亚〉评注》12.1 = LS 42A)。概括之,这三个定义突出了技艺的三个特性,即系统的认识、有方法地行动和有实际效用的结果。③ 以这些定义为话语背景,与古典希腊时期的技艺思想相比,斯多亚派不仅更为强调技艺和知识、实践理智之间的关系,进而在总体上泛化、提升了技艺概念,而且还将这种理智品质与德性、训练(ἄσκησις),以及对灵魂疾病的治疗和人的整体生活的塑造更紧密地联系起来。这样,借助对"德性即知识""认识你自己"等苏格拉底命题的重新阐释、确认,技艺这一概念实际上被知识化、伦理化、艺术化。④ 或许我们可以在不严格的意义上用这样一个融贯的等式来表达斯多亚派的知识伦理学:技艺 = 知识 = (实践)智慧 = 德性。问题是,斯多亚派何以将如此重要而复杂的概念相等同?这是可以自圆其说的严肃的哲学讨论,还是为体系建构而放弃概念清晰性的权宜之举?为了回答这些问题,并在此基础上明晰斯多亚派的整体技艺图景,需对相关概念和教义进行区分和剖析。当然必须承认的是,由于斯多亚派经常在两种意义上使用技艺概念而并没有明确予以说明,这种厘分只是相对的。另外,斯多亚派对技术性术语的大量运用,也使得这种辨析更加困难。

一 技艺之源:作为特殊技艺的知识

在亚里士多德哲学中,知识通常是纯粹的理论考虑,主要涉及稳定的原

---

① 可参见 F. E. Sparshott, 1978, p. 277。
② Ibid.
③ A. A. Long & D. N. Sedley, 1987a, p. 263.
④ 值得注意的是,斯多亚派对技艺的这一使用方式,与古希腊的历史文化背景或许也是有关联的。因为据有关研究,在公元前5世纪晚期,"τέχνη"这一词就已经被用于各领域人类活动的知识的系统运用,包括人、神以及智力方面的技能的各种分支,对应于未经自然协助的工作。另外,我们将在下文的论证中指出,如果剔除对技术性术语的大量使用,斯多亚派对技艺和实践理智等被亚里士多德称为"把握真理的方式"的应用,实际上与亚里士多德哲学的差异并没有表面上所显示的那样大。

理、知识(即相关于"存在"["being"])。技艺则是在变动的世界中对于这些原则的应用(主要相关于"生成"["becoming"])。它必须建立在由慎思和理论科学所提供的普遍前提的基础上。因此技艺直接面向生活,它的最初对象是生活中最迫切的具体需要,尽管它也可以带来舒适、快乐和平静。但在广泛的意义上,尤其是当与经验相比照时,亚里士多德有时也将技艺视为科学的接近或相似之物,从而将ἐπιστήμη和τέχνη两个词互换使用。在斯多亚哲学中,由于"德性"的联接作用,τέχνη具有了亚里士多德的强意义上的"ἐπιστήμη"的某些特征①,因此斯多亚派更加频繁地将这两个词作为同义词来使用。

然而与亚里士多德的一个重要不同是,斯多亚派似乎从未区分过纯粹科学与实践科学或经验科学(LS 264)。这使得斯多亚派的技艺概念更接近苏格拉底的技艺概念。这一点尤其与斯多亚派的"心理一元论"相关。② 因为坚持心理一元论实际上就暗示了理智德性内部,尤其在实践理智与理论理智之间不加辩分的倾向。按照这种理论,科学知识(ἐπιστήμη)可以直接地影响行动,哲学知识对于好的决定、判断乃至行动是决定性的。诚如伊尔塞特劳特·阿道(Ilsetraut Hadot)所评论到的,按照正统斯多亚派的观念,在理论化与寻求一种好的生活的目的之间是没有差别的。③ 而且从斯多亚派的角度看,我们并不需要过于严格地考察认知科学和生产技艺之间的界限。例如医学,无论是在理论上还是实践中,大多数活动都被认为是认知性的,尽管它最终的功能是造成健康(LS 264)。因此,亚里士多德对"ἐπιστήυη"和"τέχνη"所做的界分在不怎么精悉数学的斯多亚主义者这里趋于模糊。

在亚里士多德所强调的稳定性、准确性问题上,斯多亚派确实与之有相似之处。斯多亚派认为,一般意义上的认知和理解构成技艺的原始质料。④ 具体说来,他们主要将ἐπιστήμη界定为"理解或认知"(κατάληψις),即经过论证,可靠而不变的东西。它是绝对不可动摇的,具有内在稳定性的(Stob. 2.73, 16-74, 3)。而所谓理解就是对于可理解印象(φαντασία)的一种强的同意(συγκατάθεσις)。如上文说言,芝诺也将技艺视为一种"系统性的理解(κατάληψις)的集合",但这里的"κατάληψις"更强调的是对知识的一种抓住、掌握,因为技艺这种知识不是静态的、已经获得的,而是

---

① Richard Parry, 2004.
② 即通常所认为的:不承认非理性的存在和不能自制现象,强调情感的认知性。具体参见梯恩·蒂勒曼、于江霞:"芝诺与心理一元论:关于文本证据的一些观察",第121—145页。
③ Ilsetraut Hadot, 1969, p.101, 转引自 Katja Vogt, 2015。
④ 西塞罗:《论至善与至恶》,第117页。

代表动态的、当下获得的事实。概而言之，ἐπιστήμη 更是一种品格（διάθεσις）①，没有程度之分。而技艺则是一种质性（ἕξις），允许有程度之分。举例说，一个医生可以比另一个医生医术更高，但是一个有德性的人并不比另一个有德性的人更有德性。因为德性作为一种知识已经代表着知识的完美状态。② 而一般来说，技艺却没有同样的稳定性（Fin. 3. 50）。然而在一种松散的意义上，斯多亚派也用"ἕξις"来界定 ἐπιστήμη③，并将"ἐπιστήμη"与"τέχνη"混合使用。正像有学者所推证的，斯多亚派似乎倾向于在两种意义上使用"ἕξις"和"τέχνη"："ἕξις"在狭义上指有程度变化的质性或状况，宽泛意义上有时还包括没有程度之分的"διάθεσις"；狭义上的"τέχνη"是对应于作为"ἕξις"的技术（techniques），广义上却也包括一般的技艺以及（科学）知识（ἐπιστήμη）。④ 但是（科学）知识与技艺的这种区别最终并没有阻止斯多亚派将德性界定为技艺，并且有时互换着使用这两个术语。⑤ 实际上，上文也曾提及，"技艺"一词最本源的含义是一种"知道"，即知道做什么和为什么做，因而必须以知识为根基。而对斯多亚派来说，一个根本性原因还在于，技艺所需要的知识不是柏拉图式的理念知识，而是一种关于自然及其秩序的面向实践生活的知识。

正是基于对人的实践生活的兴趣，斯多亚派还将知识和实践理智（φρόνησις）共同用于实践推理，并将后者一并称为技艺。尽管亚里士多德和斯多亚派都视实践理智为一种特殊知识，并在某些情况下将技艺与知识互换使用，但只有后者将实践理智视为一种特殊的技艺。斯多亚派不仅将实践理智定义为一种关于善、恶和中性之物的知识（DL 7. 92），而且还在某种程度上将实践理智等同于智慧。由于斯多亚派总体上没有就各种理智活动做出明确划分，并且对技艺概念做了一种伦理化的处理，因此在其哲学中，实践理智作为一种做正确的实践判断或决定的稳定倾向，它与技艺概念之间的界限同样因为与德性的密切关联而变得模糊。或许出于对灵魂一致性与德性一致性的确信，有的早期斯多亚者认为德性就是实践理智。例如阿波罗番尼就认为德性就只有一种，即实践理智（DL 7. 92）。芝诺则认为，德性是一种

---

① 辛普里丘（Simplicius）评论道，不同于亚里士多德，斯多亚派认为 διάθεσις 比 ἕξις 更稳定。然而在后者的学说中，这一看法的根由不在于稳定性方面的差异，而是在于张力（τόνος, tenor）能够被强化或松化，但品格并不易于被强化或松化（Simplicius, On Aristotle's Categories, 237, 25-238, 20 = SVF 2. 393, 部分 = LS 47S）。
② A. A. Long & D. N. Sedley, 1987a, pp. 263-264.
③ Ibid., p. 253.
④ Christoph Jedan, 2009, p. 71.
⑤ Richard Parry, 2004.

以各种形式存在的实践知识。当实践理智处理对他人的应得时是正义,当处理什么应该选择时是节制,当处理什么应该忍耐时则是勇气(LS 61B5)。而依照恩披里柯,斯多亚派认为实践理智作为一种善恶知识,提供了一种涉及生活之事的技艺(SVF 3.598)。因此,实践理智在斯多亚派这里不仅是一种理智德性,而且还是作为生活技艺的德性总体。① 这一点与亚里士多德对实践理智的理解,即强调实践理智是着眼于总体生活的善也是相通的。

但就狭义的技艺而言,其与实践理智的区别还是明显的。因为尽管每一种具体技艺都无一例外地需要训练,但各种技艺之间是可以相互独立的。然而实践理智却由于它的全局性,内在地具有一种统一化的倾向。因为在一种既定情况下做出的某种考虑或明智判断是基于德性的人的总体目的和价值观。② 在这一点上,斯多亚派似乎与亚里士多德持一致意见。而且在将实践理智视为一种技艺时,斯多亚派也并没有忽视技艺目的的外在性,而只是在认识其不可控性的基础上更注重单个技艺行为的实施过程,即将对产品的关注引向对行动者之品质或心灵状态的关注。所以他们将技艺的实施与实践推理的过程做了以下类比:明智的人或完善的人有一种在任何生活情境下的对于善与恶的洞见。③ 而一个熟练的技工,也会知晓在他的行动的每个节点或步骤怎样做是最合适的。如同这个熟练的技工,有智慧的人在感觉和行动等方面都能做出适当的反应,他一切都做得很好,表现出有德性或行动上的一致性与连续性。在此过程中,就像技艺的施展有时重于技艺的产品一样,是否获得某种目标(获取某种自然的东西)最终是不在人控制之内的,但是正确运用实践理智的这个过程是重要的,即在始终关注生活情景的可变性的基础上,完善人的能力,用正确的方式做正确的事。与亚里士多德局限于城邦公民的狭义上的实践概念相比④,斯多亚派对技艺概念的强调似乎还在某种意义上暗示了其对平等、自由等价值的重视。⑤ 然而对于斯多亚派缘何做此解释这个问题,还需从技艺目的本身的角度,从其对作为技艺的德性的讨论中进一步挖掘。

二 技艺之"型":作为技艺之技艺的德性

如果说技艺的自主性在其与知识的关联中得以落实,进而解决了"知"

---

① 当然在伊壁鸠鲁派、学园派等其他希腊化哲学派别中也有类似情形(Fin.1.42,5.16)。
② Julia Annas, 2003, pp.15-34.
③ Richard Parry, 2004.
④ 尤其是按照阿伦特、麦金太尔式的读解。但这种读解是否合理还是值得商榷的。
⑤ 见第五章第一节对"工匠精神"的讨论。

的问题,那么与德性的关联则担保了技艺目的的有益性问题,即"行"的一面。对于技艺的目的,芝诺将其界定为"为了生活中的某个有益目标",这似乎是说,技艺的行为不一定是道德上善的,但应是得到人们认同且有益于人的生活的。而对于总体的生活目标,在应对学园怀疑派卡尔尼亚德(Carneades)之挑战的话语背景下,中期斯多亚者安提帕特(Antipater of Tarsus)在"选择公式"("即在生活中持续选择与自然相一致的东西,放弃选择与自然相违背的东西")的基础上,重新诠释了斯多亚派"与自然相一致地生活"的正统教义:"做一切在自己权能之内的事情,持续、不动摇地做,以获得与自然相一致的占优势的东西。"(*Stob.* 2.76,9-15 = *LS* 58K)①很多古今学者认为安提帕特在这里主要以"推测性技艺"做类比。例如在围绕这个定义而在学派内外引起争论的射箭之例中(*LS* 63G,64C,64F),这个目标可比作射手做一切在其权能之内的事情以射中目标,而不是射中目标;因为鉴于风力等偶然因素的影响,是否射中目标不是人所控的,人所能把握的只能是尽力施展射技这个过程。阿弗罗狄西亚的亚历山大(Alexander of Aphrodisias)将这种不能按照确定步骤实现目的、易受偶然因素影响的技艺称为"推测性的"(στοχαστικός)(《亚里士多德〈论题篇〉评注》32,10-34,1),并用以解释斯多亚派作为生活技艺的德性概念。②

关于推测性技艺,尤其是医学、航海等,亚里士多德曾有相关的论述。③这明显体现在他对有些难免掺进运气(τύχη)因素的技艺活动的讨论中(*EE* 1247a5-7)。更重要的是,尽管亚里士多德坚持德性和实践理智不是一门技艺,但在泛义上他也将某些技艺活动纳入实践,因为这些技艺活动包含一部分实现活动,即以完美地运用技艺本身来完成活动为目的(τέλος)(从而也反映出我们是怎样的人),他因此也把技艺叫作这种活动包含的德性。④ 如布罗迪指出的,亚里士多德确实谈及了要成为一个怎样的工匠的问题:

---

① 另参见 Galen, On *Hippocrates' and Plato's doctrines* 5.6.10-1 = *LS* 64I。参见相关讨论:Gisela Striker, 1996, p.300; A. A. Long & D. N. Sedley, 1987a, pp.406-410。

② 但是安纳斯等少数学者也对此提出了质疑。她认为阿弗罗狄西亚的亚历山大基本上并没有将亚里士多德曾讨论过的推测性技艺与斯多亚派相联系。鉴于他有多组反对斯多亚派将德性视为一种技艺的论证,这种关联的欠缺暗示了他没有采纳斯多亚派认为德性是一门推测性技艺的观点。但是,冯·阿尼姆(Hans von Arnim)确实将阿弗罗狄西亚的亚历山大讨论推测性技艺的相关段落收录到关于斯多亚派的残篇中。参见 Julia Annas, 1993, p.400, n.1189。

③ 尽管在阿弗罗狄西亚的亚历山大所引之处亚里士多德没有明确采用这种说法,即στοχαστική τέχνη或τέχνη στοχαστική,但他常用ως επί το πολύ("在极大程度上""就绝大部分而言""在大多数情况下")这一术语。

④ 此处采纳了廖申白教授的建议,在此表示感谢。

在某种意义上,工匠的目的是产品,但在另一种意义上,其目的则是他自己成功地制作(或已经制作)它。因为在这里,他触及了作为他所成为的那样的工匠的制高点。所以在《尼各马可伦理学》第三卷第二章中,当亚里士多德想举例说明我们不考虑目的而只考虑手段这一点时,他不仅谈到预期的结果,而且还提及制作的行动:"因为一个医生不思考他是否将治愈某人,一个演讲者不思考他是否将说服听众,一个政治家不考虑他是否将会创立法律和秩序(1112 b12-14)。"①

另一方面,相对于自足的理论活动,实践活动也产生外在结果,尽管行为的后果绝不高于行为本身。② 但正如上文已经强调过的,在一般意义上,技艺和实践活动的根本不同之处在于,技艺活动主要根据其活动的ἔργον(产品、利益)来评价,而德性活动却更看重的是行为者的品格和意愿选择。就这一点而言,我们虽不能确定斯多亚派是否受到亚里士多德相关思想的直接影响,但我们确实在这里可寻觅到某些沿承之处。

漫步学派内部的其他哲学家进一步发展了亚里士多德的思想,并力图证明外在善在激发德性方面的重要作用。他们特别强调,正如技艺也需要某种工具,外在物在训练德性方面起到某种工具性作用。③ 那些激发德性所需的是外在善,相反,对德性活动形成阻碍的则为外在恶。外在物虽然不作为某一部分或某种东西而构成幸福,但确实是幸福的工具。漫步学派的这些论证无疑进一步推进了亚里士多德的某些观点。但他们仍面临的难题是:德性在何种意义上需要被激发?我们如何评价外在物在德性活动中的促进、激发或阻碍作用?德性活动一定是某种可观察的行为吗?④

斯多亚派接过这些问题,并通过解决这些问题而对亚里士多德及其学派的相关观点做出了强有力回应。从一般意义上讲,斯多亚派认为是人的意志意图和精神状态而非某种外在的活动及其结果才是最根本的(塞涅卡:《论恩惠》1.6);任何外在物都是非善非恶的,因此才会成为训练材料——在这种意义上,漫步学派所谓的"坏的"外在物恰好可以成为"好的"训练材料。具体而言,对斯多亚派来说,虽然无需忽略外在目标,但一种技艺(尤其是推

---

① Sarah Broadie, 1991, p.205.
② 例如在《尼各马可伦理学》1177b2-3处,亚里士多德提到,"它(按:指沉思)除了所沉思的问题外不产生任何东西。而在实践的活动中,我们或多或少总要从行为中寻求得到某种东西"(廖申白译)。
③ Antonina Alberti & Robert W. Sharples(eds.), 1999, 2.4.3-9.
④ 这里的讨论受到玛格丽特·格雷弗(Margaret Graver)于2016年2月5日在加州大学伯克利分校所做的题为"Instruments and Impediments: A Senecan-Aristotelian Debate on the Activation of the Virtues"的讲座的启发,在此表示感谢。

测性技艺)的目标可能更重要的是享受过程;德性行为的关键是持续地按照自然法则去做,而不是获得自然的东西。当然这或许不仅适应于推测性技艺,而且还适应于其他一般技艺,包括没有一个外在"目标"的表演、舞蹈,甚至智慧等技艺(*Fin* 3. 24-25 = *SVF* 3. 11,部分 = *LS* 64H)。① 因为所有技艺的"目标"都是斯多亚派所谓的更可取的中性之物(προηγμένα),而德性或幸福则体现在这种选择上,而不是那些中性之物(不管是否可以确定获得)上。换言之,中性之物本身不是善,但是使用(中性之物所表现出来)的善才是幸福的构成要素。总之,作为行为评价的标准,这个内在目的使技艺活动摆脱了命运、运气和其他不可控力的威胁。也正是通过凸显这个目的,以及将德性视为一种"技艺的技艺",斯多亚派真正将我们引向对技艺之理解与使用的合理之途。

作为斯多亚派伦理学中最重要的哲学概念之一,"德性"无疑代表着唯一、最高的价值。② 正如纳斯鲍姆所言,斯多亚派拒绝赋予任何依赖于外在世界的东西以内在价值,甚至是生命本身和关系性的善,如朋友和孩子等。唯有德性这种形体才有价值。③ 然而也正是这个单一的概念承载了最丰富的含义,并同时具有了诸多的同义词。斯多亚哲学家用不同表述来界定德性:某种形式的知识,"和谐的品格"(DL 7.89),一种一贯的、坚定的、不可改变的完美理性或灵魂主导部分的品性(普鲁塔克:《道德论集》[*Moralia*], 441C = *LS* 61B8)。简言之,德性的最重要特点就是用来描述一个有德性的人的灵魂居于主导地位的一种完全一致的状态。也只有德性这一概念拥有自芝诺之后,斯多亚派从理性的一致性方面所界定的"目的"(τέλος)的主要特征。由于生活的目标或德性的目的就在于与自然相一致,所以他们说德性是一种技艺或一种追求幸福的生活技艺。④ 如上文所论,斯多亚派的技艺概念的一个特别之处就在于承认一种伦理的技艺(an ethical τέχνη)⑤和一种技艺的德性。他们不仅将各种知识(ἐπιστήμη)形式视为德性,而且用技艺来描绘这种作为知识的德性状态的特点。安纳斯(Julia Annas)曾详细解析了将德性类比为一种技艺的特质和优点,她认为其中最重要的就是"学习的需要"和"追求的驱动力"。⑥ 德性的学习者必须明白老师行动背后的原因。

---

① 可参见安纳斯在 *The Morality of Happiness* 一书中对这一问题的讨论(pp. 400-404)。
② 斯多亚派不仅将善或好定义为利益,而且还将利益等同于德性和德性的行动(*M* 11. 22 = *SVF* 3. 75, part = *LS* 60G I)。当然斯多亚派所界定的利益有其特殊的含义。
③ Martha C. Nussbaum, 1994, pp. 362-364.
④ AL Aphr. De an II 159. 34;II 161. 5-6,转引自 Gisela Striker, 1996, p. 240。
⑤ 这里不是在亚里士多德所说的技艺内含有德性的意义上,而是在德性即技艺的意义上。
⑥ Julia Annas, 2003.

只有这样才能在新的情境中做出正确的决定,将新的实践知识运用于自我。如同一个有技艺的人,一个有德性的人对统一和证明其决定是否合理的原则总是有一致、清楚的把握。① 总而言之,如果将德性定义为一种技艺和知识,那么就不仅坚持了德性的可教(διδακτὴν)、可学(μαθητήν)、可习(ἀσκητήν),同时还坚持了行动的可正确性、可精确性,同时将技艺和逻各斯密切联系起来。

这种定义显然与亚里士多德的说明是不同的。亚里士多德认为德性是一种ἕξις(质性),它使一个人准备现实地以某种方式而行动。διάθεσις(品格)如果不能有如此的实践效果,则没有独特的道德意义。但在克吕西普看来,德性不仅是"ἕξις",而且更是一种"διάθεσις"。一种不是"διάθεσις"的"ἕξις",可能是某种类似于发脾气或喝醉酒的倾向,例如坏的癖性、虚弱和疾病等坏的状况,与之相对应的则是只有贤哲才具有的气质(ἐπιτηδεύματα, habitude)等好的状况。倾向毕竟只是一种倾向,即一种行为的规律性,但德性或恶一定不仅止于此,它们还是一个人的主导部分符合自然和理性的状态。亚里士多德强调的是,德性的重要性在于由其产生的行为,伦理学更多的是实践性的而不是形而上学的研究。② 而在斯多亚派看来,行动本身无所谓道德上的后果,真正重要的是此时或彼时的灵魂的张力。因此他们更重视贤哲的主导部分的状态或者说心灵状态,认为这才是价值的所在地、决定德性优劣的根本和唯一在人的权能之内(ἐφ' ἡμῖν)的。当然,同亚里士多德一样(EN 1140a9-10)③,芝诺和克里安特也将技艺界定为"ἕξις",而不是"διάθεσις"。因为"ἕξις"是一种有程度之分的行动倾向,技艺即代表一种允许有程度变化的灵魂状态——正如一个工匠的技艺一般比门外汉的技艺高。实际上,在古希腊思想中,技艺一直被视为与心灵的优点相关。而一种德性有时被定义为技艺,正是对这种优点的特殊展示。④ 斯帕肖特(Sparshott)精辟地概括了这种关系:这种优点的展示一定是"ἕξις",因为"διάθεσις"一定是"ἕξις";但作为技艺,它只是"ἕξις",而作为德性(德性—智慧或审慎⑤),它还是"διάθεσις"。⑥ 而由于知识也是"διάθεσις",而且知识与技艺在有些情况下可以相互等同,因此便可以如此阐发斯多亚派视野下的德性与技艺的关系:通过一种稳定的知识框架,作为德性的知识与作为德性的技艺,即知

---

① Julia Annas, 2011; 1993, p. 399.
② F. E. Sparshott, 1978, pp. 282-283.
③ 另外在《形而上学》中,亚里士多德还称技艺是一种能力(δύναμις)。
④ F. E. Sparshott, 1978, pp. 282-283.
⑤ Brad Inwood, 1986, p. 547.
⑥ F. E. Sparshott, 1978, p. 283.

道什么是对生活有用的与做或制造对生活有用的,就可以很好地相互结合。① 与之相关的是,医学类比在斯多亚派这里变得愈加重要。这首先在于医学与德性都可视为一种实践的、治疗的技艺:正如医学理论如果不能用于获得身体的健康则是无用的,哲学理论如果不能帮助我们获得灵魂的德性也是无用的(鲁福斯,讲义 3.7)。② 通过医学的可视化实践,我们可以类比地想象德性这种内在倾向和状态对灵魂的作用,因为它们都是建立在理论性知识基础上的具身化的实践活动。其次则归因于这两种技艺分别对应的身与心之间的密切关系:医学保证的身体健康与德性担保的灵魂健康是相互影响的。如何处理这两种关系则决定着我们是否能真正地关心自我而把握好整体的生活。对于斯多亚派而言,德性这种特殊的技艺就体现在一种有把握的、不可动摇地对在生活之事上何为正确的一种洞见。

这既是向苏格拉底哲学的某种意义上的回归,但与苏格拉底的哲学旨趣又有很大不同。因为不同于苏格拉底对自然哲学家的拒斥和对智者所造成的自然/习俗之对立的指认,以宏大的自然宇宙视野为理论背景的斯多亚伦理学从始点处就没有给这种对立以生长的空间。其所理解的德性是建立在对宇宙的恰当理解的基础上的,只有它才可能与神对自然的设计相媲美。例如塞涅卡的《自然问题》这一文本就是用一种多彩、生动、富有想象力的艺术般方式介入自然话题,其目的在于通过将自然作品之美与恶行的丑陋相对比来阐述某些伦理学观点。③ 正是基于这种本源地位,德性才当之无愧地成为技艺之"型"。

从源初自然到人的生活,斯多亚派眼中的生活是一种身体性的生活。德性的学习和训练需要各种形体,包括人的身体发挥积极作用。在斯多亚派看来,德性本身也是一种形体,一个人的心理或道德品格倾向也就是其灵魂的物理状态,即普纽玛的张力状况。因为行为品格就是灵魂中逻各斯的运行,逻各斯即一种特定状态的普纽玛(SVF 2.96,2.823)。所谓生活技艺,简单来说就是如何适当地把握好身体性生活,最好地运用特定情境中的所有事物,以德性地获得灵魂的善。正是以德性作为技艺之"型",斯多亚派向我们暗示了理解技艺之目的的另种进路。我们可将这种"型"的构造大致勾勒为:作为德性的技艺首先表明了对知识和能力的获得;其次表征着系统地运用这种知识的一种能力、意志、倾向;再次意味着需在生活中通过训练而显示其

---

① F. E. Sparshott, 1978, p. 283.
② 另参见 DL 10.138。
③ Gareth D. Williams, 2012, Chapter 2.

自身。而具体的,德性作为技艺之技艺①的基本命意可体现为以下诸方面:

首先,斯多亚派把神(理性、逻各斯)比作一个以技艺的方式创造万物的匠师,从而在生命的始点上就将技艺与人的生活目的联系起来。神通过渗透于质料而缔造了各种身体。鉴于宇宙自然与个体自然的共通性,如果说尊崇宇宙神性就是按照自然而生活,那么按照自我的自然而生活也就是尊崇宇宙的自然而生活,即幸福。因此德性是人的自然发展的必然结果,而且就是幸福本身。作为生命序列的最高层面,一种与神最为亲近的有形体之物,人应该通过对世界秩序的思考而模仿神(即技艺之本质),做一个自己生命的匠师或塑造者,也就是努力获得德性。与其他技艺不同的是,神使人天生就有一种对德性这种技艺的爱好和获得这种技艺的能力。② 因此爱比克泰德的老师鲁福斯(Musonius Rufus)③也基于希腊人的常识而论证到,人人都喜欢说自己有德性而不愿承认自己没德性,但是没学过书写、音乐或体操的人却通常不会声称拥有或假装拥有这些技艺,因为这些技艺都不是天生的(鲁福斯,讲义2.3-4)④,也因而不是每个人都禀有的。因此从整体角度讲,生活技艺本源地就与德性有关,德性,也就是自然,则与人性本源地相关。在这个意义上,技艺和自然之间并不存在紧张关系。

其次,斯多亚派很好地通过将德性这种技艺(即关于灵魂的技艺)与其

---

① 皇帝朱利安就曾说有些人将哲学视为"技艺之技艺""科学之科学"(Julian, Oration 6, To the Uneducated Cynics, 183),或许有可能说的是斯多亚派。
② 克里安特称"所有人都有趋向德性的自然倾向"(Stob. 2.65, 8 = SVF 1.566 = LS 61L),而塞涅卡则称这些倾向为知识的种子(Ep. 120.4 = LS 60E2)。
③ 当然鲁福斯的斯多亚身份还是值得讨论的。例如英伍德、格雷弗(Margaret R. Graver)等人否定鲁福斯是正统的斯多亚者,但朗等人则坚持鲁福斯的斯多亚身份。鲁福斯对实践维度的强调确实类似于昔尼克派,他还被称为西方有记载的就禁欲主义做出论述的第一人(Richard Valantasis, p. 208, n. 5)。但正如威廉·欧文(William B. Irvine)所指出的,鲁福斯的视野之所以不可缺少,主要不是作为一种理解斯多亚主义的哲学理论,而是在于探寻何谓一个实践着的斯多亚主义者的重要性(Cynthia King, 2010, Editor's Preface, p. 9)。实际上,作为鲁福斯的学生,爱比克泰德哲学的正统性与创新性也备受争议。例如德国著名的爱比克泰德研究专家潘霍华(Adolf Bonhöffer)关于爱比克泰德之正统性的讨论就受到了多宾(R. Dobbin)的质疑(Dobbins, 1998)。但鲁巴斯(Scott M. Rubarth)深刻地评论道,当暗示潘霍华否定了爱比克泰德的原创性时,多宾实际上夸大了事实。创新并不一定意味着远离正统,它可以是一种重构和在正统性内的一种理论重点的转移。潘霍华对爱比克泰德将兴趣投向一个不同于克吕西普等早期斯多亚者的方向这一点是很清楚的(Scott M. Rubarth, 1996)。由此可见,非正统性与理论革新之间的界限有时是模糊的,我将师徒二人的观点更多地视为斯多亚派内部的一种发展。
④ 在《普罗泰戈拉》中,普罗泰戈拉在论证任何人都可以在政治事务方面提出建议时也提到这一点(322a-323c4)。在专门技艺方面,人们认为每个人都应如实承认自己是否精通某种技艺,这是合宜的行为;然而对于正义和其他公民德性,不管一个人是否是正义的,他都会公开地声称自己拥有这种技艺,因为他作为人肯定具有正义的印记。

他技艺(如医学等身体方面的技艺)统合起来。恩披里柯在批评斯多亚派的"生活技艺"这一理念时曾提到"这种技艺无法实践"的问题。① 但实际上,生活中的个人,无论处于何种角色,具体实践何种技艺(生产性的、表演性的、推测性的等),都会不同程度地涉及运用和实践德性、施展智慧这门生活技艺的问题。只不过这具体体现在行为者的心灵状态和品质中,每个决定都涉及选择,一个决定已经是一个行动。获得德性并不具体属于某一类人,德性也不可能只体现于某一类行为之中。而按照斯多亚派的思路,具有德性这种技艺的人还会使德性之外的技艺成为一种改进、升级的技艺,并且将之完美地融入德性的生活。这样,这些德性之外的技艺,尤其是推测性的技艺,既能保持自我的独立性,同时又能很好地实现目的与责任而不致被滥用或误用,因而接近于一种德性的行为(*Stob.* 273. 10-15)。在这一点上,斯托拜乌(Stobaeus)对斯多亚派的观点进行了比较有代表性的陈述(*Stob.* 2.73, 1-13 = *SVF* 3.111 = *LS* 60J)②:

> (斯多亚派认为,)在各种善中,有些是在过程(κινήσει)中,其他的则在状态(σχέσει)中。在前一类型中,有愉悦、高兴、适度的社交,后者则包括得到良好组织的闲暇、不受侵扰的平静、刚毅的注意力。在那些属于"在状态中"的善,有些也"在质性(ἕξει)中",如德性。但其他的,像上面提到的,只是"在状态中"。在质性中的善不仅包括德性,而且还包括有德性的人所拥有的其他技艺,这些技艺因为他的德性而被改进,成为不可变的,因为它们变得像德性一样。他们还说,"质性"好的事物也包括所谓的"爱好",比如对音乐的热爱、对文学的热爱、对几何学的热爱等等。

通过将技艺引向生活的目的,不但使技艺与德性有了相互亲和、相互依赖的关系,而且德性的行为似乎也因此而扩大了范围,因为基于一致、理性的心灵,贤哲的任何一个单独行为,包括保护自我、获得知识、施展才艺等一系列与生活总体有关的行为,都是正确的(κατόρθωμα)、有德性的。总之,在斯多亚派看来,所有的德性都是技艺,但技艺并不一定是德性,因为它还可能

---

① 恩披里柯曾对斯多亚派的"生活技艺"这一观念提出一系列怀疑主义式的反对意见(*PH* 3.239-249)。我们将在第四章第一节的第一部分从斯多亚派角度对此做出某种反驳。据塞拉斯(John Sellars)统计,恩披里柯最频繁地使用了该短语及其变形(共 34 次)。另外在古希腊文本中还出现了 7 次,有 4 次明确出现在斯多亚派哲学家的著述中。西塞罗和塞涅卡则使用过该词的拉丁语形式("*ars vitae*"或"*ars vivendi*")。见 John Sellars, 2009, pp. 55-56。

② 另参见克里斯多夫(Christoph Jedan)的相关阐释(2009, p. 72),我在这里的讨论深受其启发。

是气质(ἐπιτηδεύματα,habitude)，例如对音乐、文学、算数等的爱好。尽管如此，借助于技艺或部分技艺，这些爱好还有益于德性之事，虽然它们只是有德性的ἕξεις，而不是διαθέσεις(*Stob.* 2. 67, 5-12 = *SVF* 3. 294 = *LS* 26H; *Stob.* 2. 70, 21-71, 4 = *SVF* 3. 104，部分 = *LS* 60L)。正是不同的爱好和具体的技艺等将不同的贤哲区分开来，使他们具有了个体性、独特性。① 但不管怎样，成为一个有德性的人是最为根本的：影响着技艺目的的德性不仅使单纯的伦理实践活动本身表现得有德性，而且还使狭义上的技艺活动(包括各种气质)表现得具有德性的特点。因此，一个真正的斯多亚者首先会自然地基于德性设定技艺的目的；他不会为了某项技艺比赛的失败而生气，也不会因为不能获致所寻求的自然之物而烦恼，因为即使没有这些也能达到他的真正目标。② 由此推知，一个好医生能否治好病人的病固然有很多不可控因素，但他会尽其所能做好属于技艺本身的事情，并利用实践理智处理好关涉治病过程的很多问题。实际上，将德性类比于技艺，某种程度上正是为了证明德性的实践性，即德性的可教、可学、可练、可实践。

最后，因而最重要的是，与德性的实践相对应，德性的技艺之喻暗示的是德性需要不懈的训练(ἄσκησις)。换言之，德性不仅是一种灵魂的状态，而且还是需要终生训练或使用的一致的品格。德性的行为在于获得关于自然法则的知识，并且持续地按照这种知识去做，正像训练一种普通的技艺一样。所以德性也可被定义为一种关乎按照自然而选择东西的技艺。③ 由于"贤哲"在某种程度上只是一种道德理想，这些训练本身甚至比训练结果更重要。尤其是对于那些施展技艺的结果依赖于外部因素的技艺(例如航海和医学)来说，行为者更直接的目的不在于取得预想的结果(即目标)，而在于尽可能地将技艺完整、完美地实现出来(即技艺的功能④)，因为这种行为本身即体现着对自然的有序、和谐的遵循。因此斯多亚派明确区分了目的(τέλος)与目标(σκοπός)。⑤ 正如塞涅卡所言：

---

① Margaret R. Graver, 2007, p. 14. 在第四章第三节会进一步展开这一问题。
② Gisela Striker, 1996, p. 311.
③ AL Aphr. De an II 161. 5-6，转引自 Gisela Striker, 1996, p. 241。
④ 阿弗罗狄西亚的亚历山大对技艺的目的与功能做了区分(如医学的目的是医治病人，而其功能仅仅在于在技艺上做一切可能之事来达到这个目的，这两者并不冲突)，从而较好地解决了推测性技艺可能面临的难题。可参见 Katerina Ierodiakonou, 1995, pp. 473-485。
⑤ 鉴于医学是一种推测性技艺，盖伦也曾区分了τέλος和σκοπός，认为"医学技艺的目标(σκοπός)是健康，但是其目的(τέλος)是拥有健康"(*On Sects for Beginners* [SI] I 64)。但盖伦似乎不像斯多亚派那样重视这一区分，因此他在另一著作中又声称，你是否希望叫它τέλος或χρεία(任务)，还是σκοπός，并不重要(*On Antecedent Causes*, vi 57, 88, 18-20, trans. Hankinson)。

但我认为我们应该做出一种不同的回应。在我看来,舵手的技能与对这种技能的使用都不是任何风暴所造成的。舵手也未曾向你许诺一个有利的后果;他已经许诺的是做有益之事的努力和一种驾驭船的知识。当受到某阵运气的阻碍,那种知识更加显而易见(*Ep.* 85.33,格雷弗和朗英译)。

当然严格说来,推测性技艺并不能被称为完美的例子。说医生的目的不是为了健康而是努力获得健康,或者说医生只需考虑医术而不考虑任何外部因素,也会造成实践中的很多问题。因此很多学者认为最好是将斯多亚派对获得自然事物的态度与人们玩游戏时对获得比赛胜利的态度相类比,而哲学则类似于一种表演性艺术①,如西塞罗的斯多亚派代表加图所言的演戏、舞蹈(*LS* 64H),或更突出和谐性和精确性的音乐。② 对生活技艺的掌握是为了技艺本身的目标,即尽一切努力扮演好自己的人生角色,而不是为了其他的理由。贤哲总是力图在生活技艺中训练自己、表现自己,在恰当的时机进行审慎的选择,使自己的目的不受障碍,同时完成宙斯的意志。这种努力本身并不受外在偶然性的影响,因而一定会成功地得以实现,就像一个射手在射击活动中可能想做的一样:他会尽一切努力射中目标,而不是一定射中目标。同样重要的是,在其他条件都相等的情况下,能够最出色地施展技艺的人也最有可能获得成功。③

结合安提帕特的定义,还可能会有反对意见说,在现实中,比赛的胜利本身和为胜利而付出的努力这二者都部分地是善的,部分地是工具性的,因而并不在完全意义上等同于斯多亚派意义上的中性之物。④ 而且,说德性涉及

---

① Gisela Striker, 1996, pp. 298-315.
② 朗在解释"*orthos logos*"(正确的理性)时,特别强调这一类比。参见 Long, 1996a, p. 207。朗认为,当斯多亚者和谐一致地阐发关于德性的说明以及它与生活技艺的同一时,音乐是其心目中最重要的技艺类比。他的主要理由在于希腊的音乐理论为理解诸如"所有的数字"(all the numbers)等斯多亚式表达提供了最好语境。但值得注意的是,朗并不反对关于其他技艺类比的解释,但重点在于哪种"最重要"。可参见 A. A. Long, 1996a, p. 221。
③ 值得注意的是,根据西塞罗,与斯多亚派一样,伊壁鸠鲁派也使用了"生活技艺"这一概念并将其与"智慧"相等同,但其论证思路却不尽相同:"我们重视医学并不是因其本身是技艺,而是因为它带来了良好的健康。航海术也是,我们称赞它是因为其所提供的驾船技术,即它的效用,而不是因为其作为技艺本身。同样地,应被视为生活技艺的智慧,如果没有实际效果,我们就不会寻求它。可以说,我们寻求一切东西是因为它已掌握了某种找到和获得快乐的技艺。"(*Fin.* 1.42-43)除了在最终目的(即快乐)上的歧见外,卡尔尼亚德的论证也与伊壁鸠鲁的立场颇为相似(*Fin.* 5.16),即不那么强调智慧或实践理智活动本身的内在性,而是更为关注实践理智如何利用万物去完成自然的作品这一功能和任务(*Fin.* 5.35)。
④ Nicholas P. White, 1990, pp. 42-58.

的是追求那些中性之物,似乎与说德性涉及的是意在全力追求那些中性之物似乎没多大区别。① 但关键问题在于,我们需要从作为目的的德性类似于技艺这个视角理解这一问题,而不是从技艺所获得的外在物或技艺的对象角度思考问题。斯多亚派的德性是在一种在外在物中进行选择的技艺,它是一种稳定、一致的,而不具有程度之分的灵魂状态。因此德性不体现在后果上,尤其是不能根据后果的数量、大小和强弱等量化指标来衡量(而且,贤哲是在把握自我以及善的概念的基础上对中性之物进行选择,愚者是把中性之物作为善的事物)。因为在根本上德性不是与外在善相并列的、属同一范畴的东西。之所以说射箭的内在目的在于恰当地实践、德性地行动,因为它本身显示了德性这个最终目标,体现了一种作为生活方式的德性,以正确的、适当的方式射中目标则展现了一种持续一致的德性行为。德性显然不等于德性的行为。从这里出发,斯多亚派不仅认为德性是一种技艺,而且进一步认为哲学就是一种生活的技艺。由于大多数人并不能按照自然的要求而成长为一个贤哲,这种技艺又是治疗性、拯救性的。

三 技艺之首:作为治疗灵魂之技艺的哲学

毋庸置疑,斯多亚派的治疗情愫与其对哲学和生活本质的理解有关。在他们看来,人的生活就是一种自我考验,哲学则提供给人一种面向自我、检视自我的诊断、治疗灵魂的技艺。这是一种对于总体生活的、最为高级的技艺。其目的是为了培养一种完美的,可称之为德性(卓越)或智慧的灵魂品格(diathesis tes psyches)②,从而从总体上塑造人的生活。因此哲学是有用的、实践的、需要训练的。正如爱比克泰德所言,

> 那么,是什么东西使一个人自由自在不受任何障碍,是什么东西使一个人成为他自己的主人(αὐτεξούσιον)的呢?……在生活中,是关于生活的知识[使我们自由自在,不受任何阻碍和束缚](Diss. 4.1.62-63,王文华译)。

贤哲将基于智慧和最好的品格做一切事情,组织自己的生活。③ 在这个意义上他比一般人(即在哲学这门技艺上的门外汉④)过着更有技艺或知识的生活。如果说医学或养生法是一种主要针对身体的生活技艺,那么哲学则

---

① Brad Inwood, 1985, p. 214.
② John Sellars, 2009, p. 168.
③ A. A. Long & D. N. Sedley, 1987a, p. 362.
④ 例如爱比克泰德就经常采用哲学家/门外汉这种二元方式来讨论如何习得、训练哲学技艺(Diss. 2.12.1-2)。

是一种主要针对灵魂的生活技艺,一种运用理性而"修心",注视、沉思和训练自我的活动。

如第二章已指出的,由于医学之喻的运用,在古典时期,柏拉图笔下的苏格拉底,甚至更早的哲学家,就有通过技艺来治疗来自身体的情欲或其他欲望的问题意识。尽管如此,在柏拉图的某些对话中,关心灵魂与关心身体有时是以近乎对立的命题出现的。相应的,在医学养生法意义上对身体之善的过度关注曾受到严肃的批评。时至希腊化时期,尤其是在斯多亚派那里,与对经验的日常生活的重视相对应,关乎身体的修炼方法较多地受到哲学家们的重视,医学知识被纳入生命管理的一部分。这种倾向相当程度上是从哲人的生活方式中显现出来,但也直接地体现在某些哲学著述与论证中。当然与柏拉图相比,尽管斯多亚主义者是更有意识地讨论医学而非仅仅将其视为一个范例,但他们更感兴趣的同样不是身体和针对身体的医学本身,因此我们在这里有必要采取一些解释学上的策略。从某种意义上讲,这种哲学实践体现了关心身体与关心灵魂的相互依赖,同时也使自我治疗似乎具有了医学和伦理学的双层意蕴。这一点可以从希腊化哲学家所实践的一系列修身技艺中得到印证。这些心灵训练方式不仅是道德上的,还涉及对生活的整体管理;既有思想锻炼,例如预测恶事、沉思死亡;也有身体训练,例如节制、吃苦或增强身体抵抗力的实践等。当然更多的是身心共同参与的修炼方式,例如聆听、书写、印象的审查、控制和反求诸己等。因此,身体上的训练并不仅仅是服务于哲学论证和实践的需要而充当心灵训练的类比,而是真实地存在于哲学家们的日常生活中。这种伦理实践不仅要治疗灵魂,还要治疗兼有选择价值的身体,因而强调的是自我是身、心的共同医生。当然,正如斯多亚派传统的苦行主义形象所暗示的,哲学家们对养生之法和健康的重视并不是作为孤立的原则而仅仅为了寿命的延长和身体的健康,而是力图提炼出一种致力于优化生命质量的反思性的生活技艺,从而在人的自然界限之内获得最大程度的健康或完善。因为按照理性进行的身体管理最终是一种心理上的自我控制的体现,而这正是自然的要求和好生活的一个内在部分。从这个意义上,尽管斯多亚哲学家重视疾病之喻,但他们对激情的治疗更像是一种养生法,而不是一种针对疾病的反应性治疗(reactive treatment)。① 关注的核心则是如何通过不断地检省自己的缺点和错误,提升生活方式和改变信念态度,同时伴以身心习性的养成,从而达到预防痛苦和心灵疾病的目的。由于身体治疗与灵魂治疗如此密切相关且前者从属于后者,我们不仅可以通过关乎治

---

① Christopher Gill, 2013, p.341.

疗身体的技艺来类比地理解哲学,而且还可以反过来以哲学这门总体的、内在化的技艺,从整体的角度去指导、规约医学等其他技艺。而这或许也正暗合柏拉图、亚里士多德的技艺之喻的题中之意。因此斯多亚派从多个角度将哲学这门主导性的技艺和其他技艺进行反思性的类比、比较,同时将对其他技艺的研究成果服务于科学,来凸显神意规定下的自然世界。①

其一,类似于其他技艺,哲学是需要身体和灵魂都参与的一种持续的实践或训练。换言之,哲学实践不是一种仅靠纯思、想象和自我对话的心理实践,而是一种需要身体参与的具身性事件,也因此在某种意义上可类比于身体锻炼。哲学技艺是通过作用于人的形体,包括人的肉身和灵魂而得到施展的,尽管其作用是为了保护内在的形体,即作为生命之本的主导部分。当然被斯多亚派称为生活技艺的智慧(sapientia)本身就是一种有形体的善(Ep. 117.2)。它是实存且被实践着的,可与实践理智相等同。爱比克泰德强调,正如没有工匠关心门外汉的建议,真正通过训练而拥有哲学技艺的人也不会受到外物的阻碍和纷扰,因而可以保护真正的自我。因为没有人能伤害到他正确的意愿,或者阻止他用一种自然的方式运用自己的印象(Diss. 2.14.1-9, 4.7)。这里的"自我"以及"意愿"②(προαίρεσις,另译"意志选择""选择""意志"等)这个来自亚里士多德的哲学概念同样只指实践理智,而不是柏拉图的宽泛意义上的理性。③

其二,哲学自身具有一种总体的视域和自我关照、自我包含的能力,其目的则在于这种技艺的训练过程及其本身,而不是外在于它。因此它不完全同于涉及生活之局部且与其他方面相对分离的医学、航海技艺,甚至也不同于重点不在意愿的舞蹈等表演性技艺(Fin. 3.24-25 = SVF 3.11 part = LS 64H)。④ 首先,哲学技艺以灵魂为对象,以关心灵魂或获得德性为目的,而其产品则是改造后的灵魂品性,也就是德性或智慧。这种德性会构成一种内

---

① Teun Tieleman, 2015, p.134; 2018.
② 如泰勒曼指出的,就斯多亚派而言,他们并没有将自我与守护神-理智(daemon-intellect)相重合,因为如果我们接受伊彼法尼乌斯(Epiphanius)的证据,那么它就能明确将这一点归于芝诺:理智(或主导部分)等同于神。参见 Teun Tieleman, 2003, pp.194-195。
③ Richard Sorabji, 2006, p.7.
④ 另外,斯特赖克(Gisela Striker)从另一方面解释了如何解决德性作为技艺的目标外在性问题。在她看来,柏拉图首先提出这个问题:德性是关于善恶的知识,这种知识产生的善是智慧本身,所以并不是区别于知识和技艺的目标和产品。斯多亚派继承了柏拉图在《菲利布》中(65a)对好的人的生活与善(好)的区分:贤哲将善理解为理性秩序与和谐,将好的人的生活理解为与自然的秩序和谐相一致的,即理性、德性的生活。正像一个吹笛者的技艺区别于吹笛表演,德性不同于按照德性而生活的具体行动。严格地说,幸福在于德性的生活,而不是德性本身(Gisela Striker, 1996, p.324)。因此对于普通人来说,不是获得德性,而是尽可能地按照德性去行动。

在的目的,从而导致德性的行动,进而塑造一种德性的生活。贤哲的好生活或幸福,就是这样以一种技艺的形式展现的。就贤哲获得幸福这个目的而言,哲学这门技艺显然不是推测性的。因为贤哲总是适当、一致地实践这种技艺,并最终获得幸福。贤哲可能会有意识地、慎重地尝试获得健康、财富等偶然之物而最终失败,但他却不会无法实现他的真正目的。与此同时,技艺的修习可以使不同类型的形体最终呈现出一种由内向外的美好和谐、井然有序的状态,正如经过艺术家精心雕琢的艺术品。而且这个艺术品就是艺术家本人,就是他的有组织的、一致性的生活,它总是由点及面,关涉这个人总体的品格状态和生活总体。其次,哲学技艺的实践和作用方式显然也不能简单的类似于射箭、航海等技艺,因为这种医学式的治疗更多的是一种内在性的影响,实践和改造的主体则指向人的内心世界。其目标就在于与自我维持一种良好的关系状态,架构起一种好的生活方式。而其主要路径则是以正确的方式和态度对待内、外身体,更好地与身体、自我相交往。

总之,斯多亚派对技艺,包括哲学这门总体技艺和一般性技艺,是极为推崇的。因为在他们看来,人本质上是一种有技艺天赋和能力,并可用之来规划和指导生活的技艺动物。技艺的良好施展体现了人的德性的卓越和艺术性的生活样式。尽管在此过程中,技艺的施展与心灵的美好始终是联系在一起的,但是作为使用工具和训练材料的身体在针对灵魂疾病的具身性实践中也发挥了至关重要的作用,并且自身同时也得到锻炼。唯有经过对人性的深入剖析和自我反思,尤其是将身体的本性在心灵印象中加以真实地显现,才能在对生活技艺的持久训练中将自我关心落入实处。

第二节　作为修身场所的身体

鉴于希腊化时期医学的发展,尤其是解剖学对神经及其感知觉和运动机能的发现,①希腊化时期的大多哲学家和医生在以下观点上基本达成一致:所有ψυχή都是σῶμα,但并不是所有σῶμα都是ψυχή;只有空间上具有广延、三维、能作用和被作用的东西才存在;灵魂就符合这些存在的标准;形体性的ψυχή就像其他各种身体,是可朽的和瞬时的;ψυχή是与身体共同产生;它既不在身体之前产生,也不在与身体分离之后永恒存在,即生存于身体

---

① 赫罗菲留斯和埃拉西斯特拉图斯通过对人脑的细心解剖而发现了神经的感知觉和运动机能,尤其是神经与脑的关系,这对毕达哥拉斯、柏拉图和亚里士多德的灵魂理论,包括他们关于身心关系等的观点提出了挑战。参见 Heinrich von Staden, 2002, p.79。

中的灵魂不能脱离身体而独立存在。① 在此背景下,斯多亚派更是直接宣称,任何实存之物都是身体(σῶμα)。伦理性就开始于一个人的身体性实践,渗透于一个人的具身生活。在人的生存境遇中,知识、身体和实践总是密切关联的:知识来自于"身体",即对自然宇宙和人之自然构造的认知;而实践的目的则是将这些形体性的知识落实于具身的生活。与灵魂相对的肉骨形体也始终在哲学实践中存在:不仅仅是作为自我行动的工具,而且还是修身的场所、塑造自我的训练场。正如克吕西普所强调的,医学在其通常意义上明显预设了关于身体的知识,而灵魂的医学则需要关于身体和灵魂的知识(*PHP* 5.2.22-4)。而且从自然哲学的角度看,同身体的疾病一样,激情也是由物理元素的失衡造成的(*PHP* 5.2.31-38)。当然相比之下,身体的重要角色和作用较少被斯多亚哲学家加以直接论证说明,而是更多地隐含在其修身哲学和"ἄσκησις"实践中。可以说,在斯多亚哲学中,身体在关于人的思想,以及围绕着关心自我而展开的伦理实践中扮演着一个"关键但不被承认"的角色。

一 斯多亚派身心观:一元论抑或二元论?

古希腊哲学家在灵魂的本性与功能问题上并没有一个统一的观念,因此他们基于不同的心理学、知识论和神学等背景而就灵魂与身体之间的关系提出了形形色色的理论与设想。但大致而言,他们的观点也可大致归于一元论与二元论两种解释模式。关于斯多亚派身心观的性质,即是一元论还是二元论以及是一种怎样的一元论或二元论,一直有所争议。这在考虑到他们总体上坚持形体主义本体论和心理学一元论的观点时尤其如此。例如当很多哲学家对斯多亚派转向物理世界的形体主义不满时,他们又懊恼地发现斯多亚派另一方面又试图通过否定身体和外在物的重要性来摆脱心灵的奴役。② 更普遍的一种观点则是对应于斯多亚派的苦行主义之刻板印象,将该学派的身体观与通常所理解的柏拉图式、基督教式的身心观相并置,强调其旨趣的相似性。例如现代研究者,如弗里德(Michael Frede)、多尼(Pierluigi Donini),甚至英伍德等,都倾向于认为晚期斯多亚者采取了一种强烈的柏拉图式的灵魂观点。我们认为,尽管斯多亚派在价值论上有明显的二元论倾向,但由于在形而上学和自然哲学上都始终坚持一元论,这就使得在身心问题上,斯多亚派的身心观既区别于人们通常所理解的那种柏拉图式的二元论,也区

---

① 参见 Heinrich von Staden, 2002, p.79。
② 伯林(Isaiah Berlin)在其入职演讲中也声称斯多亚派的克制欲望仅仅造成了一种虚假的自由意识。

别于后来基督教式的二元论。对于斯多亚派身心观与基督教之间的异同,后文相关章节将展开具体论证。在这一小节,我将对斯多亚派,尤其是晚期斯多亚派的身心观与通常理解的柏拉图思想之间的区别进行一定程度的梳理,并在后来的章节中通过更多的细节论证来强化我以上的观点。

首先值得强调的是,斯多亚派内部并非铁板一块。就现存文本来看,相对而言,尽管早期斯多亚派对灵魂之"善"性与身体之"中性"进行了截然划分,但并没有诋毁身体或视身体为负面之意。① 但晚期斯多亚派,尤其是塞涅卡、爱比克泰德、奥勒留等代表者,对身体的看法似有变化。例如塞涅卡似乎对《斐多》极为感兴趣,他用了很多柏拉图式的隐喻或影像来描述身体与灵魂:如将身体比作负担、惩罚、束缚自由的镣铐、障碍、灵魂的监狱(*Ep.* 65. 16, 25ff.; *NQ* 1.4, 11),"人短暂停留的客房"(*Ep.* 120.14),将灵魂描述为比身体性事物更为高贵的事物,声称灵魂渴望脱离身体(*Ep.* 78. 10; 79. 11-12),灵魂脱离身体如同出生时脱离污秽和恶臭的子宫(*Ep.* 102. 27-28)等。

尤其是在第 65 封书信中,灵魂与身体之间的关系被类比为神与物质之间的关系。塞涅卡在这里特别提到,身体是灵魂的负担和对灵魂的惩罚:当灵魂受压制、被囚禁时,只有哲学才能救助它——使它凝视宇宙的自然和进行呼吸,并从世俗中解放出来而进入到神性中。这是灵魂的自由,是它的消遣:它从受困的牢房里逃出来一会,而在天空中精力得到恢复(*Ep.* 65. 16)。 "智慧的人以及同样寻求智慧的人,确实要留在身体内,但是他的更好部分是不在场的,因为他将思想转向天上的事情"(*Ep.* 65. 18,格雷弗和朗英译)。 "对一个人身体的漠视就是某种解放"(*Ep.* 65. 22,格雷弗和朗英译)。

或许多尼在某种程度上是对的,即相对于之前的斯多亚主义者,塞涅卡倾心于一种更二元的形而上学体系。② 但塞涅卡对这些隐喻和影像的使用并不意味着他就信奉一种极端的身心二元论。因为从塞涅卡的整体思想看,他使用这些激烈言辞其实往往是另有意图:他更倾向于强调物理学与人的完善之间的紧密联系,受偶然性宰制的身体给人的生活带来的巨大不确定性以及相比之下的德性(神性)的稳定性与永恒性。③ 而且,他从来就没有明确主张灵魂可以脱离身体而在死后依然存续或不朽(尽管有些斯多亚主义者则

---

① A. A. Long, 2002, pp. 157-158.
② 转引自 Brad Inwood, 2007, p.152。
③ 更详细的讨论请参见 A. A. Long, "Seneca and Epictetus on Body, Mind and Dualism", 2016. 此稿是本人写作时朗教授所赐的尚未发表的稿件(现已发表在:Troels Engberg-Pedersen (ed.), *From Stoicism to Platonism: The Development of Philosophy*, *100 BCE-100 CE*, Cambridge University Press, 2017),在此表示感谢。

持不同意见①),或者说灵魂是无形体的。事实上,近些年来学者们已越来越倾向于将塞涅卡作品的相关文段解释为修辞学上的策略或柏拉图式的回响,即以一种柏拉图主义的假象来服务于斯多亚派的教义。② 正如朗所见,更重要的是,塞涅卡的这些思考总是服务于其思想中的两个永恒主题:从身体中解放出来这一灵魂的需要以及对神性的思考。这一点在《自然问题》第七卷的序言中体现地最为清楚。在那里,与第65封书信中的论调相一致($Ep. 65. 20$),塞涅卡告诉卢基里乌斯(Lucilius),询问神学和宇宙学是使我们的具身生活值得过的唯一事情。我们是卑劣的族类,除非我们能上升并超越普通的人类条件。

> 我们渴望的德性之所以是奇异的,不仅是因为免于罪恶本身是极好的,而且还因为它使灵魂释放出来,使其为关于天事的知识做准备,使进入与神的伙伴关系成为有价值的(NQ 7.7,海因[Harry M. Hine]英译)。③

爱比克泰德也大量引用了《申辩》结尾以及《斐多》开头时的很多内容,并用一种类似的语调强调,我不是我的身体,我甚至不拥有我的身体:人"不是骨、肉、筋,而是一种利用、掌管这些身体的部分并且理解事物印象的东西"($Diss.$ 4.7.32)。身体就是随时可能要丢掉(因而不可能属于你)的驴子($Diss.$ 4.1.79)。他不仅拒绝谈论神与世界的肉体关联,对身体进行了前所未有的贬低(称身体为卑微、可怜、脆弱的"死尸",而且坚定地坚持自我认同的一种二元式的划分:我仅仅是我的灵魂,拖着这个死尸;④身体是我的累赘,阻碍着灵魂的自由。因此他指出守卫微不足道的身体不是哲学家的事务,哲学家应做的是磨炼自己(牢记身体不是自我),时刻让自己的主导部分与自然相一致($Diss.$ 1.1.25)。

> 照看外在的东西不是哲学家的事务,照看他的酒、油和他的身体也不是,那是照看什么呢?是他自身的主导部分。但他如何对待外在的东西呢?不轻率地对待它们即可($Diss.$ 3.10.16)。

---

① 斯多亚派哲学家普遍认为有些人的灵魂甚至可以存活到下一场宇宙大火来临,但他们对于谁(例如是否仅限于有德性的人,DL 7.157 = SVF 1.528; 2.811)能存续以及能存续多长时间(Eusebius, *Evangelical preparation* 15.20.6 = SVF 2.809 = LS 54W)等问题并没有达成一致意见。
② 参见 I. Hadot (1969); Inwood 2005, 2007a, 2007b; Reydams-Schils 2010; Graver 2012; Boys-Stones 2013. 转引自 A. A. Long, *Seneca and Epictetus on Body, Mind and Dualism*, 2016.
③ 我将在下文中继续展开对这种宇宙论视角的讨论。
④ 例如论说集中的1.3.5,1.9.19,33,1.19.9,3.10.15,3.22.41,4.7.31等。苏格拉底在《斐多》(115d)中也是将身体称为"死尸"(ηεκρός, corpse),称"洗这个死尸"。

哲学家当然会以自然的方式对待身体,但它的健好并不是自我善的一部分。这种立场与早期斯多亚派的观点在根本上是一致的。当然,早、中期斯多亚派虽然并不把健康、财富和家庭和谐作为幸福的必然要素或严格意义上的善,但却更直接地承认这些"可取之物"的自然性、合理性。

爱比克泰德之所以持这种身体观念,在某种程度上与其自身生活体验和外在生活影响有关。在社会结构剧变、政局动荡的希腊化时期,身体的脆弱性、不确定性,而不是身体的健美,受到空前而普遍的重视,如何对待身体成为各派哲学激烈交锋的重要论题之一。可以说,身体的特定处境(病痛、残疾、朝不保夕、受人宰制,尤其是暴政之下可能面临的死亡、流放、囚禁、丧失财产)可能影响了爱比克泰德等人的身体观和自由观,而这种影响恰恰印证了身体——具身的生存方式对于我们认识和解释人的生活、寻求德性和幸福的重要性。不甚恰当地说(因为我们应避免过度放大这种外在环境的影响),或许正是因为对现象世界、人的具身性、身体的脆弱性有如此清醒的认识和某种程度的忧虑,所以爱比克泰德才会对人的灵魂、意愿和正确运用印象有如此强烈的诉求。因此他并不是有意将这些非正常状态下的身体视为人或身体的本真状态,而更多的是对当时较为普遍情态下的身体进行一种描述与思索。

由此可见,爱比克泰德对身体的"敌对"态度只是功能论和修辞学上的,而不是善恶论意义上的;其目的也仅是伦理性,而非形上学或生理学上的。爱比克泰德的二元倾向实际上专注于人的恰当选择和取向,而不是灵魂区别于身体的形而上学特性与性质。首先,爱比克泰德承认,从自我认同方面说,人的意志选择是在规范性意义上的人首要的、根本的认同,但人作为整体中的部分、社会中的人,还承担其他诸多的角色。① 其次,对他来说,重要的不是在形而上学上制造身体和灵魂之间的对立,而是标示出两种不同的生活方式:或者认同于理性与心灵而与神亲近,并过神一般的生活,或者认同于身体而将自身与其他生物相联系,并选择动物性的生活。② 所以可以理解的是,他同时又说自己会珍视和保全自己的身体(虽然自己并不具有完整的身体,Diss.4.1.151),并教导学生不要忽视自己的身体(Diss.1.2.37),要观察,甚至关注、照管(θεραπεύω)身体。当然这里的"照管"是在照管中性之物,而非照管"人"的意义上;③对于身体与灵魂这两个不同对象而言,其照管之义大不相同。相似的,对身体同样有过激烈言辞的塞涅卡、奥勒留等晚期斯多

---

① 我们将在第五章第三节第一部分加以详细讨论。
② A. A. Long, 2002, p.158; 2016, p.18.
③ 参见 Diss.1.19.4-5; Simplicius: On Epictetus, Handbook 1-26, H197/D3,50-52。

亚主义者也常在书信中谈及健康、饮食等话题,并注重在日常中给予身体合理的关照。这恰好与苏格拉底式的"关心"主张相一致:身体不应该受到鄙视,反而应该受到关心(*Alc.* 1, 129-130e)。与古典时期的哲学家(如德谟克利特、柏拉图、亚里士多德等)一样,斯多亚哲学家也承认身体是"德性必须用来为生命活动服务的工具"。① 但他们赋予这种工具论以诸多新意:身体不是自我,它的善不"属于我的善的一部分",但它却又不能与自我相分离,因而需要在"照管我的东西"意义上被关怀。既然在人类学上身体是自然或神所赋予人的一部分,且同质于宇宙身体,那么身体在伦理上就不同于一般的工具,而且还有更重要的属人和宇宙意义。因此不同于昔尼克派,芝诺也像苏格拉底一样,既呼吁关心灵魂,也强调关心身体以及需要。因为在更可取的中性之物中,身体由于其与灵魂之间的关联而占据着一个独特的位置,并直接影响我们的道德习性。② 也不同于毕达哥拉斯,甚至是柏拉图,身体在斯多亚派这里并不是道德意义上的恶或日常意义上的麻烦,因为灵魂才是德性与恶的原因。

总之,如朗所言,身心二元论是一个具有多种不同形式的概念。③ 而且根据最近的人类学和认知心理学上的研究④,其实任何人都不同程度地存有某种身心二元的观念。就斯多亚派而论,他们从一开始就主张一种极为特殊的身心二元论:这种理论有时采取了某些柏拉图式的术语和意象,但并没有采取传统上所认为的柏拉图二元论式的形而上学。在其主流思想上,他们确实继承了柏拉图的理性统治模式,即通过身体的脆弱性与灵魂的强大、自主、无懈可击之间的强烈对比来突出人的肉体本质给人的生活带来的不稳定性,以及建立最好的自我对自身的统治的必要性。然而由于其背后有让黑格尔等人所担忧的强大的形体主义一元论作支撑,所以这种二元论无论如何都是不彻底的。

二 "存在即身体"及其伦理意涵

斯多亚派对人的目的($\tau\acute{\epsilon}\lambda o\varsigma$)的探讨是在"什么对人好"这一问题框架内进行的。而"什么是好"这一问题又必然涉及"什么是人"⑤,即具体的人的构成和功能这一问题。广义上的"身体"概念可以说体现了斯多亚派的哲

---

① 米歇尔·福柯:《主体解释学》,第443页。
② Teun Tieleman, 2002, p. 210.
③ A. A. Long, 2016.
④ 如 Michael Fambek & Andrew Strathern, 1998; R. A. Richert & P. L. Harris, 2006, pp. 409-427。
⑤ Tad Brennan, 2009, p. 389.

学人类学、形而上学的整体概貌。这一概貌受到斯多亚派的宇宙观和当时医学等自然科学的重要影响,并最终构成斯多亚伦理学重要的本体论基础。就肉骨形体而言,在最低限度上,斯多亚派持一种活生生的身体的观点。尽管在价值排序上坚持将身体视为中性之物,在哲学实践中斯多亚派仍将身体置于至关重要的位置上。基于对其身体观念以及身体对于心灵训练和治疗之意义的考察,我们将进一步挖掘斯多亚派的具身化概念,并探寻其对于理解文化的身体,尤其是教化的身体,以及人的生存处境的重要意义。

可以说,坚持只有身体才是ὄντα,"存在(或实在)即身体(或形体)"①是斯多亚派本体论中最为核心的观点。在斯多亚派内部,尽管存在着各种分歧和争论,但哲学家都无一例外地同意这一点。按照这一定义,除了语言、虚空、时间、谓述等少数无形体之物外,其余都是身体(SVF 2.331)②——即具有三维加延展性这一特征(盖伦:《论无形的特性》19.483,13-16 = SVF 2.381 = DL 45F)。灵魂、神和自然宇宙,甚至德性、善、情感等都是身体性的实存(Ep.6)。从形而上学到伦理学,从物理认知到道德教化,斯多亚派的这一理论设定无不具有至关重要的意义。而反过来也可推知,这一设定背后一定有斯多亚派在诸多层面上的复杂考虑,包括对古典时期哲学家的回应等。这与黑格尔等人所批评的庸俗主义显然不可同日而语。

首先,通过鲜明地将一切实存物定义为"身体",从而在一开始就设定了宇宙的唯一性和存在的一致性。如第二章所述,在《蒂迈欧》中,柏拉图曾以必要原则和理性原则两种原因性的各自作用与相互作用来解释宇宙生成和人的生命构成,并试图通过理性原则对必要原则的神秘"劝说"来解释身心作用和道德的可能性(Tim.48a2-5)。尽管总体上仍坚持宇宙生物体论和成因上的两原则说(并做了一定的简化),但为了消除在原因性上的二元论,斯多亚派采取了一种形体主义的观点。具体而言,在早期斯多亚派看来,从始点来说,人的身体是主动原则(τὸ ποιοῦν,合并了《蒂迈欧》中创世者、其模

---

① Plotinus, Ennead 6.1,28 (= 部分 SVF 2.319); 2.4,1; Alexander of Aphrodisias, On Aristotle's Topics 301,19-21 (= SVF 2.329)。另参见 A. A. Long, 1996b, pp.227-228。为了方便讨论,我交替使用了"身体"与"形体"这两种译法。

② 斯多亚派同时又宣称,尽管空间、时间、虚空和可说之物都是无形体的,但是它们对于构成存在之物的领域又是根本性的。所以普鲁塔克等人认为斯多亚派在此问题上陷入自相矛盾。实际上,并没有证据证明早期斯多亚派坚持无形体之物就不是存在(being)。他们只是说,在不是身体的意义上说,无形体之物不是实在物(existence)。然而,不是身体这个事实并不表明就一定不是存在(者)(being)。斯多亚派对此的准确表述是,它们并不实存着(εἶναι, exist),但是"准存在"或"潜在存在"(ὑφεστάναι, subsist)(这里采用的是汪子嵩等编纂的《希腊哲学史》第4卷的译法,第448页)。参见 Marcelo D. Boeri, 2001, pp.723-752。

型和世界灵魂的功能)①——"神"渗透于被动原则(τὸ πάσχον)——宇宙质料的某一部分,或者说普纽玛充满水、火、木、土等元素而相互结合的产物。"λόγος σπερματικός",也就是神、火或普纽玛,与物质不可分离、相互作用,都是有形体的。因此斯多亚派的神,不是游离于这个世界之外,而是与其他身体共存于他所创造的这个世界之中。他与他的作品相同一。人更是一种形体,一种由器官性身体和身体性的灵魂构成的统一、混合的形体。人的营养、感觉、运动和理智活动,分别是不同形式的普纽玛渗透于物质并作用于物质的结果。灵魂只不过是一种比身体更为精细的物质。而且灵魂与身体之间的连接也是物性的,后者渗透于前者之中。就存在方式而言,任何存在物就是身体性的存在,但人的身体性存在还是一种精神性的存在。

其次,将伦理现象解释为具身化的相互作用,突出了感性体验在认知、行动中的可信赖性。斯多亚派将所有实存物都界定为身体的最重要原因在于,他们认为只有形体性的存在才能作用或被作用。这反映在身心关系上就是:身体与灵魂之间的相互作用是一种物理过程,灵魂各部分在肉体结构中有固定的位置。这展开为具体的认识过程则为:人借助"形体"认识自己和世界,与其他身体直接打交道;通过具身性的心智以及身体感官来进行物化的认知和思考。在人的认识过程中,人的生理构造、感性体验首先使人获得关于世界的最初知识。随着人的理性的发展和健全,人逐渐拥有了"把握性(或理解性)印象"(φαντασία καταληπτική),从而具有了获得正确知识的可能,但这个知识的获得过程仍表象为一种生动的物理性接触。例如据西塞罗记载,芝诺曾很形象地用手势来展示这个认识过程:

> 当他将张开的手放在面前,五指伸直,他会说"一个印象就这样"。接下来,他将他的手指稍微弯曲了一下,说"这是同意"。然后,他把手指攥成一团,形成一个拳头,说这就是"理解"(这幅图景也展现了他起的这个名字,κατάληψις②,这个词之前从来没有被用过)。最后,他将他的左手放在右手上,用力攥紧它,说科学知识就像这样:一种只有贤哲才享有的状态……(Acad. 2.145,布里廷[Charles Brittain]英译)

当然,由于人类的认知能力受到时间、空间等非形体之物和自身感官结

---

① 详细的讨论可参见 Tieleman, 2018, pp.654-655。另参见 Ep. 65.7-10。在斯多亚派文本中,主动原则通常指普纽玛,但有时(有技艺的、创造性的)火(pur technikon)与普纽玛通用(Aetius 1.7.33 = SVF 2.1027,部分 = LS 46A)。
② 斯多亚派"姿势"的κατάληψις显然影响了后来的哲学思考。例如在德语中,很多学者用"Begreifen"("greifen"有"抓"之意)来翻译κατάληψις,进而启发了很多从触觉角度思考身体的身体现象学者。参见夏可君:《身体——思想的触感》。

构的限制,因此可能产生错误或虚假印象,但由错误和虚假印象导致的激情也是有形体的。德性同样表现为善对人的形体的影响,驱使我们行动并同样在人的肉骨形体上产生反应。尽管尚无充足证据证明斯多亚派的这种观念是受到当时医学,例如解剖学的发展对人的内在器官、结构等研究的影响,还是反过来他们的观点影响了同时期的医学,但是当时最著名的医生盖伦确实也坚持这一观念。①

再次,肉体的功能由于与灵魂功能的可类比性和相互作用而进一步凸显出来,肉体与灵魂的关系也由此更为紧密。在灵魂的形体性(尼梅修斯[Nemesius]《论人性》78,7-79,2 = SVF 1.518,部分 = LS 45C;尼梅修斯《论人性》81,6-10 = SVF 2.790,部分 = LS 45D)这一基本设定下,所有的精神现象,例如动机、德性、幸福都被视为某种身心统一状态。例如塞涅卡不仅完全同意"灵魂是形体"这一观点,而且还以身体作为思考的基点,具体解释了为什么灵魂和善的事物必须被思考为一个形体的原因(Ep.106)。他论证到,

> 善的事物由于是有益的,所以是行动的;行动的即是形体性的。善的事物激活心灵,并在某种意义上塑造它、形构它,塑造和形构是形体的特点。身体的善是形体性的;所以,由于灵魂也是形体性的,灵魂的善也是有形的。既然人是形体性的,人的善也必须是形体性的:毫无疑问,养育一个人并维持或恢复其健康的东西是形体;因此人类的善也是一个形体(Ep.106.4-5)。

由此可见,塞涅卡的论证完全依赖于身体和灵魂的相互类比。其最根本的前提则在于:由于只有形体才能接触与被接触,产生某种效果,所以灵魂必须是一个形体。

最后,这种一元论体现出斯多亚派对物质性、普纽玛的重视,同时也隐含着一种对于柏拉图和亚里士多德相关观点的含蓄、严肃的反驳。按照后者,形式和目的不仅是真正的原因,而且与物质性的事物相比,更值得被称为原因。而按照斯多亚派,神或创造理性或积极原则是唯一的原因,而且是形体性的。我们选择的直接目标是被提议的或被设置在我们面前的一个有形的目标。相比之下,我们选择的最终目标则是按照德性而行动,这(结果、效应)是一个无形体的谓称——我们为它而做一切事情,但是它本身却不为任何其他事物而存在。无形体之物是存在于这一层面的实在(reality),它们也内在于这个有形体的世界。显然,斯多亚派所言的无形体是不同于柏拉图的理念的。对于柏拉图而言,理念是感性之物的原因,并为之负责。而对斯多

---

① 具体见本节第三部分的讨论。

亚派来讲,没有无形体之物就没有实在的事物,没有实在的事物也就没有无形体之物,有形体之物与无形体之物不同于柏拉图的感性物与理念之间的关系。波埃利(Marcelo D. Boeri)言简意赅地道出了斯多亚哲学中有形体与无形体之物的关系:没有内容的无形体之物是空的,没有无形体之物的形体是盲的。① 换言之,无形体之物不能被忽视,因为它们是理解存在之物的必要条件。确实,我们通过联系思想和现实的语言,利用逻各斯和可说之物来表述实在。语言是依赖于可说之物(一个命题或论证)的一种表达,词语和意义看起来从来不分开。尽管可说之物是无形体的,但却是某种可以使人与宇宙建立关联的事物。斯多亚派所关注的生活经验和身体体验,都是通过语言来表达和解释的。② 因此并不能将无形体之物置于身体之下的层面,它们也是组成和解释客观实在,也就是形体性事实的一部分。③ 我们在探析斯多亚派的ἄσκησις(哲学实践或心灵训练)时其实已涉及这一问题。

当然,身体与身体之间是有区别的。塞涅卡固然同意正统的斯多亚派观点,即神是形体性的,是世界的一部分(NQ 7.30.4)。但同时他又强调我们必须在思想中看到神,神逃离人们的眼睛。对神的研究并不是一种对可见之存在物的研究(NQ 7.30.3-5)。这是因为,身体既可能是可见的,也可能是不可见的;既可能是精神性的,也可能是非精神性的。身体是多维的。对这种多维身体之图景的揭示,既是对斯多亚修身哲学的一种场景布设,又是对其基本义理的一种初步解读。

三 多维身体与天人之际

以斯多亚派广义的身体概念为背景,我们将从狭义上或常识意义上探讨斯多亚派视野中的几种"身体",同时从宇宙论和神学中寻找伦理根据,从而真正进入斯多亚派的伦理视阈。由于自然哲学中的天人关系或部分——整体构架是斯多亚伦理学之根基所在,因此只有在天人协调一体关系中认识斯多亚哲学思想中的身体及其本质,才能真正理解身体(尤指肉骨形体)在斯多亚派修身哲学中隐而不显的角色,深刻体会身体与技艺、哲学生活的伦理关联。反过来,从身体入手,也有利于理解斯多亚学说内部个体性与统一性之间的可能张力与化解之法。

(一)世界身体与个体身体

将宇宙比拟为人的身体是颇为常见的历史文化现象。由于身体与宇宙、

---

① Marcelo D. Boeri, 2001, p.751. 这部分的讨论受益于波埃利的相关观点。
② Julia E. Annas, 1992, p.63.
③ Marcelo D. Boeri, 2001, p.734.

自然经常被视为是同构的,因此身体就成为一种思维方式,一种可比拟万物、同时建立身体与自然、其他生命亲密关系的最好桥梁,即维柯(Giambattista Vico)所言的"诗性逻辑"。这种隐喻的身体思维作为一种原始、混沌的思维方式,揭示了人与天地宇宙、世界万物某种意义上的亲密、一致关系,因而被抽象化地吸收到哲学对天人关系的思考中。斯多亚派的"宇宙伦理学"似乎有这种诗性逻辑的某些特点,但却是以一种更为复杂、更为科学的哲学话语呈现出来。理解这一点,是我们澄清斯多亚派身体观首要的,也是最为重要的一步。

正如上文所提到的,柏拉图在《蒂迈欧》中曾以目的论为原则,以身体类比于宇宙,将自然比作神工巧匠般精心设计的作品。而斯多亚派早期的宇宙观很大程度上即是受到《蒂迈欧》(当然还有赫拉克利特的著作等)的影响,尽管是以一种复杂的形式既反驳,又吸收。不仅如此,在西方古代哲学中,斯多亚派可以说是最清晰、生动地展现这种图景和思维方式的哲学流派之一。以一种接近柏拉图①而不同于亚里士多德的方式,斯多亚派也将伦理学视为一种建立在世界的本质基础上的精确科学。② 在斯多亚派的物理学中,作为一个有理性、有生气和有智力的生命存在(DL 7. 142-143),宇宙本身就是一个最大的普遍的身体。作为一个统一的有机体,宇宙身体由整个的物质世界(或斯多亚派所说的自然)与引导其活动的普遍灵魂,即正确的理性或逻各斯(ὀρθός λόγος)组成。借着一轮轮的宇宙大火(ἐκπύρωσις),神与其创造物一体存在,共同生活,神的生命史因而始终伴随着万物的生长繁衍,而不是完成创世工作后就任万物自行生长。宇宙间所有的事物,无论是天体运动,还是生命变化,都受到命运(εἱμαρμένη)的支配。然而这种命运不是现代意义上的、与自由意志相对的"命运",毋宁说是宇宙内的事物,包括天地之间,各领域之间,由于相互接触、相互影响而产生的一种宇宙共通感(συμπάθεια,可译为"cosmic sympathy","coeffection"或"interaction"),即一体感或相互关联性。因此当斯多亚主义者强调任何事情的发生都是由命运所决定,而且神唯一不能决定的是"坏人的愚蠢行为"时(克里安特《宙斯颂》第 17 行),他们并没有陷入现代意义上的决定论,因为他们所谓的命运链条不过是相互依赖的各种形体之间复杂的原因性关联或身体性关联。③ 是积

---

① 尤其是在柏拉图《法义》第十卷中。
② A. A. Long & D. N. Sedley, 1987a, p. 374.
③ 按照克吕西普,原因就是身体。而且在根本上,所有原因都可以追溯到渗透于所有事物的积极原则,即 λόγος 或最纯净的普纽玛,这也是一个身体。详细讨论可参见 Susan Sauvé Meyer, 2009, pp. 118-134。

极性的身体,而不是某种决定性的事件,才是这个非连续的原因链条上的真正原因。因此克吕西普曾这样解释各种关联性要素对人的自然品性的影响:

> 我们注意到不同地域的自然品性之间的广泛差异:……雅典有稀薄的气候,人们认为这也导致这里的居民有超过一般人的敏捷才智;在底比斯,空气稠密,所以底比斯人粗壮结实……有些人喜欢甜食,其他人则更喜欢稍微有些苦的味道,这使得很多人淫荡,有些人易怒或残酷或傲慢,而其他人则惊恐地回避此类恶行,因此我们被告知,鉴于人的本性之间存在着如此广泛的差异,不同原因(按:即所谓的前因)导致了这些不同方面这一观点有什么奇怪的呢?(西塞罗:《论命运》4,萨顿[E. W. Sutton]与雷克汉姆[H. Rackham]英译)

而在爱比克泰德那里,他的"命运"概念实际上将无法担保人的自由的自然因果链条排除在外,而只局限于可控的,也是可向善、成善的理性自然(类似于康德的自由律所作用的理智世界),进而更加明确了行动(即灵魂的行动)、自由与责任的关系。作为人的自由的原因,神与命运合为一体,只关涉灵魂的状态和在灵魂范围内的活动,因而与耳目感官之欲,即身体的自然无关,也与具体的肢体运动及其相应后果无关。这就在某种程度上摆脱了早期斯多亚派在命运问题上所面临的可能指责,而且这种意向在康德那里通过形而上学的奠基和对实践理性的批判得到更清晰的解释和说明。所以爱比克泰德会认为,即使是神或宙斯都无法打破"可控"与"不可控"之间的界限,进而使身体自由和不受障碍,但他却使人类分享了他的理性美德,使人类能按照心之则去处理身之事。这才是真正地为人自身好。借此,斯多亚派又一次在统一性下为个体性保留了充分的自由空间。

当然,斯多亚派的宇宙观、物理学,甚至神学最终是服务于伦理学的。斯多亚派所描绘的宇宙镜像、所选择的宇宙视角在某种程度上为其伦理学提供了完美的"型"。因为从天事到人事这一叙事和思维方式,有利于将人事置于一个更广阔的背景中,从而更好地理解人事的意义,做好人应做之事。不仅如此,通过设定人的心灵与神的心灵之间的通达性,斯多亚派还进一步提升了人和人的尊严在宇宙中的地位。如上文所涉及的,爱比克泰德特别强调人与神的亲缘关系,认为"神是人的父亲"($Diss.$ 1.3)。因此我们应该认识并努力地实现我们的潜能,即密切与普遍理性的亲缘关系。塞涅卡的自然研究特别重要的一点就是讨论一个人在世界中的位置、身份和地位:如果一个人不探究自然,他如何知道——世界相关于他(NQ 1.13),以及他在世界中的位置?塞涅卡的世界(宇宙)主义视角对于其阐释自然哲学的研究方法是至关重要的。因为只有从一种更高的宇宙视角来观察人的地方性生活，我们才能看清肉体、财产、边界等各种外在物的微不足道（NQ 1.9-13；Ep. 65.20），识别真正的价值所在。因此这种"从上面进行观望"的视角其实就是一种将人解放出来，从而将很多看似很重要的人事视为无关紧要的琐事的视角。人需要研究自然，从而使自己与日常生活所关心的中性之物保持一种距离，最终从对它们的不合理的关注中解放出来。而且，这种向上看的视角也就是向内看的，因为宇宙、神性的精神（"秩序、真理、理性、连续性"，西塞罗：《论神性》2.21）就在人的内在世界中，作为人的神性部分或最好部分而引导着人行动的善与恶。

这种视角、态度本身就是一种"精神训练"①，一种内在逻各斯的反省工作。② 在斯多亚哲学体系中，由于宇宙身体与个体身体的构成具有同质性，因此其关系的亲密程度已远远超出一种类比。人的身体甚至是世界身体的一部分，人的自我总是有一种宇宙的维度。当然同样也可以说，个体灵魂是宇宙灵魂的一部分，人的自然与宇宙自然是都含有理性之种（λόγος σπερματικός）的同一类自然。人和宇宙都是由主导部分所主宰的生命体，而且居于宇宙中的人与宇宙中的其他事物总有一种连续性。因此人对世界及其合理性的探索，不可能与对自我知识的追寻和热爱区分开来。对宇宙自然秘密的探究与自我的修持和改造正是一个过程。所以塞涅卡在《自然问题》中强调，自然赋予我们认识自己的镜子（ut homo ipse se nosset），以使得关心灵魂成为可能。其实自然世界不仅可以被视为人的身体的一面镜子，而且直接影响人体内的平衡与和谐。反过来，真正的关心自我其实在某种意义上就是关照整个宇宙。这也是自我对宇宙理性的分有以及与自然相一致的基本含义。一个完整的身体就是一个有机体的一种有力象征，身体各个部分在生命中心指导下的和谐运转就像是一个由不同阶层组成的社会的平稳运行。正如柏拉图在《理想国》中建构了其所理解的身体政治，斯多亚派则更加频繁地将这种身体隐喻引向对政治和道德的理解。例如在塞涅卡的《论仁慈》（De clementia）一书中，统治者与共同体之间的关系被比作心灵与身体之间

---

① 按照阿道的理解，"精神训练"可能是身体的，如在饮食法中；或者是散漫的，如在对话和冥想中；或者是直觉的，如在沉思中。但其共同点是都是意在造成对实践主体的一种改变或改造（Pierre Hadot, 2002, p.6）。

② 斯多亚派区分了内在逻各斯或内在的理性（logos endiathetos, immanent reason）（即思想，thoughts）与外在逻各斯或表达的理性（logos prophorikos, expressed reason, 即说话，speech）。这种区分明显地影响了斐洛关于逻各斯的著名说法（F. E. Peters, 1967, p.112）。显然，内在的逻各斯而不是外在的逻各斯是人区别于无理性动物的原因（Sextus Empiricus, Against the professors 8.275-6 = SVF 2.223 = LS 53T）。

的关系。统治者是秩序和一致性的来源,它对共同体的控制就像头部控制四肢(1.3.5-1.4.3)。奥勒留则将整个创造秩序视为一种身体:他将自私、任性的人,即将自我与自然的统一性相隔断的人,比作被切掉的,从而与剩余身体相分离的手、脚或头(《沉思录》8.34)。由于身体与灵魂,以及二者之间的神秘链接是医生与哲学家共同关注的对象,深受斯多亚派和柏拉图、亚里士多德影响的盖伦更是亲身从医学—哲学的契合处实践这一设想。例如他将动物的胸腔可视化为一种地理的构造,将身体展现为一种世界的知识。可以说,盖伦解剖学的重要目的就是绘制出隐藏在身体之内的关于世界的知识,即通过展现形式而追寻功能,揭露自然设计的完美。① 而这种对宇宙身体及其创造秩序的赞美,又决定了斯多亚派和盖伦不可能认为身体本是恶的,不管是血肉的身体还是灵魂的身体。他们也从来就没有将世界与个体进行一种分割,而是始终将生命之流建立在自我与世界相关联的基础上。

(二) 血肉的身体与灵魂的身体

从"实在即身体"的角度,斯多亚派对不同层面的灵魂进行了复杂界定,其中一个重要目的就是通过标识出不同的生活方式,警示人的生活可能沦为一种低级的植物性生活或动物性生活的可能性。但这经常不可避免地与其形体主义的物理学存在某种紧张。朗曾这样描述这种愿望与人的生命事实之间存在的有趣的悖论:

> 灵魂不是心脏的活动,心脏不是灵魂的原因。它们之间的关系说明了一个动物的统一性,但是一个动物作为有生命之物的统一性依赖于两个特殊的形体之间的合作。这两个形体中的一个,即灵魂,愈变得亲近宇宙逻各斯=神,它就与肉、骨更少有共同之处。由于一整套复杂的原因,斯多亚派想强调人和神之间的亲近,但如果不弱化身体与灵魂之间的关系,他们就不能这样做。悖论地是,动物似乎在作为"统一性的身体"方面成为比人类更好的例子。②

但也恰恰是这种紧张,同时为我们提供了澄清人们对斯多亚派身体观的众多误解的努力方向。鉴于斯多亚主义者一贯的理智主义和苦行主义形象,人们通常认为斯多亚派对狭义上的身体,即与灵魂相对而言的肉骨形体(a flesh and bones body)是极为鄙视的。古典学者布伦南(Tad Brennan)就强调,对大多数斯多亚哲学家来说,身体与自我相关,在人的一生中灵魂要使用这个身体,但是这个身体并不是自我的一部分,而只是人的一部分。自我也

---

① 参见 Maud W. Gleason, 2009, pp.85-86。
② A. A. Long, 1996b, p.244.

是人的一部分。① 由于自我只是个灵魂,因此伦理学的首要任务就是劝说人关心灵魂而不是身体。从斯多亚派所理解的身体与人之本质的关系来看,上述讨论无疑有其合理之处。然而如果仅以上述评论概括斯多亚派对人的肉骨形体以及与灵魂关系的全部见解,就不免褊狭地理解了斯多亚哲学中的身体,尤其是肉骨形体的意义,进而低估了斯多亚派医学类比的深厚根基。在我们看来,斯多亚派分别在广义和狭义上使用两种身体和灵魂概念;他们尤其通过普纽玛这个既构成灵魂又构成身体,连接天人的唯一的本源和原因,向人们展现了一种自然哲学与伦理学相统一基础上的生命世界图景和实践哲学面貌。

对于斯多亚派来说,作为一个有机结构(由精神性的普纽玛将身体各部分组合在一起),一个动物(有灵魂的东西)是两个形体的化合物:一个是肉骨形体,一个则是特定的灵魂形体(a specific soul body)。借助主导部分(ἡγεμονικόν)的联结,后者作用于前者以使由它们组成的混合物成为一个有感觉的、自我运动的存在。② 肉骨形体包含着这个特定的灵魂形体而且为这个混合物——整全的、统一的身体(unified body)提供必要的身体性器官。③ 由相同元素构成的肉体与灵魂必须同时存在、相互依赖,完全混合在一起。这意味着没有无身体的灵魂部分,也没有无灵魂的身体部分。④ 生命的统一性就依赖于这两个独特的形体的合作。⑤ 肉体需要灵魂而成为一个活的人类身体;灵魂则需要身体作为它的寓所、部分的能量来源和实现意志的工具。低级的身体性生活可能无需灵魂的参与,但灵魂的生活却必须依赖于肉体。构成灵魂的不是某种灵性的实体,在根本上也是一种物质。然而身体和灵魂的本质是不同的:肉骨形体代表物质(被动)原则;灵魂才是形式(主动)原则,是这个统一的身体的本质。最根本的善存在于人的积极的,而不是被动的部分中,存在于意愿而不是肉体或其他意愿不可能存在的事物

---

① 参见 Tad Brennan, 2009, p.405。在我看来,布伦南似乎过于强调了斯多亚派的身心二元倾向。而且,将自我完全认同于理性可能是有问题的。
② A. A. Long, 1996b, p. 235.
③ Ibid.
④ 在斯多亚物理学中,有三种事物相互联系的方式。第一种是并置,例如豆子和麦粒的混合。它们仍然保持各自的属性,因为它们实质上并没有构成一种新的物质。第二种是融合,就像在烹饪中,鸡蛋、面粉和其他配料形成了一种具有新的属性的新物质,各种原物质并没有保持住自己的特性,也不能从新物质中被还原。第三种则是完全的混合(krasis)。两种物质完完全全的相混合以至于这一混合物的任何部分都包括两者,然而原物质仍然保持自己的属性,并且在原则上可以还原、恢复。这种情况除了身心关系外,还有热和铁混合以产生热铁,水和酒混合产生酒水等例子(Alexander, On Mixture, 216, 14-218, 6 = SVF 2.473 = LS 48C; DL 7.151 = SVF 2.479 = LS 48A; Plutarch 1078B-E = LS 48B, 48E)。
⑤ A. A. Long, 1996b, p. 249.

中。如果没有意愿的参与，没有恶能影响人的本质部分，影响那与永恒的神性相关联的一方面。灵魂的活动，如认知、判断和欲求等等，虽然依赖于肉体与灵魂的关系，但却不可简化为或等同于这种关系。

沟通身心，连接肉体与灵魂之间的神秘物质无疑就是普纽玛（πνεῦμα）。古典学者约翰·李斯特（John M. Rist）曾有言，研究某个思想的历史和发展，对起点的选择总是有些武断。对于普纽玛这个概念来说即是如此。① 一种较为普遍的推测是认为普纽玛这个概念最早来自生物学，最初仅指风或气。公元前4世纪的希腊医学，尤其是西西里医学，就已经认识到气息对于动物的重要作用。亚里士多德在其生物学著作中扩展了这一概念。② 在亚里士多德看来，普纽玛在陆地上的角色类似于作为第一物质的"以太"（αἰθήρ）在天空中的作用。③ 尽管普纽玛是灵魂—热的承载者和身体活力的来源，但它不是灵魂，也不能代替灵魂，因为它毕竟是有形体的，而灵魂则是无形体的。但作为灵魂最直接的工具，即一种肉眼无法观察到的、使非物质的灵魂作用于物质的身体的东西，它在解释最为复杂而神秘的身心互动过程方面具有"几近神奇的潜力"。普纽玛由此成为后亚里士多德医学的重要遗产。④ 斯多亚哲学家则进一步从医学中提取这一概念⑤，并将普纽玛视为一种沟通生命世界与神性宇宙的链接物，从而使之在其所谓的"宇宙生物学"⑥中扮演核心角色。⑦ 他们不仅将普纽玛视为一种物质性形体，一种传递灵魂的力量，而且还直接将其等同于灵魂、理性。狄迪慕斯（Arius Didymus）告诉我们，芝诺径直将灵魂定义为"有感觉能力的呼气"或"蒸发"（αἰσθητικὴ ἀναθυμίασις）（*SVF* 1.141，519）。这里所言的即是普纽玛，

---

① John M. Rist, 1985, p.39.
② 亚里士多德将普纽玛视为一种内在的、天生的半物质性的有机物，即"热的空气"，从而与吸入的外在空气区分开来。作为一种比四元素更具神性的形体性物质，普纽玛散布在身体各个角落，并成为身体与灵魂原则之间的联结，以及身体生产、生长和生殖的主要来源（*De generatione animalium* 736a2, 737a 9 ff, *De motu animalium* 703a-b）。
③ John M. Rist, 1985, p.39.
④ Mirko D. Grmek & Bernardino Fantini, 2002, p.78.
⑤ 可参见 Julia E. Annas, 1992, p.25。
⑥ David E. Hahm, 1977, p.136.
⑦ 当然斯多亚派关于普纽玛的思想也是逐步发展的：芝诺将普纽玛仅局限于人的领域（宇宙灵魂有技艺的火，而非普纽玛），把身体性的感知（αἴσθησις）解释为普纽玛从主导部分（ἡγεμονικόν）到其他身体性区域的运动（*SVF* 1.15）；而克吕西普则提出宇宙的普纽玛，并系统性地发展出一套复杂的理论。普纽玛开始被等同于神、神性或理性（*SVF* 2.1091），甚至有时被用来代替芝诺和克里安特的有技艺的火（可参见 Micheal Lapidge, 1973, p.268；另参见 John M. Rist, 1985, pp.35-40）。因此在克吕西普这里，"αἰθήρ"与"πνεῦμα"不仅在功能上相等同，而且在本性上也划上等号。由气和有技艺的火组成的普纽玛永远作为一个积极原则起作用，而不是以独立的形式存在（直到生命结束）。

心灵的"气息"。① 普纽玛不仅存在于气中,而且还存在于构成神的火中。②因此神就物化在普纽玛,即字面意义上的呼吸中。③

  身体的很多性质,例如坚固性,也都是灵魂—普纽玛吸气的结果。感觉则是沟通灵魂与身体的一种普纽玛的运动。普纽玛与动物的身体相互作用、完全混合,当被传送到灵魂的主导部分时,就变成自我知觉。④ 而对自我的知觉(εαυτῆς αἰσθάνοιτο)又是理解自我的前提,由此人才能进一步知觉和理解其他事物(希洛克勒斯[Hierocles]:《伦理学基础》I. 38-46;IV. 1-2,8-10)。实际上,正如李斯特所言,只有借助普纽玛理论和宇宙一致思想,斯多亚派的伦理主题——"顺应自然"才有了最终的理论基础。因为普纽玛作为一种连接性力量,自身有一种独特的运动和张力(τόνος),这种张力在一种逻辑、普遍的意义上为斯多亚派视域下宇宙天地中的不同部分以及彼此之间的共通感(συμπάθεια)提供了基础。⑤ 普纽玛作为神的种子和呼吸,赋予生命和存在。尽管宇宙万物由两个原则相互作用而构成,但普纽玛却是唯一的本源和原因;在这个原因下,苍穹下的有生命之物与无生命之物不再存在根本的界限。我们也可以说,普纽玛概念使得斯多亚派的形体主义有了更稳妥的根基。

  但斯多亚派还必须要对存在的差异性与多样性做出说明。众所周知,在斯多亚派那里,不同程度的张力与物质相结合,构成不同层面的普纽玛,按照张力或韧性的程度不同从低到高依次为质性、自然、灵魂、理性。这就直接暗示了存在处于不同层面的多种身体!在斯多亚派看来,生命的新陈代谢不在于灵魂,而在于自然,所以他们称植物和出生前的胚胎具有自然,而没有灵魂。因此,并不是所有生命之物的机能都依赖于它们的灵魂——一个人的新陈代谢活动应归因于身体,而不是灵魂。可见,在斯多亚派这里,灵魂不再像在亚里士多德哲学中那样是区分无生命之物和有生命之物的标志;它只是人和动物所享有,从而使其不仅仅是植物的东西。与灵魂相互作用的身体并不

---

① 可见泰勒曼的讨论:Tieleman, 2002, p. 209。
② 这个火在克吕西普那里似乎是作为基本元素的火,而不是有技艺的宇宙大火。这里体现出克吕西普与芝诺宇宙观的不同,尽管将普纽玛作为宇宙中的核心行为体,并代替芝诺的神(有技艺的火)是克吕西普的重要创造性思想,但也由此带来了宇宙本源是一个还是两个的难题。相关讨论可参见 Micheal Lapidge, 1973, pp. 240-278。
③ 而该词在拉丁文中变为"*spiritus*"(spirit),演化为"精神"之义。因此,正如朗所评论到的,斯多亚派为"精神的身体"(spiritual body)这一概念的发展铺平了道路。A. A. Long, 2002, p. 148。
④ 在解释这个过程以及对主导部分位置的关注方面,斯多亚派的观点主要受惠于当时的医学,但或许也少量地受惠于漫步学派(A. A. Long, 1999b, pp. 566-567)。更详细的讨论可参考 Julia E. Annas, 1992, pp. 17-33。
⑤ John M. Rist, 1985, p. 40。

是惰性的物质,还是一个已经由于质性—普纽玛(ἕξις-πνεῦμα)的作用而被结合在一起,并能够在自然—普纽玛的作用下进行植物性活动的身体。所以灵魂是与一个如植物般活动的活生生的身体相互作用。与自然—普纽玛相比,灵魂—普纽玛的功能在于通过与身体相混合而渗透于整个有灵的存在物,从而使整个身体统一在一起,并使动物具有了感知、印象和冲动,能够以某种方式行动。人之所以在自然序列上高于动物,就在于这种张力与物质的统一性或连贯性程度在人这里更高,并使人有能力进行思考。总体而言,不同层面的普纽玛共同定义和解释着生命的运动。在人变为腐烂的尸体之前,都是被普纽玛连接着(甚至在尸体腐烂时,人的骨头还是坚固的)。

因此,斯多亚派眼中的动物最低意义上是一个活生生的、能够意识到它自身和外在世界的身体。[1] 作为特定意义上的动物生命的主导,灵魂尽管渗透于身体各部分,但并不是作为身体的形式原则而已经存在。同亚里士多德和伊壁鸠鲁一样,斯多亚派也认定灵魂并不先天既有而先于身体存在。死即是一个人的终结;尽管有些东西死后可能仍然存在,但已与我这个"人"无关。可以说,人的存在样态就呈现为:一种理智的、温暖的气息栖居在肉体中,并将后者作为其工具和寓所。而如何正确地使用这种工具则需要某种特殊的技艺。

当然,在斯多亚哲学家看来,灵魂这个高级的、内在的形体,即我们身上的最好之物(*Diss.* 3.7,4.5),才是人格同一性的根本。总体上看,斯多亚派对灵魂之特性有两个基本界定:首先,灵魂是有形体的。[2] 尽管斯多亚派对此的相关论证都不尽人意,但都普遍同意我们上文已提到的设定:由于身体与灵魂之间是一种原因性的相互作用,即共通感,而身体和灵魂具有不同的因果关系是不可能的,因此灵魂必须也是一个身体。换言之,灵魂也是一种身体的根本原因就在于它与肉体的不可分离。其次,成人的灵魂是理性的、一元的。也就是说灵魂的活动涉及理性的运用。也正因此,灵魂才可以称为真正的自我或生命的主导部分。与之相关的另一个原因则在于,善与恶并不是与一个人的身体发生直接影响,而只能由灵魂的状态和由灵魂状态所界定的行动来断定。而结合上文的分析,斯多亚派实质上也至少在两种意义上使

---

[1] A. A. Long,1996b, p.240.
[2] 就其原因,克里安特提出两个理由:第一个是父母与子女的相似性。父母子女之间不仅在身体表征,而且还在灵魂的激情、性格、心灵倾向等方面体现出相似性,而相似与非相似只能在身体中,而不是在非形体中(Tertull. *De anim.* 5.4; Nemesius. *De nat. hom.* 20, 14-17)。第二个理由是,身体与灵魂共同承受痛苦(Nemesius 78,7-79,2 = *SVF* 1.518,部分 = *LS* 45D)。克吕西普还补充了第三个理据,即死亡是灵魂从身体中的脱离,而非形体不可能从身体中脱离,因为后者不能与身体相接触。由于灵魂既可与身体相接触,又可与身体相脱离,所以灵魂是一个身体(Nemesius 81,6-10 = *SVF* 2.790,部分 = *LS* 45D)。

用灵魂概念。一种是宽泛意义上的灵魂概念:即构成整个混合物的有生命东西。在这个意义上,灵魂与身体完全相混合,使混合的各部分相统一而形成一个具有感知和反应能力的身体。另一种则是将灵魂视为主导部分(ἡγεμονικόν)①,或者说心灵。② 这是存在整体的最重要部分,因而是最真实的自我。作为寓居于身体内的一个部位,它提供负责整个身体活动的机制,集中、统一和解释其他灵魂部分的活动。这个意义上的灵魂概念通常只在与身体相对照的时候使用,而这时的身体则是一个与灵魂—普纽玛完全混合的身体,因而具有了很广泛的意义。

当然,这里灵魂与身体之间的对立只是在伦理意义上,并不与其物理主义相矛盾:在实际中,身体与灵魂总是"完完全全地"相互混合、渗透。尽管如此,它们至少在理论上仍然是构成人的保持各自特性和维持自身存在的两种不同的独立本体(substance)。③ 相比之下,灵魂是最为纯净的形体,因而只有理性的灵魂才能意识到无形体的 lecta(sayable,谓述),即意义。④ 也只有作为生命来源的灵魂或主导原则才是人之所是。因此不管身体处于何种状态——表象出自然的美丑还是印有社会文化印记,甚至沦为尸体,都不是自我。灵魂才是真正的自我,同时也是不断塑造、修炼和教化的对象;人通过自我训练而逐渐成了灵魂这个形体。而且这种训练开始于或者说立基于对人的知识、自我知识的学习。斯多亚派,尤其是晚期斯多亚派之所以坚持这种二元论取向则是因为,在他们看来,相对于可被任何人使用的身体而言,灵魂更为可控,更能体现人性卓越之所在。相应的,任何关涉灵魂的、与自然相一致的、可取的东西比那些涉及身体和外在物的东西更有价值。

---

① 英伍德认为主导部分只用于人类心灵,而无理性之物充其量只拥有准主导部分(quasi-hegemonikon)(1985, pp. 32-33),而朗认为灵魂的首要三种"特性"集中了任何主导部分(包括人和动物)的永久性习性。A. A. Long, 1996b, p. 245.
② 著名的古典学者波伦茨(M. Pohlenz)观察到,爱比克泰德倾向于将主导部分等同于苏格拉底的"δαίμων"的神性部分,这可能与爱比克泰德对苏格拉底遗产的继承有关(这种继承甚至多于对早期斯多亚派思想的延续),也可能缘于爱比克泰德道德哲学思想中鲜明的神学因素。而奥勒留的表述则并不一致,他有时似乎说我们应该与体内的纯粹理性相同一(区别于身体和灵魂),但有时主导部分代替了努斯,有时灵魂则包括思考。参见 M. Pohlenz, 1970, 1, pp. 342-344; 2, p. 168. 这确实与他们对δαίμων的态度和神性观念相关。如阿尔格(Keimpe Algra)指出的,像早期斯多亚派一样,奥勒留将内在的δαίμων视为自我,具有某种神性的地位。而塞涅卡和爱比克泰德则倾向于将我们内在的神性作为一种规范性的自我,即一种(或努力成就的)应然之物而非一种既成事实;前者的神更非人格化,后者的神人关系则更拟人化(Keimpe Algra, 2009, pp. 366-367)。当然,关于斯多亚派的自我(包括与δαίμων, ἡγεμονικόν的关系)观念,我并不完全同意阿尔格的观点。
③ A. A. Long, 1999b, p. 566.
④ Ibid., p. 248.

这一点无疑借助爱比克泰德对于可控之物与不可控之物的划分而得到了最大的发展。

斯多亚派关于灵魂和身体的这种复杂观点和相关的术语选择是有其重要的伦理意义的。尽管他们坚持价值论上的二元倾向,但另一方面却始终强调的是身心紧密关联的生命同一性。更重要的是,最根本的伦理学知识、善恶的产生机制,都必须在这种关联下寻求解释。

正是基于灵魂和身体这两个形体间的以上关联,斯多亚派部分地解释了灵魂疾病、激情以及激情的产生和运作机制何以都是形体性的。亚里士多德曾提出欲求(ὄρεξις, desire)对动物运动的推动依靠的是一种形体性工具(或器官,ὄργανον),即原生普纽玛(σύμφυτον πνεῦμα,《论动物运动》703a9,20)。这是一种在灵魂原则的作用下能够扩展和收缩的(《论动物运动》703a18-24)独特的形体,一种使身体(即有生命的身体或有灵的身体,ἔμψυχον σῶμα)与灵魂原则得以关联起来(身心之间不能直接相触)的身心现象。不仅如此,欲求通过原生普纽玛(作为欲求的载体)而移动身体之所以可能,还因为欲求本身也是一种身心现象(如《论动物运动》703a4-6,《论灵魂》433b19)。存在一种旨在追求一个行为体认为有益于自身既定目标的某种冷或热的类型,正是这种伴随欲求产生的某种加热和变冷的现象影响了普纽玛的尺寸和形状。① 由于将灵魂和肉体都视为相互作用的形体,并且认识到决定身体健康与疾病的物理因素的混合物对于灵魂的健康与疾病都有所影响,斯多亚派将这个过程简洁化:有形体的激情就是作用于人的肉体而产生的各种剧烈的形体性反应进一步产生有形体的精神疾病的结果。因此要治疗灵魂疾病,消除激情,必然关涉身体。当然这需要对心灵中的印象、判断和信念进行理性地把握而进一步影响、作用于身体。

这种将自然哲学与伦理学相贯通的思想也可以得到当时医学方面的印证和支持。例如曾热心探讨灵魂健康的医生盖伦即是直接借助医学知识来解释伦理问题。在他看来,灵魂的习性正是身体的体液或混合物(κρᾶσις)作用的结果。② 由于不自制而导致的恶会以身体疾病的形式表现出来③,因此对于体液的失衡,他曾建议以一种最适度的生活方式进行一种预防性的治疗。④ 不仅如此,沿着相似的致思方式,盖伦还对斯多亚派和其他哲学派系的身体

---

① David Charles, 2009, p.10. 另见相关研究:Sylvia Berryman, 2002, pp.85-97。
② Pierre Pellegrin, 2006, pp.664-686。
③ *De tuenda sanitate praecepta* 1, 8; 5, 2. 另参见 *De loc. affec.* 14. 11。皆转引自 Harry O. Maier, "Clement of Alexandria and the Self", *Journal of the American Academy of Religion*, p.724。
④ Galen, *The Art of Medicine* 23-24; *On Hygiene* I,15,5-9。

观进行了很好地注解和评论,进而为我们在希腊化时期身心观的整体背景下理解致力于灵魂治疗的斯多亚主义提供了有益思路与补充。

某种程度上持不可知论的盖伦,尽管他在最后的作品《关于我自己的观点》(De propriis placitis 3)中,不但一再声称不确定灵魂是否不朽、是否是肉体性的、是否可与身体物质相混合以及灵魂的本体(οὐσία)是否存在等问题,而且也没有明确承认身体与灵魂的共通感(συμπάθεια)现象,但他实际上对柏拉图的灵魂不朽理论同时表示了质疑。不仅如此,尽管他对解剖学语言和概念化逻辑无以证实的灵魂边界并非十分肯定,但以一个医生的视角,并结合亚里士多德关于形式与质料的观点,盖伦提出"灵魂的能力依赖于身体性的混合物"这一著名的观点。具体而言,一个好的身体性混合物源自于食物、饮料和其他日常活动,而这种混合物又是建构灵魂德性的基础(QAM 4.768)。盖伦甚至认为灵魂是身体的混合物的奴隶(QAM 4.782),而柏拉图所言的有朽灵魂就是身体的混合物。他还根据大量的医学观察而作出判断,身体可以分离灵魂,使它失去智力、丧失记忆和理解力,使它更为害羞、缺少信心和能量或造成一些其他负面效果(QAM 4.779);而人的心理状态也会影响身体,因此灵魂与身体无疑是相互影响的,而且这种影响取决于二者的物质性(至少盖伦对此没予以明确否定,因为他也承认原因是身体性的)。可以说,在盖伦那里,身体的混合物与灵魂的本体就是同一种东西,因为只有这样才能从根本上解释本体与能力(及其活动,而活动其实就是本体的活动)之间的内在关联(QAM 4.787)。而且盖伦明确说,"……最好是说……灵魂的可朽部分实际上就是:身体的混合物(QAM 4.386)"。这里所暗含的思想,至少与斯多亚派的某些观点,即认为只有身体与身体之间才可以相互作用、宽泛意义上的灵魂是气与火相混合并具有湿、热等性质的普纽玛等观点相一致。①

当然,作为斯多亚派,尤其是克吕西普的重要批评者,盖伦对克吕西普的一元论道德心理学,进而对其医学类比提出了很多批驳。其中最为重要的就是抱怨克吕西普不能将其引入的类比与其材料关联起来(PHP 5.2.30-38)。因为在盖伦看来,如果身体健康在于它的各部分(μωρία)的正确比例,那么这对灵魂的健康来说也应是如此。可是克吕西普并不能像柏拉图那样对灵魂做出明确的划分。因此这样的类比适用于柏拉图哲学,却不适用于克吕西普的灵魂概念(PHP 5.2.30)。但斯多亚派的部分及其比例概念与盖伦显然是不同的。正如泰勒曼指出的,斯多亚派特别倚重四元素说来解释心灵生活,克吕西普显然是将灵魂的正确比例视为物理性元素及其特性之间的比

---

① 与斯多亚派和漫步学派一样,盖伦同样通过普纽玛而建立起身心之间的关联。另外,在盖伦看来,灵魂各部分在身体各器官内的分布也是灵魂与身体相互影响的原因之一。

例,但这一点却被盖伦所遮蔽了。①

总体而言,尽管盖伦作为一个医生的解剖学视角与斯多亚派的整体主义视角有很大不同,其在灵魂的构成、主导部分的居处等问题上也与斯多亚派分歧甚大②,但他们在身心关系上都很大程度上采取一种物理主义的心理学框架和一种较强的目的论视角;都对常识和现世的自然秩序表现出相当的尊重。从中我们也可以洞察当时医哲互动的重要意义。

总之,在斯多亚哲学中,尽管在价值次序上,宇宙身体高于个体身体、内在身体高于外在身体,但宇宙身体和个体身体,内在身体与外在身体是相互统一、不可分离地处于一个自然世界之中。就人的目的而言,人的本性自然决定了灵魂的健康才是人的真正目的。欲达至这一目的,就要正确地处理、对待不同境遇下的外在躯体,进而借助于在经验和实践中不断得到锻炼的、永恒在场的这个内在身体,努力摹仿宇宙身体的完善,以不断接近、获得真正的好善生活。下文将主要以这种多维的身体为背景详细展开对斯多亚派视野中的狭义上的身体的讨论。但值得注意的是,各种身体之间的紧密联系是始终不能忽视的,因为正是一种广义上的身体概念影响了对狭义上的身体的理解和建构。

四 中性的身体:身体、自我与οἰκείωσις

尽管提出了最广泛的身体概念,斯多亚派道德哲学同古典时期伦理思想还是无一例外地强调"身体"③脆弱性。可以说,时刻警告身体的脆弱性,例如疾病和死亡的不可避免和无法克服是整个古希腊哲学的重要特质之一。而且这种对身体的描述很大程度上是基于对失调、非正常状态下的身体(如疾病的身体、放纵的身体、睡眠中的身体、昏迷的身体、尸体等)的关注和观察。从希波克拉底到柏拉图,再到希腊化时期各哲学派别,尤其是斯多亚派,大都如此。这种脆弱性除了显现于身体的本源性的不自足(有众多的外在之需)和卑微(尤其与斯多亚派浩瀚的宇宙身体相比)外,还体现于疾病、暴力、思想、技术等各种力量对身体的侵袭和控制中。在认识论和伦理学层面,身体一直被视为一种不被信任的不稳定之物:它倾向于无序,疏远于理性认知和德性考虑;其欲望及其派生物往往是某些权力斗争的起因和目的。这既是身体作为可见、可塑、可朽之物的本质之所在,也是作为有限理性存在者的

---

① Tieleman, 2003, p.148.
② 盖伦坚定地拥护柏拉图的灵魂三分法以及主导部分在头或脑的观点,同时反对亚里士多德和斯多亚派的心主说,以及斯多亚派的一元主导部分理论(寓居在心内)。
③ 朗认为,关于灵魂与身体的关系,就柏拉图、亚里士多德、伊壁鸠鲁派和斯多亚派而言,柏拉图和伊壁鸠鲁派分别以其二元论和唯物主义居于两个极端,而斯多亚派与亚里士多德则居于中间,具有唯物主义和二元论的双重特色。参见 A. A. Long, 1996b, p.225。

人的宿命。这种对身体脆弱性的强调,不仅出于对身体本身存在形式的认识,而且还在于对人生存其中的现象界或人的生活的偶然性与变动性,即对人作为有朽存在的终结性的关注。

相对而言,人的脆弱性在斯多亚哲学中得到更广、更深刻的讨论。围绕灵魂的脆弱与身体的脆弱两个方面,这种讨论始终围绕着医学之喻,但最终又超出了隐喻意义。因为对斯多亚派来说,身体与灵魂都会生病,身体的疾病主要是指器官性疾病,即生理疾病。而灵魂的疾病则是关于名望、快乐等中性之物、可欲之物的"多情现象"(DL 7.115)。灵魂的脆弱是建基于身体的脆弱基础之上的。作为自然的产物,身体虽是无善无恶的,但人们不仅极易受到身体本身的控制,而且所有不可控之物往往都通过身体而支配意志和心灵。正是因为身体,我们不断遭遇机运、不可抗力、欲望的侵袭,时刻为身体自身及身体之外的各种表象所忙碌奔波、扰乱心境,以至于受到各种激情的左右以及人或物的控制,从而不能做出理智的判断。从另一个方面说,尽管我的行动在我的身体内进行,即通过身体内的主导部分做出同意,但评判行为主体的标准却在于是否在我的权能之内。所以即使人信念的呈现、理智的判断和意志的选择最终要落实为肢体运动,但活动的结果往往脱离意志。因为心灵,而不是身体,才是真正的行动主体,正确的决定已经是一个有德性的行动。尽管人要无时无刻地与身体以及身外之物打交道,但身体以及一切外在物都不能随时随地对人的欲求有绝对支配力,而意志自由就体现在对这些生活中的不可控物的态度、行动之中。心灵才是唯一的行为体。简言之,爱比克泰德等斯多亚哲学家所言的意志的可控性是纯粹心理学意义上的,类似于康德的意志实践能力,而不同于现象学意义上的身体意向性。身体性运动不是一个人真正行动和行动的根据,因为它并不绝对地受意志支配。

基于对身体脆弱性的以上认识,大多斯多亚主义者坚持认为身体是中性的:它与幸福无关,与德性无关,与真正的自我无关。正如身体不是我的一部分,身体的善,如果存在的话,也不是自我的善的一部分。[①] 用爱比克泰德的话说,身体只是最后一件内衣(Diss. 1.25.3)。尽管斯多亚哲学家关于身体的观点并非完全一致,但总体上他们关于身体的观点似乎过于严苛。我们可以读到柏拉图和亚里士多德很多关于身体之善的论说,即将身体善作为一种特殊的善——当然他们对身体的关心绝不仅仅是出于对放纵欲望而毁坏身体的担忧,而是更根源于这种毁坏对灵魂善,乃至幸福的威胁。但到斯多亚派这里,对于是否存在"身体之善"这一说法已经出现分歧。除极少数哲学

[①] Tad Brennan, 2009, p.407.

家外,大多数斯多亚哲学家都不认为健康、美丽、强壮和肢体健全可称为一种善(*Fin.* 3.41-48)。虽然如此,他们大多都认为身体方面的特质具有相对价值(或选择性价值)而值得选取(ἐκλέγομαι, select),尽管并不像真正的善一样具有绝对价值而值得寻求(αἱρέομαι, choose)。就像西塞罗笔下的加图所言的,健康有某种价值,但不是一种善,因为其价值不足以大到凌驾于德性之上(*Fin.* 3.44)。因此严格说来,单纯涉及中性之物的挑选(ἐκλογή)与涉及善的理性选择(αἵρεσις)是不同的,尽管有德性地使用中性之物会带来幸福。虽然很多晚期斯多亚者的观点似有微妙的变化,但同样坚持身体上的优势与幸福完全没有关系,健康和智慧合起来不会比智慧本身更有价值(*Fin.* 3.43-44)。例如晚期的爱比克泰德不仅不承认任何身体善的存在,而且也不屑于在中性之物中进一步做"可取之物"(προηγμένα)与"不可取之物"(ἀπροηγμένα)的明确划分:①身体的快乐只是暂时的,财富、健康和血缘关系作为身体的附属物或延伸物,都是不可控、有时间性、与幸福无关的,因为幸福须是完整、自足、可求、可拥有的。② 这一思想显然成为后来康德将行为正当性与经验欲望、偶然之物决然分开的先导。

对身体的这种复杂态度导致斯多亚派用更复杂的术语和理论阐释身体及其特质。其中最重要的就是对身体、自我与自然关系做出重要说明,表征人的身心持续发展状况的"οἰκείωσις"③理论。"οἰκείωσις"在英文和中文中都没有对应的词汇。在英文中,它通常被英译为"domestic instinct""appropriation""familiarization""affinity""orientation""self-ownship"等。在希腊语中,其反义词为"ἀλλοτρίωσις"("疏远""异化""厌恶")。其核心意涵就是一个人以自我为中心,从亲近肉体而言的自然、有用之物开始,努力扩展

---

① 当然,在 *Diss.* 2.6.9 处,爱比克泰德对克吕西普的引用暗示他也是认同这一划分的(克吕西普用的是τῶν εὐφυεστέρων,即"很好地适应于"[获得与自然相一致的事物])。爱比克泰德对这一划分的沉默或许与他不喜用技术性术语有关。相比之下,比较鲜明地拒绝这一划分的斯多亚主义者是阿里斯通(*DL* 7.160, *Fin.* 3.50)。人们普遍认为斯多亚派的这些伦理思想受到了苏格拉底的影响(*Euthydemus* 278e-281e),可参见讨论:A. A. Long, 2010, pp. 363-364。

② 马可·奥勒留:《沉思录》,第 180 页。

③ 从词源上讲,"οἰκείωσις"这个观念可以说源远流长,但确实是斯多亚派创新性地提出并发展了这一思想,尽管究竟是芝诺还是克吕西普最早阐发了这一思想,学者们对此仍存有争议。布林克(C. O. Brink)追随冯·阿尼姆,坚持认为后克吕西普的理论主要是将泰奥弗拉斯托斯(Theophrastus)的"οἰκειότης"生物学理论嫁接到个人化的"οἰκείωσις"的结果,以在人保护自我的自然倾向与他的社会关系之间建立一种更清楚的联接(C. O. Brink, 1956, p.141)。但波伦茨(Pohlenz)在这之前其实已经有力地反驳了这一观点(M. Pohlenz, 1940),并得到当今大多数学者的支持。另可参见 Klein, 2016, pp.143-144; Erler, 2002。

其归属(οἶκος)，并进而将通常排除在自我归属之外的他者容纳进来，视为己有。因此我在这里将根据语境而变换地使用"亲近""视为己有""本己""属己"等翻译。该理论不仅通过描述人的自我结构的发展而解释了德性的生物学、心理学来源，而且详细记录了一个人道德发展的过程。更重要的是，οἰκείωσις 这一概念在某种程度上可能暗示了，一个人的本性结构(σύστασις, cōnstitūtiō)（即塞涅卡所说的"灵魂的主导部分所处的与身体相关的某种状况"，*Ep.* 121.10 = *SVF* 3.184 = *LS* 29F）是理解斯多亚派的人性的更为根本性的概念。作为身体与灵魂之间的混合(关系)，它标识了人的生命与道德发展状况。西塞罗、拉尔修、希洛克勒斯、塞涅卡都曾用很长篇幅对"οἰκείωσις"思想进行了讨论，并以此作为斯多亚哲学伦理学的起点。也正是从这里，我们可以领会斯多亚派在人的生命完善、道德发展与健康等问题上与亚里士多德、伊壁鸠鲁等的重要殊异。

按照斯多亚派的"οἰκείωσις"理论，动物天生就对自我的结构和功能有一种自我意识，以及一种亲近、喜爱和拥有感。这种由自然所建立的动物与它自身结构的亲近关系，通常与"ἀλλότριος"相对，即属于别人的或更广泛意义上的外在、异己之物。① 正如希洛克勒斯②所言，人自发地就会发现肢体和感官的合理用途，并似乎能马上感受自我身体各部分的关系（《伦理学基础》I.51-II.3）。③ 这些源自身体的基本冲动，即首要的 οἰκείωσις (proton oikeion)，是一种最原始的自然的声音，也是建构自我的开始。在这里，斯多亚派对动物的自我理解、自我知识的描述并不完全是一种动物学、心理学的科学描述，而是一种较为神秘的自我感知、自我沟通，因而具有一定的含糊性。就像塞涅卡所说的，动物并不知道什么是生命结构，但它认识它自己的生命结构(*Ep.* 121.11)。他还用技艺者与技艺的关系来与动物灵活、熟练地使用其身体各部分相类比：

---

① S. G. Pembroke, 1971, p. 115.
② 对于希洛克勒斯来说，虽然灵魂的功能是更高级的，但灵魂与身体基本处于一种平等的关系。这与后来的晚期斯多亚者形成比较鲜明的对照。
③ 柯费尔德(G. B. Kerferd)认为这里所产生的对自己的情感或许并不能等同于 οἰκείωσις 过程，οἰκείωσις 毋宁说是作为共存物而跟随它。因为这种情感预设了我们对于不被认知为属于自我的事物不会有类似感知。所以 οἰκείωσις 可以视为自爱的必要充分条件，但其本身并不是自爱。这种自我调解的过程暗示了两点：首先，在感知自我的过程中，个体介入一个建构或创造自我的过程，在自我被感知之前，自我是不存在的。其次，这个建构或创造的过程涉及一种说服或调解的因素，这一因素不仅引入一种有秩序的模式，而且将灵魂中各种不同、甚至不和谐的元素通过张力的认知而和谐化。张力运动(*tonike kinesis*)被斯多亚派视为是自我感知和感知对象的根基(G. B. Kerferd, 1972, p. 190)。我基本上同意他这一观点。

它们很容易、有效地移动它们的四肢,就像它们已经被训练地如此做一样……我们惊讶于娴熟的舞蹈者,因为他们的手能够表现各种主题和情感,他们的姿势跟上了说话的速度。技艺提供给他们的正是自然提供给动物的。没有动物会在移动四肢时发生困难;没有动物会在运用其肢体时感到犹豫。它们带着这种知识来到世间,它们天生受过充分的培训(*Ep.* 121.5-6,英武德英译)。①

这种自知显然不是一种概念化的、科学的自知,而是一种非概念化的、带有含混性的对自我,同时也是对世界的最初知识。而且,如上文希洛克勒斯所言,对外在物质的知觉要以自我的知觉为基础,因为这实质上是一个由自我知觉(进而自我保护)而向知觉他人(进而关爱他人)外推、扩展的过程。而这种知觉又具体表现为身心之间的持续地相互作用,因而在根本上与斯多亚派的形体主义互为条件。换言之,这种最初的自我意识不是观念,而是感觉和情感;不只是自我的一种心理或生理状态,而主要是一种对自身结构的知识。② 正是基于这种摇篮知识,斯多亚派认识到保持身体健康、感官完整的合理性(*DL* 7.109)。身体的很多特质就因其自身或其他事物为人们所喜爱,自然地为人们所追求,因为它们间接地对生活有益,我们总是更关心身体中那些更有用的部分(*SVF* 1.236)。保护身体,关心健康和感官对人来说甚至是一种无条件的"自然命令",本源地就具有合理性;只有在某些不得已而为之的环境下才可以残损自己(*DL* 7.109)。在οἰκείωσις问题上,盖伦将伊壁鸠鲁与斯多亚派的置于两端不无道理(*PHP* 5.5.8)。因为伊壁鸠鲁认为人有一种对快乐的亲和性。但在斯多亚派看来,这实际是在将自我依赖于外在之物。他们认为自然一开始就赋予人保护自我的一致性,快乐只是一种伴随之物。在对与自我保持一致这一点的解释上,自然作用于植物和动物身上的运行机理是一样的。但就人来说,为了自我的生存,人还需要身体的外化物,如财富、社会地位等等。这也是自然的要求。正如克吕西普所言,自然不可能让动物疏远自己,也没有理由让其创造物既不疏远也不亲近自己(*DL* 7.85-6)。然而健康、美丽等身体特质毕竟只具有客观的自然价值或选择性价值,因为它们不是立基于人的理性判断,因此并不能被称为善。③ 总之,与《阿尔西比亚德》里的苏格拉底相比,斯多亚哲学里确实存在一种更为强烈的自我意识和反身性观念。然而,无论是斯多亚派的οἰκείωσις理论,还是爱比克泰德的

---

① 希洛克勒斯(I.51.7, II.1-9 = *LS* 57C2-3)、西塞罗(*Fin.* 3.26 = *LS* 57F1)、《泰阿泰德》的评论者(*Anonymous Commentary on Plato's Theaetetus*, 6.6-16 = *LS* 57H6)等也有类似表述。
② 可参见 Wayne M. Martin, 2006。
③ Julia E. Annas, 1992, p.54.

προαίρεσις概念，都显然没有引入一种激进、全新的主观—个人视角。①

在这里，我们也可以看到斯多亚派与笛卡尔在自我意识问题上的根本区别。笛卡尔式的自我意识首先产生的是一种关于"我"的存在，尤其是"我"的心理上的存在的知识，而斯多亚派的自我意识则是一种形体性的理解形式——不是一种关于"我"存在的知识，而是对于"我"是怎样一种存在的理解。这种理解尤其涉及"我"的自身各部分是如何共同运转，以服务于整体的生存、繁殖和道德发展这一问题。在这种意义上，斯多亚派的自我意识既是规范性的，又是本体性的：规范性体现在它提供给"我"一种自身实践努力的方向；本体性则体现在这种方向根植于"我"对"我"作为一种存在的生存方式的理解。②

在斯多亚派眼中，作为一种对自我结构及其功能的理解与认识，人的自我意识是不断发展的，"οἰκείωσις"具有过程性和延续性。人的理性的健全会带来自我冲动的方向的改变，使人不断提升对善的感知能力，从而理性地思考和选择如何继续一种自然的生活。③ 因此"οἰκείωσις"不仅是一种心理状态和倾向，还是一个强化自我认知、扩展个人认同、实现道德发展的过程。它既是动物对自我的一种亲近、归属和认同，同时还决定着动物与周围环境的关系。具体地看，这种过程性首先体现在个体生命的逐渐成熟、发展上，其次体现于由自我向他者、由关心自我向关心周身事物的扩展上。在斯多亚派看来，人在幼时主要产生的是一种对肉体结构的自然意识，即对肉体的一种自然、原始的亲近。成年之后个体会持续关注自我构成——正如塞涅卡所言，人的生命过程中会产生不同结构，"οἰκείωσις"的发展因而贯穿人的一生，但人对自身结构的亲近永不改变（*EP.* 121. 15-16）。但这种关注逐渐转移至对自我的心灵结构的理性意识，一种公共能力（τὸ κοινωνικόν）将在我们的自身结构中起主导作用（奥勒留：《沉思录》7.55），对主导部分的关心和遵从逐渐成为自我亲近、自我归属的主要方式，继而导致自我知识的增加与自我关系的改变。随着自我冲动的方向的改变，人尽管会继续追求健康等身体善，但是会以一种理性的方式来追求。理性的方式不仅意味着一种自然的方式，而且还是一种必然的方式。因为只有与善或恶有关的事物才既是自然的，又是必然的。按照斯多亚派，上文所描述的建基于人的自我构成和状态的意识和认识是一种自然的、合宜的行为（καθῆον，拉丁文 *officium* 或 *convenentia*，又译"责任"），但还不一定是理性的、完美的行为（κατορθώματα，

---

① Gretchen Reydams-Schils, 2008, pp. 189-195.

② Wayne Martin, 2015, p. 359.

③ A. A. Long & D. N. Sedley, 1987a, p. 173.

拉丁文为 *facta recta*)①。因为人们可能出于其他外在目的而不是为了德性的目的从事以上行为。尽管每个完善的行为也都是合宜的行为,但是两种状况下行为者的心态却不尽相同。而且灵魂所实施的完善行为具有合宜行为所缺乏的行为的稳定性、知识以及完善的合理性等等。这些特质正是斯多亚派的智慧和幸福观念的首要要素。②

总之,如同"自然"概念,"按照自然而生活"这一基本的斯多亚要义是随着人的生命成长历程不断更新和深化其内涵的。具体而言,这是一个由首要冲动(πρώτη ὁρμή)推动的行为到合宜的行为,再到德性的行为的连续发展过程,也是持续地关心对自我结构有益的事物的过程。当然并不是说这种基于自我结构的保护自我的最初冲动只表现在婴儿身上。因为这种最初冲动还是对该行为的产生与贯穿于人的整个生命过程的基本的"οἰκείωσις"之间关系的一种普遍描述。③ 这里所指的人的发展模式只是一种通常的、应然的模式。在斯多亚派看来,成熟的人在根本上不同于不成熟的人。但是,正如人与动物、成熟的人与不成熟的人之间具有一定的连续性,一种合理的生活的开端其实已经存在于最初的自然冲动中,因为这些冲动本身就是宇宙中普遍的能动原则的表达。④ 而一种德性的生活就来自于我们与动物共享的一种根本性的对自我的"οἰκείωσις"。因此不同于将习惯看作是品性形成的根本机制的亚里士多德主义者,斯多亚派认为根本机制在于"οἰκείωσις"。而与伊壁鸠鲁不同的是,伊壁鸠鲁的摇篮论证(即将他所认为的人在摇篮里的行为——趋乐避苦作为贯穿人一生的根本目的和最终善)似乎将人的发展更多地局限于肉体的成长和成熟,而斯多亚派则更注重从一种人的发展角度看待人,强调人通过心灵的逐步完善,尤其是理性的健全便可以实现自我的塑造,而且这种塑造对生命的任何阶段都是开放的。所以朗评论到,斯多亚派的善理论是建立在人的本质以及人不断发展的对世界的经验的基础上。⑤ 如果说早期斯多亚派更注重人与宇宙的合一,中期斯多亚派则强调人的特殊地位和自我完善,因而更接近于亚里士多德的自我实现理论。例如在帕奈提乌(Panaetius)的伦理理论中,与宇宙总体相一致的思想相对淡化,而一种强调人在自然中的地位、充分挖掘和利用人的本性和特质

---

① 早期斯多亚派曾将在每个人能力之内的、一般意义上的合宜行为(καθήκοντα)和完美的合宜行为(κατορθώματα)进行明确区分。合宜的行为包括关心和获得健康、财产等可取之物。后者则需要(贤哲的)理性,是一种基于正确的品性和心灵状态的行为。
② Tad Brennan, 1996, p.333.
③ Brad Inwood, 1985, p.193.
④ G. B. Kerferd, 1972, p.192.
⑤ A. A. Long & D. N. Sedley, 1987a, p.375.

的重要性的理路则日趋彰显(西塞罗:《论义务》1.105,107)。这一点在很大程度上又被晚期的塞涅卡、爱比克泰德等人所继承。

那么,"οἰκείωσις"理论是否与斯多亚派的其他理论,尤其是主张善、恶与中性之物三分的价值论相互矛盾?恰恰相反。这种视为己有的冲动并不是一种激情,它虽不是一种完全在人的权能之内的行为,但确是一种培育德性的、出于有保留的(ὑπεξαίρεσις,即根据所处条件)①冲动的、对中性之物的选择行为(所有人、生命对我而言都是中性之物,见奥勒留:《沉思录》5.20)。而且,恰恰是斯多亚派关于οἰκείωσις的说明揭示了该学派的三分价值论的生物学来源(从对有价值之物的追求到对善的认识),同时又引出了合宜行为理论。

总体上斯多亚哲学家无一例外地认为,人所追寻的(至)好或善,即目的,决定着他追求身体健康、健全和健美的方式。所以尽管获得健康等中性之物比不获得更为可取(更可取之物即自然的事物),但是以一种德性的方式来追求更可取之物才是值得欲求之物本身。换言之,在大多数情境下,斯多亚派还是持一种道德化的、较为狭窄的德性观。因而大多数斯多亚哲学家都认为德性是自足的,身体方面的价值对于德性的获得是无关的。也正因此,斯多亚派关于身体的观点引来了其他哲学派别的批评。例如学园派代表安提奥库(Antiochus of Ascalon)(由西塞罗以及笔下的皮索[Piso]转述)就批评道,自然是区分好坏、美丑的标准和根据。身体虽然不由我们所控制,但健康等身体善却是自然的一部分。我们追求身体善不仅因为其用处,而且因为其自身。我们的自然本性希望其各部分得以充分实现,因而是为其自身而寻求最大程度上的与自然相一致的身体状况(如 *Fin.* 1.35-37,5.47)。②

然而上文对斯多亚派的οἰκείωσις学说的论述表明,斯多亚派并没有在西塞罗等学园派代表所揪住不放的"自然"(包括"自然"与"德性"之间的张

---

① 换言之,一个人的冲动要以注定要发生的事情为条件(奥勒留:《沉思录》5.20,6.50)。另参见 T. Brennan, 2000, pp.149-177;Ricardo Salles, 2012, pp.95-121。传统上认为,所谓有保留的冲动,即是由于对无阻碍的条件从句的吸收而基本上不会挫败的冲动。英伍德也指出,这种保留使得一个人所有的计划都将得以"实现",就像塞涅卡所言的,因为它包含了一种允许这种失败的条件从句(Inwood, 1985, p.123)。

② 这里其实涉及吸收了亚里士多德哲学元素的安提奥库的οἰκείωσις学说。与安纳斯等人的观点不同(1990, pp.80-96;1993),我认为斯多亚派的οἰκείωσις是一个内在协调一致的概念,即有且只有一种οἰκείωσις,一个发展过程。漫步学派和学园派在亚里士多德友爱论的影响下,沿着"自然主义"路线,确实试图抗衡,甚至改进斯多亚派的伦理理论,但最终似乎仍然没有达到后者(包括晚近的斯多亚派的努力)的宏大视野,而至为重要的宇宙自然视角正是后者之所以胜出的关键。

力)问题上陷入自相矛盾,而可能是根据人的结构的发展、道德境界的不同采取了与之相对应的,将事实与价值相统一的"自然"概念。在这一点上,斯多亚派与安提奥库其实有很多相似之处。而且,在斯多亚派的思想图景中,技艺是自然的完善物而不是对立物。作为德性的技艺就内在地潜存于人自身,伴随着人的持续练习而逐渐展现出来。因此从事哲学训练程度不同的人,与身体的关系、对身体的态度也是有差异的。

与之相关的是,我们还应看到语言与思想之间的张力。很多斯多亚主义者在其言辞中流露出的对身体的消极态度很可能是缘于对改变日常意见(即将健康、财富等视为善和幸福之要素)的困难性的清醒认识。① 也正因如此,尽管斯多亚派内部并未就德性的自足性和身体善等问题达成一致意见②,但他们都并没有完全拒绝,尤其从正面否定幸福与身体价值的关联。之所以坚持身体"善"不是一种善,是因为斯多亚主义者认为就其本质而言,人不是一种身体性生物(bodily creature)。对人来说,只有灵魂善,即德性才是真正善的。而且尽管同为中性之物,非工具性的身体性价值与工具性的财富、名誉等也是不同的。因为与自然相一致的身体方面的价值,例如健康、好的知觉、无痛苦和身体的美丽因其自身而值得寻求,是以一种自我指涉的样式而受到投向人自身或者控制自身的冲动的刺激。而财富被寻求则是因为它的生产性或工具性价值,这种刺激性冲动指向他物。③ 由于这些具有生产性的外在物经常服务于身体,因此反过来,对身体的态度与对这些外在物的态度同样密切相关。但不管怎样,在任何情形下,贤哲总是能在更可取之物与理性行动之间做出适当选择。因此克吕西普甚至说:"所谓目的,就是按照自然发生的经验而生活。"(LS 63B4, C2)

再次,在身体的痛苦与健康这一点上,斯多亚主义者常被赋予的刻板印象是冷酷、不近人情、不合自然(Fin. 4.37)。但斯多亚派实质上明确将贤哲

---

① 例如,塞涅卡为了证明受人喜爱的中性之物是无价值、应轻视的而喜欢举一些生动的例子来说服其读者,但他并不建议鄙视或忽视健康,参见(《论仁慈》《论幸福生活》[De Vita Beata]第22章)。而爱比克泰德使用那些关于身体的激进言辞同样主要用于批评那些依恋身体和外在之物的人。

② 斯多亚派内部并不存在一致的观点,因此不能一概而论。有些斯多亚哲学家甚至认为,就德性是"总体意义上的完善"而言,身体有一些属于自身的"非智性的德性",如健康等等。塔尔索斯的安提帕特(Antipater of Tarsus)还将健康及财富等视为善。这些非智性的德性服务于智性德性,并不要求心灵的赞同,因此也可能发生在坏人身上。少数斯多亚派哲学家则承认身体的一些优点也是一种德性,一种善,从而接近亚里士多德的观点。例如被称为异端的中期斯多亚主义者帕奈提乌和波西多尼就拒绝承认德性的自足性,强调健康、必要的生活所需之物对于德性的生活,即幸福的必需性。尽管如此,大多数斯多亚哲学家还是坚持德性的自足性,认为健康等身体特质不是善。

③ J. Pomeroyp, 1999, p.49.

的"不动心"(ἀπαθη)与俗人的冷酷无情(τῷ σκληρῷ καὶ ἀτέγκτῳ,另一种不动心)区分开来。而当我们仔细阅读文本,尤其是那些慰藉的书信和劝告的话语,更是会发现他们实际上极为尊重经验和知觉,并勇于正视人的切身痛苦。① 而对各种身体之痛的反复言说,包括对身体之恶与自杀的讨论(DL 7.130),也从另一方面反映了其对个体当下之感受和生存状态的关注。与之相关的是,他们也承认人就某些剧烈印象而做出的伴有肢体活动(如流泪)的情感反应的合理性。而关键问题在于,人是否能将这种前情感反应②转化成真实的情感,或者说对其进行理性的调试,从而使心灵恢复至宁静状态。

最后,动物的身体,尤其是人的身体,还可类比为宇宙身体,因而是理解神性与理解人的生活的目的和意义的重要媒介和窗口。尤其是对于提出并完善了宇宙普纽玛思想的克吕西普来说,人的四种身体性的普纽玛(bodily πνεῦμα)不同程度地渗透于人的身体中并伴随相对应的四种运动,依次产生骨骼、头发和指甲、心理影像、欲望与理性,分别对应于宇宙身体的四种普纽玛(cosmic πνεῦμα)。因此人的身体的坚固性、一致性与协调性都可视为宇宙身体的一致性和凝聚性的表征。③ 从这个角度看,人的身体固然是卑微的,但又是可贵的。更具体地来讲,斯多亚派还在扩展伦理关怀,即οἰκείωσις的角度,将身体作为心灵与周身世界及其宇宙身体的连接。因此克吕西普有言:从出生那一刻始,我们对我们自己身体的各部分以及后代有一种亲近的习性(普鲁塔克:《论斯多亚派的自相矛盾》1038b = SVF 3.179, 2.724 = LS 57El)。这一对于οἰκείωσις的始点的说明再次表明:宇宙万物之间的关联(即共通感)不仅指向理性上的一致,还包含肉体上的一致;它贯穿人的整个生命发展过程,存在于身体与灵魂之间。

由此可见,斯多亚派对身体的态度与昔尼克派、基督教是不同的。首先,他们并不像昔尼克者那样任性,甚至近乎残酷地对待自己的身体,而是更主张保护、照管好自己的身体。斯多亚派的摇篮论证及οἰκείωσις学说表明,保护自己的身体并满足其一定的需要、保存肢体的完整是自然的要求,即使

---

① 爱比克泰德甚至对怜悯这种激情还有所保留(Diss. 1.28.9),并主张人不能像一座雕像一样没有感情(Diss. 3.2.4)。另见本书第 77 页。
② 索拉布吉(Richard Sorabji)在"Stoic First Movements in Christianity"一文中解释道,斯多亚派的"前情感"或"第一情感活动"(propatheiai)概念不是真正的情感,因为这里并不涉及主体的评价性反应,相反,它是一种所有人在面对某些剧烈印象时所经历的一种不自愿的"摇摆"(jolt)。按照索拉布吉,前情感概念可以使斯多亚派免受"理智主义的情感理论"这一批评(Richard Sorabji, 2004, pp.95-107)。
③ 当然这也面临着一系列难题,例如宇宙的主导中心在何处——是在心灵,还是在普纽玛最为稠密的地方等。目前还缺少证据索解这些问题。

贤哲也会关心身体的健康。其次,斯多亚派也没有像中世纪的基督教那样塑造一个被教会的忏悔、苦修和审查机制所操控、规训的身体。即使是爱比克泰德也没有将身体视为需要严格控制、审查的有罪之物和驯化对象,而只是将身体作为中性之物并提倡一种对身体的淡然态度。总体上斯多亚派对身体的理解是比较全面的:他们不仅对人的身体的自然属性进行了细致的观察,而且还将身体的文化属性,即生病、饥饿、流放等烙上各种社会印记的身体变成哲学训练的素材。也正因此,当爱比克泰德说身体不属于我的时候(如 *Diss*.1.1.11),是在人不能在任何时候、任何地点都拥有身体的意义上说的。因为在一种工具性意义上,他人甚至会因其社会角色而使用,甚至拥有我的身体,尽管这可能只是暂时的。因此身体是具有深刻的社会意义的。概而言之,身体虽是我们可能受其奴役和支配的中性之物,但有其价值;身体是我们行动的工具以及通过锻炼自身而得到改观的质料,但还可以作为进行考虑、哲学训练的材料。

五 可训练的身体:身体与生活

正是缘于脆弱性、价值性和社会性等特点,身体才会成为哲学家最贴近、直接、根本的修身场所。在柏拉图那里,身体的脆弱性和人的生活的不确定性使哲学实践成为可能和必须,对于斯多亚派来说更是如此。身体之特质在源头上可解释哲学实践的必要性:在根本意义上,人所掌握的医学技艺无法改变身体的脆弱性,生物体的客观法则与人的意愿也往往并不一致;但人可以通过习得哲学技艺使这种脆弱性不再成为问题,即依靠哲学来保全和强健心灵,来高挺神所赋予的自主性与个体性,以更从容地接受这种外在、有限,甚至由内向外地影响身体、改变自我。有了这份融合自然与自愿的从容,有了德性这门生活技艺,就可以像昔尼克者一样,不再需要任何"体":肉体、房子、共同体、奴隶、财产等(*Diss*.3.22.45-47)。因为他已经同时拥有了宇宙这个最大的"体",并可以凭借德性来勇敢地面对一切身体苦痛(包括老、丑、病、残、死)。当然,斯多亚派并不是主张任性、严苛地对待身体或最大程度地忘记身体,尤其是非正常状态下的身体,而是更倾向于用哲学改造、优化身体。如上文所论,这种哲学就是一种照看对人的自我结构和功能的使用,需要不断的训练和实践的特殊技艺。

秉持一种自然主义的观点,斯多亚派认为人的构成决定了其目的和行为。因此应按照自我的本性和结构使用身体。具体地说,就是不断训练对身体的印象(*Diss.* 1.6.15)①,将身体永远呈现为一个中性之物。斯多亚派将合宜的人类行为等同于关心自己的印象(φαντασία),因为印象表征着一个人的心灵状态。② 通过这种对自我印象的训练,居住在身体里面的灵魂就可以不断地被试探、考验和改造,进而使主导部分与自然相一致(*Diss.* 3.6.3)。正如爱比克泰德反复诉说的,身体只是中性之物,重要的是对于身体需要或欲望的态度,即随时随地将身体表象为中性之物。而这种意愿表征的正是灵魂的状态或人的存在状态,或者说,意愿才是真正的自我(*Diss.* 3.1.40)。身体的特殊之处在于无论何时何地我们都无法不拥有它,它固然受到外在自然和机运等各种因素的影响,但仍然最直接地与意愿相互作用。因此确切地说,身体处于可控与不可控之间,身体是最后的不可控物。人不必总是被动地面对身体,而是可以主动地作用于身体。因此我以为,斯多亚派的哲学修炼教义可以简单归结为:以一种德性的方式,对待中性之物,尤其是身体。实际上很多斯多亚派的文本都是以一种直接的方式申明:贤哲所考虑的只是中性之物。③ 这一点与斯多亚派的另一教义相对应,即:德性规则不存在,因此也不会考虑德性的规则。④ 因为德性高于规则,贤哲对于规范和准则总是有一种特别的自由,即居于一种随心所欲不逾矩的状态。

因为身体和身体的某些特质仅仅在理论上是绝对的中性之物。在具体实践中,它们会以被使用的方式而具身化,进而在实质意义上被赋予价值,或者说它们可能会因有德性的行为或合宜的行为而被赋予选择性价值。总之,对斯多亚派来讲,不同的存在之物有不同的结构,进而具有不同的功能和目的。如果一种存在物的结构仅仅是为了使用,那么这种使用本身是自足的,就像动物与自己身体的关系。但如果一种存在物具有能力照管这种使用,那么除非这种使用是适当的,否则这种存在物将永远无法达到其目的⑤——这一点则对应于人与自己身体的关系。

如果理解了斯多亚派所言的中性之物的实践意义,我们或许能更好地理解其对身体的界定。首先,一旦将身体视为中性之物,人就可以摆脱对身体的很多烦恼,例如对他人身体或自我身体的迷恋或厌恶等各种情绪,并以一

---

① 参见拙文:Jiangxia Yu, 2017, pp. 150-173。
② Epictetus, παρακολουθεῖν, *Diss.* 1.5.5;1.16.13; A. A. Long, 2002, p. 175.
③ Tad Brennan, 2003, p. 282.
④ 例如西塞罗指出,对于斯多亚派而言,我们所考虑的无一不是中性之物(《论至善与至恶》,第121页)。与之相对应的,不存在对德性规则的考虑。布伦南(Tad Brennan)指出这两点可以构成反对"*salva virtute*"(即选择不违背德性的事物)之慎思模式的有力证据(Tad Brennan, 2003, p. 282)。
⑤ A. A. Long, 2002, p. 158.

种正确的心灵状态来对待某些相关的外在之物。爱比克泰德强调,要谨慎地使用作为中性之物的外在物,"镇定、宁静地对待正在使用的东西"(Diss. 2. 5.6)。生命、健康、美丽虽不是善——因而受人喜爱但不值得追寻——但却可作善,同时也可作恶之用。① 也正因此,中性的身体并非简单地与幸福无关,它还是个体进行锻炼和考验自身(Diss. 3. 10. 7),考虑、塑造和检验品格的质料,进而与人的实践生活紧密连在一起。这在当不得不应对身体病痛时尤其如此。可以说,身体是没有道德价值,但有伦理意义的中性之物。其在哲学训练中的作用可以从以下几个方面加以考察:

首先,身体承担着训练德性,并使德性这门技艺具身化的作用。尽管身体不代表人的本质,但它至少像盘子、驴子(Diss. 4. 1. 79-81)一样有助于人的德性塑造。斯多亚派重视日常的身体锻炼对德性培养的作用,甚至将这些活动也纳入伦理生活。正如鲁福斯所言,任何身体训练实际上都涉及某种因素的心灵训练(讲义6.5)。但这种身体性训练不同于柏拉图在《理想国》《法义》中提到的体能锻炼和身体竞技,也不能被冠以禁欲和弃绝身体之名。因为它主要是通过克制工夫来培养勇气和节制等德性,使身体习惯并在任何严酷条件下都能生存,锻炼自身的耐受力②,同时也使德性具身化。因此鲁福斯以昔尼克派的第欧根尼为例,认为在深冬时进行一种拥抱活动可以锻炼灵魂。③ 而他在饮食、穿衣、生活条件、个人卫生等各方面的教导也是相互关联,共同作为要显现的实践因素,发挥着使特定的德性具身化的作用。④

与之相关的是,人还可以通过身体,借助阅读、写作、训练等一些实践活动来训练自我,逐渐使修身技艺转化为灵魂,甚至是身体的一种习性。具体而言,这个过程还涉及一种对于感官能力的训练(例如听觉、视觉等),或者说感官能力与逻各斯关系的一种训练,即通过身体技艺的训练使感官知觉合理地服务于对知识、逻各斯的获得和对自然的认识。通过遵守身体姿态上的

---

① 按照斯多亚派的界定,中性之物即非善非恶、既不助益也不害人之物。其中有两种意义上的中性之物。第一种虽然对于幸福和痛苦无所增进,但是如果以某种方式利用它们会导致幸福和痛苦。第二种甚至不能刺激厌恶和爱好,例如头发多少等基本事实。身体方面的价值在第一种意义上是中性之物,因为它可能会刺激厌恶和爱好,并为选择和规避提供基础(DL 7.104-106)。而且,他们也将中性之物分为灵魂的、身体的、外在的三种(DL 7.106),类似于柏拉图对灵魂善、身体善和外在善的划分。
② DL 7.123;鲁福斯,讲义7.5。塞涅卡甚至说,"把时间耗费在训练臂力、扩张颈肩和提高肺活量上,那是很愚蠢,绝不是受过教育的人应该做的事"。见塞涅卡:《道德书简》,第42页。
③ 拉尔修也曾提到第欧根尼常在夏天时滚在热沙上,冬天则拥抱覆盖满雪的雕像来训练自己(DL 6.23)。但爱比克泰德好像并不认同这种锻炼方式(Diss. 3.12.2)。
④ Richard Valantasis, 1999, p.224.

某种要求和规定来保证精神的高度注意力①,可以锻炼面向真理的一种正确态度。就训练目的来看,这种训练过程即内涵着由扎根于灵魂,乃至身体的经验、习惯向技艺、知识的一种提升;而作为一种外化和相伴随的外在征象,该过程则意味着行为者以感官感受世界的方式的一种微妙变化。

其次,身体性的修炼与自我关心是密切相连的。首先自我关心包含着关心身体。对一个有欲望和力量的身体的训练总是在自我关心的指导之下,并服务于对自我的关心。所以斯多亚派的哲学家们也主张在饮食等方面进行持续训练,其目的就在于保证身体的营养、健康和强壮,而不是为了单纯的口腹之欲和享乐(鲁福斯,讲义18b)。另一方面,自我与身体的关系还体现为一种自我控制——能否做到关心自己,最首要的是能够"管"住自己,即成为自己的统治者、掌管者。但这种自我控制不是控制外在世界对身体的影响,甚至也不是控制身体的生理活动,而是控制心灵对身体的各种反应、活动的态度。当身体生病、受伤或遭受威胁时,贤哲会将其仅仅视为理智在指导他做出选择、采取行动的某种中性之物,而不是试图对其采取某种直接的控制。因此关心自己,需要规训自己的身体性生活,改变一些错误的习惯性印象,控制自己的情感态度。由于身体是在空间上最接近灵魂,其基本需要不仅与人的日常性实践,也与基本的哲学训练、对善恶的选择最为相关。而其训练的核心思想则如苏格拉底所说的:"为了活而吃,而不是为了吃而活。"②对斯多亚派来说,如上文已论证的,与自然相一致实质上就开始于人最初的自然冲动,并且这种对身体的管理始终关联着人怎样按照自然而生活。而且推及他人,如果不很好地管理自我,也不能正确地对待他者,即真正的自我关心。例如能否很好地控制愤怒这种激情就影响着自身与他者之间的伦理关系,并最终伤害或有益于自己。因此,综合与自我、他人两方面的关系,关心身体,恰当地自我控制,是塑造伦理生活的重要条件。

另外,在间接意义上,斯多亚派将灵魂的健全与锻炼在两个维度上类比于身体方面的健康与训练,以助于德性的学习与实践。一是我们反复提及的,将灵魂的疾病类比于身体的疾病。值得注意的是,这里主要不是将灵魂的健康类比于身体的健康。因为贤哲的灵魂一定是健康的,但是包括他们在内的所有人的身体都不可能永远保持健康,因为这是不可控的。另一方面,所有不完善的人的灵魂都是有疾病的。因此按照波西多尼的说法,不完善的人或一般人的患病的灵魂应类比于有疾病倾向的身体或者本身就已患疾的

---

① 米歇尔·福柯:《主体解释学》,第255—256页。
② 这种说法大多时候被归于苏格拉底,但有时也归于第欧根尼。参见 DL 7.34;鲁福斯,讲义18b。

身体(*PHP*. 5.2.3-7 = 波西多尼,残篇163,部分 = *LS* 65R)。① 这种类比本身可以视为斯多亚派对人性脆弱性的基本理解,以及对不良社会文化对人的习惯、品格之广泛影响的深刻体悟。而要抛弃人们从幼时就养成的这些负面习惯,就必须努力获得理解和实践德性的能力。二是将心灵训练类比于身体训练。由于灵魂以及灵魂的作用机制都是形体性的,因此如同身体锻炼可以改变肌肉的张力(τόνος),心灵的训练也可以增加普纽玛的张力或纯度,从而提高灵魂的张力。②

归根到底,这些努力其实是对灵魂的一种控制或对德性的一种依赖。而且与毕达哥拉斯派、昔尼克派和基督教(更强调身体上的苦行)相比,斯多亚派确实更为强调灵魂的训练、心灵的规训,一种对于不凌驾于行为主体之上的特殊权威的训练。③ 只有德性才是自足、完善的,不能被外在之物或不可测之事所控制。但这种对灵魂这个更高级的形体的关心中,始终内含着对身体的脆弱性的观照。因为它要面对心灵的身体性现实,既包括对身体欲望的可能的屈从和放纵,也包括对切身之痛的克服。身体不仅是获得生活中某些真与善的必要前提,同时还是一个人在世界中更易受外界影响和控制的基本媒介。因此这个卑微、脆弱、短暂,但却在这个世界的整体性中维持着人的生命的身体,与自我的关系是起伏不定的——尤其是疾病状态下的身体,它极易使主体突然变得与自我疏远、对立,甚至充满敌意。但灵魂要疗救自身,必须要面向身体和身体的生活,而且心灵训练的结果也会通过肢体状态和行动显示出来。因此对于不可控之物,尤其是身体,人不是完全陷入被动而对其无所作为。我们不可以无理性地使用它,并且有理由通过自我关心和自我管理保持好的体形和清洁之身。例如塞涅卡就强调,"灵魂并不会因为身体的丑陋而变丑,相反,灵魂的美丽可以使身体变美"(*Ep*. 66.4)。在爱比克泰德眼中,借助哲学的修习,学习者甚至有可能拥有一个容光焕发的苏格拉底的身体(*Diss*. 4.11.19)。因此可以说,通过身体修行可以使身心关系发生变化的思想在斯多亚哲学中也有所体现,尽管没有文本依据将这一点加以放大。

总之,哲学与身体并不是势不两立的,哲学家的身体总是洁净,总是表现出愉悦、宁静(*Diss*. 4.11.19,22),尽管这种"快乐"与真正的善无关;哲学可

---

① 详见盖伦所谈论的克吕西普与波西多尼之间的争论。克吕西普曾将灵魂的健康类比于身体的健康,而将灵魂的疾病与容易陷入疾病的身体状况做类比。波西多尼认为这是不正确的,因为贤哲的心灵不受激情的困扰,但任何身体都不能免于疾病。更准确的做法是将那些低劣的人的灵魂比作有疾病倾向的身体或者疾病本身,因为这些人或者有病态的倾向或者已经生病(*PHP* 5.2.3-7 = Posidonius fr. 163,部分 = *LS* 65R)。

② J. Pomeroy,1999,p.125.

③ James A. Francis,1995,p.37.

以使身体变美,但真正美的只是找寻美的理性、思想和行动(Diss. 4.11.24-29)。作为由泥土构成的神性灵魂和自我的容器,身体只是无关紧要的质料,但对这个中性之物的运用却是要紧的事(Diss. 4.1.78;2.5.1)。因为后者是我们所能控制并且关涉德性的,借此我们可以检视、锻炼我们的思想,不断使感觉印象呈现事情本身,改变我们对周身之物的感性态度。在规避不可知论的前提下,斯多亚派似乎预演了一场康德式的主体性革命,即把认识和修身全部转向灵魂主体自身,其任务就是通过自我修炼,正确地把握印象、做出赞同、进行欲求,营造个体幸福而自由的王国。而身体就是修炼自我的重要场域,人生就像一场在身体这个战场上与心灵进行的斗争。人没有理由抱怨身体,因为人的不幸福并不因为人置身于其中的宇宙大身体,也不能归因于人所栖居的小身体。身体固然是不可控的并且总是依赖于外在之物,但我们可以通过自我教化由内向外有限地作用于身体,以一种自然而然的方式对待身体,"以一种高贵的方式得热病"(Diss. 3.10.13)。正如后来维特根斯坦所言,"人的身体是人的灵魂的最好图画"。① 可以说,关键问题就在于通过心灵的训练而改变自我,树立对不可控之物的正确态度,并借助意志选择对身体以及身体的延伸物进行正确地处理,让其符合自身的自然,使之与心灵相和谐。

---

① 维特根斯坦:《哲学研究》,第214页。

第四章　生活技艺与修身：以斯多亚派为例（下）

希腊民族是一个最懂得世界之美好和生于其中之美妙的民族，其古代文化的最光辉之处其实就在于哲学与艺术的伟大汇合。在充分理解、吸收标识人之文明状态的技艺思想与自我知识以及继承苏格拉底思想的基础上，斯多亚派尤其将人的幸福释读为生命力量在生活所赋予的广阔空间内的卓异展现，并且用"生活技艺"来诠释"什么是属人的好生活""我应该过怎样的生活和成为怎样的人"或"如何掌握关于生活的知识"等根本问题。因此，是"生活技艺"概念彻底将"技艺"纳入哲学伦理学领域，并成为我们理解斯多亚派伦理学之精髓的核心性词汇。

第一节　修身之本：生活技艺的习得与践行

古希腊思想中的"生活技艺"并不是一套未经论证的传统习俗或规则，而是用以阐释哲学本质和自我知识的重要哲学概念。它不仅相关于对人性与生活的认识，而且与对τέχνη的理解紧密相连。具体说来，如我们上文曾提及的，这一观念虽在苏格拉底那里就初露端倪，但直到早期希腊化时期才普遍流行。特别是在斯多亚派这里，他们不仅多次使用该术语及其变形，而且进行了相关的阐释与实践。其最著名的主张即为：实践理智是一种善恶知识，提供一种关于生活的技艺（*SVF* 598），一种贤哲才会拥有的技艺。正是从斯多亚派这里，"生活技艺"开出了其最核心、最具魅力的古典意涵：人是塑造自我的艺术家与掌控自身行动的专家，他应该成为其生活的主人。

如果说苏格拉底是借助问答法从否定意义上启发生活技艺（同时也暴露了局限性），并从可解释性、可学可教性等方面阐述了生活技艺的基本方法和原则，那么以苏格拉底作为生活技艺思想的始源和实践生活技艺的典范，斯多亚派则在肯定意义上将苏格拉底式相互谈话转化为自我对话（尤其是爱比克泰德），提炼出具体的生活技艺和修身之道。然而，斯多亚派若想坚持这一观念,即重启晚期柏拉图已基本摒弃的德性—技艺类比与亚里士多德所坚决反对的实践理智＝技艺等式,他们就必须要解决一些历史遗留问题。其中最基本的方面是:生活技艺到底是怎样一种技艺与活动?它的目的、对象、产品或结果是什么?作为一种知识,它应如何被教授与学习?这些前提性问题不解决,生活技艺似乎就只是虚有其名,相应的论断与实践也有武断、荒谬之嫌。

一 恩披里柯对生活技艺观念的质疑

正是部分地基于以上问题意识,晚期怀疑论者、医生塞克斯都·恩披里柯从怀疑论立场出发就生活技艺概念提出了五个著名的反驳,这使他不仅成为古代使用该词频率最高的人,而且在对立意义上成为这一理论的重要贡献者。细读这些反驳与批评,尽管它们主要指向斯多亚派,但也在一般意义上适用于对古希腊"生活技艺"概念的思考与实践。而能否成功地回应这些问题,则很大程度上决定着我们是否可以在今天继续沿用这一观念或致思方式。下面将主要围绕这些批评展开具体分析,以逐步探讨生活技艺概念的合理性问题。

恩披里柯对独断论者,尤其是斯多亚派生活技艺概念的批评主要分布在《皮浪学说概要》(3.239-249)[①]和《反理论家》(11.168-215)这两部著作中。由于其内容在很多人看来大同小异[②],我们在这里将主要参照《皮浪学说概要》这一更晚文本[③]中的相关论证。值得注意的是,恩披里柯关于"存在一种生活技艺吗"的讨论紧接在"有天生的善、恶与中性之物吗"这一话题之后,其逻辑关联在于:"如果存在这样一种技艺,那它就必须相关于善、恶和中性之物的研究,但是由于它们都是不真实的,所以关于生活的技艺是不真实的。"(PH 3.239)简言之,由于无善、恶与中性之物,因此也就无所谓关于它们的知识,即生活技艺(M 11.170)。仅就"生活技艺"而言,恩披里柯的反驳大致可概括如下:

---

① 笔者发表在《哲学评论》(第19辑)上的"存在一种生活技艺吗"一文中将"Outlines of Pyrrhonism"误译为"费洛主义概要",特此纠正。
② 可参见 Mark L. Mcpherran, 1990, pp.127-142; Robert J. Hankinson, 1994, pp.45-68; Julia Annas, 1993, Chapter 17; Martha C. Nussbaum, 1994, chapter 8。下文主要概括了《皮浪学说概要》(3.239-249)的表述,对照并部分地参考了《反理论家》(11.168-215)中的讨论。当然,对于两文本相关文段的关系,尤其是 M.11 的"否定性独断论"与"相对主义"问题,仍然存在很多争议,由于受论题所限,将另撰文讨论。
③ 值得强调的是,学者们对 PH, M 1-6, M 7-11 的创作年代一直存在着很大争议,传统上认为创作时间顺序应为 PH, M 7-11, M 1-6,但贝特(Rechard Bett)认为 PH 应在 M 1-6 与 M 7-11 之后(Bett, 1997, xi)。我们采取贝特的建议。

1. 独断论者由于"不能就规定一种单一的生活技艺达成一致"(PH 3. 239),因而假设了各种不同的"生活技艺"(恩披里柯有时用"生活科学"[τὸν βίον ἐπιστήμη]一词,M 11.184),但却没有提出一种用于评估何者为真的技艺。"无理由的选择"最终必将导致悬搁判断(ἐποχή)。假设只存在一种生活技艺,如斯多亚派的"实践理智"(φρόνησις),由于只有贤哲才有实践理智,而斯多亚者又不是贤哲,因此该假设不成立(PH 3.239-240;M 11.168-181)。

2. 从斯多亚派的"技艺"概念及其真理标准"把握性印象"角度看,由于斯多亚派的基本主张遵循这样一种认识论逻辑:生活技艺→技艺→理解(即对"把握性印象"[φαντασία καταληπτική, comprehensive impression]①作出同意)→把握性印象,但"把握性印象是不可发现的"(PH 3.241),所以不存在技艺,也不存在生活技艺(PH 3.241-242;M 11.182-183)。

3. 人们都是根据技艺特有的ἔργα(产品、活动)②来理解技艺本身的,但根本不存在"生活技艺"的特有ἔργα——任何被说成是其ἔργα的东西都可在普通人中间找到,而且制作或生产这种产品的理智条件和智慧之人也是不可理解的(PH 3.243-244;M 11.184-188)。斯多亚哲学家甚至无法践行其允许的一些极端行为(如双性恋、乱伦、乱交、食人等)③,因此相应的ἔργα也不存在(PH 3.245-249;M 11.190-196)。

4. 生活技艺既非天生所赐,也非后天所得,因而不可学、不可教。首先,不存在教的东西,不管它是真或假,明显或不明显,存在或不存在。其次,不存在教师和学生,因为"非专家教专家""专家教非专家""专家教专家""非专家教非专家"都是不可能发生的。再次,不存在教的方式,因为教无论是通过征象(显见的、人们共同掌握的东西不需要教),还是通过论证(无论指证某种事物还是不指证任何事物,"教"都不存在),都不可能(PH 3.251-273;M 11.216-256)。

5. 生活技艺不产生其特有(ἴδιον)的行动,且不总对拥有者有益。即使拥有生活技艺的人,即智慧之人、贤哲、行为保持一致性的人真实存在,他们

---

① 就印象,即灵魂中的印记而言,斯多亚派将刻印在心灵上的、来源于实在对象并与对象本身相一致的一些印象称作把握性印象(DL 7.45-46)。众所周知,"把握性印象"作为斯多亚派的真理标准和认识论堡垒(A. A. Long & D. N. Sedley, 1987a, p.249),成为学院怀疑派和皮浪主义的主要批评对象。在学园派做出调整的同时(LS 68T, U; 69I),斯多亚派也根据这些批评进一步修正了自己的主张,即承认在某些情况下有理性者会将错误的印象认为是正确的印象,而且在不确定情形下,最智慧的选择是悬搁判断。

② 见本书第24页注释②。

③ 这些行为可能最早来源于昔尼克派,例如拉尔修就提到,第欧根尼认为吃人肉不是什么不虔敬的事情,这在外邦人的习俗中都很明显(DL 6.73)。

也是要么因无法将自己的教义付诸实践而言行不一,要么只能做一些常见的行为。有些独断论者声称有生活技艺的人与无生活技艺的人的区别在于习性和生活秩序(是否协调一致)的不同,但我们根本无法识别这一点。而且,拥有这种技艺会给他们带来烦恼,而非益处(PH 3.273-278;M 11.199-215)。

从认识论上看,恩披里柯对斯多亚派"生活技艺"的批评主要立足于对"把握性印象"与"技艺"的质疑。这其实从属于一条可追溯至学园派怀疑主义的颇为悠久的批判路线。① 必须承认,恩披里柯在真理标准问题上对斯多亚派的批评,尤其是对其概念(ἔννοια)与前概念(προλήψεις)之有效性的批评等等,确实直击要害。但从伦理学角度看,这里更根本的问题在于:哲学理论是否可以指导生活?生活技艺是否对生活有益?对于怀疑派而言,目的的实现不需要任何知识与信念,更何况是哲学理论、"生活技艺"这样的信念集。而且他们坚持认为,心灵宁静(ἀταραξία)并不包含任何额外的状态,包括伊壁鸠鲁派的"快乐"和斯多亚派的"无激情""协调一致"等等,它需要的仅仅是一种无信念的生活。② 因此从怀疑派的角度看,斯多亚派提出"生活技艺"实为多此一举。

从总体上而言,恩披里柯的矛头似乎直接指向斯多亚派的理智主义、精英主义倾向。尽管恩披里柯对生活技艺的批驳紧跟在对善、恶与中性之物的真实性的质疑之后,但严格地说,这种批评主要不是伦理学上的,而是认识论层面的。由此生发的疑问是,恩披里柯究竟是在全盘否定斯多亚派的伦理学,还是仅对其中的认识论因素存有疑虑?如果是后者,他就可能仍然给"生活技艺"留下一丝余地。我们不妨带着这个问题来继续剖析恩披里柯就生活技艺提出的一系列质疑,并尝试从伦理学的其他角度做出斯多亚式的回应。

二 斯多亚派就生活技艺可能做出的反驳

首先,恩披里柯正确地指出现实中存在各种相互竞争的"生活技艺"(尤其就当时学派纷呈、百家争鸣的学术背景而言),但他因一种评估性技艺的缺失而否定生活技艺的真实存在,却是没有道理的。因为一种评估性技艺并非是必需的,可能还存在其他的评估方式及标准。如塞拉斯指出的,我们实际上可以在经验上通过将各种生活技艺付诸实践或者观察那些声称践行生活技艺的人的生活来进行评估。至于评估的标准,则正是怀疑派并没有否认的感性体验意义上的幸福(εὐδαιμονία),即心灵宁静(M 11.111),因为并没有可靠的证据证明怀疑派不同意以幸福经验的有无作为评价各独断论学

---

① 当然,关于学园派怀疑主义对斯多亚派τέχνη概念的批驳的现存文献较少。
② Filip Grgic, 2006, p.150.

派的生活技艺的标准。① 恩披里柯曾用"在涉及信念的事上保持宁静,在不可避免的事情上具有适当的感情"(PH 1.25)这一表述来说明怀疑派实际寻求的东西。这至少表明,怀疑派在幸福问题上很难真正做到悬搁判断②,不过他们不愿给予幸福或目的(τέλος)一种命题化的表述。当然也有学者提出自然倾向论和自然终止论等解释③,但我们认为,如果不考虑恩披里柯"自然"(φύσις)概念的含糊性(即为了祛除信念而变换,尤其是扩展"自然"的内涵)④,这些解释其实与伊壁鸠鲁派、斯多亚派的摇篮论证,尤其是与斯多亚派的οἰκείωσις理论有一定的亲和性(特别是当恩披里柯说"按照自然的教导意味着我们天生的是感知和思考的生物"[PH 1.23-24]时),"自然"仍有被赋予规范性的嫌疑。只不过在涉及技艺的问题上,斯多亚派承认自然与技艺的原初亲密性,而恩披里柯却倾向于将二者对立起来(《驳自然哲学家》,1.171)。

第二个反对更为根本,因为恩披里柯的基本策略是在批评人文技艺拥有者和否定人文技艺之存在的基础上(M 1-6)⑤,进一步采取一些相似的方法,用斯多亚派的技艺概念(即"系统性的理解的集合"⑥)来规定并攻击其生活技艺理论。这条思路固然是好的,可惜他只纠结于"把握性印象"等涉及很多前提性假设的认识论问题,却没有深究一般技艺与生活技艺在伦理上的关联。虽然我们不得不搁置怀疑派与斯多亚派在认识论上的长期争论,但可以肯定,质疑"把握性印象"并不意味着就可以否认人能够在正常情况下获得对亲身经历之事的正确印象,并对其进行一定程度的理性说明。而且,尽管可解释性被认为是技艺的基本特征,但这种解释总是存有限度,即不可能完全精确与穷尽的。就"生活技艺"而言,其基本内涵就是指个人对自己生活

---

① John Sellars, 2009, p.397.
② Ibid., p.90.
③ 汪子嵩等:《希腊哲学史》第4卷(下),第910—911页。
④ 可参见 Julia Annas, 1993, pp.208-213。
⑤ 包括语法学家、修辞学家、几何学家、算术家、占星家、音乐家等等(恩披里柯在六部作品中分别进行了批评);他们声称自己的技艺是一种"科学",对获得德性、幸福和理解自然极为重要,恩披里柯则批评他们过于傲慢。由于恩披里柯在讨论技艺时所依赖的重要标准就是其在日常生活中是有益抑或有害,因此除了指出其理论的不一致性外,他的重要任务就是论证这些人文技艺的无用性。
⑥ 在恩披里柯看来,按照斯多亚派的这个定义,当说一个人拥有某种技艺,那么就需要这个系统内的每一个理解都同时呈现,因此任何专家都会知晓技艺的任何一个部分。尽管斯多亚派确实赋予τέχνη以很高的价值,但恩披里柯为了批驳的需要而明显拔高了斯多亚派的这一概念,例如他没有考虑斯多亚派对"ἐπιστήμη"与"τέχνη"的区分,并以理解斯多亚派德性概念的方式去理解τέχνη等等。相关讨论可参见 David L. Blank, 1998, pp.103-104。

的计划与秩序有一种良好的把握。斯多亚派并不否认,这种把握还需要好的情感,并依赖于个人再习惯化的过程。人们当然可以在某种程度上观察、理解这些因素,但却不可能做出完全理智主义的解释,因为技艺虽不同于经验,但需以经验为基础。

第三个反驳其实与第二个紧密相关,恩披里柯固然抓住了斯多亚式技艺的主要特征,但从总体上窄化了这一概念。具体而言,恩披里柯以"任何技艺都需要通过其ἔργα来理解"这一说法来解释"任何技艺都有其特定的ἔργα"这一独断论假定是不恰当的,因为斯多亚式的技艺不一定都有某种物化、可见的产品,而且生活技艺更强调的是人的活动及其心灵状态。恩披里柯或许很熟悉亚里士多德著名的功能(ἔργον)论证(NE 1.7),但后者毕竟是在不同意义上理解τέχνη与φρόνησις以及它们的ἔργα与ἔργον。他似乎也很清楚希腊思想中的技艺一般有生产性的、推测性的、表演性的、获利性的、理论性的等①,但问题在于,他只承认经验性的、实用性的技艺(如医学)而批评,甚至否认人文、理论性技艺(如修辞学、音乐理论、数学)。否定斯多亚派的生活技艺正是这一批评的延续。作为一种特殊"技艺",生活技艺与一般技艺的相通之处是斯多亚派特别地发展了技艺—德性类比的根本原因。但问题是,生活技艺应类比于哪种技艺? 如何才能解决技艺的目标外在性问题,从而担保德性与幸福的自足性、完满性?

第一种看法是将其类比为推测性技艺,即易受偶然性影响而不能按照确定步骤实现目标的技艺,如医学、射箭、航海等。上文已提到,安提帕特和阿弗罗狄西亚的亚历山大都是以此来理解斯多亚派的生活技艺概念。学者们对此的解释是,对于有这些技艺的人来说,技艺的最终目的在于自我控制的行为表现;是选择和努力本身,而不是被选择的东西,才是更为内在的目的。鉴于斯多亚派尤为喜欢用医学类比和隐喻,医学似乎是一个恰当的选择。这或许也是作为医生的恩披里柯心目中的典型技艺之一,因为他确实在论证中多次使用医学之例。但正如很多人指出的,这一类比的问题在于,不管如何强调技艺行为本身的完美比预想的结果重要,说医学的最终目的是施行医术本身,而不是治愈病人,总是令人难以接受。

考虑到推测性技艺的可能缺陷,如上文所言,有些人认为斯多亚派的技艺更像是一种表演性技艺(如音乐、舞蹈),尽管恩披里柯同样反对这些技艺。斯多亚派确实曾区分出一种所谓的"爱好"的技艺,例如对音乐的爱、对文学的爱、对算数的爱等。② 拉尔修也记载到,斯多亚主义者认为"智慧的人

---

① John Sellars, 2009, p. 90.
② A. A. Long & D. N. Sedley, 1987a, p. 372.

做一切事都做得很好,就像我们说伊斯美尼亚斯吹所有长笛曲子都吹得很好一样"(*DL* 7.125)。不难看出,这些技艺似乎更接近德性:它们更明显地体现出坚毅、执着等若干品质,其价值则主要在于由行为者完全控制的爱的活动本身。对这种类比的一种解释是:拥有这些技艺的斯多亚主义者只会注重可控的表演本身,即活动是否完成得好和此时的心灵状态;得到鼓掌固然很高兴,但这永远不是表演的重点。①

尽管表演性技艺与生活技艺之间仍然有所区别,但这个类比至少已表明,生活技艺更强调的是心灵活动或实践本身,而不是产生的后果与产品;更多的指向某种一致行事的既定习性,而不是某种突发灵感式的行为。如果真有一种产品,那便是美好的心灵习性或神性的自我。它处理的对象或素材则是人自身的生活。所以爱比克泰德曾言,"正如木材是工匠的材料,青铜是雕塑者的材料,生活则是生活技艺的素材"(*Diss.* 1.15.2)。其实生活中的个人,无论居于何种境遇,操持何种具体技艺,都不同程度地需要生活技艺,关键在于他是否具有德性的心灵,从而可以保持生活的协调一致性。诚如泰勒曼指出的,斯多亚派将哲学规定为生活技艺,其重要意图就在于强调它的系统性。② 恩披里柯通过从繁多的斯多亚派作品中摘录、收集一些斯多亚主义者从未做过,也未主张人应该做,而仅在极特殊情形下才允许的极端行为来攻击生活技艺概念,显然缺少说服力。

第四,恩披里柯认为不存在教的对象、老师、学生以及教的方法,因此不存在"教"。尽管这里涉及更复杂的本体论、逻辑学、语义学与认识论问题③,但这个批评显然可追溯到"德性是否可教"这个古老问题。众所周知,主张"德性即知识"的苏格拉底自称不知道德性到底是什么知识,更没有系统教授过任何人知识,但却被公认为是最有智慧,并影响了很多人的哲学家。恩披里柯的疏漏可能在于,他在这里所界定的"教"似乎主要局限于语言(λόγος)层面,而很少关涉他本人一直很强调的行动。然而,无论是苏格拉底,还是某些卓越的斯多亚主义者,在很大程度上都是以身体力行的方式来践行哲学,包括自我省察、与他人对话、对他人的论证、行为的纠正与训导等

---

① 拉尔修(*DL* 7.125)、斯托拜乌(*LS* 61G)和西塞罗笔下的斯多亚派代言人加图(*LS* 64H)都有类似表述,即把智慧之人类比为长笛或七弦竖琴的表演者,将智慧类比为表演或舞蹈。但相比之下,加图不仅特别强调智慧不像航海与医学(而可比于表演或舞蹈技艺),而且还明确指出了智慧与表演、舞蹈等技艺之间的一个重要差异(缘于智慧的自我包含性):正确的表演并不包含构成这种技艺的所有部分,但正确的或正确实施的行为却包含德性的所有标准。因为智慧独自就完全地占有其自身,但其他技艺却不是这样。
② Teun Tieleman, 2008, pp. 245-252.
③ 如存在与准存在的划分、征象、证明或证据等特别引出怀疑论者的"悬隔判断"的问题。

等。① 因此所谓的生活技艺根本上显现在有德性的人的言行中,根植于行动者的心灵状态及品性。尽管有德性的人也很难在经验意义上给予这种智慧一种彻底的理性解释,但他们对不显见的事实和行动选择总有一种整体性把握。而且,即使这些行为仅表现为一种显见现象,它对学习者仍然是重要的。因为学习者对生活技艺的"学"不仅是一种理论记忆,还包含着理解与模仿。这种理解与模仿显然不是一次性完成的,需要借助生活经验和持续思考而不断深化。更重要的是,斯多亚派还将德性的训练类比于普通技艺的训练,并在很大程度上用"德性重在训练"来回答"德性是否可教"的问题。生活技艺就意味着一种在领悟自然的基础上不断训练意愿,并通过学习扬弃习俗、重塑习惯、再社会化的行动和力量。用爱比克泰德的话说,我们要用一种相反的习惯来抵制(错误的)旧习惯(*Diss.* 3.12.6②),即在锻炼自己的意见的同时形成新的习惯(*Diss.* 3.12.6)。精通医术的恩披里柯并不怀疑人可以在生活中很好地实施技艺和通过观察与模仿学习"实施技艺",因为"各种技艺的教导"毕竟是怀疑派四大日常遵从之法(βιωτικὴ τήρησις)的一部分(*PH* 1.23);也不可能反对训练和习惯(以实现无信念的生活)③,只不过除了"各种技艺的教导"外,他声称怀疑论者的行动还要遵循"自然的引导、感情所需、流传下来的法律与习俗"(*PH* 1.22-24)。但问题是,存在永恒不变的习俗与日常规则吗?如果存在,如何确保它们在演进的过程中完全免受信念、知识因素的影响?换言之,去信念化的过程是如何与习俗的习得并行不悖的?这些仍然是怀疑派需要应对的老课题。

　　第五,恩披里柯认为生活技艺不产生其特有的行动,且不总对拥有者有益,人对它的追求只会带来纷扰与痛苦。这其实也是由过度依赖于一种实用技艺模型而引发的误解。从斯多亚派的角度看,不同于一般技艺,生活技艺本质上是一种可适应于任何人、任何人生的技艺,尽管只有贤哲(σοφός)才能完美把握之。它不仅存在于特定的行动中,而且关乎行为者的心灵状态。针对恩披里柯就作为习性的德性或智慧提出的质疑,斯多亚派可以做出如下反驳:除了根据一个人能否就自身行为进行合理的解释来判断其是否具有生活技艺外,我们还可以通过将这种说法与他反复的、一贯的、相互关联的行动相比照来推测、判定他的人格品性。这并不是需要超强理解力的"超出人性"的行为(*PH* 3.244),因为一般人通常根据经验就可以辨识人的"好坏",而且生活的不确定性并不能轻易改变人的品性。

---

① 塞拉斯也有相关的阐释,参见 John Sellars, 2009, pp.92-93。
② "τῷ ἔθει τούτῳ ἐναντίον ἔθος ἀντιθεῖναι".
③ Harald Thorsrud, 2003, p.244.

从另一个角度看,德性(或生活技艺)不同于按德性而生活的具体行动。我们很难彻底说明德性的本性,但我们可以观察、叙述德性的行为。鲁福斯就曾强调,德性不单是一种理论知识,而且更是一种实践应用(鲁福斯,讲义5.1)。对于普通人而言,更重要的不是给予"德性"本身一种完备、缜密的理论说明,而是尽可能执行合乎德性的行动。这才更符合技艺的特性。经验论的斯多亚派也并没有纠结于"德性是什么"这一形而上学问题,因为这并不必然妨碍人们从事有德性的行为。他们相信人很容易在理论上辨别善、恶、中性之物的价值,但困难在于如何在实践中摆脱恶的旧习,将德性具体化为行动(鲁福斯,讲义6)。斯多亚派的这种态度与怀疑派并非相差甚远。

另外,恩披里柯对"生活技艺无益"的批评既有诡辩论,又有独断论的色彩。因为他的评论在某种程度上已带有价值评判的意味,而他对生活技艺所谓的负面后果的揭示也很难摧毁人们对生活技艺的向往。按照斯多亚派的思路,面向生活总体的生活技艺不仅可以承诺幸福,而且还可以通过行为主体而引导德性之外的、作为"可取之物"的一般技艺,使其既能发挥自身的功能,同时又可避免被滥用或误用。① 换言之,这实际上为"技艺之善用如何可能"这一永恒问题提供了某种解决思路。

综上所述,恩披里柯对斯多亚派的批评其实主要集中于伦理学中的认识论因素,例如把握性印象、信念、价值认识等。但除此之外,他与斯多亚派在伦理学上其实有不少契合之处。实际上,作为一种生活方式,怀疑主义在某种程度上也可称为一种生活技艺(尽管他们不会在一般意义上就这种技艺的存在与否做出肯定或否定回答),因为它也意味着一种行动的能力(δύναμις)或专业技能、一种指导生活的主导原则。不过怀疑论者更愿意将此称为日常遵从之法。或许,这一批评的重要贡献在于督促人们对"生活技艺"的相关问题进行独立思考,检验他们一直所秉持的关于这个世界及存在物的信念,同时警惕各种自诩可以教习生活技艺的流行理论和组织:他们是真正地提供了生活的智慧和好的信念,还是单纯放大了某些对快乐、钱财、名利的欲望?

三 生活技艺的内涵及其结构

可以说,"ἄσκησις"(实践、训练)、"λόγος"(逻各斯)与"ἔργον"(活动、产品)共同构成技艺的核心之点,统领技艺的目的、过程、活动等范畴。也正是依此理解,斯多亚派进一步将ἄσκησις与τέχνη引向某种生活方式,

---

① Christoph Jedan, 2009, p.71;于江霞:《作为一种生活方式的技艺——析斯多亚派的技艺概念》,第76页。

即生活技艺。反过来,"ἄσκησις"又构成生活技艺(也就是德性)的内核。斯多亚派的"ἄσκησις"是一种总体的训练,其在根本上即是一种逻各斯的训练。具体而言,该学派基本的德性训练方法主要是:将苏格拉底的问答法用于自身,以贤哲(如苏格拉底)为典范,以锻炼对万物(皆为身体)的印象为基本理路,并辅以多种修炼技艺。为了更深层地解析生活技艺观念的含义、结构及其实践指向,下面我们将集中讨论其内核——"ἄσκησις"。

(一) 作为生活技艺之内核的ἄσκησις

在第二章关于苏格拉底伦理思想的讨论中,我们曾初步阐释了ἄσκησις的内涵及其与技艺的关系。受到苏格拉底和昔尼克派的很大影响,"ἄσκησις"("训练""锻炼")一词在斯多亚派哲学修习中的重要性更加凸显(Diss. 1.18.17-18)。[①] 爱比克泰德甚至直接将苏格拉底的"认识你自己"阐述为"训练你自己"。它意味着获得一种技能或能力,与"技艺"有所关联。也正是从ἄσκησις这个视角看,以幸福为目的的智慧或哲学又可视为一种推测性技艺。因为对这种技艺来说,更重要的是施展经过训练的技艺的这个过程,而不是有可能受到外在因素影响的结果。例如塞涅卡曾提到:

> 交朋友与已经交了一个朋友之间的不同类似于播种和收获之间的区别。哲学家阿塔路(Attalus)过去常常说交一个朋友比有一个朋友更快乐,"就像对一个艺术家来说,画一幅画比已经画了一幅画更令人愉悦"。专注于自己的工作本身是深深地令人享受的;一个人在工作结束后从完成的产品中得到的快乐与之是不相等的。此刻,艺术家是在欣赏艺术品的结果;当他在画画时,他是在欣赏艺术本身。孩子在长大后更有益,但是婴儿的时候更可爱。
>
> (Ep. 9.7,格雷弗和朗英译)

因此对于斯多亚派而言,哲学作为一种特殊的"τέχνη",不仅仅只是一种理论设计,而且还需加以反复地练习,即"ἄσκησις"。尽管存在于完善行动中的德性没有程度之分,但是对德性活动的练习却存在程度之分。[②] 人的生活可以看成是一种不断训练行为能力以获得德性的过程。正如鲁福斯反复论说的:生活技艺(哲学)就像其他技艺,一个人无法通过理论教义而学到,而是需要ἄσκησις。他不仅大量使用技艺类比,基于技艺的本质理解德性的起源与获得,而且与其他斯多亚者一样,也将哲学视为一种治疗灵魂的生活技艺。其核心教学之道就是,哲学技艺的学习需要持久的耐心和不断的

[①] 另参见 Diss. 3.8.1, 3.10.7, 4.1.111。
[②] Lawrence C. Becker, 1998, p.93.

考验,否则其名声就会破坏殆尽。① 爱比克泰德则谨遵师训,重申"不要只满足于学习知识,而且还要加上实践,然后进行训练"(Diss. 2.9.13)。②

这里也可解释与亚里士多德的一个重要不同,即除了οἰκείωσις外,斯多亚派还喜欢用"ἄσκησις"而不是"ἦθος"(习惯、风俗)来规定哲学教化和理性训练的重要性。一方面,"ἄσκησις"似乎比亚里士多德的ἦθος包含了更丰富的含义。ἦθος主要用来影响更低级的、灵魂的非理性方面,但由于主流斯多亚派不承认独立于理性的灵魂非理性部分或能力,因此训练与习惯化的过程对于斯多亚派来说就关涉整个习性,包括学习正确运用理性。③ 另一方面,在斯多亚派看来,"ἦθος"这个传统术语似乎与关于人及其心理结构的错误概念过于接近。因此他们更倾向于用"ἦθος"来界定恶性的来源,或至多与"προκοπή,即"向德性的进步"相关联,而不是用在具体环境中直接描述德性或怎样获得德性。④ 例如鲁福斯就认为,社会习惯可能会摧毁一个健康人寻求德性发展、使灵魂趋向神性的倾向或爱好。人们从出生之日起就可能因社会和习惯的影响而逐渐远离自我的自然,从而严重地阻碍了自己的道德进步。⑤ 对于斯多亚派来说,尽管人的内在自然既非善的源泉,也非堕落的根源,但却可以自然地将人引向一种通过自我努力而获得善的一种状态;社会环境确实可能导致堕落,尽管这并不是最终的原因——恶的本质是错误的判断,出自人的意愿。要制止恶的产生,就需要人通过有目的的寻求德性来扭转衰弱的社会习俗。具体的,首先应在对德性的理解的基础上重新定义善恶观念,其次应按照重新界定的善恶观念,抛弃已经社会化的、根深蒂固的一些错误观念、习惯,学会自然和习惯地在一个接受新的社会道德和价值观念的世界中生存。⑥ 也就是说,斯多亚派不是简单地反对习惯在德性教化中的作用,而是强调通过修身实践过一种再习惯化、再主体化的生活。要过这种生活,无需否弃自我——这并非治疗的本质,但需要进行持久不懈地训练,去实践已经建立的哲学理论。不仅是哲学家,任何想获得善或好的人都要知道和实践德性原则,就像医生、音乐家不仅掌握其各自技艺的理论层面,而且还要训练他们自身按照原则行动,以成为一个很好的医生或音乐家一样(鲁福斯,讲义6.1)。鉴于贤哲以外的人都可以说是不健康的,通过训练、实践

---

① 这一点在鲁福斯的《论训练》一文中体现得尤为明显,另参见鲁福斯,讲义2.3、8.9。
② "μὴ ἀρκεῖσθαι μόνῳ τῷ μαθεῖν, αλλὰ καὶ μελέτην προσλαμβάνειν, εἶτα ἄσκησιν".
③ Gretchen Reydams-Schils, 2010, p. 570.
④ Brad Inwood & Pierluigi Donini, 1999, p. 706.
⑤ Richard Valantasis, 1999, p. 218.
⑥ Ibid., pp. 222-223.

而获得渐进的进步就成为多数人获得灵魂康复或道德进步的主要途径。

当然,一般说来,早期斯多亚派对道德进步问题并不十分感兴趣,尤其是考虑到这一理论与他们的观点——"接近德性,但还没有达到德性的人就像远离它的人一样悲惨(miseri)"(SVF 3.530: 42-43, Fin. 3.4.48, 4.9.2)——似乎相互矛盾。但斯多亚派并不认为道德进步(προκοπὴ)无关紧要,只不过他们更强调没有完全达到德性的人不可能获得幸福。而且他们也提到"正在进步中的人",并将之与完全邪恶、无知的人以及完全有德性、受过教育的人(SVF 3.543.45)区分开来。例如新柏拉图主义哲学家普罗克洛(Proclus)就评论到:邪恶的人将自己的痛苦归咎于他人,正在进步中的人则将自己的错误归咎于自己,有德性的人不会归咎于自己也不会归咎于他人,因为他们不会犯错,也不会痛苦。① 而进步者的这种态度正是进行道德训练者的应有态度。相对于早期斯多亚者,中晚期斯多亚者,特别是塞涅卡,则明显更重视 proficiens("进步者"或"正在进步的人")这一概念。所谓进步,主要是指心灵的进步;所谓正在进步的人,就是指一个认真地竭尽全力按照某种生活方式向理想前行的人——这正是他独特的做哲学方式不可缺少的一部分。②

总之,从斯多亚派角度讲,人作为灵魂和身体的混合物,通过日常生活中身体的、精神的实践而实现身心转化,不断取得道德进步,就可以获得一种身心健康的完整的好生活。③ 因此福柯评论道,斯多亚派所倡导的修身实践是一种奠基于众多自我技术的真理实践。它不是一种让主体服从律法的方式,而是一种把主体与真理联系起来的方式。它标示着一种对未来生活的身心准备,以在一切外在事务中保持德性的状态。因此"τέχνη"以及作为其重要构成的"ἄσκησις"都是面向生活(βιός, bios)的;"bios"不是作为认知对象而是作为一种体验之所,一个使行为体主体化而不是客体化的过程。④ 尽管对斯多亚派修身实践的这一番评论是被福柯式的术语所装备,但总体上并不违背斯多亚派的本意。

具体而言,"ἄσκησις"既有实地训练的(gumnazein),也有思想性的(meletan)⑤;既可是身体性的,也可以是灵魂性的。昔勒尼派曾主张身体的训练有助于德性的获得(DL 2.91),斯多亚派似乎也不否定这一点。如塞涅卡所言,"我们应该同样地利用身体或心灵上的痛苦来纠正扭曲和犯错的品性

---

① 可参见 Ilaria Ramelli, 2009, lii-liii。在这里,拉莫里(Ilaria Ramelli)用简洁的语言较为详细地梳理了斯多亚派关于道德进步的相关观点。
② 参见 Katja Vogt, 2015。
③ Richard Valantasis, 1999, p. 223.
④ 米歇尔·福柯:《主体解释学》第二版,第377页。
⑤ 同上书,第278、352页。

(《论愤怒》1.5,库伯英译)。"他特别强调通过所有感觉的忍耐力训练而避免愤怒等激情,并且认为只要灵魂不使感觉堕落,它们是天生就具有忍耐力的。但他反对单纯进行身体上的训练,尤其是对外在身体的修饰和单纯力量的培养、练习等等(《论愤怒》3.36.1,110;*Ep.* 15.2)。这虽与色诺芬尼、柏拉图等人对过度训练身体以追求力量的批评相一致(DK B2)①,但总体上却未曾提倡柏拉图式的体操训练。就更为根本的"灵魂训练"而言,除鲁福斯外,昔尼克派的第欧根尼和后来的亚历山大的克莱门(*SVF* 3.490,《杂集》7.16)也使用过该术语。昔尼克派先驱安提斯泰尼的πόνος(苦干)与ἄσκησις观念显然影响了第欧根尼(尤其是πόνος,*DL* 6.2,6.11;*Stob.* 2.31.68),进而也可能影响了斯多亚派。在安提斯泰尼这里,虽然也有身体上的训练,但理智训练仍是主要的。第欧根尼则明确区分了两种训练,即对于灵魂的和对于身体的,并声称只训练一者而不训练另一者是不完满的,因为健康和活力无论对灵魂还是身体都是必须的;其中身体方面的训练可为德性的事情提供行动上的自如等等(*DL* 6.70)。如我们上文提出的,这与苏格拉底的教导基本上是一致的。不过,据现存文本,对这两种训练方式及其关系最早进行详细讨论的还是鲁福斯。② 他提到,由于人不仅是灵魂,也不仅是身体,而是二者某种形式的合成物,因此每个人都应关心这两个部分。相应的,"ἄσκησις"可分为两种:一种适合于灵魂,另一种既适合于身体,也可以同时影响灵魂(鲁福斯,讲义6.4)。③ 对于纯粹的心灵训练,最关键的是认识到什么是真正的好与坏,将表面的善恶与实质的善恶区分开来,并在此基础上诉诸行动(鲁福斯,讲义6.5)。第二种训练的主要任务,则是通过忍受冷、热、渴、饥、贫乏供应、硬床之苦等,使身体得到强化并可以忍受苦难,同时也使灵魂得到锻炼,获得勇敢、节制等德性。因此鲁福斯所提出的第二种训练方式并不是建议抛弃或拒绝身体,也不是单纯将身体实践置于灵魂实践之下,而是强调通过对忍耐力的训练使身体与灵魂融为一体,使整个人受益于这种训练。④

---

① 古希腊思想中似乎有一条批判竞技运动的传统,除文中提到的色诺芬尼、柏拉图(《申辩》36d-e)、盖伦(*protr.* K13)以外,比较主要的批评者还有提尔泰奥斯(Tyrtaeus, fr. 12 W)、欧里庇得斯(如《厄勒克特拉》387-389)、安提斯泰尼(Susan Prince, 2015, pp. 355, 546)、西塞罗(《论老年》9.27)等。
② 受到老师鲁福斯的影响,爱比克泰德对训练的说明也遍及整个论说集和手册,但其重心却更直接地放在对灵魂的训练上,即训练意愿、驱动和同意(如 *Diss.* 1.4.18, 3.2.2)。
③ 朗认为,"在我们关于斯多亚派理论的可靠来源中,我们实际上没有听到任何关于身体训练的信息。"(A. A. Long, 1996c, p.37, n.24)。我们不否认斯多亚派的"可训练之身"基本上是指在灵魂训练中的身体,但同时认为在受昔尼克派影响的鲁福斯这里,确实也存在某种程度的身体训练。
④ Richard Valantasis, 1999, p.221.

值得强调的是，与色诺芬笔下的苏格拉底一样，斯多亚派也承认，甚至十分重视养生法(δίαιτα)，即强调饮食与训练等身体性活动对心灵与道德习性所产生的影响。这虽然被称为是一个合宜行动或责任(καθῆκον)的领域，但却可以影响心灵，塑造习性。因为同人的身体状况一样，人的品性也可以通过四种元素及其比例得到说明。芝诺就据说尤其对此感兴趣：他性情易怒、面色严峻(*DL* 7.16)，所以他会通过饮用一定量的酒来使自己温和下来，以使自己变成一个更易相处的人。① 而克吕西普则有过之而无不及②：他也追求简单性，提倡平淡、简单的饮食和烹调方式(*SVF* 3.706,3.708)。当然关于荷马英雄对肉的偏爱，他也表现了一种宽容的态度，因为不同的菜单对于那些英雄而言是不合适的(*SVF* 3.708)。③

就具体修身技艺而言，预想、沉思必然的死亡与可能的不幸以及日常性的自省、审查可能是斯多亚派最重要，也是最有名的修炼方式。塞涅卡、爱比克泰德和奥勒留等晚期斯多亚者是这些哲学实践比较著名的提倡者和践行者。从毕达哥拉斯到苏格拉底，哲学家们一直都把审查心灵、净化灵魂作为哲学修行的重要部分。斯多亚派也有所继承地把灵魂作为自我的批评者与检查者(《论愤怒》)，但并未陷入所谓的禁欲主义。他们总是反复地提醒人们，人最终是要死的。然而这并不是就死论死，意欲炮制某种关于死的形上学，因为其真正目的在于将自我置身于某种具体处境，通过专注于当下的灵魂状态，不断反思、牢记、克服人的可朽性及其身体的脆弱性，进而最大程度地锻炼意志选择能力。因而它主要不是面向未来，而是通过同时关照过去、整个人生而使当下的生存状态得到提升。这对于思考未来可能的不幸或恶而言更是如此——这种将未来置于当下的心灵训练，不仅是对未来的一种准备，而且更是为了将未来的所有可能性化成当下的体验，从而在某种意义上取消未来。同时这也是对现实的弱化，即让它在人的心灵中变得更不实在④，从而通过对心境的改变而消除激情。皮埃尔·阿道认为，在这种哲学训练中，注视、观察心灵状态是斯多亚派的一种根本的精神态度。这种专注力(mindfulness)则是一个斯多亚主义者所必需获得的一种品质。因为这种内在的自我对话以及它代表的判断会影响和塑造一个人的整个外化现实。⑤ 换言之，一个人的精神训练程度与外在事实在心灵中的印象以及当下具体的

---

① 参见 Tieleman, 2002, p. 209；另参见 *QAM* 4.777。
② 参见 Teun Tieleman, 2003, p. 162。
③ Ibid., p. 163.
④ 米歇尔·福柯：《主体解释学》第二版，第365页。
⑤ Pierre Hadot, 1995, p. 84.

生存状态是始终相贯通的。但是斯多亚派的训练之道并不同于完全退缩到内心的神秘行动，而是在关照人在宇宙中的角色或责任的基础上的真正的躬身实践。

鲁福斯就相信理论必须通过训练而呈现自身，因此重点不在于知晓多少道德箴言，更不在于如何组织修辞辩论，而是真正地在生活中去实践（鲁福斯，讲义8.7）。斯多亚主义者应通过身心锻炼，努力将健康的身体打造为德性料理生活的工具，使灵魂配有四德，从自我掌控通向幸福生活。其中，自制（或"自我掌控"，ἐγκράτεια）与节制（σωφροσύνη）两种品质对理解鲁福斯的"ἄσκησις"缺一不可，因为这种教育理念不仅意味着摒弃不良积习和进行自我掌控，而且还旨在塑造品格卓越和心灵健全的幸福生活。鲁福斯的教育使命就是对学生加以理论与实践上的指导，并且行为世范，帮助他们过上一种好的生活。他希望包括女性、国王在内的所有人都接受哲学教育（鲁福斯，讲义3,8），因为每一个人都有能力实践哲学，而哲学则是一种使人变好的技艺。

值得注意的是，尽管自我对话在斯多亚派哲学中占核心地位（思想在某种程度上即自我对话），但作为对苏格拉底教学法的重要承继和发展，斯多亚派，尤其是爱比克泰德在哲学实践中也坚持自我对话与相互对话的结合。在爱比克泰德的教学中，老师教的过程其实是一种灵魂的导引和理性的旅行，即借助哲学的对话、言谈，通过叙述、回忆和想象各种生活场景和考察各种生活态度，进入学生的内心世界，引导他们塑造一种良好的自我关系。然而这个过程也伴随着学生本人的修身实践活动，如何教与如何学本是一个过程的两个方面。学生要在读、写、观、说（相互的与自我的）的过程中不断反思和检省自己，以自己的意志承诺来配合、激发老师的谈话，同时通过思想的（μελέτη）或身体的（γυμνάσια）修身练习，尤其是真实生活情境的预备训练，来提高对可控与不可控之物的鉴别力和判断力，进而使自己的灵魂得到净化和提升。可见，这是一种知行合一、"λόγοι"与"ἄσκησις"相结合的教育：知的过程伴随着行的实践，修身实践的过程又伴随着持续的沉思。一个人借助实践的逻各斯可以完成自我的塑造，使理性原则真正扎根于心灵，并持久有效地引导日常生活。

（二）"ἄσκησις"与"asceticism"（禁欲主义）之差异

由于现代学者倾向于赋予"ἄσκησις"与"asceticism"以更为广泛的文化内涵，我们有必要结合第一节的讨论，缩小讨论范围，即在尊重"ἄσκησις"

原义的基础上,寻找斯多亚派的"ἄσκησις"与公元3、4世纪以后的禁欲主义[1](诺斯替主义、基督教隐修制度等)在实践旨趣的不同。当然这是一个很大的论题。这里将主要以鲁福斯为例做一个初步、概要性的讨论,重在通过这种比较、澄清二者的根本区别,揭示"ἄσκησις"的伦理内涵与价值。

在此问题上,福柯曾有一个著名的评论经常为人所引用或作为批评的对象。他指出,希腊化罗马时期的哲学实践与基督教的禁欲主义实践有三点不同:第一,基督教禁欲主义的终极目标是否弃自己,而古希腊哲学或修身苦行实践却以一种自我拥有和自我主权的自我关系为目标,即将自身确定为自己生存的目的。第二,基督教禁欲主义是将超脱于世界为原则主题,而古希腊罗马哲学的苦行实践却主要涉及培养自己以一种伦理和理性的方式面对世界的准备和道德装备(paraskeue)。第三,这种苦行实践暗示的是无数不同的具体训练,但它们并没有被编成条目、分析和描述。它们主要是服务于精神训练,而不是推进某种理论;不是让个体服从某种法则,而是将个体与真理相联系。[2] 其实严格说来,在早期基督教中,身体与灵魂的对立并不突出。而且从耶稣肉体复活、"肉体即圣殿"的教义以及《圣经》中的其他身体隐喻看,身体并不是完全被否弃的,而是充当着通向灵魂获救的桥梁。但是像人们所熟知的,这种情况在后来逐渐发生了变化。在这种意义上,尽管福柯的以上评论还是一贯地强调个体的主体性实践,但其内容还是有一定的合理性的。延续福柯的问题意识,我们可以在比较意义上从三个方面继续对ἄσκησις的讨论:

首先,在对身体的态度上,是主张温和地重塑,还是严格地压抑?鲁福斯的态度显然倾向于前者,即强调关心灵魂与关心身体的并重,而非赞同抑制身体本能与获得幸福的一种直接关联。实际上,对斯多亚派来说,身体与精神训练的目的都是通过改变自我的观念和知识结构,树立对中性之物(尤其是身体)的正确态度,即赋予身体及其延伸物以合理的价值。尽管斯多亚派的"ἄσκησις"关涉身体的训练及其带来的身心关系的改变,但它主要指一种心灵实验或理智训练,因而与过度的强体力活动、严苛的肉体折磨,甚至其他的外在目的无关。[3] 在很多情况下,对身体锻炼的强调甚至仅限于一种类比,正如他们常用的哲学/医学类比一样。因此爱比克泰德也常用运动员身体训练的例子来类比德性训练(Diss. 3.15;3.21.3),从而教育学生训练一种

---

[1] 当然基督教的禁欲主义传统可追溯至《新约》之前。
[2] Michel Foucault, 1999;福柯:《主体解释学》第二版,第256—257页。
[3] 关于锻炼身体的适当目的(即训练自己欲求或回避东西的意愿而非其他),爱比克泰德做出了很好的说明(Diss. 3.12.16)。

道德上的坚定性。而且，我们还可以通过观察自己身体外表的变化（变得如何丑陋）来认识我们心灵的扭曲和自我的迷失、异化，并进而设法治疗心灵的疾病。这在治疗我们曾提到的"愤怒"这种激情的过程中尤为明显（《塞涅卡：《论愤怒》2.36.1-2, 74）。虽然这些训练过程始终存在某种身心之间的内在紧张与对抗，甚至一定的挑战和风险，但它不会导向破坏和痛苦。鲁福斯确实在衣食住行等方面较多地提到身体训练，并积极地身体力行，但其主旨仍然是引导学生通过关注、简化身体性生活来强化心灵，同时使身体得到锻炼、改造与提升。

尽管古希腊晚期和基督教的禁欲主义教学法也是一种精神训练、终身训练，然而却从总体上走向弃绝身体。身体的基本表征由"脆弱性"转化为"堕落性"。相应的，"ἄσκησις"，即关心自我的哲学训练与实践，似乎逐渐向否定自我，尤其是否弃身体的禁欲主义转变。当然不可否认的是，不管在《圣经》教义中，还是在古希腊晚期的宗教性实践中，身体在人的社会化和精神生活中的角色依然是重要的，因为它仍是实现人生目的以及通向天堂或地狱的重要工具。例如受斯多亚派的影响，基督教神学先驱斐洛以及受其影响的阿弗罗狄西亚的亚历山大都倡导通过自我训练、自我治疗而关心灵魂，进而关心神性自我。原始基督教也强调身体的救赎和转化，即实现从可朽坏的自然身体到灵性的身体的飞跃。① 但后来基督教实践所缔造的日常生活却愈发充满了身体性的紧张：对神的思考和灵魂的提升是通过逐步地否弃自我而实现的，强调内心斗争的自制逐渐压倒象征道德自由的节制，并且斗争的对象由内在力量转化为异在力量和原罪。身体变得羞涩，甚至似乎带有罪性②，因此渐渐地退缩到私人空间。尤其是在曾对中世纪基督教产生重要影响的诺斯替主义（通常被视为具有神秘色彩的异端）的禁欲实践中，身体虽是各种禁欲技术规训的工具，但却无法被救赎、改造与优化。

其次是修身训练在教学活动中的角色问题。在斯多亚派的生活技艺观念中，相对于作为目标的"ἔργον"（活动、产品），更重要的是努力实践和练习（ἀσκέω有"尽力"之义），这恰恰与苏格拉底的自我"关心"（ἐπιμέλεια）的另一义项——"勉力"相贯通，与安提斯泰尼的苦干（πόνος）相一致。现实地看，考虑到贤哲之培养难度，尽管哲学教育的目标是塑造"有德性的人"这样一件集中展现德性的作品，但一般人都行走在努力成为（become）有德性的人的修炼之途中。

---

① 在《新约》中，ἀσκῶ只出现过一次（Acts 24:16），用来描述保罗为一特定目的而努力。参见 Gerhard Kittel, 1964, pp.76-77。

② 但基督教认为人的心灵，而不是身体才是"罪"的原因。

但相对而言,基督教所实现的转化在根本上依靠的是对拯救的信仰或上帝的恩典,而不是自我勉力的修身实践。斯多亚式的修身技艺在这里已渐失魅力。当然我们不能否认《圣经》中存在诸多禁欲主义的实践方式(如围绕信任与耐心的"等待"训练),但这些努力最终依赖于外在的终极力量的认同。即使是在阿奎那那里,幸福也被赋予了双层意义:一种是与人性相称的,人类行为体可以在今生通过训练自然所赋予自己的能力而获得的;另一种则是若脱离神性超自然的帮助,仅通过训练人类能力无法获得而只有在来世才能获得的幸福。① 尽管后者并不完全异在于人性,但实际上已经部分地剥夺了人通过自身力量获致幸福的可能性。

再次,基于对人类行为和生活状态的问题化,这种话语主要采用的是一种治疗模式,一种生存美学,还是一种禁欲活动? 总体上,第一种似乎更接近(而非等同)斯多亚派的总体实践旨趣。对于斯多亚派而言,照看灵魂或转向自身所体现的哲学旨趣是照看($\pi \rho o \sigma o \chi \dot{\eta}$)与关心($\dot{\epsilon}\pi\iota\sigma\tau\rho o\varphi\dot{\eta}$)自己,掌控与发展自我,而不是通过否弃自身而遵从神和神性法则,实现与神的统一。由于在神学观上的根本性差异,斯多亚派虽承认一个道德进步的过程,但其目的却与超越、否弃现世无关。尽管鲁福斯相信的神较为人格化②,但从他的哲学(或善)即宙斯等思想可看出(鲁福斯,讲义 16.9),他真正关心的是道德教育、德性培养和好的生活(即神性生活)以及家庭价值、女性地位和个体的社会境遇。正像卢茨评论的,鲁福斯对斯多亚派的人文主义(Humanitas)进行了极大地发展③,他不仅在个人关系中表现出对人类的仁慈和热忱的人道,而且在其学说中从人道主义角度阐释了规约人类行为的基本准则、好生活的成果与伟大品性的表现。④

究其根源,斯多亚派坚持的是一元论的形体主义:实存即形体,人与神、身体与灵魂之间具有同质性。对斯多亚派来说,自然与德性之间是直接相通的,因此不需要在道德上给出一套超验的行为规则,指导个人,甚至他人怎样行动。关键是在实践行动中如何将德性具身化。一个在训练中的人必须努力使自己习惯于不喜快乐,不避困难,不恋生活,不怕死亡,不在钱物之事方面将接受置于给予之上(鲁福斯,讲义 6.7)。这种依靠人的感官认知和理性把握,依循自然之道的实践生活就类似于一种艺术的生活,而每个人都仿佛

---

① *The "Summa Theologica" of St. Thomas Aquinas*, First Part of the Second Part, Question 5, article 1, 5.
② Cora Lutz,1947, p. 27, n.111.
③ Ibid., p.29.
④ Ibid., p.4, n.111.

是一个医治自我灵魂和塑造个体生活的艺术家。

但相比之下，基督教的精神性立基于一种二元论框架；其禁欲实践的基本理路是以神为最高的价值指引，主张人通过在上帝面前降低自身，超越一切客观制约和文化传统而得到上帝的拯救和自我的重生。它所关心的不是此世的心灵宁静，而是某种精神性的目标。相对应的，这种禁欲主义似乎与某种自我否弃、责谴相联系，并在肯定世界与否定世界之间动摇。后来在新教中，这种活动被赋予一种特殊的价值，成为一种普遍的、法则性的束缚；它甚至演化为一种强有力的集体意识和实践，进而成为凝聚特定文化共同体的纽带。但这种共同体精神显然主要不是教育的，而是宗教的，或者说是一种宗教的教育。

四　理解与践行生活技艺

可能为包括恩披里柯在内的很多古今学者所忽视的是，除"技艺"外，其实作为实践理智的生活技艺还有一种重要的源头，即在斯多亚哲学中占据重要地位的σοφία(智慧)和σοφός(贤哲)。最早的"有智慧者"就是具有某种技艺或技能的人，因为"σοφία"的本源含义与技艺、手艺(如在荷马那里)相关；后来它也逐渐被用来指一种更理论性的"卓越"，并最终在柏拉图那里成为哲学的专门对象。[1] 但很多哲学家确实从这里看到了技艺与哲学(智慧)、技艺(或艺术)活动与哲学生活的某种可类比关系：柏拉图《蒂迈欧》中的神(δημιουργὸς)就是一位塑造物质世界的理性的匠师，一位具有神性智慧的造物者、制作者(28a6，制作的神性与生产的理性是相等同的)；很大程度上受《蒂迈欧》影响的斯多亚派所推崇的"σοφός"既是德性的典范，又是生活技艺的拥有者。

如果斯多亚派的生活技艺名副其实，而且怀疑派也有某种程度的生活技艺，那么应如何从哲学伦理学上解释这一概念呢？承接上文的分析，尽管我们无法就"生活技艺"给出一个严格的哲学定义，但结合斯多亚派的建构性工作与怀疑派否定性批评，至少可以从以下几个角度进行一般性的规定[2]：

首先是"是什么"——生活技艺的本质。斯多亚派对此的界定是，生活技艺是智慧，一种特殊的德性，而哲学就是学习生活技艺，追求智慧的活动。因此从严格意义上讲，生活技艺是哲学所寻求的目的，而不仅仅是培养德性的艺术。不过在宽泛意义上，斯多亚派也将生活技艺等同于哲学，一种追求

---

[1] F. E. Peters, 1967, p.179.
[2] 这里的讨论方式参考了多门(Joep Dohmen, 2003, p.358)对福柯生活技艺思想的研究框架。

有德性的心灵的生活方式。① 反理论的怀疑派固然不会定义任何生活原理与准则,但抛开纯粹的术语之争,他们显然有自身的行动方针与实践方法,以及由此发展出的独特的生活方式。

其次是"做什么"——生活技艺的伦理对象。它所关注的是灵魂或内在自我,致力于控制、消除或治疗愤怒、悲伤、妒忌等灵魂疾病。在这一点上,主张反习俗化的斯多亚派与主张去信念化的怀疑派趋向一致,即为患病的灵魂寻求药方,获得心灵的安宁。

再次是"如何做"——生活技艺所需要的各种方法、技术及其训练之道,比如斯多亚派的锻炼印象、沉思死亡和可能的不幸、自我审查,怀疑派的悬隔判断、每日观察、遵循表象、持续探索(σκεπτικός)与警惕等。它们都需要不断加以训练并习惯化,以最终沉淀为一种生活方式。

最后是"为了什么"——生活技艺的目的,也就是幸福或为好生活而珍存的内心安宁。在幸福这个总目的下还有一些其他价值,例如斯多亚派所珍视的自主、纯粹,怀疑派所推崇的开放、简约以及二者共同信奉的自由、"自然"等。

按照这四个面向,我们可以相应归纳出生活技艺的四个基本特征:

第一,生活技艺是一种需要不断体悟和践行的关于自然的知识和对自我的知识,但我们很难给予它一种充分的理性说明,因为它更注重实践(πρᾶξις),而不是理论(λόγος)。在这一点上,作为"某种特定的行动"或"某种特定行动的技能"②,怀疑主义甚至从反面比斯多亚主义从正面揭示得更为清楚,表现得更为坚定。通过对"我知道什么""我想要什么""我能做什么"等康德式问题的回答,生活技艺在很大程度上体现为人终生的德性训练。它虽不能像普通技艺那样教授或学习(如恩披里柯所批评的)而更多地体现为自教、自学、自练,但一旦被掌握,就不易丢失或忘记。

第二,生活技艺是一种内在化的、自我控制的、针对生活总体的技艺。它以真实的生活为立足点,寻求真实性、可靠性、系统性,具体表现为苏格拉底所反复诉说的"关心灵魂""做好自己的法官",爱比克泰德的"做自己生活的主人"(Diss. 4.1.63-64)以及塞涅卡的"关心自己"(cura sui)等等。斯多亚派相信:幸福只取决于自身,而不依赖于外物;生活技艺集中表现为个体对自己生活的一种认真态度和对幸福的把握,因此它拒绝任性与软弱,提倡通过努力和坚毅而获得幸福。尽管是以一种被动、迂回的方式,恩披里柯等怀疑论者也提倡"不断探索"、观察生活——虽然他们声称在此过程中是自然地

---

① 可参见塞拉斯的相关讨论:John Sellars, 2009, p.82。
② Richard Bett, 2012, Introduction.

或偶然地（τυχικός）达到心灵的宁静，但这种努力是前后一贯的，并扎根于生活。

第三，生活技艺是反思性的。它意味着通过发展人类最独特、最好的部分，即运用理性和好的情感来获取实践的、规范性的知识；意味着有意识地关注生活之事，审慎地面对日常选择，合理地规划生活。从恩披里柯以上的精彩反驳看，怀疑派显然也是沉思生活的，只不过他们同时是遵守"成规"的人。在很多情况下，我们不是自愿地思考生活，而是生活强迫我们思考，尤其是突然强迫我们严肃地思考人生①，但生活技艺则不同，它体现为一种积极、用心生活的主动意愿与反思态度。

第四，生活技艺表征了人的自主性。它所透露出的"成为塑造自己的艺术家"这一人生态度的确有一定的审美色彩和个体倾向，然而它绝不是现代意义上的自我主义和利己主义的。从作为斯多亚派伦理学基础（至少从希洛克勒斯的角度看）的"οἰκείωσις"理论及其所展现的同心圆图景看，斯多亚派的生活技艺实质上意味着一种基于平等、普适的发展性自我概念，以自我受益与自我完善为圆点、不断向外扩展伦理关怀的过程。怀疑论者则因其严守理智的良知而被主张自我审美化或生活艺术化的尼采推为唯一值得尊敬的古代哲学派别。他们还以博爱自称，愿意以强弱不同的论证作为良药，倾力治疗各种"自满""自负"。就像"恩披里柯医生"在《皮浪学说概论》结尾指出的："怀疑主义者是博爱的，而且希望竭力通过论证来治疗独断论者的自负与轻率。就像医生用药效不同的疗法治疗身体疼痛，即用剧烈的药方治疗被重度折磨的病人，用温和一些的疗法治疗受轻度折磨的人一样，怀疑派者也提出了力量不同的论证（PH 3.280）……"这个看似"信念十足"的奇怪评论再次展现了希腊化伦理思想的精华：将利他统一于自爱，全力治疗灵魂。

正是基于生活技艺的以上诸特征，今人围绕"作为生活技艺的哲学"这一观念从不同角度（如生存论的、审美的、治疗的等）阐发、扩展了古希腊，尤其是斯多亚派的"生活技艺"的内涵。我们认为，这些解释与实践面向均有其合理之处，它们从不同角度确证了生活技艺的存在及其重要价值，因此并不存在非此即彼的对立关系。就这里主要讨论的斯多亚派和次要讲的怀疑派这两个古代派别而言：他们都将哲学视为一种治疗灵魂疾病的永恒实践，尽管其具体的治疗对象和哲学化的生活方式迥然不同，但这在某种程度上已经暗示了二者对于人的存在状态以及人应该怎样生活的某种意见。② 从生

---

① W. Schmid, 2000, p.21,转引自 Joep Dohmen, 2003, p.363。
② Petr Lom, 2014, p.35.

活技艺角度看:哲学家大都把哲学作为一种终生实践的事业,认为人既是自己生命的艺术家,又是自己艺术的对象和素材,就像人同时是医生与病人、雕刻家与大理石。它要塑造的是一种健康、有序、繁茂的人生和一个懂得自我关心、自我负责的人。这种思想的根基就是由个人的理性与实践所担保的,一种不屈从于外在的世俗规范和权力系统,而力争活出自我的哲学生活策略。斯多亚派的这种生活态度、精神品性和哲学姿态正是其"生活技艺"的真实写照,也是其实践哲学的可爱之处。恩披里柯对斯多亚派生活技艺的批驳恰恰也彰显了自身实践哲学的基本立场,只不过相对于斯多亚派对理论科学与实践科学的不加区分,怀疑派则只相信"实践的逻各斯",并以此作为行动的唯一标准。其生活之道的要义在于,以一种开放、审慎、谦逊的心态,在不做任何断言、不宣扬任何真理、不承诺任何事物的持续探索之路中,遵循习俗常规与自然本能,过一种从容的生活。

总之,尽管斯多亚派的生活技艺思想难以直接、有效地帮助人们寻回当代哲学家认为现代人所缺少的自律(弗洛姆)、内在秩序(皮埃尔·阿道)和自主性(福柯),但我们至少可以从其暗含的"改造"自我,"重塑"生活,享有健康、有序、繁茂的人生这一实践理路中获得诸多启示。因为它是可实践的、行动着的;既是哲学的,还是生活的。①

第二节 修身目的:一种健康的好生活

在斯多亚派看来,由人的肉体扩展开来,每个人的生活都可视为哲学这门生活技艺的训练质料或体验之所。哲学总是扎根于生活,向生活寻求真理并致力于解决生活问题。没有作为质料的生活和身体,就没有伦理和作为伦理之标准的自然。如果说生活是一种考验,哲学是一种检验和塑造自我的生活技艺,那么哲学的生活就是一种在"思"与"行"相结合的生活方式中使身体得到好的照管、灵魂得到真正关心的实践生活。实践的主体即是哲学这门技艺的对象,即一个形体性的自我。正是通过一系列的修身实践,在一种具身性的哲学生活中,斯多亚派的哲学家们为人们提供了实现双重意义上的修身,即心灵和身体的双重健康的可能性。

---

① 关于对"怀疑主义只反对哲学,以恢复日常生活的内在权威"这一观点的反驳,可参见 R. E. Eichorn, 2014, pp. 121-149。在这一点上,我们同意艾克恩(R. E. Eichorn)的这一观点:恩披里柯不仅反对哲学上的独断论,而且还反对非哲学家的独断论,因此他对日常生活的顺从又不同于普通人(p. 130)。

一 具身性作为生活的本质

在斯多亚派具身的道德心理学中,人的生活是具身性的,始终相互作用的身体和灵魂既可以相互威胁,但也可以相互提升。人的生活既是生物学的,即以人的自我结构的发展为根基;又是目的论上的,即由人的本性所决定。每个个体都是一个有形体的自我。通过关心这个自我,即处理好身体与灵魂的关系,人也就逐步完善了自我与生活的关系,接近一种好的生活。对斯多亚派来说,幸福是总体生活的幸福,而不是一时的心理状态或一种抽象的理智境界;幸福既代表着生理、心理意义上的完满,也标识着整个生命历程的完满。

人的生活的具身性首先体现在组成人的肉体和灵魂两种形体在人的生活中所扮演的角色上。斯多亚派并不是不清楚肉身与生活,尤其是一种幸福生活的可能关联,因为作为中性之物的肉体的很多特质都是直接相关于善与恶。人在生活中总是不可避免地与身体打交道,而众多身体之事都可视为对人的思想、心灵、品质的一种历练和测验。一个人需要做的是通过有规律地实践自己的身体性生活来塑造自己的品格。如色诺芬笔下的苏格拉底所言,我们应该为个人负责,包括自己的身体和灵魂(Xen. Mem. 1.2.4)。身体在追求幸福生活中的上述角色是由它的本性所决定的,即身体在根本上不在人的权能之内,人经常不能控制发生于身体之事。对斯多亚派来说,个人的幸福取决于个人作为行为体的努力,即在他权能之内的东西。确切地说,就是对其印象做出同意或不同意的一种能力或主导部分(ἡγεμονικόν)所具有的选择能力。斯多亚派否认身体对于幸福的必要性,但并不否认对身体进行管理是合宜的行为或责任(καθῆκον)。因此一个斯多亚主义者会按照自然的命令在某些情况下追求健康、美丽等自然之物。但是否最终能获得这些东西并不重要,因为贤哲的首要目的只是遵循自然法则,实践一种与自然相一致的生活方式。这一点从苏格拉底到斯多亚派是一以贯之的。盖伦有一个值得注意的相关讨论。他曾颇为真诚地讲述到:

> 通过密切地关注它们(按:身体与灵魂)的状态,我总是强烈地意识到我的身心情况。相应地,我不希望任何外在刺激因素破坏我的健康或者任何灾难强大于我的心灵状态。我不会忽视身心状况,而会尽力赋予它们以足够的力量来抵御任何引起它们痛苦的东西。即使我不期望我的身体拥有大力神赫拉克勒斯(Hercules)那样的力气,不期望我的心灵像圣贤(如果存在)的心灵一样,但我想最好永远不要有意放弃任何形

式的训练(《论避免悲伤》75,76)。①

如吉尔(Christopher Gill)所敏锐观察到的,盖伦表面上所描绘的是一种与亚里士多德式的幸福观极为相似的一种个人理想:灵魂善+一定程度的身体善+外在善(尤其是物质性的善)。然而盖伦更要强调的是,身体之善和灵魂之善对于幸福都是必要的,要获得这两者都需要依靠自我管理,依赖于终身性的自我训练。这种强调自我关心、自我管理的强烈自我意识,无疑是与斯多亚派相一致的。② 获得心灵的健全,成为一个好人,同样是盖伦之哲学心理学的最终旨归,尽管盖伦并不主张全部根除激情。就治疗病人来讲,盖伦尤为重视与病人的理性对话和推理,以强化病人的理性能力,使病人作为一个独立而负责任的个人和公民而生活。病人所做的是就其需要节制地索取,最终过上一种快乐、健康的生活。这样,医生就不只是一个身体的看管者,而且还是一个对病人道德上行为是否正确的监护者。③ 在这种对一个刻写着个人之历史、习惯与状态的灵性身体的关注和对健康之伦理维度的关照下,我们再次看到哲学、医学,甚至还包括修辞学的相互贯通,以及医生作为某种道德规则或德性行为之维护者和实践者的哲学家形象。而健康由此也不仅指向一种身心的完整性,而且还暗示了一种在共同体内健全而节制的行为。

如上文已提及的,不仅是肉骨形体,灵魂本身以及活动方式也是具身性的。作为自我的体现和唯一在我们权能之内的事物,对印象做出同意或不同意的心灵活动也是有形体的。因为这也是一种形体与形体之间的相互作用,尽管产生的结果可能不是形体性的。因此斯多亚派所践行的是一种具身的伦理,其特点就是将实践的涉身性和伦理教化密切联系起来。这种身体参与的伦理教化和实践旨在通过践行各种修身技艺,以使个人有能力控制和管理自己的欲望和情感,使身体感官向知识和逻各斯开放,从而使目不为五色而盲,耳不为五音而聋,口不因五味而爽,即处于一种健康的生命状态。

这种具身性还表现在斯多亚派所观察到的人的生活的情境性、当下性和经验性上。斯多亚派的经验主义路线导致其对生活经验、个体自我的特别关注。就物质性而言,对身体的关注其实也印证了对个体之经验生活的关注。

---

① 此处的翻译参照了英译本:Galen,"On the Avoidance of Grief: The Question of a Library at Antium", C. K. Rothschild and Trevor W. Thompson, 2012。
② Christopher Gill, 2013, pp.339-394.
③ 因此当盖伦的朋友,一个平时仁慈而且友好、但在暴怒时打踢了他的奴隶的人,向盖伦寻求肉体上的惩罚时,盖伦使用特定的修辞技艺指导其友控制自己的愤怒。结果是,这个朋友不断反思自己,从而成为一个更好的人(参见 Galen, *The Passions of the Soul*, IV)。

尽管对斯多亚派,尤其是爱比克泰德等晚期哲学家来说,真正的自我与在意愿之外的生活在形式上是相隔开的,然而理性之眼却始终要凝视具身性、经验性的个体生活或身体性情境,尤其是各种可能的负面的生活情境。因而它总是关注个体经验生活的情境性、当下性,并从总体上统摄整个生活实践。这从他们的医学式的哲学教育、修身教诲及个人实践中可以得到印证。这尤其体现在塞涅卡对"praecepta"("准则",单数 praeceptum)与"decreta"("原则",单数 decretum)两个概念的讨论中。①

塞涅卡在第94和95封书信中曾专门讨论了"praecepta"与"decreta"两个概念。他在这里所关注的主要问题是:如果我们想通过学习哲学而寻求一种好的生活,那么我们是只需学习 decreta,还是还要学习 praecepta？按照第一种立场,获得德性所需要的唯一事情就是投身于斯多亚哲学的主要信条,即 decreta。decreta 代表了哲学原则,即最抽象、最根本的斯多亚学说。但塞涅卡似乎更赞赏第二种立场。因为只学习斯多亚哲学的第一原则是不够的。鉴于自然没有教给我们每一情境下的合宜行为(Ep. 94.19)以及人在经验、情感上有诸多不足等原因(Ep. 94.32),我们还应详细考虑生活的特定情境对个人的要求,这就需要学习相应的 praecepta。换言之,作为德性的学习者,我们应该从思考各种具体的生活情境中受益:通过思考各种情境下的合宜行动,训练一种对有价值之物或无价值之物的敏锐感觉。塞涅卡甚至设想了一个"导师"的角色:他会在特定情境下给我们以特定建议,例如"这样那样走"(《论恩惠》15.2; Ep. 94, Ep. 95)。② 正像塞涅卡在第71封书信中所强调的:要调整建议以适应于各种情境,情境总是处于不断变化之中(Ep. 71.1)。因此建议不是一种普遍的规则,而是指向特定情境下的慎思与判断(Ep. 71.1)。

不管是塞涅卡笔下的"建议者",还是更广意义上的"贤哲",这些具身形象的树立以及斯多亚哲学家喜从亲身经历出发而现身说法的哲学实践方式,很大程度上使其精神训练活动有了切身的根基。具体而言,斯多亚派通过对"贤哲"行为的描述提供了对可见情境的印象,进而设立了一个使道德学说具体化的道德榜样。一些斯多亚主义者甚至视苏格拉底、第欧根尼为圣贤式的人物而将其标榜为具有生活技艺的人(如爱比克泰德),进而强化人们的关注和理解,并更有效地论说德性的可能性或可习性。尽管他们对于"贤哲"这一具身性形象的描绘并不一致,但这对理解斯多亚道德学说的规劝性和教学法至关重要。正像多尼所指出的,斯多亚派并不承认一种作为行为规

---

① 另参见 DL 7.108-109。
② 相关的讨论参见 Brad Inwood, 2005; Katja Vogt, 2015。

范标准的非形体之物(例如柏拉图式的理念价值论等)的存在,因此他们有必要提出一种有形体的、可见的伦理规则,从而使他们的道德价值观得以清楚地具身化。这种规则要求足够高,以表述一套不可超越的关于道德卓越的范式。因为如果它还有进一步推进的空间,那它就会停止作为一种标准。但同时,它又需要作为一种切实有效的人的活动的普遍标准,为人的生活提供一个明确而且有吸引力的目的。① 这正是贤哲形象的重要性之所在。不仅如此,斯多亚哲学家还常以自己的亲身经历为例②,使自我形象具身化在具有规劝、慰藉意味的哲学著作和哲学教育中。因此斯多亚哲学家经常提及的自我不仅是一种普遍意义上的个体,而且更可能是哲学家本人,即处于当下真实具体生活境遇中的个人。可以说,这种集经验分享与精神指导为一体的叙述伦理也是斯多亚派的实践哲学与古典时期思想的一个鲜明的不同之处。

总之,从斯多亚派的角度看,人作为一种具身的存在,离不开一种具身的生活;哲学既然是一种生活技艺而不单纯是超世的冥思,就必须关心身体,关注个体体验和深入生活情境。这并不否认哲学要注视、关怀和滋养的终极对象是灵魂这个立身之本。另一方面,既然人的生活是具体的、情境性的,那么我们在具体的实践活动中都可以践行哲学、修炼自我。因为哲学作为我们的生活技艺,就是要导引我们从生活的纷杂性中寻觅到自我的一致性和纯粹性。确实,无论是斯多亚派的自我观念还是幸福观念都倾向于向内转,并将自身尽力削薄,以保证自我的独立性和德性的自足性。但他们并没有倡导超脱于这个世界,而是主张积极地投身于现实生活。我们至少同意他们的某些结论和关于人的本性、人的生活的某些事实的思考,并可以沿着他们展开的路向进一步思考如何处理人与具体物、环境之间的关系。这种思维进路可能不是最好的,但是较好的一条。

斯多亚派的形体主义本体论显然又区别于通常所理解的物质主义(materialism),尤其是现代的科学物质主义。如上所论,斯多亚派对人的身体与灵魂的划分更多的是道德的,而非形而上学意义上的。形体性的核心意义在

---

① Brad Inwood & Pierluigi Donini, 1999, pp. 722-723.
② 例如与福柯的立场(被认为在很大程度上将一种具有现代色彩的自我观念以及新的自我塑造实践归于塞涅卡)不同,英伍德在阅读塞涅卡时提到,我们在塞涅卡的作品中读到的是他自己,而不是"自我"。在塞涅卡著作中出现众多"自我"的原因部分在于塞涅卡偶尔会从自己的经历说起,进而使讨论戏剧化。具体而言,塞涅卡本人的形象在其作品中的显现是为了一种作者实践(authorial practice),即自称为"独立的思想者",以自身为榜样或使用具有独特说服力的例证、独特的谈话技术等等(Brad Inwood, 2005, p. 352)。但与英伍德将塞涅卡的自我只视为一种文学角色,进而服务于书信体写作的主张相比,我更愿意在他与福柯之间采取一种折中路线。

于原因性,因此尽管斯多亚派的"灵魂"也是由实在的物质本体构成,但其特性却绝不同于可还原的物质属性。其"本体"(οὐσία, essentia)概念也不同于亚里士多德意义上的"实体"。尽管它有着丰富的物质(matter)内涵——有些斯多亚主义者将其作为质料(ΰλη)的同义词,或至少二者可以互指,大多数斯多亚主义者则将其等同于无任何规定性、不可还原、无生无灭的原始物质(πρώτη ΰλη,卡尔齐地乌斯[Calcidius]290),但它必须依靠主动性原则来激活它,而且二者只有在思想中才能分离。① 不同于现代的科学物质主义观点,斯多亚派认为思想和物质都是永恒的、不可分离的,形体是有生机的,甚至是有智性的。一切存在最原始、最纯净的形式是火,这是一种有形体的本体,它会展现意识、目的和意志。更重要的是,斯多亚派的形体主义是与其神学相融贯的,而不是某种单纯的机械论或还原论。② 因此斯多亚派的世界不是某些机械论的无生命、无内在灵魂和目的的物质世界;他们更关心的不是将身体视为一个可操作的客观物,而是如何使身体在充满生机的世界中服务于一种有德性的生活。

二 修身实践与好的生活

只有以对人自身、对生活的本质和目的的健全理解为前提,人才有可能努力争取并获得一种好生活。在斯多亚哲学家看来,这在本质上是一种修身以求知、修己以利他,并获得最大程度的健康的生活。尤其是在晚期斯多亚派眼中,好的生活既是理论性的,更是实践性的。一个作为训练材料的可训练的身体和作为训练方式的技艺是达致这种生活的基本元素。

(一)修身与求真

总体上,斯多亚派继承和贯彻了苏格拉底的理智主义路线,明确认为德性可教。不仅如此,他们对人寻求自我知识的能力以及理解、管理情感的能力抱有更强、更足的信心,并将自我知识的获得与对他人的知识密切联系起来。相对而言,类似于伊壁鸠鲁,斯多亚派也不相信文化传统对人的根本性

---

① 另参见 DL 7.134 = SVF 2.299, 2.300 = LS 44B, Calcidius 293 = LS 44E 以及塞德利(2011, pp.53-66)的讨论,尽管我不同意塞德利对于斯多亚派物理学的完全二元论(神—物质)的解读。另外,塞德利还提醒我们注意ὑποκείμενον这个概念。他指出,hypokeimenon(此处最好译为"基质"[substrate])有时也与ousia互换使用,大多古代文本用hypokeimenon来命名斯多亚派四范畴中的第一个(In Cat. 66.32-67.2;Enn. 6.1.25-30),但普鲁塔克的文本却似乎将ousia作为第一范畴,四个范畴的每一个都有特定的hypokeimenon(此处最好译为"主体"[subject])(Plutarch, On Common Conceptions, 1083A-1084B)(David Sedley, 2011, p.61, n.23)。

② Christoph Jedan, 2009, p.10.

或先天性作用,而是更为相信自我塑造的决定性影响,因而对心灵的自主性有更强的诉求。尽管他们不否认我们最初的品性结构可能会深受天性、养育和教育的不良影响,进而不能成就真正的自己或有德性之人,但这恰恰成为我们学习德性知识的动机之一。毕竟自然已经提供给我们充分的理智资源,给予我们机会塑造自身的人格与情感。

在斯多亚派看来,邪恶是对事物的无知,而德性则是拥有相应的知识(DL 7.93)。但这种知识是关于流变世界之经验现象的具体认识;所谓无知则更多的是指人的信念、判断和欲求能力的一种病理学状态。相对而言,早期斯多亚派对于知识与德性之间的一致关系更加坚定不移,着力强调知识对于好的生活的价值。但这一观点在晚期似乎有所变化。例如塞涅卡更强调人的看法而鄙视辩证法中的三段论,从而弱化了这种知识与德性之间的严格一致性。① 爱比克泰德更是批评那些醉心于三段论论证,而不真正切身进行哲学实践的人(Diss. 2. 23. 44-6)。然而与其说晚期斯多亚派不重视逻辑推理,不如说他们更强调逻辑能力需要人的实践活动来训练,并最终服务于实践活动,即训练有道。例如爱比克泰德就要求学生早起出门观察各种"身体",想象各种情境下的身体,尤其是处于非正常状态下的身体,从而审查我们的印象,锻炼自己的判断(Diss. 3. 3. 14-16)。对他来说,在人身处的感性世界这个训练场中,身体越是处于极端危险和痛苦状态,就越是对哲学家的考验。这不仅因为治病经常是伴随着痛苦的,而且还因为在日常生活中,肉体层面的身体与自我经常是陌生、疏离的,甚至有时是对立的:某些特殊,甚至是疼痛的体验,反而促使我们从外部世界转向个体自身,在这种特殊的感受中重新思考真理和倾听生命。它不一定最真实,但可能最真切。这正是为什么往往是处于病疾和匮乏状态中的人更深刻地体会到生活的某些真理的原因之一。这个真理与宗教、神话故事无关,它们是活生生的、切身的体验。②

如人们熟知的,斯多亚哲学中的物理学和逻辑学最终都是服务于伦理学的,而这一点在主要专心于伦理学的晚期斯多亚派中更为明显。他们真正地将思辨哲学与实践哲学,或者说将求真与修身联系在一起。对他们而言,知识就是一种直接地源于生活,并可以服务于至善生活的伦理性知识。这种知识可以通过引导、打磨人的存在方式和状态而形成一种对于个体的特定的自我知识。借助这种自我知识,一个人可以诉说他在生活中所感觉的和所经历

---

① 参见相关讨论:J. M. Cooper, 2004, pp. 314-320;Katja Vogt, 2015。
② 当然这些状态下的身体毕竟是非正常的,如果长期处于这种状态而无所觉知或将这种状态视为身体的本真状态,那实际上也从反面凸显了身体、心灵上的某些病兆。

的①,并且成为他所想要成为的。因为更重要的不是自我知觉印象的对错,而在于人的理性能力是否能对这种知觉做出恰当的反应。

当然真正的修身对象是自己的印象、意志和判断力。如我们已经讨论过的,斯多亚派认为激情产生于我们对心理印象的错误解释和对经验的错误表述,其具体表现就是混淆自我之物与非我之物之间的边界,尤其是将中性之物中的可取之物当作善事物来追求,从而导致身心状态的扰乱。那么身体所扮演的角色,就是训练人的表象能力,即通过将身体表象为中性之物或不可控之物,明晓身体之所是,乃至人之所是。总之,斯多亚派所言的真理是一种实践性知识,需要自我在现实的生活日常中不断加以训练和检验。而学习真理的目的也是为了实践,以在应对生活变幻的过程中维持一种艺术的生存。通过日常性的训练,久而久之,一个人就会使行为习惯化,逐渐使哲学原则或教义固化为灵魂的品行,从而逐渐改变灵魂的张力,进而改变自身行为。斯多亚派对知识的力量以及人获得知识的能力的确有巨大的确信,但这种能力的获得离不开身体性实践,而这种实践过程本身又是自我塑造、自我主宰的过程。显然,如福柯所指出的,这种思路是与笛卡尔的真理观点具有巨大差异的。后者总是设法将真理寻求与身体性塑造分离开来,"我可能是非道德的,并且知道真理"。② 而对于斯多亚派来说,不改变恶的生活和行为方式则无法获得知识,伦理则是一种身体性实践的结果。个人需要通过实践来检验他是否有一种坚定的德性,并从这种不断锻炼的求真过程中得到发展、进步,以在变动不居的世界中保持我的一致性。当然自我知识毕竟是有限的,这就需要个体对自我的认知界限有清楚的认识,并在自我知识的使用上谨慎而节制。③ 尽管斯多亚派对人的界限或者说人的理性的界限有着清醒的认识,但他们又始终强调自我塑造和理性训练的永恒性、无限性。而且,这种训练始终是在自我认识的基础上,在自我可控之域的一种向内用功。更重要的是,这种实践性知识无非是关于人的知识,是从关于人性的基本事实以及人体的功能和结构中得出生活的行为规范。因此德性与人的结构和功能相关,道德必须建立在自我知识的基础上,并最终服务于这种人的目的。要想获得人的持久健康,规范身体与自我的关系是至关重要的一点。它不仅影响着自我关系,而且还影响自我与他者、个体与神或自然的关系。而且与自我关系密切相关的交互性关系的规范化也是建立在人的本性自然基础上的。如英伍德所言,在斯多亚派这里,那个大写的"自然"不仅是造物主,而且是一切行为

---

① Lok Wing-Kai, 2011, p. 85.
② 米歇尔·福柯:《主体解释学》第二版,第404页。
③ 石敏敏:《希腊化哲学主流》,第113页。

规范,进而使人获得道德健康的标准,即伦理学基本的参照点。① 在这个意义上,是与应该之间的横沟是不存在的,心理学事实与伦理学事实是相通的。

(二) 修己、自爱与利他

这样一个论题其实对斯多亚派而言很陌生,因为正如我们反复强调的,他们很少将自爱与所谓的"利他"(该词也并不适合描述古希腊伦理学)对立起来,进行某种"义利之辩"。对他们而言,关心与利益都是自我指涉的(self-referential)或自我导向的(self-directed)。自爱是唯一的源头:真正的自爱,即自我掌控和对自我结构的认识与关心,会自然地发展出对他人及其利益的关切,而任何对他人利益的关切总是蕴含着对自己的关心。在修身实践中强调身体的参与,最终目的也是为了转向对自我的观察与认识,检省并改善自我的心理状态,并使自我受益于这个过程。这种对自我身心状态的认识、反省和检验,表明斯多亚派所主张的首先是一种面向自我的生活,即关心自我。按照爱比克泰德的阐释,"关心"(*parakolouthein*)的含义综合了"理解""意识到"和"反思"三种意含。② 这一精神要义可以说是斯多亚派对苏格拉底遗产之继承的一种集中概括。

但关心自我并不单纯是一种个体性诉求,而且还表现为一种集体性实践,一种为蕴含公共价值的集体生活而做的准备。尽管将自我作为伦理实践和关心的对象,将自爱视为与自然相一致的行为,但这并不意味着斯多亚派哲学不关心公共生活,即仅仅驻留在自我反思的内心城堡中。恰恰相反,在希腊化时期众多的哲学流派中,斯多亚派可以说是最具有共同体视野和公共关怀的。而且他们较好地将自我与他者、自我的生活与共同体的生活、哲学的生活与公共的生活自然地联系起来。或许最为集中体现斯多亚派这一思想的仍是上文多次提到的"οἰκείωσις"理论。"Οἰκείωσις"所暗示的将他者融入自我的过程是通过认识到自我与宇宙、他人具有同质性(即"理性"),自我的福利与所有其他人的福利相关联而实现的,它自始至终都体现着自然的要求和安排。最初的"οἰκείωσις"不仅包括对自我的身体部分的感知,而且还包括对世界的感知。因此这种感知既从属于世界的一部分,也是自我的一部分。换言之,最初的"οἰκείωσις"不仅使人亲近自身,而且使人亲近符合人的自然需要的一切事物(*Fin*. 3.21),尽管对自身的亲近始终是圆点、核心。通过感知、认识和理解不断向外扩展的圆,个人不仅开始感觉到对他者的情感,而且还使他者成为自我和相关认同圈的一部分。因此这个寻找和实

---

① Brad Inwood, 1985, p. 209.
② A. A. Long, 2004, p. 175.

现个性认同的过程本身就可将个体带入与其他人的良好关系。① 柯费尔德（G. B. Kerferd）评论道，"οἰκείωσις"代表着一种基于自然的两个基本面向：一是向内看，这一面向关涉的是事物与自我或其品格之间的关系，表征的是一种自我关系（personal οἰκείωσις）。另一面向则是向外看，主要涉及的是自己与外在世界的关系，以及人与人之间的纽带，表征的是个体与社会的关系（social οἰκείωσις）。② 但在我们看来，这两个面向其实同属一个过程，即只有一种οἰκείωσις；οἰκείωσις随着人的结构（σύστασις）的发展、健全而逐渐从自知、自爱中培育了社会正义，即真正弄清什么属于我，什么不属于我。③ 学习并最终拥有、实践这种信念本身就是一种进行哲学修习，获得某种生活真理的过程。④ 而欲将自我保护的首要冲动解释成一种维护正义的有益意向，则需要运用意志和理性。以人自然的生命发展为基础，最终借助于被斯多亚派称为"匠师"的理性，"οἰκείωσις"就可以逐渐发展出公共性的一面。

与斯多亚派所惯用的整体—部分框架与医学之喻相一致，斯多亚哲学家还喜欢用身体之喻来说明人与公共性生活的这种关联。如同西塞罗所记述的：

> 人与人之间的相互吸引也是某种自然的东西。所以，一个人是人这一事实就使得另一个人有责任将他不视为异在的。就像身体的一些部分，如眼睛和耳朵，只是因为其自身而被创造，而其他的，例如腿和手，则是为了服务于其他部分的需要；所以，有些庞大的动物仅仅为它们自己而被创造，而……蚂蚁、蜜蜂和鹳鸟确实也为其他生物做一些事情。人类的行为在这方面更亲密地结合在一起。因此我们天生就适应于组成联盟、社团和城邦（*Fin.* 3.63 = LS 57F2）。

爱比克泰德则强调，像手脚服从于整个身体的需要一样，人应该服从于整体的需要。因为脚离开身体就不再是脚，而人如果与其他人相分离就不再是人。个人关注身体方面的价值是自然的，但是为了整体却有时可以自我牺牲（*Diss.* 2.5）。因此作为人的自然构造之特点，人的理性与整体性本身即隐

---

① G. B. Kerferd, 1972, pp. 195-196.
② Ibid., p. 185.
③ 如塞得利（David Sedley）所言，通过以神性的理智作为人类理性的共同起源，模糊自我与他者之间的界限，斯多亚派在某种程度上可以应对如何由"οἰκείωσις"发展出正义所面临的困难。可参见 David Sedley, 2002, p. 240。
④ 根据现有的文本资料，可能是从克吕西普开始认为，正义观念是逐步从"οἰκείωσις"中分化出来的。

含着实践上的规范性。无怪乎塞涅卡将对人的这种社会面向视为一种相关于己的自然义务。这种义务始终是属己、为己的。有趣的是,他还将希洛克勒斯的同心圆理论做了一种反向演绎:任何人需要做的是应该对其他人有用;如果可能的话,对许多人有用;做不到就对少数人有用,再做不到就对最亲近的人有用,还做不到就只对自己有用(《论私人生活》3.5)。神赠予人脆弱的生命两种东西,使其变得最强壮,即理性和友谊(《论恩惠》4.18.2)。人的理性的完美自然地就是一个整体。在普遍人性(universal humanity)的层次,一个人与另一个人的关系是神圣的(homo sacra res homini)(Ep.95.33),因为理性存在于每一个身体之中。如果一个人要为自己而活,他亦当为自己的近邻而活。由此塞涅卡将朋友和普遍人性联系起来:当一己之爱恰当地建构起来时,人同时就会承担起社会责任。①

因此对于斯多亚派来说,人不仅是理性动物,而且还自然地是社会动物。技艺的学习和训练可以使这些人性本能得以释放和发展,而且人的社会性是从对身体、继而对后代的爱逐渐发展出来的:人的自然情感(φιλοστοργία, natural affection)从孩童时开始发展,最终可延伸至任何获得理性的人。因此从关心自我到关心他者的过渡是自然的;人的自然发展过程最终可以将人引向一种道德意义上的有德性的生活。判断一个人是否具有德性的首要因素不是他是否对他人有益或对社会有用,而是他能否按照人性自然,出于与宇宙自然相一致的意图而行动。以整体—部分架构为基础,斯多亚派坚持认为:人、万物,乃至整个宇宙都关心自我利益,而且这些自我利益与宇宙整体的利益在根本上相一致(Diss. 1.19.11-15,2.22.15-16;cf.1.14.7)。由于人自然地是社会动物,或者说人与人之间的交往是本己的,而孤单则是异己的,人可以出于自然本能而关心别人。因此关心自我的实践不只是一种以自我为中心的实践,而且还同时是一种为关心他者所做的准备。但对他者的关爱始终蕴含着一种自我指向,而关心自我最终导致一种能够保持共同体完全正义的知识。个体是具有意志自由的个体,但又始终内在地与整体相连结。从另一个角度看,人在共同体中、在他者的包围中总是承担一定的角色,这种角色可以具身化为各种责任,这些责任又体现了人的具体状态、出身、环境、选择情境。通过承担各种角色,完善人格的这个过程,一个人就可以充分理解心灵之外的东西(例如自己的身体、后代、朋友、其他人、世界的其他部分、作为整体的世界等)与自我处于一种怎样的身体性关联

---

① 但塞涅卡对于友爱与德性的说明并非是完全一致的,因为他在书信 9 中也说道,贤哲即使没有朋友也能过一种好生活,因为"最高善不渴望外在的工具"(Ep.9.15-16,格雷弗和朗译)。

中。进一步来说,也只有理解了人与世界、人类共同体之间的肉体关联,个人才可以借此体知到由"οἰκείωσις"发展出来的各种外在面向,即人对于他者和人类整体的责任。一个人如能在公共生活和私人生活中维持这种平衡,就真正地提升了自己的心灵状态(或自我),同时又真正地遵循和实践了"οἰκείωσις"原理。

由此可见,斯多亚哲学家与古典时期哲学家展现公共关怀的方式是有所差异的,尽管他们都是在自我指涉的基础上强调人的社会性,而且斯多亚派的"οἰκείωσις"学说显然是承继了亚里士多德伦理学中的"φιλία"思想。① 简单说,亚里士多德是试图诉诸政治安排来改造社会环境,因此在他的思想框架中,与共同体和交往关系相关的正义德性是德性的整体,外在善对于幸福虽是辅助性的,但是必要的。相比之下,至少在表面上,斯多亚派,尤其是晚期斯多亚派,似乎一方面关注社会现状如何影响个体的情感、欲望和思想,另一方面又疏于诉诸改革社会制度来治疗灵魂疾病。然而实质上,他们并不是不关心社会正义或无视社会健康对个体健康的重要作用,而只是在新的政治环境和游戏中,更加强调政治中的人如何通过自我定位和自我控制而全力履行职责。因为在他们看来,这才是政治活动的根本要素。而当这种对自我的关注与主宰受到复杂、多变的政治环境的阻挠,以致扰乱心灵的宁静时,个体就应从中适时脱身,通过诉诸自身而反作用于社会,以内心映照整个外在世界。因为政治身份毕竟不是"存在方式的本来标志"。② 与此同时,他们也看见社会、文化对人格品性可能产生的不良影响,因而试图通过追寻德性,包括对德性的理解和展示来建立新的自我和自我意识。纵观古今,身体性欲望及其派生物往往既是某些政治的对象和目的,又是其牺牲品和筹码,反过来这些政治又给身体以及心灵、理性带来了严峻考验。或许对此有深刻洞见的斯多亚哲学家也是在借助一种同样追求幸福自由但无需官职、荣耀加身的高贵的心灵政治,来传达对各种政治谋划和权力斗争的超然态度。对他们而言,源自社会(制度)的疾病固然构成个人某种本体论意义上的宿命,但个体不是必然地要屈从于这种价值系统——真正的抵制之法和解救之方在于转向自身,通过关心自己的灵魂状态和对自我行使一种不受外在威胁和奴役的权力,而努力去适应、改变不安全、非正义的社会。

不仅如此,斯多亚派还基于一种从身体视角出发的宏大的宇宙视野,强调哲学对于世界的改造作用,从而使其视阈远远超出了古典时期哲学家所重点关注的城邦生活。因此对斯多亚派来说,任何世界之事都可呈现为我的印

---

① 于江霞:"自爱与他爱是一:论斯多亚派οἰκείωσις观念的内在一致性",2018。
② 米歇尔·福柯:《性经验史》,第368页。

象,我可以通过我的心灵,甚至他人的心灵世界而改变整个世界。这样,世界的政治就是我们的地方性政治、我们的心灵政治,我们的哲学或思想则是整个世界的哲学或思想。通过在这样一种政治生活中寻求好的生活方式,我们同时也是在对周围的人们做有意义之事。塞涅卡曾以十分感人的论调论及这一点。在他看来,退回哲学,其实是选择了一种在世界中的生活。因为通过学习、教授和写作哲学,我们可以超越空间而帮助一切人。因此哲学的研究、学习是有益的。它对他人有益,对我们共同寓居的这个世界上的共同体有益(《论私人生活》3.4-4.2)。

总之,在一种斯多亚派的视野下,人所处的世界是个物质的但充满灵性的世界。作为神的艺术作品,人应该利用其特有的技艺和内在的艺术潜能保护和发挥自我内部的神性。通过仿效神、服从神,即遵循人的本质和目的,人就可以最终把自我打造成一件最健康、最好的艺术品,从而替神照料好自己。这就再次确认了古希腊哲学的永恒主题:获得德性和过一种德性的生活是最根本、最高的目的。而其基本路径就是时刻照管好自我,顺应自我的自然,最终与自我建立一种恰如其分的关系。当然以一种薄的自我概念或道德化生活为基础,斯多亚派的很多具有较强反直觉性、略带悲情色彩、陈义甚高的哲学观点看似存在很多困难,从而很难为古代人,更毋宁说被现代人所理解。尽管强调人的生活世界的物质性,但他们似乎有些低估和简化了人倾注众多情感、心力的外在之物反过来对人的心灵和生存状态微妙而深刻的影响,而其依赖于自然哲学和神性论的幸福观念更是很难为现代哲学所接受。另外,斯多亚派的治疗哲学进路虽重视肉体训练,但似乎未曾真正地涉入生理性治疗①,然而激情恐怕不是仅凭哲学或理性就能得到根本治疗的。与之相关的是,尽管斯多亚派在某种程度上赞成《蒂迈欧》中对人体构成的讨论,但除了波西多尼等极少数的斯多亚主义者,曾对知识的可能性进行过强烈辩护的斯多亚派对在实践中获得关于自然具体现象的科学理解仍然持一种相当模糊的观点。因而他们并没有达到像早期自然哲学家,以及柏拉图、亚里士多德等人那样的关于生理学人体的研究成就。② 这就使得本来就显得有些牵强的关于宇宙秩序与人类价值之密切联系的学说显得更为苍白。或许对斯多亚派来说,解决身体脆弱性的根本问题是使身体的脆弱性不再是问题,最终路径则是训练我们的心灵,我们的生活技艺;任何科学知识总是要服务于伦理学的。尽管人们对相关于身体的技艺,尤其是医学的学习和探索从未停止,但斯多亚派对身体与技艺及其相互关联的论述,或许可以更富潜力地解

---

① L. C. Becker, 2004, p.255. 这一点主要由当时的医学加以补充。
② Michael Frede, 1987, p.230.

决今天很多围绕身体的"技术问题";其关于修身技艺对于人的生活意义的论述,对于今天的技术化生活,尤其是技术与身体之间的关系,仍具有重要的启发意义。

第五章 技术与塑身：
从斯多亚派治疗实践说开去

正如上文已指出的，通过将一切存在之物定义为身体，视哲学为一种治疗的技艺，并在修身实践中将可作为宇宙和灵魂之类比物的人的肉骨形体展现为中性之物，斯多亚派很好地突出了身体在关心自己的伦理实践中的重要作用。对他们来说，技艺一开始就与人的本性及其生存联系在一起，人的生活本就是一种技艺性生活。需要身心勉力的哲学探索与实践总是以这种生活为素材，并服务于这种生活。在其目的论的宇宙观和形体主义的本体论视阈下，脆弱的肉骨形体是不可能被单纯弃绝或无限推崇的。因为人的肉体既非真正的自我或自我的牢狱，也不仅仅是灵魂的工具或寓所，而是一种进行哲学修炼，以医治激情、孕育德性和获得幸福的质料。然而，如果这种身体观被过分扭曲，人的肉体与作为内在形体的灵魂在存在意义上被绝对地置于两个对立的世界图景中，或者被某种自认为已经揭开生命本质的意见或"科学"绝对地简化和还原，身体与灵魂的内在平衡关系就会被打破，身体塑造与灵魂修炼之间的密切关系也会随之被扭曲。从社会学和人类学的角度看，对身体的认知和描绘又直接关涉着知识话语和社会权力将设计何种技艺来修饰、锻造、治理身体，以使其顺利地嵌入特定的社会历史和文化结构。总之，如果技艺不再服务于人的具身性生存，或者说当身体的塑造不是在自我教化中依靠德性这种生活技艺的打磨，而是单纯依靠以肉体为对象的外在技术的修饰（不管基于何种目的），身体和技艺的关系以及它们各自的性质也会随之发生变化。而身体与自我的关系也将会呈现单面化：身体或是成为社会规则规训的对象，或是沦为某种生产规划的工具，抑或是被放大为生活意义的全部寄托。透过医学之喻，追踪医学与伦理学的关系的变化，我们可以较为清楚地勘寻到这种历史的变迁。

第一节 技艺与身体及其关系的演变

技艺与身体之间的关系是不断演变的。这种变化可具体表现在身体在哲学讨论和实践中所扮演的角色上,也可表现为日常中人们对身体的感知体验,以及各种技艺对身体的形塑方式等方面。从术语上看,自文艺复兴和启蒙运动以降,随着艺术与技艺的相互区分①,现代"技术"②概念逐渐从古代视野下的"技艺"概念中分离出来,身体与技艺之间的关系更是发生了重要变迁。③ 技艺不再主要涉及制作的专门知识或对真理的揭示,而是作为一种生产手段,成为物化到最终的产品之中的东西④,进而隐约地显示出一种本末之间的逆转。为了更好地保持讨论的连续性,我们不妨在透过一幅更广阔的图景来展示这种转变之前,总体上对斯多亚派技艺观念的历史与社会影响进行某种大胆的探索与考察。

一 斯多亚派的"工匠精神"与尊重身体

对于在"工匠精神"备受国人推崇的当下,古希腊的τέχνη思想与文化在这一方面的贡献似乎并不可观,甚至乏善可陈。众所周知,希腊人一开始就区分了人文技艺和粗俗技艺(尽管人们更为熟知的是拉丁术语"*artes vul-*

---

① 尽管技术与艺术的关系不是本章讨论的重点,但值得说明的是,无论是东方还是西方,技术与艺术在早期都是不相区分的。在西方,二者的分离似乎开始于文艺复兴。尤其是经过康德、黑格尔等哲学家对自由,非功利,具有情感性、创造性的艺术和具有实用性、工具性、模仿性的技术的区分后,这种分化日趋明显。

② 根据韦氏词典,技术(technology)这个词是在1829年引入英语,来源于两个希腊词汇"τέχνη"和"λόγος"的结合,即指"理性的或合乎逻各斯的技艺"。具体的,它指"将知识运用于人类生活的实际目的,改变和控制人类环境。技术包括材料、工具、技巧和能源的运用,以使生活更为简单、愉快,使工作更富成效。科学(science)关涉事情如何和为什么发生,技术(technology)则关注的是使事情如何发生"。《牛津英语词典》则认为是理查德·弗朗西斯·伯顿(Richard Francis Burton),一个维多利亚时代的探险家和《印度圣经》(1883)、《一千零一夜》(1885)等的翻译者,在那个时期重新杜撰的这个词(Oxford English Dictionary, technology, 1b),其意为"关于一种或多种艺术的话语或论述;对实践的或工艺美术的科学研究"(Oxford English Dictionary, technology, 1a)。参见 http://www.compilerpress.ca/Competiticeness/Doctoral%20Papers/Metaphysics20%of%20Technology.htm#The%20Metaphysics%20of%20Technology./2011.2.8. 从现代技术发展史的角度看,前者的解释似乎更符合事实,虽然后者的解释更接近古典意义上的τέχνη概念。

③ 美学意义上的身体与艺术之间的关系并不是本文讨论的重点。这里主要是从伦理学角度探讨应该如何利用技艺对待身体,尽管我们不否认一种美学伦理的存在。

④ 此观点受益于与廖申白教授的讨论,在此表示感谢。

gares"与"artes liberales")①,这似乎体现了精英阶层对体力劳动的蔑视和对心智活动的推崇。因此人们对古希腊的普遍印象是,那是一个崇尚理智,并将闲暇(schole,西方"学术""学校"之起源)视为理智和政治活动的基本条件,甚至是一种生活方式②的时代;一切与体力劳动相关的活动在那时都被视为"受苦",因而受到哲学家、贵族和自由民等有闲阶级的鄙视。③ 因此崇尚健美的古希腊人将赫菲斯托斯(Hephaestus)这位唯一从事工艺的工匠之神(又称火神、锻造之神、砌石之神、雕塑之神)塑造成一个跛脚的丑八怪,也就不足为奇。由于不能从古希腊思想中轻易地提取出某些专属于工匠的"精神"或清晰的德目表,很多学者虽在客观上承认工匠阶层对古希腊城邦文明的繁荣进步做出了一定贡献,但大都判定当时社会对工匠阶层充满了鄙夷和排斥,工匠"被当作与奴隶、战俘、劳役一样任由主人驱使的劳动工具"。④ 有些人则完全脱离古希腊的思想背景而将工匠仅仅理解为一般意义上的体力劳动者,进而将当代中国培育工匠精神的全部意义归结为提高中国制造及其产品质量或培养从事传统工艺的能工巧匠。

我们认为,以上关于古希腊思想中的"技艺"和"工匠"的各种观点都有失偏颇,更没有触及其背后的深层原因,而这正是导致人们对工匠精神的理解过于偏狭、机械的重要根源之一。实际上,如前文所述,在其关涉人神的错综复杂的思想世界中,古希腊人不仅就技艺与闲暇、技艺与德性(包括亚里士多德意义上的道德德性与理智德性)、技艺与科学等关系的本质提出了独到见解,进而为技艺之善用如何可能这一难题提供了有益思路,而且通过揭示工匠与其技艺之间的复杂关系而为我们在现代意义上理解和实践工匠精神提供了诸多启示。在这方面,可以说斯多亚哲学虽贡献巨大但易受忽视。这里将主要以斯多亚派的思想资源为背景,从哲学角度考察工匠与知识、工匠与德性之间的逻辑关联及其展现的悖论,以及这种悖论的可能化解之道。当然在专门讨论斯多亚派之前,有必要再次回到柏拉图和亚里士多德,以尽可能连续、清晰地展现问题的核心症结。

(一)柏拉图:工匠与知识

众所周知,柏拉图最早比较系统地阐释了τέχνη概念,而且有趣的是,他的相关说明、论证依赖于大量的技艺类比。究其原因,其中重要一点就是主

---

① 盖伦曾对此进行了最为完整的划分(Protr. 14),并常为后人广泛引用。另参见 Cicero, De Officiis 1.42, 150。
② Goodale Thomas & Godbey Geoffrey, 1988, p.11.
③ 靳希平:"西方文化史中的休闲(schole)与学术(scholarship)——一个西方语文学资料的简单译介",2016。
④ 李宏伟、别应龙:"工匠精神的历史传承与当代培育",第56页。

要用来指代"技艺"的希腊词"τέχνη"和拉丁词"ars"含义十分广泛,兼有"手艺"和"艺术"等义。相应的,古希腊词 technites(τεχνίτη),拉丁词"faber"或"artifex"可同时用来指一个有技能的普通劳动者和艺术家。① 按照柏拉图的观点,人们总是根据技艺的作用对象或题材来定义技艺(于是出现了医学技艺、修剪葡萄的技艺、军人的技艺、乐师的技艺、牧羊技艺、航海技艺、书写技艺、吟诵技艺,爱的技艺,说服技艺、辩证技艺、建筑技艺等等),但不同技艺与知识之间的关系大有不同。

与对技艺的宽泛理解相对应,古希腊人坚持一种极具包容性的工匠观点。工匠不仅指代一部分人,而且还指代一部分神。就柏拉图而言,他不仅在《蒂迈欧》中杜撰了"δημιουργός即神"(理智的人格化)这一用法,而且还用δημιουργός来指代一般意义上的工匠(Rep. 599 d-e)。② 更关键的是,他已经开始使用人是自己品性方面的工匠(δημιουργὸν)这一说法(Rep. 500d4-8)。③ 如塞内特(Richard Sennett)观察到的,dêmioergos 这个复合词(由"demios,公共的"与"ergon,产品、结果"构成)在古希腊早期赞美诗里恰恰被用来指代"工匠"。这也可以体现出工匠在当时大体接近于中产阶级的社会地位——相对于占少数的有闲贵族和占多数的有技艺、技能却无法因此获得政治承认或权利的奴隶。④ 其复数"δημιουργοί"指代极为广泛:不仅包括陶工、瓦匠、木匠,而且还包括传令官、预言家、画家、医生、立法者和管理者等。相应的,技艺的产品并不局限于物化之物,尤其是与思想相对的实物。

古希腊的技艺和工匠观正是古希腊人生活态度的深刻体现。他们相信某种工匠的价值与精神是所有人赖以生存的东西或每个人要过好生活的基本条件。借此,一个人才能获得德性,进而拥有一种幸福或繁茂的人生。这在柏拉图作品中大量的技艺类比以及由此所揭示的技艺与知识(德性)之间的亲密关系中可见一斑。技艺也并非是一小撮人的专利,而在某种程度上是所有人都必须具有的某种知识和能力,甚至智慧(σοφία)。

究其根源,古希腊这种包容性的技艺观和工匠观与其对技艺的理解密切

---

① Michael Gagarin, 2010, p. 312.
② 当然,这只是一种非常粗糙的说明。更深入的问题,尤其是《蒂迈欧》中的δημιουργός与理念、技艺及其产品之间的关系,或者说δημιουργός之为工匠的内涵与意义,可参见以下相关讨论:T. K. Johansen, 2014, pp. 297-320; S. Broadie, 2012。
③ 例如在《理想国》中,就有"一个在自制、正义和所有普通公民德性方面坏的工匠(κακὸν δημιουργὸν)"(500d4-8)这一说法。另可参见亚里士多德:《政治学》1329a2(ἀρετῆς δημιουργόν)。
④ Richard Sennett, 2008, p. 22.

相关。对希腊人来讲,技艺不在于制造东西的过程,而在于(或更在于)知道如何制造东西,是"知的那一刻"。因此技艺是在人的心中,而不是在对象中。这也是技艺与经验的重要区别所在。在柏拉图的作品中,就"手艺""艺术"和"科学知识"这三个τέχνη的基本定义而言,某种意义上可以说"科学知识"(ἐπιστήμη)这个翻译最为接近。因为只有后者才揭示了产品是按照何种知识生产出来的。作为一种面向生产的技术性知识或工具性知识,技艺的产品不同于自然的产品,也不同于由运气而造出的产品。尽管作为知识的技艺(τέχνη)与作为知识的知识或科学知识(ἐπιστήμη)有所差异,但二者在很多对话语境中都可互换。有趣的是,由于工匠之神赫菲斯托斯与智慧、技艺之神雅典娜(Athena)的密切关系,二人不仅共享赫菲斯托斯神庙(Hephaesteum),而且还时常被置于一起谈论。无怪乎柏拉图在《克里提亚》关于亚特兰蒂斯神话的描述中,特别地将雅典娜与赫菲斯托斯密切地结合在一起,因为"他们对于知识和技艺的双重之爱将它们导向同样的目的(109c-d)。"

然而,也正是由于技艺在古希腊的这种强知识性特点,作为实践主体的工匠与其技艺或其作品之间天然存在的某种分离趋向被很多思想者无意或有意地放大了。例如从目的论的角度讲,尽管在当时专业化趋势已经比较明显,但柏拉图一直强调的是某种技艺的对象,而非某种工匠的对象(在柏拉图对话相关讨论中,很少有人同时具备几种技艺,尤其是同时具有艺术与工艺,甚至是同时具有几种工艺)(*Rep.* 423d)①;他强调的是专家的知识与技能,而非一般工匠的制作活动。认识到这一点是至关重要的,因为这部分地暗示了技艺运用之两面性以及当时工匠社会地位不高的现状与原因:工匠很难获得真正的技艺知识本身,即成为本领域的专家(尤其从柏拉图的理念论角度讲);更重要的是,技艺产品的卓越不等于工匠本人及其生活的卓越。就像后来普鲁塔克谈到的:"没有一个出身好的人,在见识了比萨的宙斯或阿哥斯的赫拉之后,会希望成为菲狄亚斯(按:Phidias,古希腊雕刻家,下同)或波留克列特斯(Polycletus,古希腊雕刻家),或成为对自己的诗歌感到满意的阿克那里翁(Anacreon,古希腊诗人),腓力门(Philemon,古希腊诗人)或阿尔奇洛克斯(Archilochus,古希腊诗人)。因为一件作品可以以其魅力引诱我们,但却无法迫使我们将其制作者视为一个模范"(《伯里克利》2.1-2.2)。依据这种理解,我们会欣赏某些雕刻家的作品,但却不看好其卑微的社会地位和忙碌的生活;我们会赞美赫菲斯托斯制作的神器,却不钦羡其本人的样貌和他在众神中的边缘化地位。后面我们将更清楚地看到,这一点在亚里士

---

① 另参见 *Rep.* 407e-408a。

多德那里似乎更为明显。

(二) 亚里士多德:工匠与德性

既然技艺的含义与工匠的构成如此广泛,那么在进行相关讨论时恐怕就要进行具体的划分,尤其是在纵向上将处于不同知识水平的工匠区分开来。因此承继柏拉图的相关讨论,亚里士多德在《形而上学》中区分了技师(τεχνίτης)和仅有经验(而无技艺)的人、大技师(ἀρχιτέκτων)与一般工匠(χειροτέχνης),并认为:

> 各行各业的大技师比工匠更受人尊敬、懂得更多,更加智慧,因为他们知道做事情的原因(工匠们像某些无灵魂的东西,他们做事情,但不知道做的是什么,例如火的燃烧;不过无灵魂的东西按照某种本性来做着某件事情,工匠们则通过习惯)。大技师所以更加智慧,并不在于实际做事情,而是由于懂得道理,知道原因(981a30-b5)。①

也就是说,这里的根本不同在于,技师工作依靠的是理性,工匠则依赖于习惯(ἦθος)。在此基础上,盖伦后来对技艺进行了更为精细的划分:追随幸运女神(Τύχη,Fortune)的人过着混乱、不可预测、理性基本上缺位的生活,而追随赫尔墨斯(Hermes,信使之神)的人则投身于高雅、理性的艺术,从而与不太吸引人的纯物质的、机械的,且主要锻炼的是身体而非心灵的技艺区分开来(尤其是 protr. 3-9)。

我们在前面已经提到过,亚里士多德总体上将 τέχνη 作为一种低级理智形式(相对于理论理智、实践理智),并在一种相对窄化(尤其与柏拉图相比)的意义上使用该词。然而,亚里士多德对工匠的划分(即承认某些工匠具有智慧)和将技艺作为一种低级理智的判断使得相关讨论更加复杂化了。

例如,有些古典学者,如缪尔(G. R. G. Mure)、布罗迪等人试图指出亚里士多德的技艺概念,尤其是其分离技艺与工匠的倾向所带来的内在困难。缪尔批评了亚里士多德的技艺概念的不真实性,指出亚里士多德在抽取、思考个人道德行为的基础时,过分强调了道德行为与技艺的差别。② 布罗迪也强调亚里士多德技艺概念的"虚假抽象性":亚里士多德并不关注工匠的德性,他甚至将工匠降低为相当于其技艺的一个功能的地位;他否定工匠作为行动者(actor)的地位与技艺作为实践(praxis)的地位(尽管技艺其实也涉及理性选择和被正确的逻各斯所决定的手段③),technē 或技艺这种理智德性仅仅指

---

① 亚里士多德:《形而上学》,苗力田译,第2—3页,略有改动。
② G. R. G. Mure, 1932; Kelvin Knight, 2007, p. 22.
③ Sarah Broadie, 1991, pp. 181-185.

生成的产品或作品的优秀,而非正在工作着的人的优秀。① 这就造成了生产过程与生产者的相对疏远。工匠作为生产者的德性仅仅在于对再生产的某种形式与双手活动进入生产过程的一种习惯化的感性理解,而且这种习惯化在亚里士多德看来是卑劣的。② 因而他将这种习惯化与塑造品格的有德性的行为的习惯化明确区分开来,或者说仅承认二者存在着某种类比关系。

与上述立场相反,查尔斯(David Charles)等很多论者则从亚里士多德对大工匠与一般工匠的区分出发,试图维护亚里士多德在技艺活动的认知状况方面的深刻性。查尔斯认为,那些大工匠显然不是依赖于习惯与经验,而是基于对作为他的原材料的自然实体的真正知识;他们理解自然种类和真正的普遍性概念,并能同时提升技艺和人类知识。③ 但他也通过分析不同目的(para ends, allo ends)而指出,一个行动(即实践活动)的结果可以不同于(allo)该行动,但不外在于(para)于它。④ 相对而言,技艺活动则只是分离于和外在于(para)它们的目的。里夫(C. D. C. Reeve)虽不同意查尔斯将行动视为一种不是为了外在的(para)活动的进一步目标而被选择的活动子集的观点,但他也依类似分析框架指出,亚里士多德可能会同意一个人会同时为了行动本身的好和行动本身之外的产品而行动。⑤ 技艺内部也可以含有实践理智,后者在思虑和决定方面的德性,作为一种独立于产品价值之外的价值与吸引力,会内在地"控制"技艺。这样,技艺的运用也会间接地促进幸福(eudemonia)。⑥

显然,这些争论的焦点集中于德性与技艺的关系,尤其是明智与技艺之间的关系这一难题,而根本性的问题则是技艺是否包含明智,进而是否与幸福有关。正如中国书法家对人品重于书品,日本匠人对人品重于技术的强调一样,古希腊哲学家其实也以不同的方式关注和思考着技艺与德性的可能关联。在早期几个世纪里,很多哲人、受教育者确实持有某种共识,即工匠的劳动与保证人们实践德性、进行公共与思想活动的闲暇是相冲突的。工作被视为一种可怕的必然性,它可能会阻碍人实践德性、进行高贵的活动;甚至可以说,没有理想的工作本身。⑦ 亚里士多德的某些观点由于十分具有代表性而一直被人们最为频繁地加以引用。在其相关论述中,奴隶似乎处于一种无限

---

① Sarah Broadie, 1990, p. 23; Kelvin Knight, 2007, pp. 402-403.
② Kelvin Knight, 2007, p. 23.
③ Ibid., pp. 23-24.
④ David Charles, 1986, p. 135.
⑤ Kelvin Knight, 2007, p. 24.
⑥ Ibid., p. 25.
⑦ Ludwig Edelstein, 1966, p. 75.

的奴役状态,而工匠则至少处于有限的奴役状态。换言之,这两者之间只有程度的差别。而且体力劳动和职业性质等会对品性产生影响;工匠没有时间进行德性训练,他们大都将生活的全部用来追求各种各样的产品(ἔργα)或外在善,而非内在善。由于不能成就德性,在理想城邦中,工匠甚至不享受公民权利(*Pol.* 1328b40)。① 因为作为公民,人们并不必然从事"奴性的"(ἀνδραποδῶδες, 1277a35)、"低下的"(βάναυσος, 1319a26, 1328b39)和"粗俗的"(φορτικός, 1342a20)的体力劳动。塞内特观察到,亚里士多德甚至抛弃了用以指代工匠的旧词"*demioergos*"②,而代之以仅仅指称手工者的 *cheirotechnon*。③ 这似乎也可以佐证,与荷马时期受赞美的公众形象相比,工匠的地位在亚里士多德时期确实有所衰落。与之相对的则是人们常津津乐道的亚里士多德对沉思(θεωρία)和实践(πρᾶξις)这两种通向幸福的理智活动的推崇。

然而正如我们在第二章已经指出的,亚里士多德的相关思想其实非常复杂,所以才会出现不同领域、不同作品里表述上诸多表面的不一致,尤其是在对制作与实践的区分以及这二者与ἔργον(工作、产品、活动、功能)的关系方面。相比之下,我们虽在一定程度上承认缪尔、布罗迪所提到的分离倾向,但更欣赏查尔斯、里夫等人对亚里士多德技艺观点的同情立场,即认为技艺与德性,尤其是明智德性存在交叉,但不能相等同。

首先,技艺的强知识性特征在亚里士多德那里确实同样明显。对亚里士多德而言,日常生活所培养的实践推理与工匠所培养的实践推理都依赖于积习的经验与反复的实验,但与德性活动的相对非精确性相比,知识在技艺活动中的地位更重要(*NE* 1105a26-b5)。也正因此,亚里士多德在《形而上学》一开始就将知识(ἐπιστήμη)与技艺(τέχνη)并置,并将拥有技艺或知识的人与只有经验(ἐμπειρία)的人区分开来。因此,981a30-b5 等文段并不仅像塞内特指出的那样,即印证了工匠地位的衰落,而更是为了凸显技艺与经验的区别以及知识在技艺中的重要性。

另一方面,正如上文已经指出的,尽管作为知识的技艺和实践理智都有其实践和经验层面,但它们都更多的是一种知和判断的方式,而不是制作或做的方式。技艺只有在总体善的导引下,才能真正有益于人;它在自身活动中可以体现出这种实践性的目的。据此,塞内特正确地指出了判断推理在这个过程中的重要作用:"他们在工作中会进行判断,这种短暂的停留不会减

---

① 盖伦还提到过连续性的问题,即体力劳动通常不能延续至老年时期(*protr.* 14)。
② 该词在公元前 5 世纪已经开始用于指代某些裁判官或民选官员。
③ Richard Sennett, 2008, pp. 22-23.

少他们对工作的骄傲;相反,由于一个人在做的时候同时进行判断,结果可能在伦理上更令人满意。"①

另外,自然与技艺的对立对于亚里士多德而言未必是根本性的。例如在论及父母对子女的友爱关系时②,他就曾借助工匠之喻很清楚地揭示了这一点。亚里士多德提到,从受孕开始时,父母就付出他们自己灵魂的一部分来生产后代,子女就是他们的一部分。父母(作为施益者)对子女(作为受益者)的这种创造活动类似于一种制作活动,而实现活动中的制作者在某种意义上就是其作品(NE 1168a5-6)。反过来,工匠爱其产品就像它们是其孩子(NE 1167b28-1168a9),因为一个人爱其活动的产品是自然的。而且在一般意义上,制作者更依恋其产品(产品更属于制作者),施善者更爱受益人,而不是相反。因为从某种东西中产生出来的属于(οἰκεῖον)其本源,例如牙齿和头发对其拥有者,而不是相反,或虽然是,但在一种更小的程度上(NE 1161b18-24)。这里的论证也进一步印证了上文的说法,尽管亚里士多德坚持实践理智与技艺之间的区分,但在泛义上也将某些公认的技艺活动纳入实践,因为这些技艺活动包含一部分实现活动。换言之,工匠的好的生产活动在某些意义上就是他的目的,代表他作为一个工匠的完善。也正是在对亚里士多德及其后学的回应、发展中,斯多亚派真正把核心关注转向作为目的的工匠活动及其工匠(之为工匠)的完善和卓越上来。

(三) 斯多亚派:工匠精神的雏形

虽然柏拉图,尤其是亚里士多德对工匠阶层的态度看起来并非十分积极,但本属于这一阶层的苏格拉底却着实对其抱有深切的同情。根据拉尔修,他经常造访鞋匠西蒙(Simon)的家,而西蒙据说就是苏格拉底对话这种文体的开创者——他为我们留下了33篇对话(DL 11.123)。苏格拉底如此频繁地用工匠之例来进行论证,以至于他曾经的贵族追随者克里提亚(Critias)觉得苏格拉底已经用滥了这一话题(Xen. Mem. 1.2, 37)。尽管如此,中间经过昔尼克派,这一方法还是在自称为苏格拉底派的斯多亚派那里得到了沿承。其原因一方面可能确实可归结于社会动变的影响,如社会的平等化趋势加强、技艺培训开始从学徒制转化为学校制度等,但另一方面却更直接地与斯多亚派自身的思想旨趣和实践关怀相关。因为与古典时期相比,斯多亚派不仅将技艺视为一种知识、能力,甚至是一种德性,而且极为关注"如何成为一个好工匠"的问题,进而最终从工匠的技艺活动中提炼出某种精神和实

---

① Richard Sennett, 2008, p.296.
② 值得注意的是,在这里,亚里士多德回避了他在其他多处地方所强调的自然与制作之间的对立关系。

践方式。可以说，从宇宙观到社会伦理思想，斯多亚派对技艺、自然的理解以及对社会责任和角色的规定促发了该学派从总体上对社会各种阶层、职业，尤其是体力劳动者的尊重，而这种尊重又催生了某种以德性为支撑的工匠精神。

首先，斯多亚派更加频繁地使用技艺类比和工匠隐喻，但已经不仅仅限于修辞。对斯多亚派来说，逻各斯（理性）就代表着一种特殊的技艺和专业技能，德性（实践理智）被称为关涉整体生活的技艺，技艺则是一种有目的的行为。就天事来说，万物皆为神所创造——神即伟大的匠师（τεχνίτην）(Diss. 1. 6. 8-9)。自然（即神性的理性，其本质是火）在技艺准则的指引下有目的地运转，就像工匠的活动一样，因为她知道自己所做的，并且理解这样做的原因。① 对人而言，神这位举世无双的、仁慈的匠师独独让人这个作品拥有自身在创造他们时所展示出来的能力（Diss. 2. 8. 20），其目的就是让人能够观察、解释自己的作品（Diss. 1. 6. 19）。斯多亚派进而将这种能力（即理性）称为冲动（ὁρμή，即自然赋予处于植物以上层级的有生命之物发动有目的运动的能力②）的匠师（DL 7. 86），并将其重要功能界定为，通过阻止冲动过度，使其与正确的价值考量相一致，进而保证人的每个行为的正确。德性作为"技艺之技艺"，总是一致、有目的、有益于人的。由于德性的总体生活又表征着人的品格状态，所以斯多亚派比较明确地主张人人都是自己的工匠，人人都有责任通过持续的训练来打造自身以及自己的人生，进而成为掌控自身行动的专家。无怪乎爱比克泰德生动地将自身比作被打造的雕像，强调我们可以通过尽心照管而使我们自身（即神的作品）完美（Diss. 2. 8. 21, 25）。不仅如此，鉴于天人之间的密切关联以及为人父母在某种意义上所充当的创造者角色，希洛克勒斯在说明对父母的责任时，直接将父母称为"最好的工匠""神的影像""家神"等（Stob. 4. 79. 53）。

其次，与之相关的是，相对于古典时期对技艺的精确性与技艺产品的完美性的推重以及对实践（德性）活动的非精确性的强调（尤其是亚里士多德），斯多亚派则致力于建立一种精确的道德科学，并且更关注技艺的使用者本人以及他与自身活动之间的一种内在关联。对于斯多亚主义者而言，工匠的品格，例如他与顾客的良好关系，他的可信赖性，他恰当行动、做正确行为的意愿，尤其是过一种一致的、道德的生活的意愿，才是最值得关注和赞赏的对象。而尽力做好这些事情也恰恰是工匠的ἔργον（任务）。③

---

① A. A. Long, 1974, p. 169.
② Ibid., p. 209.
③ Ludwig Edelstein, 1966, pp. 75-76.

再次，具体到社会义务，出于对人的尊严的尊重，斯多亚派不仅不歧视体力劳动，反而把劳动本身视为对自我德性的一种训练，一种健康生活的标志。据说克里安特不仅是个摔跤手，后来还在求学的时候当过挑水工。① 克吕西普则批评那些声称悠闲的生活对哲学家最有益的人(普鲁塔克:《论斯多亚派的自相矛盾》2.20)，进而表达了似乎不同于漫步学派的某种意见。鲁福斯甚至呼吁哲学家应当过一种农夫的生活，耕作和畜牧业被其认为是最适当的工作(不过他同时批评厨师和厨技)。因此他不仅极力赞扬阿菲利加努斯(Scipio Africanus)和辛辛那特斯(Qquinctius Cincinnatus)在自己田里工作的行为，而且自己就身体力行(鲁福斯，讲义11)。而对体力劳动的积极态度似乎也是斯多亚派将大力神赫拉克勒斯作为一个理想的英雄的原因之一。②

可见在斯多亚派眼中，体力劳动同样是一种有尊严的工作(ἔργον)，并且总能够与德性相符合，我们可以成为一名名副其实的工人—哲学家、农民—哲学家。尽管与当时的大多数受教育者一样③，斯多亚派也不欣赏任何以谋生为目的的体力劳动，但在赋予"工作"本身以重要价值方面，这无疑是相对于古典时期的巨大进步。对该学派而言，工作是一种天然的人的职业，自然不会将任何人排除在一种有德性的生活之外。④ 相反，工作不仅与道德秩序相一致，并且还可以构成其中的一部分，进而被纳入一种好的生活。因为道德的实现不仅仅在于履行公民的义务，而且在于其他的人类行动。而体力劳动等工作不仅意味着使他人受益，而且(也是最为重要的)还可以训练一个人的伦理完整性。⑤

综上可见，斯多亚派不仅对人本身(因此不仅仅是"公民")表现出前所未有的尊重和对德性的尊崇，而且还在一种较普遍的意义上将工作道德化了，即将技艺与德性、实践理智与技艺紧密地联系起来。和政治一样，任何一种技艺(工作)都需要一种伦理，每个人都必须对它有一种责任意识。如此，一个人在工作时如何判断与行动就不再是一件无关紧要的事情:道德品格将照亮某人的行动，冷静和节制必须通过每一个行动而闪光。⑥ 于是某种工作和工匠精神就形成了。有些学者甚至指出，在斯多亚派这里，工作(技艺)道德化进一步的结果是形成了某种职业伦理、角色伦理，这种对体力劳动的态

---

① 参见 Diss. 3.26.23; DL 7.168; Basil of Caesarea, Letter 4。
② M. L. Colish, 1985, p.41.
③ 另参见 protr. 12-13。
④ Ludwig Edelstein, 1966, p.75.
⑤ M. L. Colish, 1985, p.41.
⑥ Ludwig Edelstein, 1966, p.76.

度还最终导致了一种更普遍的使命或天职理论。① 我们虽无意于走如此之远,但同样乐于肯定斯多亚派的角色、责任观点的重要伦理内涵:角色意味着责任,担任各种角色的人必然要承担各种责任、付出各种努力,从而体现出某种工匠精神。

尽管如此,在很多现代人看来,斯多亚派并没有给予后来流行的所谓的"工具理性"以充分的说明;他们对技艺和工匠精神的强调也没有为在技术理性无限膨胀的近现代社会中的一些问题提供有效的药方。但需要指出的是,当斯多亚派声称理性是工匠的匠师,是自然赋予我们的唯一武器,当塞涅卡强调理性"本身已足够,不仅在预见上,而且在行动上"(《论愤怒》,1.17.2,库伯英译),这里的"理性"都是指正确的理性(ὀρθὸς λόγος),真正的逻各斯或实践理智。作为赫拉克利特的宇宙理性、苏格拉底的理性和亚里士多德的正确理性的某种混合物,斯多亚派的正确理性本身就等同于德性(SVF 3.198)。具体而言,正确的理性就是"道德善""共同法,渗透于所有事物中,并与宙斯相一致,分派给每一个人应有的东西,规定应该做的,禁止不应该做的"(SVF 1.162; 2.1003; 3.337, 339; 3.200a; 3.315; 3.560)。它本身就内涵着适度、适当和对价值的正确估量,因此只可能导向一种完善的行为或完善、完成的合宜行为,因为在斯多亚派这里,德性即是实践理智,而不是伴随实践理智。更为直接的是,通过对违背理性的行为,即激情的分析与治疗,他们实际上已经指向了导向工具理性泛滥的最深层的人性根源。总之,斯多亚派确实高度推崇理性及其有用性,但也时刻反思、警惕理性及其可错性。

当然,我们不可能就"何为古希腊人,尤其是斯多亚派的工匠精神"这一问题给出令人满意的回答。因为古希腊人并没有留给我们某些具体的工匠德性或德目表,更没有制定关于工作业绩和职业绩效的具体标准或建立某些行会、行规。但从另一方面看,如果工匠精神的内涵就在于"一种持久的、基本的人性,一种为工作本身而做好工作的欲望"②,那么古希腊人,尤其是斯多亚主义者无疑已经很好地践行了这一点。更难能可贵的是,他们还力图从知识论和伦理学角度提出并解决一些原初问题,而这恰恰正是古希腊人所特有的、具有重要历史价值的"工匠精神"。

就技艺(工匠)和知识的关系这一基本问题而言,以知识为技艺之源的古希腊人从一开始就在思想上对人造之物保持高度的警醒。对知识、精神、德性的崇尚的另一面则是对物化之产品的高度戒备心,其中显然暗藏着对技

---

① Ludwig Edelstein, 1966, p.77.
② Richard Sennett, 2008, p.9.

艺活动之边界的警惕。当然,他们不是现代意义上的技术悲观主义者或乐观主义者,他们更关心的是什么是好生活以及技艺如何服务于这种生活。但从总体上看,在古希腊人,尤其是在雅典人眼中,技艺总是具有一种卓越的、通常是积极的价值。

就技艺(工匠)与德性之间的关系这一最核心性的议题而言,二者之间的紧密关系自然是不言而喻的,但它们之间的矛盾也不容小觑。希腊人对此的深刻洞见是:一方面,虽然总体性是德性的基本特征,但是技艺也具有某种普遍性,它甚至是任何人的经常性活动的一部分;另一方面,作为行动主体的人是技艺和德性之间的连接物,虽然技艺的产品也有其德性,但是人的德性无疑更为根本、更重要,因为后者不仅担保了人本身的幸福,而且还使所有人造之物或产品(也包括友爱等,*Ep.* 9)都成为德性的某种物化。因此,尽管思想中一度存在工匠与其技艺活动之间的分离趋向,但总的来看,对古希腊人而言,技艺的施展并不像现代技术的使用那样更注重结果,即行动的效果或产品,而是更相关于对原因的探究和活动的实现过程,即人的德性和技能、才能的发挥。因此哲学才会被斯多亚派比拟为一种技艺。当然在赋予技艺以最大的殊荣的同时,斯多亚派又在一种更为实在的意义上,将哲学的作用和哲学家(贤哲)的角色置于至高地位:斯多亚者波西多尼甚至称贤哲造就了开明统治,哲学发明了日常生活所用的技术(*Ep.* 90.5-7 = Posidonius fr. 284, 部分 = *LS* 67Y)。尽管并非所有古希腊哲人都认同这一点,但他们对哲学与技艺之关联的空前广泛的讨论和实践,促使古希腊的工匠精神更加深入人心,并启发了基督教特有的工作伦理。

二 由"技艺"到"技术"

正如我们在上文所揭示的,在古希腊哲学的视野中,哲学技艺的自足性与医学技艺的有限性形成比较鲜明的对比。例如在我们重点关注和考察的斯多亚派看来,作为神的礼物,人的理性、主导部分是唯一可控的,因此也是最应珍惜的,我们应通过哲学的学习来获得这些真实的自我知识,进而实现灵魂的健康。另一方面,人类的其他技艺固然为人的身体提供了工具性的便利和舒适,但这些知识和活动的影响毕竟有限、短暂,在自然面前是渺小无力的。而且对技艺的利用还可能带来一些悲剧性的结果。这一点可以从古希腊悲剧中对疾病、自然灾难和神的愤怒等的描述中看出来,也可以从史诗中阿基里斯、迈达斯王等许多人物的故事中得到印证。因此海德格尔认为,古代的技艺,尤其是前柏拉图时期的技艺观念,是与悲剧联系在一起的。① 而向古希腊"τέχνη"概念的回归正是他面对现代技术的"座架"本质所做出的基本回应。众所周知,海德格尔对这一历史线索进行哲学考察的关键首先在于正本清源,厘清古代技艺概念与现代技术观点以及古今社会观念的重要异同。然而这仍是一个非常复杂的问题,这里无法予以详细展开。基于以上章节对古希腊技艺概念的考察、分析,这里只想预先就古代技艺与现代技术之间的差异进行简单地勾画,然后在下文的讨论中具体加以揭示。

著名的科学家和历史学家森贝斯基(S. Sambursky)曾做出希腊人没有技术的判断,并认为这是阻碍希腊科学发展的重要原因之一。② 这种看法固然有其道理,但另一方面,我们还应承认,古希腊的"技艺"概念是非常不同于现代技术的。③ 古希腊意义上的技艺所提供的具有特定意义的知识是作为指导生产产品的知识而区别于关于产品本身的知识。"τέχνη"最早的意思是用来描述一种对知识或对技术的系统性学习,而不是主要指某种产品的知识。而现代技术主要指物化的产品本身,例如某种工具或机器等等。不仅如此,伴随着大工业体系,尤其是高新技术等的出现及其对人类社会和自然界的重构,许多现代技术理论认为,现代技术与古代技艺已然存在一种根本的质的差异。例如,古代技艺承担一种有限的角色,而技术则以没有限度为主要特色;技艺是防御性的而技术则是进攻性的;技艺是产生迄今不存在的东西,而技术则是寻求在总体上控制自然等。④ 正如森贝斯基指出的,希腊人(如亚里士多德)认为当时的技术进步已经达到提供生活基本需要的水平,其中一个最重要的后果就是纯粹科学和哲学。技术进步,虽然是人需要的,但与寻求宇宙奥秘的理智好奇心相比仍是无价值的。从对节制(σωφροσύνη)德性的推崇出发,希腊人将超出基本需要的东西视作一种奢侈,并始终铭记人力相对于非所控之力的限度。⑤

以上这些批判性的观察、比较是颇为深刻的。贯穿其中的根本之点在于,技艺与自然并不是对立的,技艺服从自然;而技术与自然是相互对立的,技术命令自然。用福柯的话说,古代技艺的世界是主体性出现的地方,而现

---

① 参见相关讨论:David E. Tabachnick, 2004, pp. 91-112。
② S. Sambursky, 1987, p. 223.
③ 我们今天当然也使用"技艺"概念,但显然不是在古代的意义上使用。在英语世界中,据吴国盛的考释,"technology"(技术)通常指与大工业技术、科学的应用相关的"现代技术","technique"(技艺)则指一般意义上的技能、技巧、技法(参见吴国盛:"技术释义",第86—89页)。
④ 转引自 David E. Tabachnick, 2004, pp. 91-112。
⑤ S. Sambursky, 1987, pp. 228-229.

代技术的世界则是客观化的对象。世界由主体性修身的素材变为对象化生产的材料。① 当然作为技艺对比物的"自然"的含义也发生了历史性的变化。尽管对古希腊思想中不同哲学派别的自然(φύσις)观念存在着激烈的争论，但是大多数学者倾向于一致同意，自然在古希腊哲学中具有内在的规范性和伦理性。然而它不是一种人类需严格遵守的既定模式。它具有一种内在的限定作用(如同τέχνη概念一样)，即在否定意义上对可能之事设置限制，同时又在积极意义上赋予人类以某种导向德行的发展图式。总之，如安纳斯所言，自然充当着具有必要技艺的行为体在做实践决定方面可实现的一个伦理理想。② 从另一个角度而言，如森贝斯基所洞察到的，这与古希腊人的σωφροσύνη观念是息息相关的。

近代以来，古典的自然概念逐渐不被理解或遭到嘲笑，宇宙自然不再被认为是可以建立一个特定伦理理论的可靠基础。例如继休谟强调"没有任何一个词比这个名词(按："自然")更为含混而模糊的了"之后③，密尔进一步证明了"自然"这个概念的含糊不清性。在他看来，自然概念主要存在两层意思，或者指作为事物的总体系统及其属性集合，或者指人类干预前的事物的本来样子。如果是前者，那么"与自然相一致"这一点就无意义，因为我们本就是自然事物的一部分。如果是后者，那就意味着我们应该遵循事物的自发发展路线。密尔争论到，在人类行为在于改变、改善自然之自发性路线的意义上，这是无理性的；在自然现象的发展允许很多可怕之事发生的意义上，这是非道德的。④ 可以说，密尔的这种功利主义分析反映了近代哲学对自然的一种普遍认识，但这毕竟也从反面解释了将自然与技术对立起来，并以此索解问题的空洞性。

毋庸置疑，近代以来的科学技术，尤其是医学的发展确实为哲学家和科学家们展现了一幅改变人肉体存在的脆弱性，进而改善人的整体生活的诱人图景。然而，在对解剖学思维的依赖，观看身体的方式的改变，尤其是对人身心关系理解的差异等综合因素的作用下，主动性日益增强的技术经常沦为理性工具化的某种条件和结果。虽然技术对自然的补充作用和人在自然面前的脆弱性使得古今对技艺的追寻成为必须，但问题是，一旦技术，尤其是现代技术(而非伴随人类历史始终的自然性的身体性技艺)，被所谓坏的理性所

---

① 米歇尔·福柯：《主体解释学》，第 505—506 页。
② Julia Annas, 1993, pp.173, 177, 200.
③ 休谟：《人性论下》，第 514 页。休谟在三种意义上定义了自然：相对于神迹；相对于稀少和不常见；相对于人为(同上书，第 514—515 页)。另参见休谟：《道德原则研究》，第 159 页。
④ John Stuart Mill, 2009, pp.64-65.

利用或理性工具化之后,就像现代技术批判理论所揭示的,就可能会给人类社会带来失去与自然的联系、去人性化的危险。鉴于此,以法兰克福学派为代表的技术批判理论以海德格尔等人的技术分析为重要思想资源,集中探讨了技术可能带来的"异化"风险。然而海德格尔的更大贡献是在存在论意义上将技术置于科学之先、之上,从而改变了以往将技术仅视为科学之应用的知识论理解。因此社会学家和现象学家(例如社会学家莫斯[Marcel Mauss]的"身体技术"①、技术现象学家伊德[Don Ihde]的"技术化身体"②)从这一路数出发,在一个更广的技术概念下,更加本源地发掘了技术与人的生活经验、身体、世界的关联,从而拓展了身体与技艺研究的视野,便利了古今思想资源的融通。

当然,考虑到古希腊视野中技艺概念所内含的丰富意涵,从古希腊技艺概念中还可以分离出其他的技术类型。例如福柯就将与科学相结合而成为人认识自我的工具的技术分为四种类型:生产技术、符号系统技术、权力技术和自我技术。其中,自我技术可大致对应于上文所讨论的古希腊思想,尤其是斯多亚哲学中的生活技艺。福柯将其界定为"使个体能通过自己的力量,或者他人的帮助,进行一系列对他们自身的身体及灵魂、思想、行为、存在方式的操控,以此达成自我的转变,以求获得某种幸福、纯洁、智慧、完美或不朽的状态"。③ 福柯特别强调,上述四种技术很难独立发生效力,尽管每一种都与特定类型的支配性相关联。④ 由于论题所限,这里将主要围绕最后一种意义上的"技术"进行讨论,并间或谈及其他几种技术类型,因为这几种技术总是不可避免地相互纠缠在一起。值得强调的是,福柯对技术的思考主要从权力技术对身体的外在刻写转向自我技术对人生存方式的美学式塑造,而本研究则倾向于在同一框架下讨论自我技术与现代技术(以医学为例)对身体内外的"用"与"修"。

三 转变中的身—技关系

本书第二章曾重点论证到,在整个古希腊时期,很多哲学家都喜用医学之喻。斯多亚派更是将身体的健康和疾病与灵魂的健康和疾病之间的类比作为其重要的方法论和哲学实践范式。与此同时,古希腊医学与哲学也保持了紧密的互动(互补或竞争)关系,尽管二者之间的边界具体如何涌动仍待

---

① 可参见马塞尔·莫斯:《论技术、技艺与文明》。
② 可参见 Don Ihde, 2002; 2003, pp.1-30。
③ 米歇尔·福柯:"自我技术",《福柯读本》,第241页。
④ 同上。

进一步考证。但时至希腊化后期和罗马时期,战争、瘟疫和自然灾难不断,深处这样一个恶的世界的人们对以往伦理学所承诺的德福一致,对医学所承诺的救死扶伤逐渐发生动摇,宗教以及教会医学由此取而代之而占据越来越多的人的心灵。所谓的中世纪的"黑暗"实际上主要就是科学,尤其是医学的黑暗。基督教神学道德的强势话语和实践对身体的压制和封锁①,使得医学在宗教、道德和法律的牵制中发展缓慢,甚至停滞不前。但与其他世界宗教一样,基督教的起源与传播实际上也与医学密切相关——连躯体病痛都无法治愈的宗教难免使人们怀疑其拯救灵魂的能力。耶稣最早即是通过治疗病人来传播教义和实施拯救。在被称为"修道院医学时期"的中世纪,大量的教职人员承担起从医治病的责任,只不过这里主要的治疗依据是宗教理念及其控制下的生命知识,目的则是传播上帝的福音和坚定对神的信仰,拯救人与上帝的中介物——灵魂。正因如此,基督教的这一理念日渐深入人心:患病的身体作为上帝惩罚之应得而应被排除出医学干涉的范围,康复的希望在于信仰的治疗和道德的规约;医者的主要责任是照料,而不是治疗,其基本医疗手段则是涂圣油、祈祷和双手触摸。于是,医学研究的合法性被自然地取消了,任何对身体的干预(尤其是人体解剖)都意味着为世俗的目的而企图打开宇宙和上帝的秘密。身体是无自主性的,肉体欲望作为此岸的赘物和彼岸的"他者"而成为神学权威性的重要支撑。② 如果从医学活动中的身体转向精神实践中的身体,那么可以说,继在弃绝身体与重塑身体中摇摆的柏拉图和试图通过对心灵状态的转变而重塑身体的斯多亚派之后,深受(新)柏拉图(主义)和斯多亚派伦理学影响的基督教哲学似乎总体上走上弃绝身体的道路。③ 尽管身体与技艺④的关系在这里仍然主要是伦理性的,但这一"修"与"被修"的

---

① 丹纳(H. A. Tanie)曾这样描述中世纪的社会状况:"锻炼身体的习惯,对裸体的爱好,一一消失。身体不再暴露而用复杂的衣着隐蔽,加上绣件,红布,东方式的华丽的装饰。社会重视的不是技击手和青少年了,而是太监,书记,妇女,僧侣;禁欲主义开始传布,跟着来的是颓废的幻想,空洞的争论,舞文弄墨,无事生非的风气……关于人体的知识与研究逐渐禁止。人体看不见了……"(丹纳:《艺术哲学》,第15页)
② 尽管扬心抑身这一倾向似乎在基督教话语下走的最远,但毕竟正是从这里开出了博爱、友爱、平等的伦理精神和重在关怀(care),治愈(cure)次之的伦理化的医学传统。
③ 众所周知,尽管中世纪的基督教权威较为公开地将斯多亚伦理学作为基督教教义的补充,但他们总体上质疑斯多亚派的物理学,认为其至多是泛神论的,最坏则是物质主义和无神论的。
④ 从一种更广阔的视角看,《旧约》中的创世神话其实赋予制作以很高的价值,亚当在上帝的创世过程中就有所参与,即负责修理和看守伊甸园(《创世纪》2:15),并对自然及其他所有生物具有统治权。当然,由于人只是按照上帝的形象创造出来的,所以他只是追随创造者,负责任地完成上帝所指派的工作。工作既是对上帝的义务、服务,又意味着对自然及其他创造物的统治。

相互作用过程却倾向于对身体进行急剧的压制。

具体而言,新柏拉图主义和早期基督教解构了斯多亚派治疗哲学中的很多根本性的形而上学、认识论原则,如自然宇宙观(神学)、形体主义以及οἰκείωσις思想等。尽管普罗提诺等很多重要的哲学家在反对斯多亚派的灵魂观(空间上的延展性)的同时仍然推重和赞同斯多亚派的责任(καθῆκον)、幸福等伦理思想,但抽空了形而上学和认识论基础的伦理学还是斯多亚派伦理学吗?后来奥古斯丁、波埃修尽管暗地里从斯多亚派那里汲取了很多思想资源,但他们更是尖锐地批评斯多亚派的价值观,尤其是οἰκείωσις思想的自私性,从而把矛头直指斯多亚派的神学和伦理学。

这些批判和改头换面无疑体现了哲学家们对人自身的理解的重要变化。如果说人们对如何理解和界定斯多亚派的自我观念仍无定论,那么奥古斯丁则几无争议地被公认为西方思想传统中思考自我的先驱之一。① 他的转向自我和内在性反思为西方传统引入了至关重要的第一人称立场。作为"我思(Cogito)"论证的发明者②,他的"我错误,所以我存在"(Si fallor, sum)更是被认为是开启了笛卡尔的"我思故我在"(Cogito, ergo sum)的先声。但在奥古斯丁那里,不但人的灵魂(不再是物质性或可朽的)与身体变得极不对称(即所谓的"双重人格论"),斯多亚派视野下的人的灵魂与其创造者之间的同质性、共在性也被打破(奥古斯丁:书信143,书信166.3;《忏悔录》IV.xv.26)。其结果是,人与上帝的关系成为绝对优先,人的心灵变得不再可靠,人与自身的关系变得异常紧张;人与自身、与他人、与神的关系发生了有趣的变化。在斯多亚哲学中,与自己建立好的关系(即照管好自己的心灵)实际上就意味着与神建立了一种好的关系,与他人的关系则最终是为了训练和塑造自我关系。而在奥古斯丁那里,与自我的关系、与他人的关系的根基在于自我与神的关系,如果不能与神建立一种正确的关系,那么对自我(因为没有新的自我)的否弃,即对所谓的"自私"③的批判就会成为一种常态。所以可以笼统得说,尽管基督教提供了更多的思考人本身(肉、灵、灵魂、具身[灵肉合一]的自我的严格区分)的维度④,激发了对自我、自我塑造以及人性弱点的深入反思,但这种反思毕竟是以自我否弃这一基本形式(即通过引入

---

① Charles Taylor, 1989, chapter 7.
② Ibid., p.133.
③ 随着奥古斯丁把斯多亚派的自爱批评为一种自负、自私,自爱也就逐渐与现代意义的利他慢慢对立起来,后来卢梭等哲学家提到的"合理的自爱"显然与斯多亚派意义上的真正的自利或自爱相去甚远。
④ Brian Stock, 2011, pp.5-23.

"非自我")进行的。① 斯多亚派的亲近自我、关心自我(自爱、自我掌控)以及依托自身的自我形塑被视为一种自私或自大,因为他们不但始终以自我为中心,而且还误把实际应由上帝控制的东西当成自己本性中的东西,即在自己掌控中。

引人注目的是,由于"犯错"是人的生存常态,奥古斯丁在论述自我实践方式时也使用了很多医学术语,如治愈、加强、清洗和净化等,并明确指出训练(*disciplina*)是灵魂的药。② 但与斯多亚派的"自我治疗"范式根本不同的是,在奥古斯丁这里,耶稣无疑才是在人堕落之后治愈患病、受伤之人,使他们强壮的真正的医生(《布道辞》4.2),个人所训练的不过是对上帝的"畏"和"爱",而这要依赖于自己的信仰和上帝的恩典③,个人的习惯化、品性等等都是不稳定、不可靠的。一种深度的悲观主义初见端倪。

因此总体上,如上文在讨论"ἄσκησις"与"asceticism"[禁欲主义]之差异时就已经指出的,如果在《圣经》中救赎主要是靠对上帝的忠诚和来自上帝的恩典,那么个人本性力量和后天持续努力的地位就会降低(尽管可能是不可缺少的)。或者说它们的直接目的发生了变化,即不再是为了自身而爱自身当中最好的部分,而是交出自己、忠实上帝。因此,奥古斯丁对训练的重视(相关于人的意志、理性的力量)与对恩典的推崇,至少在表面上,就呈现出某种矛盾。④ 尽管深受希腊古典哲学和新柏拉图主义影响的奥古斯丁在踌躇中为人的主体性和行动力留下了一定的空间,但随着人的意志在"神助"面前变得越来越无力,这种空间(尤其是身体所处境况)却逐渐变得越来越狭小、有限。

中世纪后的文艺复兴最终将身体从神学的禁锢中解脱出来,促使人们发现、关注和赞美身体。但不久以后身体又从短暂的荣光重新陷入黯淡,因为哲学从过去"宗教的婢女"变成了现在的"科学的婢女",身体在意识与知识的对话中仍然无一席之地;理性取代信仰似乎要重新开始对身体的控制,并消解掉灵魂(实际上也包括身体)原有的丰富含义。尤其在笛卡尔到黑格尔这一被称为"无人身"的理性主义谱系中,身体不仅不再作为哲学思考的障碍与哲学相对立,而是似乎直接被排除在哲学思考的范围外。这也是考寻笛

---

① 如在《马可福音》(8.34-36)中耶稣对门徒说,"若有人要跟从我,就当舍己(ἀπαρνησάσθω ἑαυτὸν),背起他的十字架,来跟从我。因为凡要救自己生命的("生命"或做"灵魂",下同),必丧掉生命;凡为我和福音丧掉生命的,必救了生命。人就是赚得全世界,赔上自己的生命(τὴν ψυχὴν αὐτοῦ),有什么益处呢?"(《圣经》中文和合本)
② 详细可参见 Aaron Stalnaker, 2004, pp.137-170。
③ Ibid.,p.144.
④ 关于试图消解这种矛盾的尝试,参见 Aaron Stalnaker, 2004,尤其是 pp.155-162。

卡尔哲学与古代哲学,尤其是斯多亚哲学的认识论分歧的重要维度。

当然不可否认的是,古希腊的伦理学旨趣在这里仍得到了一定程度的继承和延续:笛卡尔本人的伦理学很大程度上就是以斯多亚哲学为模板的。① 笛卡尔最著名的《沉思录》,如福柯所言,也可视为一种沉思的训练。② 而且同斯多亚派一样③,笛卡尔也以自由与否为标准而区分了真正的自我与人的组成,并认为哲学的实践目的就在于实现幸福,德性对于幸福是自足的等等。

但笛卡尔的伦理学毕竟不是幸福论的:他把幸福和最高善分开④,认为幸福只是一种通过追求真理而达到的心灵满足、内心满意的状态;最高善和幸福都可以作为目的,但德性才是我们应追求的目标,幸福只是促使我们寻求最高善的诱饵。⑤ 延续"心灵宁静"这一伦理主题,笛卡尔也将哲学作为一种可以应对心灵疾病的疗法,并将培养真实和健全的判断作为获致心灵健康的主要途径。然而他的伦理学说都是以他实体二元论的形而上学为根基的。通过数学化的手段或哲学范式,笛卡尔的哲学实践基本上脱离了基础性的生活世界,λόγοι与ἄσκησις的希腊式关联很大程度上被斩断。因为这种路径将真理视为一种静态的命题式知识,把主体简化为一个认识主体,并置逻辑推理于伦理塑造之上。在这种精神实践中,似乎只有逻各斯而无具身事实,因而它只与话语相关而不直接地与人的具体生活相关联。因为在这里,身体只是一个偶有之物,一个可与自由意志无关的客观物体;它属于"我",但是可以与作为思想之物的自我相分离。这种数学本体论所主导的理智活动的后果就是将身体与道德相分离,理性与善相分离,哲学实践与德性追寻相分离。因为理性不需要通过抵制、控制欲望而就可以改变数学和几何秩序。⑥

总之,对笛卡尔而言,哲学是一种方法论,能够使主体理解并获得真理,完全无需身体的参与。但相比之下,斯多亚式的哲学实践却需要行为者通过自身的身体性生活获得知识,尤其是关于自我结构的知识,并在其探索自我知识的同时获得德性和实现自我塑造。因而在斯多亚派这里,人永远是一种

---

① Margaret Graver & A. A. Long, 2015, xvi. 另参见 Donald Rutherford, 2004, pp. 177-197; 2014, pp. 129-155。
② 米歇尔·福柯:《主体解释学》,第372—373页。
③ 笛卡尔认为,道德科学与医学都是主要的实践科学,其中最高、最完善的道德体系必须以对其他科学的完整知识为前提,处于智慧的最终层面。但哲学无法确定特定的道德规则,因为这是主权意志的事情。René Descartes, AT IXB 15.
④ René Descartes, AT IV 275.
⑤ Ibid., 264, 275.
⑥ Stanley Rosen, 2013, p.340.

特定伦理情境下的具身主体,哲学的目的则是践行关乎具体生活的技艺,而非仅仅致力于一种抽象地关于生活的沉思。而笛卡尔式的哲学实践则恰似一种去身体化的过程,它不需要身体在探索真理时介入并改造自身;相反,哲学家的真理探索可以脱离于身体。于是,真理的探寻与精神化(道德化)维度发生分离,认识自己与关心自己也分化为两个领域。这种哲学思维方式造成的后果之一就是身体逐渐淡出哲学的视野,而主要成为其他技艺操作的对象,尤其是医学的对象。身体的脆弱性也主要不再是道德的驱动力,而转换为生理学、生物学的刺激力。我们可以用一种福柯式的观察来评论这种现象:在此之后,在西方,身体与技艺的关系不再主要被视为一种自由的伦理实践,而经常沦为一种身体被技术所控制、规训的生物性实践。随着生理学成为联系伦理学与自然科学、政治学的的基本媒介,身体也逐渐被政治技术和生产技术所操纵,并逐渐沦为各种样态的"机器"。当然,这除了受到哲学思维方式的影响外,还受到来自科学技术发展的推动,而且这两种影响是相互作用的。

相对而言,启蒙时期很多唯物主义的哲学家和医学家对身体的感受性则推崇备至,身体的苦乐是其理论探讨的主题,也是其实践生活的主旨。如果说"我欲故我在"就是费尔巴哈面对笛卡尔的"我思故我在"做出的新宣言,那么"肉体的需要是精神的尺度"则是拉·梅特里享乐主义哲学的生理学基础。他们对身体的理解都是纯粹物质主义的。但是这种物质主义截然不同于斯多亚派的"形体主义"。实际上,在十七八世纪的欧洲,尤其是英国,斯多亚主义已经被概念化为压制感情、情感冷漠、自私自利、对理性过分自信等教条而遭到强烈的抵制和批评。尽管这种启蒙观念有其特定的科学依据和历史任务,但身体的灵性却有被取消之嫌。最根本的,与笛卡尔主义一样,身体在这里也是首先从生理维度上被肯定,进而服务于技术上的可操作性。尽管身体的构造与机能的伦理维度被广泛,甚至有些过度地挖掘,但是这些哲学家主要试图借助技术设想和科学解释来实现某些生活构想,因此他们的努力实际上可划归为一种生物学上的尝试。这一点我们将在后文对拉·梅特里的人体哲学的讨论中进一步展开。

尽管对笛卡尔的知识主体结构有所深化,但康德对科学理性与实践理智关系的"摆正"却使他重新开启了古希腊修养论在近代复兴的可能性,尤其是康德哲学的核心精神,即"批判",在某种意义上也可视为一种"自我技术"。[①] 通过对先验意义上的、具有绝对内在价值的人类尊严的高扬以及对

---

① Matthew Sharpe, 2005, pp.97-116.

普世意义和公共价值的推崇,康德伦理学无疑将西方的修身主题进行了深入发掘并使之重新彰显出来。通过"自由""批判"和"责任"等范畴而建立起一套批判、改变现实的启蒙理论,康德这种启蒙态度可以说正暗合于斯多亚派伦理学及修养论中的"现在"面向和省思要求,并呼唤着"关心自我"这一古老的伦理学主题的回归。然而,康德对身体欲望、经验生活的坚决拒斥和将幸福与德性纯然对立的做法无疑有所偏离于古希腊目的论的修身理论,其为自然立法的人学宣言更是早已远离斯多亚派的神性论,而倾向于取消身体,尤其是大自然之身的灵性。

尽管是以一种激进的方式,但的确是尼采真正将对身体的推崇与哲学式的修身、自我的塑造紧密联系起来,以此呼吁实现一种健康、无畏的自爱。以从天上返回大地,从理性回归肉身为口号,尼采高呼"要以身体为准绳"①,"肉体是一个大的理性"②,精神、信念作为身体的工具要服从于身体的再生产!由于权力意志被尼采规定为一切身体或生命的共同基点和本质,因此在他这里,人相对于动物的差异性开始消解并转而向生物性回归。但尼采并非是批评轻视肉体者而反过来轻视精神,因为他总是鼓励精神与肉体的相互否定、相互争执、相互超越,以保证权力意志的青春、昂扬及其精神与心灵的高贵。③ 尼采同样大量使用医学之喻,主张有身体参与的哲学治疗,并从一种哲学谱系学的视野重新考察了身体与哲学家的关系。④ 为此他很大程度上吸取了斯多亚派,尤其是塞涅卡的灵魂观点和修养理论。类似于斯多亚派,尼采也立足于赫拉克利特传统下的自然主义路线,通过医学与伦理学的大量类比而把灵魂运动视为生病、疗救和康复的循环过程,视哲学家为实施灵魂手术的医生,称哲学实践为灵魂的补药和求得平和、镇静的途径。尼采也并不完全否定禁欲,而只是反对贬低世俗感性生命的自我否定。当然,他所关注的不仅是精神的沉重,而且更是身体的沉重——在兼顾达尔文与黑格尔的双重视野的基础上,尼采哲学的目标就是通过价值的重估而为受压抑、受迫害的肉体"正名",以催其复活、提升,进而促进精神的健全、完善,使生命更好地进行创造、评价。正是在尼采"凭借历史学的和生理学的方式"投向肉体的这一理路的影响下,哲学与医学的互动才最终促成了福柯的《临床医学

---

① 尼采:《权力意志》,第 152 页。
② 尼采:《查拉图斯特拉如是说》,第 31 页。
③ 尼采在其著作中更多采用 Leib(指的是活生生的,具有精神性的感性身体),而非 Körper(客观的、单纯生物性的、被赋予负面道德价值的肉体),可能是为了避开基督教式、笛卡尔式或机械的自然主义式的二元思考方式,而基于一种内在的、秉有精神性的身体概念来命名人的整体生命状态。
④ 尼采:《快乐的科学》,第二版前言。

的诞生》。然而"尼采—前期福柯"路线的问题可能在于,将人的生物性特征置于如此之高的本体地位可能会造成这样的后果:身体或是成为生命力的任意宣泄,或是沦为权力的被动产物。

文艺复兴对身体的褒扬和赞美实际上是对中世纪身体之遭遇的一大反拨,这在某种程度上也为医学提供了生长发展的起点,并使医学随着这一人的发现而走向世俗化。一定意义上可以说,解剖学即是文艺复兴的医学作品,而生理学的诞生则起源于血液循环论这一重大身体发现。更重要的是,随之而来的医学与伦理学的离分、机械论自然观的提出以及科学实验方法的使用,这一切都为西方生物医学的发展奠定了基石。与笛卡尔的身心二元论①相呼应,这一时期的医学在对待身体问题上似乎总是尽量避开社会或心理原因而直面"客观的身体",以更顺利地加速自身的发展。在医学之光的照耀下,身体逐渐由道德话语下的欲望的身体更多地变为医学的身体,从而更多地成为一个科学术语;充满伦理色彩的上帝、牧师权力逐渐为科学理性支配的医师权力所取代。饮食、养生不再是为灵魂之善,而是单纯地服务于肉体的健康、长寿、性感,最初的精神修炼和宗教实践则经医学化的作用而转变为某种世俗意义上的健康和卫生常识。医学化与世俗化、功利化又相伴而行,整个医学领域逐步被功利主义伦理学所占据。经启蒙运动的推动,至20世纪上半期,基础医学、临床医学和预防医学都已逐渐建立起来。在此过程中,医学的发展虽然不断受到伦理学和神学的质疑,但结果却是技术上的"能够"一次次变成伦理上的"应该"——每一次激烈争吵后几乎都是以医学的胜利而告终。医学这一路高昂的发展姿态在20世纪60年代的分子生物学的推动下几近升至顶峰。与此同时,医学与伦理学的关系也发生了戏剧化的变化,正如伦理学领域所出现的"善好""德性"等观念的多元化现象,医学领域也涌现了关于"疾病"与"健康"等价值及其标准的前所未有的争论。但问题是,伦理学常常不能对医学的发展所带来的身体问题做出有力的回应,但医学却至少在表面上越来越可以帮助人们获致以往伦理学所承诺的目的和善,即快乐、宁静和幸福。与此同时,大多现代哲学家不再贬低、否定身体,而是公开、全方位地谈论、歌颂身体。与这种思想中的变化相一致,身体逐渐溢出私人生活,而越来越多地进入到公共视野,并在公共生活扮演日益重要的角色。

当然,以上只是对技艺与身体的互动关系,具体说是医学与伦理学这两

---

① 当然,笛卡尔的身心观极为复杂且前后有所变化,相关的阐释也经常各执一端、为我所用。为了方便讨论,我们不得不采纳一种较为简化的方式,尽管这对笛卡尔(尤其是就其讨论身心关系的最后一部著作《灵魂的激情》而言)是不太公平的。

种"技艺"中的身体在近现代的角色转换的一个粗浅观察和简单回顾。至于如何从这种关系中窥察身体在人的生存坐标上的位移状况，以及伦理意义上的修身在人们生活中的地位及可能后果，还需要具体展开该过程并给予详细审视。但可以确定的是，科学给哲学带来的某些挑战，技艺向技术的转变，以及这些变化对人类生活方式和感受自我方式的影响，是以上身体角色之变化的重要缘由之一。出于对身体角色的这种变化的关照，后文将在某种程度上尝试以一种现代的视角进入古代世界，或更准确地说，从古代话语走出来而进行某种意义上的古今对话。

第二节 作为"修"身手段的技术

通过使用医学类比和隐喻以及最大程度地发掘出"一个可训练的身体"，斯多亚哲学在某种程度上启示了一种双重意义上的修身方式。然而经过基督教对身体的极端处理和之后的强烈反弹，这种思维乃至实践上的生活方式似乎并没有在西方现代哲学与社会生活中得到很好的延续和发展，尤其是在现代技术改造并物化了身体、放大了身体欲望之后。我们甚至可以说，欲望和技术共同投向的身体已成为现代社会重要的问题域、问题场，尽管被各种拜物教充斥的心灵才是真正的问题源。在一种多维的身体观视域下，可以说，与自然的身体、文化的身体，尤其是斯多亚派视野下的"可训练的身体"相比，技术的身体在某种程度上更像是现代社会的发明。但是技术铸造医学繁荣的另一面是对身体的俘获，而且这两方面的结果都展现在身体内外的方方面面。

这也再次证实了我们的观察：整个人类的命运，尤其是身体的命运，始终与技艺密切联系在一起。鉴于现代社会人的思维、感受方式和生活样式的改变，人们对斯多亚派独特的身体和技艺观念变得逐渐陌生起来。随着技艺概念原有的丰富意义的消失——艺术与技术的分离①，尤其是技术正以前所未有的速度和广度对人类生活产生影响，身体的内涵与实践意义以及身体在哲学讨论中的地位也发生了变化。其中最重要的表现之一就是，古希腊哲学视

---

① 当然，这是一个非常复杂的、漫长的过程。简单说，希腊化罗马时期（尤其是盖伦）对"人文技艺"与"粗俗技艺"的明确划分，以及之后中世纪对人文艺术的分类（三艺、四艺）和对"机械艺术"（mechanical art）的挖掘、运用起到了重要的推动作用。相关中文文献可参见邢莉、常宁生："美术概念的形成——论西方'艺术'概念的发展和演变"，第105—115页。

野中的技艺与身体之间的伦理性实践越来越多地被技术与生命之间的生物学实践所替代。这不仅一度成为很多哲学家的共识,而且在某种程度上已经泛化为今天的生活现实:一方面,身体作为欲望的集中表达而备受瞩目,另一方面身体则成为技术所集中操作的对象。如果一种真正的好生活应是德性的具身生活,那么该如何在这种生活中实现技艺和身体的良性互动?在今天的各种对于身体频繁的技术操作中,如何使人们的技术诉求和科学实践更具有合理性?或许后者已经超出了古希腊哲学家的视域,但这并不妨碍我们在理解自我、理解人的生活的基础上与他们展开进一步的对话。在这个意义上,我们依然面临着与斯多亚哲学家同样的问题:人,包括哲学家和哲学家以外的人,该如何看待我们的身体和展开我们的技艺性生存?

我们也无法否认,今天的身体观念在很多方面是不同于古人的。但是观念上的转变并不能绝对有效地证明实践的合理性。知识和文化上的不良积习无疑是导致现代人远离斯多亚派意义上"自然"和"理性"(尤其是其仍具有重要意义的方面)的重要原因之一。因此,尽管我们并不认为古人的身体观念完美无缺,但也不能否认今天的很多身体观念是有问题的。显见的一个社会事实是,现代科学技术的发展通过为身体设置一个虚拟、可修饰、可无限锻造的可能世界,进而为人的生活营造了一种新的愿景。而如何塑造一种合理利用技术可能性的好生活则在很多方面依赖于我们的身体观念以及由此所衍生的技术态度。有趣的是,我们的身体观念和身体性实践的变化,在很大程度上恰恰是直接由技术所造成的,反过来身体甚至成为我们理解技术之本质的工具或媒介。继续沿着斯多亚式的修身哲学路线,我们将首先对近现代技艺发展中的身体命运进行较为简约而有所侧重的考察。这种考察始终是在哲学史与科学史,尤其是医学史的交叠处中进行。由于身体和技艺这两个概念涉及若干复杂的问题,所以我们将一以贯之地以健康这种身体善和医学这门直接面向身体的技艺为主要线索。我们将会注意到,对身体的关注点发生着从哲学意义上的有限性向生物学意义上的可塑性的某种迁移;技术和身体的关系的这种转变必将同时导致人与自我关系的改变。

一 技术视野中的身体:机器

在近现代社会,尽管身体隐喻或许不再像在古代社会中那样发挥着重要的认知、实践功能,但无疑仍在表达真理、传递知识、引导科学实践活动中承担着重要角色。近代科学技术的发展在其具体活动中曾产生了大量关于身体的隐喻性建构,它们反过来也会影响认识,并作为一种泛化的价值观念逐步渗透到日常生活当中。① 因此，这种隐喻作用是双重的。技术实践与隐喻话语相互作用，既影响了技术的发展方向，也影响了人们感知、思维自我与身体的方式。在原始社会，这种隐喻主要是由内向外的，即人的身体充当着其他重要物体的部分、延伸物及其意义的范例。而现代社会却倾向于用外在物来比拟身体，用机器语言来描述身体。这种角色的对换正是对现代人生存处境的一种代表性的公式化表达。

历史地看，身体的机器之喻可上溯至亚里士多德对生命的形式和质料，即灵魂和身体的划分。持某种机械论观点的医生盖伦也曾大量借用人工物来理解人体。但是古今视域下的身体观念已然有较大差异，因为古希腊思想中对生命的理解总体上仍然基于一种整体主义视阈，对身体的观看方式则是基于一种非主客观对立意义上的、实在的人的视野。即使在主张无形体的灵魂是真正的自我（相对于身体），并在身体逝去后依然存在的柏拉图那里，灵魂也不仅仅是离开身体才能最好地进行活动的纯粹理智，而且还是赋予身体以生命与活力之物②——因此在某种意义上，灵魂不可能在人生命期间完全与身体相分离，身体尤其不能脱离灵魂而存在。

但如上文所述，经历了文艺时期对身体的短暂赞美与推崇，即认为人是无与伦比的身体化存在后，工业革命的到来使身体的隐喻逐渐由有机体变为钟表等机械之物。因此在人们的思想意识中，身体逐渐变成了第三人称视角下的一种客观的、物质的、可以绝对地与灵魂相分离的物体。各种形式的机器之喻逐渐被普遍化：可以说在启蒙时代，哲学（笛卡尔）、生物学（拉·梅特里）和政治经济学（泰勒）等不同学科实际上都致力于从不同角度将身体规定为机器。因此身体的机器之喻并不是思想家主观设计和想象的结果，而更多的是一种对于客观现实的描述或揭示。究其本源，这种现代医学式的身体观念是反抗神权的需要，是科学理性的体现，更是工业发展的逻辑要求。机器是工业发展最强大的工具，技术和机器的统治则集中表征了工业社会的某种特质。而这种特质必然要在人的身体上刻上历史的印记。

在各种机器论中，笛卡尔版本的"身体＝机器说"可以说最为著名，影响最为深远。在其第一本著作《论人》中，笛卡尔就声称："身体只不过是一尊雕像或土做的机器，上帝塑造了它，并明显有意使其尽可能地与我们

---

① 因此"人是机器"这一命题还可以从相反的方向得到诠释和印证：技术上的最新进展往往为我们理解人的生理和心理过程提供了模型，例如在维多利亚的蒸汽机时代，蒸汽的推动力似乎被认为是人的心理活动的完美模型，而计算机无疑可视为与今天信息时代相对应的最优模型。

② Sarah Broadie, 2001, pp. 295-308，在这里布罗迪将柏拉图（灵魂/身体）与笛卡尔（心灵/身体）的不同意义上的二元论做了比较。

相像。"① 在笛卡尔看来,尽管意志可以激活身体,身体可能使灵魂分心,但作为思想的灵魂可以不受肉身限制而存在,它的限制来源于它自身。"精神可以没有肉体而存在,肉体可以没有精神而存在。"② 它们相互异在,需由第三者来加以结合。因此在"第六沉思"中,他又写道:

> 而且,虽然也许(或者不如说的确,像我将要说的那样)我有一个肉体,我和它非常紧密地结合在一起;不过,因为一方面我对自己有一个清楚、分明的观念,即我只是一个在思维的东西而没有广延,而另一方面,我对于肉体有一个分明的观念,即它只是一个有广延的东西而不能思维,所以肯定的是:这个我,也就是说我的灵魂,也就是说之所以为我的那个东西,是完全的,真正的跟我的肉体有分别的,灵魂可以没有肉体而存在。③

因此,笛卡尔眼中的身体不是个人主体性或个体认同的载体("我"的本性或本质在于"一个在思维的东西"),而似乎只是一个惰性的、有朽的,甚至是有病的机器。其本性是与心灵的本性完全不相容的。但是身体毕竟主宰着在世的生命,身体"比其他任何物体都更真正、更紧密地属于我",而且我们不可能像与别的物体分开那样与我们的身体分开。④ 所以对身体的脆弱性,尤其是非正常状态下的身体的关注导致笛卡尔对身体健康的极度重视。⑤ 他一直期望科学可以改善身体的老弱病残,而且本人也极为注意养生(以延长自己的生命)。因为在笛卡尔看来,健康是最重要的善物,是此生主要的福祉和所有其他福祉的基础,因此保存健康应是科学探索的主要目标。而且在医学上也可以找到某些途径使人在理智上更聪明、更有技巧。⑥ 但是仅此而已。笛卡尔对生理健康和心理健康之关联的重视并没有促使其进一步将伦理学与医学相联系,尽管医学对身体疾病的消除确实是一种有效地驱除心灵疾患困扰的有效路径。也就是说,这里的医学上的作用主要是生理学意义上的:笛卡尔视野中的德性只与自由意志的施展有关,而与身体无直接关联。在他那里,灵魂不朽与神的存在才是担保道德的最根本的形而上学设定。

---

① René Descartes, 1985, AT XI 120, trans., John Cottingham, Robert Stoothoff, and Dugald Murdoch.
② 笛卡尔:《第一哲学沉思集》,第 170 页。
③ 同上书,第 82 页。
④ 同上书,第 80 页。
⑤ Richard B. Carter, 1983, p. 7.
⑥ René Descartes, 1985, AT VI 62.

如果结合身体的前机器史,那么可以说,从古代身体与自然之间的持续隐喻交换到现代工业时代把机器与身体等同起来,西方社会与文化似乎经历了一个从灵性的身体化到物性的去身体化的过程。正像很多社会学家所观察到的,工业社会中的人们更多的不是用身体来比拟万物,而是用物,尤其是机器来理解身体,进而来制造、订制和重构身体。由此,身体经常被化约为一个简单的机械过程。通过用机械主义的眼光打量外在自然以及作为内在自然的身体,现代物理学则打破了人们对宇宙的身体化想象——宏观宇宙与微观宇宙那种质朴、自然的亲密一体关系逐渐瓦解。尽管具有突破神学羁绊、全面勘探身体秘密的重要历史意义,但哲学家或科学家视野下的钟表式身体,在某种程度上都是借助隐喻语言将身体外在化、对象化的结果。相反,在现代科学和大众文化中,机器却开始了一个拟人化、中心化的过程。这就直接推动了所谓的身体的祛魅化或生命的去身体化倾向。[1]

这种思维方式延伸至人文和自然科学的各个领域,逐渐成为关于身体的基本镜像和默认法则。如后文要重点指出的,作为对笛卡尔身心二元论的回应,拉·梅特里等许多自然哲学家们进一步提出"物质一元论",试图用生理学和医学来解释一切精神现象,借助临床理论和实践来认识心灵。或许受到这种思维方式的影响以及现代医学体制的束缚,医学活动中的一个较为普遍的现象是,很多医生不关注病人个体的活生生的生活体验和内在的声音、意向,而只是将病人的身体视为一个纯生物性的机器,以对其可观察到的机能障碍和损害进行诊断和治疗。[2] 如此看来,机器之喻很难承诺真正的身体健康,遑论好的生活。因为其所支配的医学毕竟"看"到的只是身体的生理和病理层面,因此在对待身体问题上就会尽量避开社会或心理原因[3]而仅仅关注于一个客观且可分解的实在。这种实际上始终站在身体外部,将身体经验对象化的"观"身体方式,必然将各种生命现象最大程度上归结于物理化学因素,从而破坏和取消了身体的完整性与实践性。因为身体的疾痛作为一种身体器官语言,是身体存在与其所介入的生存环境或实践场域交互作用的集中表达。它是一种独特的活生生的体验[4],表征着身体内在秩序以及外在生

---

[1] 详见:Nancy Scheper-Hughes & Margaret M. lock, 1987。尤其在医学领域,这种科学范式主要关注疾病的外在维度,而倾向于支持一种忽视精神和社会根源的还原论观点。特定的人体被抽象化为一个普遍的人类躯体,从而远离了病人的生活世界。医学对疾病的关系经常被视为一种单纯的战斗和技术关系,而身体的痛苦体验和生命整体的存在需要在很大程度上被忽视。这些都是对传统生命伦理学的典型批评。
[2] Drew Leder, 1990, p.147.
[3] 详见布莱恩·特纳:《身体社会学导论》。
[4] 可参见图姆斯:《病患的意义》,第35、95、136页。

活的失序和紊乱。

而随着现代生命科学的发展,操控身体的技术已经由机械技术发展到生命技术,由客体技术到主体技术,即主要对象变成人本身。这意味着作为人的一切活动的目的的人本身将从本质上被加以改造或重塑。而关于身体的机器之喻也随着技术上"机器"的升级发生了有趣的变化。例如随着计算机技术的发展,身体还被比作计算机、网络系统,而生物技术,尤其是转基因技术发展的一个自然结果则是使身体成为基因机器,身体与身体之间的差异演化成 DNA 编码组合之间的差异。而且,这种基于分子层面的诊断学在根本上也是受某种机械论——生物简化论或基因决定论所控。身体被视为由基因图表所构成的分子化合物意味着身体不过是一种精确的生成、反应而已。身体,即马克思视域中的劳动机器再次以崭新的形式,即"基因机器"的形式而存在。由于在生命科学话语中,身体即是信息,最基本的生命形式被界定为一种可被规训与操控的编码、译码和解码过程,因此由信息和符码构成的新的生命概念成为生命的逻各斯和目的论①,生命成了基因的载体。鉴于身体不过是决定其机能与外观的基因的生存场所或基因运输资本的一种媒介,随着人与人、身体与身体之间的差异演变为 DNA 编码组合的差异,包括人在内的动物之间的差异也最终消失了,一些身体及器官甚至成为基因操作中的"备用零件"。这样,人不仅通过机器化的身体来理解和界定生命,而且还可以乐此不疲地享受由这种去人性化过程换来的身体善。

在简单观察了身体的这种资本化过程之后,我们也就不必惊讶于 18 世纪以来,现代人文思想领域所涌现的一波波对于一种无人性的、恶的理性(即技术理性)的批判思潮。但不可否认的是,迄今为止的人与技术的互动的确是一种进步。技术及其作为产品的机器、各种通讯与交通手段愈来愈多地弥补了身体的缺陷并逐渐将人从身体的有限性中解放出来,以不断接近人对某种超验之身体的渴望。不仅如此,技术及其产品还内化于身体,使人的感知系统发生微妙的变化:随着由还原论向功能主义的转变,机器之喻不仅作为一种科学认知和解释的工具、纲领而引导了科学与技术上的不断探索,潜在地影响科学认知和研究,反过来还有助于人们进一步理解自身的精神、情感和意识结构。至于人是否是机器的价值之争则关涉科学主义与人本主义在技术与人的关系、人性尊严和身体完整性等问题上的长久对立。在这里,我不想停留于人是否是机器的价值之争,而是试图进一步探究这一设定和思维可能带来的后果。

---

① 萧旭智:"差错、生命科学与认识论:从傅科回到刚居朗"。

作为一种科学文化的习得,如果这种视身体为机器的思维逐渐内化在人们知觉身体的过程中,那么其直接后果之一就是,通过将身体视为独立于任何价值和规范的物理化学过程,人的存在及其人格性被置于无身体的精神之内,而一个人的自我关系也就被简化为一种可以改变和控制的复杂的神经生理学过程。其进一步的可能结果则是身体的道德模式被产权模式所替代,身体成为道德中立的私人财产,可被任意修饰、交换、订制和重构,其"价值"只能根据使用者的特定利益得到界定(如器官交易合法化)。这可能是作为这一思想主张的始作俑者,即将身体作为最贴己的私人财产的洛克所始料不及的:身体价值的非道德化使得那个道德话语下的节制欲望的身体逐渐隐退,取而代之的是医学和市场领域当中的不断改良的身体、释放欲望的身体和创造经济价值的身体。这种身体观的背后仍然是一种资本的逻辑:既然身体是机器,那么就可以合法地予以分割和利用,而技术恰恰为将身体转化为商品开辟了道路。反过来,众多与机器之喻相关的身体隐喻也不知不觉地被用来掩盖商品化身体的过程,"矿藏""庄稼""土地""物品"等话语流行于科学研究和市场操作中。借助生物技术及其立法(如"基因专利"),科学家可以将身体作为一个可切割和解剖到分子层面的器物来提取、使用和专利化。身体的任何部分,如细胞、胚胎或组织则可以依次被储存、加工和进行买卖。从这个角度看,对身体的凝视就不再是一种带有通过关照他者而关心自我的伦理性凝视,而是成为一种冷冰冰的分子层面的技术性操作的一部分。总之,生命科学的深入发展与身体的机器之喻的流行意味着一种新的关于人的身体与生命的本体论、认识论已经深扎于科学共同体,甚至普通人的头脑当中。这在某种程度上解释了为什么在哲学领域,大多有意识地缓和物质主义与还原主义的二元对立的努力都以无意识地退回到某种新的二元对立而告终。

二 医学的凝视与人的发现

近代所谓的"人的发现"同样是从医学开始的。就身体而言,正如前苏格拉底时期对身体的认知开始于医学,近代人们身体观念的重大变化也始于医学,并且受到医学发展持续而深刻的影响。启蒙运动以降,摆脱了神学的管制、道德的羁绊以及哲学的冥想,医学革命通过促使人观看自己的身体,不断地挖掘、可视化身体内部的秘密,从而深刻地影响着哲学思考与身体、日常生活与身体之间的关系。医学上的探索,加之这一时期身心二元观念的流行,使得身体与自我的关系越来越多地在生理学向度上被探讨。相应的,哲学家,尤其是有医学背景或受医学影响的哲学家(如本章提到的笛卡尔、洛克①和拉·梅特里)也更倾向于从生理角度解释、重塑和解放身体。而如笛卡尔之例,技术的进步也确实刺激了很多哲学家试图通过控制、操作身体而获得长久健康的技术梦想。但问题依旧在于,人如何能在这种身体与技艺及其相互关系的变化过程中,真正很好地修己之身,甚至修他者之身?

众所周知,不同于数学、物理学等其他自然科学,医学的特殊之处在于它面向的对象是在生命序列上最复杂、最高级的人体,因此并不具备前者所特有的严密性和精确性。随着近代医学将人的存在作为实证知识的对象,医学真正成为起范式作用的人的科学,即人学的基础。正如福柯所揭示的,西方近代临床医学的诞生真正确立了人在实证科学中的本体论地位,从而使"主体—客体"的人的科学成为可能。② 尽管中世纪的身体得到了某种意义上的关心,但是正如人们通常所认为的那样,身体以及欲望毕竟在这一时期得到了空前的压抑,神学独掌天下而统摄,甚至代替了医学,医学的发展因此受到极大的阻滞。基本上终结了中世纪的文艺复兴既解放了身体,也解放了医学。以认识和发现人本身,获取知识力量为要务的启蒙运动更是为认知和揭秘人自身与大自然之身加足了马力。可以说,启蒙运动对人自身的关注正是肇始于从自然科学角度规定人的医学,而医学又有力地助推了启蒙运动,并与政治呈现出前所未有的紧密关系。③ 通过对神学的拒斥和对上帝秘密的揭示,即对身体构造和功能进行全方位的观察和研究,医生和研究者们第一次从实证科学角度严格地认识和考察人本身,并将摹仿上帝形象的神话人、道德人变为物质人、自然人。身体越来越多地与"人"相等同起来,而不仅仅是被灵魂所激活的惰性材料。而由此所彰显出的对人的主体性的高扬和对人的自然欲望的肯定,不仅颠覆了神、人、动物之间的古典秩序,而且还对整个欧洲文化的伦理精神,乃至世界图景进行了重构。具有医学背景的法国哲学家拉·梅特里的人体哲学在这场肇始于英国,可称之为医学启蒙的运动④中尤为引人注目。我们不妨以拉·梅特里为例,从其人体哲学的角度去审视这场医学启蒙运动及其历史意义。值得一提的是,在这里我们将明显感受到笛卡尔身心观的某种延续;或许正是基于笛卡尔的"身体即机器"之说,拉·梅特里才将笛卡尔视为一个隐蔽的唯物主义者,并进一步发展出了他的"人

① 可参见相关讨论:Richard B. Carter, 1983; Patrick Romanell, 1984。
② 具体参见米歇尔·福柯:《临床医学的诞生》。
③ 具体参见 Martin S. Staum, 1980。
④ 具体可参见 Roy Porter, 1982, pp. 49-62; Andrew Cunningham & Roger French (eds.), 1990。

即机器"之论。

以在神学和形而上学面前揭示科学的真实和哲学的正直为使命,拉·梅特里拒绝思想史上的任何形而上学及其所发明的超自然悬设或不可见之物。因为在他看来,这些高高在上的玄思之物不可能实现对人的身体的真正洞察,只有通过经验科学的透镜才能窥见生命的真实。正是借助医学,尤其是解剖学和生理学对身体"彻底而客观"的观察,拉·梅特里从以下从几个角度对人进行了重新规定:

首先,身心关系显然是认识人的根本所在。在这一点上,拉·梅特里的极端之处在于取消了关于灵魂或心灵的一切形上学规定,提高身体而贬低心灵,并将二者统合为"物质"这个被赋予了能动性和感受性的唯一实体。对拉·梅特里来说,物质可以自我运动、可以思想是不容置疑的事情,根本无需设定一个无形、不朽的灵魂;而且思想是感觉的,心灵也是感性的、有广延的。① 尽管身体与心灵共同睡眠、共同成熟,但生命体活动的根本依据却在于身体及其组织,心灵只不过是身体能思维的部分②,其所有活动都是建立在生理过程的基础上。因此人的意志能力处处受到官能的牵制,人的感觉、情感、思想等所有灵魂现象都可以被视为生理现象,进而接受医学的经验性研究与解释,甚至人的善恶也可以根据体液状况来加以判断。既然拉·梅特里确信生理科学是关于心灵知识的根本来源这一点,那么对他而言,一个合理的推论便是,既然人之根本在于自然的肉体,那么满足身体的自然欲望,追求自然规定的快乐,就应是合理的自然或道德法则。

其次,人与动物的关系是身心关系讨论的自然延伸。拉·梅特里将笛卡尔的"动物(或身体)是机器"③的动物学研究直接移植到人学上,以此来拉近人与动物的距离:"动物与人没有先天的区别"④——"都是机器",都有所谓的动物精神。⑤ 笛卡尔曾将语言视为人与动物相区别的标志,拉·梅特里则认为动物也能掌握语言,也拥有心智和情感。在笛卡尔那里还有上帝的位置,而在拉·梅特里的人体哲学中上帝则完全被科学所替代。如此,所谓的生命排序在拉·梅特里这里基本上也沦为无稽之谈。在拉·梅特

---

① 拉·梅特里:《人是机器》,第64页。
② 同上书,第20、53页。
③ 对笛卡尔来说,动物,包括人的身体,仅仅有自然,而没有灵魂,更没有思想;这与斯多亚派观点显示出很大差异。因为斯多亚派认为植物具有自然,而动物已经开始有灵魂。而就人而言,与狭义上的灵魂(ἡγεμονικόν)相对应的身体即是包含灵魂—普纽玛的身体。
④ 拉·梅特里:《人是机器》,第41页。
⑤ 同上书,第42页。

里眼中,人、动物,甚至植物不但都产生于同样的材料,同样享有感受自然的造物目的①,而且甚至同样具有道德感知和实践能力。更有甚者,人可能比动物还动物,因为他生而具有的本能还不如动物,其凶恶品行也往往有过之而无不及。② 总之,人与动物共享生命原理和自然法则。或许同边沁一样,拉·梅特里的这些思想在某种程度上可视为现代动物保护主义的功利主义先声。但问题是,孤立地坚持这些科学论断会把人锁定在弗洛伊德所言的被快乐原则所支配的本我状态,在提高了动物的同时贬低了人。所以拉·梅特里特别强调教育,并将其视为使人超拔于动物的唯一力量。③ 尽管如此,在他看来自然的美德仍是首要美德,教化的美德只是第二美德④,因此自然本性绝对地压倒修身技艺。

再次,人与动物的关系更深层地体现在自然界的基本秩序,即总体的世界图景中。就这一视角而言,拉·梅特里眼中的世界没有任何超自然力量——自然即是根本,人对自然的适应能力在其根本处还不如动物,因此动物比人更自然。同样基于自然,拉·梅特里也强调人与自然界的血肉关联,并且注意到体质、气质等对不同性格、风俗和文化精神的影响,以及气候等环境要素对人的身体、精神的塑造作用。但人与自然的这种联系是粗糙的、机械的,显然不同于斯多亚派眼中的那种有机、灵性的一体关联。因为在源头上,"φύσις"这个沟通自然哲学、神学和道德哲学的古希腊概念已经失去了其原有的含义。不可否认,拉·梅特里的机器之喻不同于笛卡尔的机器概念,也不同于深受笛卡尔影响的机械论医学哲学家(即认为物质是纯粹的广延)。相比之下,他更多地诉诸亚里士多德的经验论而强调物质不但有感觉,而且有理智,即存在一种主动性物质。因此他的关注重心不是人的机械性,而是生理学视角下的物质的运动性和感受性,尤其是生理论对人的理智功能的充足解释力。但按照这种理路,居于至上地位的是生理性的自然,不是人的主体性和教化的可能性,人和社会基本上被还原为、同化于一种祛魅的自然。

由此可见,对(物质)身体的肯定和褒扬是拉·梅特里人体哲学的核心所在。而维护这一立场的主要路径就是以自然科学的方法对身体进行研究,并以自然哲学的方式进行解释。这样,通过将"看"身体的方式从形而上学

---

① 拉·梅特里:《人是机器》,第45页。当然,我们对这一观点并不陌生,比如可以回顾斯多亚派的普纽玛理论。
② 同上书,第42—44页。
③ 同上书,第22、42页。
④ 同上书,第37页。

和神学转向医学,身体似乎不仅在技术上变得强大,而且在哲学上也开始扬眉吐气。然而事实果真如此吗?

我们看到,尽管这种人体哲学强调经验和观察的价值,但毕竟也是理性的作品。医学的凝视总是伴着哲学的沉思与实践的推理:感性与理性交相辉映,以使不可见之物变为可见之物,走出对于身体和疾病的无知状态。因此这种重构并推崇身体的哲学其实是看与知、感知与推理相结合的产物。① 可以说,在"启蒙"名下,拉·梅特里是承担着独特的历史使命的。其重要任务就是借助医学之手,尤其是解剖学之刀,对人的身体、本性、感觉和思维,乃至整个生命进行科学而客观的认识。对他来说,真理不存在于任何形上学体系中,而是只存在于医学和生理学当中,因此建立新哲学的主要思想资源就来自于观察、实验和解剖。②

我们不妨将这种医学置于启蒙的整体图景中,进而对其做更为全面一些的考察。众所周知,"启蒙"的意涵本是光,光则意味着健康的希望。正如启蒙之光之驱除神学的黑暗,医学,尤其是解剖学③所辅助的医学之光也试图通过消除一切主观想象、推测和愚昧而寻找身体的真相,彻底地揭开身体和健康之谜。通过打开深邃但可见的人体空间而寻求对于身体、甚至是关乎灵魂结构和功能的实证知识,启蒙医学不仅宣称要驱逐一切疾病,而且还要寻求合理地解释生命。解剖学使目视的作用凸显出来:通过客观、经验、彻底地看,辅之以敏锐的双耳、灵巧的双手和求知的心灵,尤其是理性的医学语言,医生们就可以窥见、诉说和认知在疾病的可见表面背后所隐藏的不可见的疾病本质,在人与动物身体构造的区分处显现的人性及包括灵魂在内的一切神秘之处。人在其中既是看者,又是被看者,是一种可逆的主客体的统一。因为现实中,个体永远无法实在地站在身体的外部来客观地观看自己的身体,而必须要依赖于他者来感知、认识自己的身体。在拉·梅特里这里,由于这个他者不再是神,所以只能是人自身。秉持"无想象便无思想"的亚里士多

---

① 可参见米歇尔·福柯:《临床医学的诞生》,第七章;于奇智:《凝视之爱》,第二、四章。
② 拉·梅特里:《人是机器》,第16、27页。
③ 这里并不是批评解剖学视角,而只是质疑看待人的一种思维方式。现代解剖学与古代解剖学的重要不同就是它不受目的论的指导。正是从目的论出发,盖伦认为解剖是为了产生"惊异",使人能够理解自然造物的神奇。但盖伦的目的论倾向也强于亚里士多德:他认为自然所造的不但是有用的,而且都是最好的。因此盖伦的世界是所有可能的世界中最好的世界。他进行解剖的主要目的不是为了实用目的,也不是"为科学而科学",而是为了"赞美自然",为了产生"惊异",发出"惊叹"。当发现脑室具有完美的对称结构时,他对此大加赞叹,认为这种"对称"是自然的伟大杰作,更是宇宙和人体和谐之美的体现。不仅如此,他还指责他的对手不懂解剖学,因为他们完全没有"惊异"之心(参见Maud W. Gleason, 2007)等等。当然,这并不是说古代医学传统是不重实用、只务沉思的。

德主义观点,拉·梅特里尤为强调想象的作用,他甚至将想象与心灵相等同,并认为其独自发挥认识作用。医学凝视下的大胆想象代表着一种将身体和痛苦可视化的努力,也正是想象力借助各种语词和形相而表象一切事物,使感性之物理性化,从而使科学的凝视成为可能,而人与自身、世界的存在关系就显现在这种分析、判断、比较和调查中。按照福柯的见解,在18世纪的欧洲文化领域,临床医学的凝视与哲人的沉思掌握着类似的权力,二者都预设了一种恒同的客观性结构。通过陈述或论说而实现由看到知,看知结合,最终使不可见的成为可见的,不可说的成为可说的。医生的论说性沉思和哲人的论说性沉思在准确层面汇合,对他们来说,世界是语言的。①

作为这两种权力的汇合点,解剖的主要对象是活的动物与死的人体。活体实验为寻找生命机理和疾病之源提供了基础,而尸体分析则是超越病变表象,揭开致病之谜的简便路径。因为尸体不仅表征着生命的有限和身体的极限,而且还是知识和真理的显现场域。在西方医学史上,尸体第一次如此彻底地摆脱了神学和道德的羁绊和管制,而通过理性的照耀被赋予更多的科学价值。② 具有讽刺意味的是,随着一种机械主义视角在知识和权力体系中的渗入,这种与人的生存不可能共存和交集的身体竟然经常成为人的正常身体的参照物。

当然拉·梅特里眼中的人体总体上还是一个有感觉、有精神、活生生的身体,这时的医学仍然十分注重身体的感受和经验的观察。或许正是在这种意义上,拉·梅特里本人声称自己是一个伊壁鸠鲁主义者。但与古典伊壁鸠鲁主义不同的是,拉·梅特里最终关心的不是灵魂的健康,而是机体组织的健全以及由机体的内在欲求机制决定的肉体快乐。③ 因为灵魂在他这里已彻底地消释在身体当中而成为一种器官性的存在,道德哲学已被简化为医学观察和生理学原理。另外,尽管同样诉诸自然哲学,但伊壁鸠鲁并不太重视观察和推理,而且他的猜测、臆想色彩颇为浓重的自然哲学最终以目的论的道德哲学为旨归。而奠基于以观察和实验为基础的经验科学,拉·梅特里的快乐观却可被视为一种医学的快乐主义,因为这种快乐主义完全建立在身体

---

① 于奇智:《凝视之爱》,第49—50页。福柯在《疯癫与文明》中曾对作为理性与权力之表征的医疗话语以及其中暗含的身体、权力与知识间的关系进行了剖析。其核心观点在于,身体和精神不仅是道德规则的驯化、惩戒对象,还是医生及其医疗体系所掌控之理性权力的改造、审问对象。一个与相伴随的后果是连结身心的激情逐渐被遮蔽。

② 参见米歇尔·福柯:《临床医学的诞生》,第八章。从医学的角度看,尸体更容易以一种中立的方式被观察,进而充当关于死因的知识源泉。通过尸体解剖可以寻求治疗有效性的来源,而通过获取尸体的器官和组织则可以服务于其他活体的生命。由医学技术的进步所带来的尸体的重要伦理意义已经初见端倪。

③ Chaeles T. Wolfe, 2009, p.77.

器官性的自然欲求上。① 幸福不是可靠的、必然的,因为幸福存在于身体的物质,依赖于偶然的感觉,而不是德性的修为。因此虽然与斯多亚派一样,拉·梅特里也将身体器官和物质元素的变化与心灵疾病(恶)的产生相联系,但他诉诸的只是纯医学的方法。② 生理学、生物学基本上代替了伦理学、心理学,自然目的论和道德训练在这里受到同样的嘲笑。当然这并不是说拉·梅特里式的启蒙医生们就是非道德主义者。因为解剖学的切与割本身还是一种道德活动、艺术活动,医生与病人之间也并非完全是一种主体对客体的单一方向上的不对等关系。在医生进行充满智慧地凝视和观察的同时,还必须对病人进行有效和细心的治疗,前者服务于后者。而这其实也是医生通过凝视他者而转向自身、反思人身、塑造自我、"成"人成己的过程。因此这一活动实际是一种主体客体化与客体主体化同时进行的主客体相一致、理智德性与道德德性相结合的修身活动。③ 它不只具有认识论上的意义,而且还应有存在论的价值。不仅如此,关注医学改革和公共健康的人文主义诉求,以解决启蒙中更为广泛的社会议题也是拉·梅特里所关心的,因为像他这样的自然主义者们通常都是倾向于尊重个体欲求而关注社会疾病。类似于柏拉图的哲学王构想和专家统治的观点,拉·梅特里甚至还提出医生执法的主张,即让医学来诊断和管理社会政治。④ 后来德国医生、人类学家兼政治家鲁道夫·魏尔啸(Rudolf Virchow)更是将政治学视为"医学的大规模应用"⑤,并积极投身于这种政治。但与古典思想大为不同的是,这种对于政治和医学的新见解是要医学统摄政治(伦理),而非政治(伦理)调控医学。

因此借助其著述及其生平,我们可以认定拉·梅特里并不单纯是一个堕落的享乐主义者,他其实还是一位勇敢的启蒙改革家。医学上的发现给予他一种批判和改革的视角,促使其凭借对生命的诚实,坦然面对身体的现实,即身体官能、非理性因素以及对心智、理性、意志等的影响,并从感官角度挑战理性的权威,从医学角度去评判生命、建构哲学。而事实证明,这种改革的力量确实也是惊人的:哲学史视野中的那个脆弱、有限、可朽的身体形象在启蒙

---

① 详见 Chaeles T. Wolfe, 2009, pp.69-83。
② 拉·梅特里:《人是机器》,第19页。
③ 更详细的讨论请参见于奇智:《凝视之爱》,第120—124页。
④ 在拉·梅特里看来,医生最真切地感受到在很多情况下理性对于官能的无能,尤其是身体失常,即疾病干扰和感官混乱下道德与真理的失语,所以应当宽恕那些由身体组织及其欲求所支配的违法行为,行为者甚至也不必为此过多忏悔。参见拉·梅特里:《人是机器》,第45页,另参见第10页。
⑤ 参见 J. P. Mackenbach, 2009, pp.181-184; R. Wittern-Sterzel, 2003, pp.150-157。

时期的"翻身",促使人们不禁惊叹于自然身体与技艺的奇妙结合,并越来越倾心于围绕身体而展开的各种理想和欲求。在这一时期,由于生理学向伦理学的入侵,身体更多的是作为如何保证其健康、美丽和快乐的物理对象,而不是充满激情和欲望的、使灵魂斗争具身化的场所。满足肉体之自然本能欲求的不懈努力逐渐变得合理化并成为人们对幸福的主要定义。

而扩展到科学世界中,人们对身体,包括针对大自然身体的发现和探秘也确实更多是为了获取财富或增强身体等功利之需,而不是仅仅起源于"惊讶"。如果说上帝之死激发了人们对身体的健康和寿命的无限渴望,那么拉·梅特里的人体哲学则继笛卡尔之后为科学控制身体进一步打开了方便之门。由于人们不能摆脱还原论和机械论的局限,因此从神学意义上的"罪身"变成科学视野下的"机器"的必然结果就是,这时的身体(甚至是整个的人)由活生生的个体变成了某种普遍化的躯体,生动、丰富的身体经验,人的自由意志、反思能力、主体性逐渐被消释在物化的身体组织中,身体变得极易被物化、客观化和对象化。而这种医学凝视下的人体哲学则最终沦落为萨德式享乐主义的遮羞布,使看似被解放的人又重新陷入某种奴役之中。相应的,启蒙医学既为人的哲学开辟了新的视野,丰富了"人"的内涵,但同时也限制了人的哲学的走向,截短了"人"的深度,从而在双重意义上改变了哲学人类学的面貌。具体到医学实践中,尽管此时的诊疗仍然是借助尚有温情、类似机器的人之手来实行,但随着现代医学的诞生,当真正的机器时代的来临使之被类似人之手的机器来代替时,救死扶伤就似乎越来越真切地变成了修理机器。因此从植物、动物到人,随着自然的死亡[①],活生生的身体死了。

我们能否说拉·梅特里的人体哲学主要是其医生身份使然? 不尽然。我们看到,拉·梅特里的人体哲学的某些观点,在某种程度上确实可以与盖伦哲学相类比。但非常不同的是,在拉·梅特里时代,医学观看人的身体的方式和探究人的身体的目的发生了很大变化,进而导致医学在理解人的身心关系等方面也相应地发生了迁移。而且与斯多亚派相比,前者是从发展的视角定义人,并基于人的自我结构的发展而探寻如何达至一种德性生活,而拉·梅特里将人的发展仅视为生理上的成熟和机能的健全,并在这种意义上似乎更为接近伊壁鸠鲁。当然,与作为心理学家的伊壁鸠鲁相比,拉·梅特里对人的心灵的洞察和理解又是较为狭窄的。总体上,拉·梅特里人体哲学的悖论在于,一方面它过分放大了身体,使在近代意识哲学中无一席之地的

[①] 具体参阅卡洛琳·麦茜特:《自然之死——妇女、生态与科学革命》。

身体一跃成为人安身立命的根本;另一方面它又狭隘地理解了身体,因为它以身体的生理学层面遮蔽其经验的生存层面,从而在某种程度上取消了身体的历史和文化维度。或许应该说,拉·梅特里的机器之喻是其思想逻辑和职业视角、特定历史处境相结合的产物。如上所述,最以阐释二元论而著名、同样具有医学背景的笛卡尔尽管将身体视为阻碍人们进行真理探寻以及利用激情欺骗人的监狱,但早就从第三人称视角将身体定义为一个以躯体为模型的机械的实体。与身体这个由思想构造出来的对象相对应的是,自我是无肉体、无空间、无感觉的。因此关注"人是机器"这一命题本身的重要性,并非仅在于借助复杂的论证来证成或推翻之,以进一步反思人性尊严、身体的完整性以及技术与人的关系等问题,而更在于对这一隐喻背后的深刻意义及其历史回应的揭示。

这种把人视为机器、将身体去魅化的还原论思路以及由科学所推动的对健康的渴望显然有利于医学的发展。而且医学的发展通过这种所谓的人体哲学,对人的自我认识、人的心灵健康起了巨大的促进作用,并在同时推动了一场哲学、人学和政治的革命。但是随着科学理性的进一步僭越,医学与身体的政治、经济意义的凸显,身体的命运又朝着不同的方向运转:由于"关心自己"被"认识自己"、"知识即德性"被"知识就是力量"所替代,西方的修身史逐步被改写。因此技术对身体的修饰或锻造并不是问题的全部,福柯就从这里看出了近代政治发展的秘密:"拉·梅特里的《人是机器》既是对灵魂的唯物主义还原,又是一般的训练理论,其中心观念是'驯顺性'。该书将可解剖的肉体与可操纵的肉体结合起来。肉体是驯顺的,可以被驾驭、使用、改造和改善。"①简言之,这种自动机器可以被当成政治玩偶,为权力所摆布。用福柯的语言说,这就是机器之喻在生理解剖学与政治解剖学上的双重意义。拉·梅特里人体哲学的重要目的就是以医学为哲学伦理学奠基,并使医学成为社会政治的某种裁断标准。尽管这种哲学构想饱受诟病,并受到来自康德的大写人及其超验道德哲学的强有力驳斥,后来历史的发展还是在很大程度上如拉·梅特里所愿。实证科学的发展使医学可以通过精密的分析、计算而更加准确地窥探身体的复杂空间和病理现象。掌握真理的医生,在与迷信、宗教和谬误作斗争中,逐渐获得了越来越多的权力。由于医学要不断命名、划分各种疾病,并以各种手段对疾病原因进行探索,因此通过这些方式,医学就可以顺理成章地不断扩展着自己的地盘。医学与政治的结合使得医学随着其功能的增加而持续发展,扩充着医学感知和凝视的视野,并随着人的生

---

① 米歇尔·福柯:《规训与惩罚:监狱的诞生》,第154页。

物性特征的政治性的凸显而相应地承载了大量社会责任、政治任务。① 尤其是在现代社会,这种身体观念上的变化加之生物技术的博兴,使增强后的身体与哲学的关系发生了微妙的改变,即哲学转向身体、生命转向医学,社会则出现了某种程度上的"医学化"现象。医学不仅前所未有地介入生命和死亡等哲学问题,而且还在成就心灵的善,即带来快乐和幸福上扮演重要角色。生命的经营和管理日益倚重医学,身体和健康成为越来越重要的知识对象,并继而通过现代科学逐渐成为生产制造的对象。用福柯的话说,知识与权力的结合使拥有了最权威的人的知识的医学,越来越多地掌握了对人的生命权力。医学的凝视由此成为一种控制的凝视,并由此成为18世纪以后西方生命政治的重要部分。② 因此,医学革命不仅是一场技术革命,而且在某种意义上也是一场思想、政治和社会革命。但是这种革命带来的代价也是巨大的,它不仅使医学本身难堪重负,而且还使身体在某些情境下成为僵化的躯壳或各式各样的"机器",进而为身体的物化和商品化开辟了道路。这就是我们所看到的现代技术对身体的直接和间接的社会文化效应。

三　从有限之身到身之边界③

> 神和自然从不造无用之物。
>
> ——亚里士多德:(《天文学》,271a33)

亚里士多德的这句话是其自然目的论的有力证明。这种自然目的论观念尽管在斯多亚派那里,甚至一直到康德时期都深入人心,但在所谓的自然秩序已被破坏殆尽的现代社会却几乎成为笑柄。究其原因,至少从表面上看,科学知识的增加似乎是造成这种后果的直接缘由。因为技术不仅改变了整个宇宙和世界景象以及我们栖居世界的方式,而且还微妙地改变着人的思维范式、认知习惯等等。最根本的,技术还具身化为我们身体的一部分,导致了自我感受身体和利用身体感受世界的方式,乃至整个存在样态的改变。海德格尔对所谓的"上手之物"的分析④以及福柯在诸多著作中所言的知识、权力对身体的规训无疑都揭示了机器与身体的某种一体性现象。作为身体知觉的中介,技术(物)一直对我们的身体经验产生潜移默化的影响,不断扩展着人的感知

---

① 可参阅于奇智的讨论:《凝视之爱》,第36—38页。
② 参见福柯《临床医学的诞生》《生命政治的诞生》等著作。
③ 当然这里对技术的身体的讨论仍是在比较狭窄的意义上,尤其主要就医学角度而言,因此区别于伊德结合当今赛博时代、虚拟现实等技术领域而讨论的"技术身体"视角。
④ 具体参阅马丁·海德格尔:《存在与时间》。

活动的广度和范围,甚至对人的身体有所规制,以适应某种技术环境。① 而仿生学、人工肾脏、人工心脏等技术的发展,无疑会直接引发人们对身体的态度与体验的变化。② 因此技术,尤其是医学理念和实践不断塑造着我们的身体观念,反过来,如何解释、理解和操作身体又体现了文化上根深蒂固的思想和实践习惯。一个技术上(包括各种医学技术和修饰技术)可操作的身体,而不是伦理上可修炼的身体成为现代人对于身体的基本实践模式。尤其是伴随着现代生命科学的发展,人的身体和生命本质不断被重新定义,从而使得人的身体,包括生理和心理都不再纯然是被给予的和不可更改的宿命。另一方面,作为斯多亚派等的认知治疗之外的另种途径,医学对人的生理健康的改进对于人的心理健康的影响也是显而易见的;斯多亚派所设想的很多负面的身体意象在很大程度上已经得到了消解和改善。然而,同样真实发生的是,身体与技术频繁和深入的互动,在消除身体恶、成就身体善和更好地担保心灵健康的同时,也给当代人带来一种本体上的不安全感(尽管其原因是极为复杂的)。因为技术对有限的身体的改造也永远是有限度的。斯多亚派对可控之物与不可控之物的划分正是基于对人的能力或理性之限度的一种清醒认识,而且这种认识在今天依然有效。因此保持对技术和身体各自有限性、不可控制性的清醒认知,并在此基础上在身体与技艺之间维持一种理想的关系至关重要。

我们曾反复提到,整个西方哲学史,尤其是古希腊哲学和中世纪哲学反复告诫我们:相比精神而言,肉身是脆弱的、可朽的、有限的;身体的生老病死构成了身体有限性的基本表征。但除了身体的生理之维以外,这种脆弱性其实还部分地是文化造就的。社会文化通过强化对身体的失调、隐匿等的体验以及对这种体验的反复诉说会在很大程度上重塑、改变人们对身体的经验感受。这或许就是皮埃尔·布尔迪厄所谓的身体的社会习性。③ 在西方社会,从原始人对身体的敬畏一直到后来宗教权力对身体的封锁,相对于灵魂的通神性和主宰性,身体基本上一直处于这样一种无能为力的状态。不过,在尼采宣布"哲学对感官的敌意乃是人最大的荒唐"④之时,关于身体的这种历史

---

① 例如我们看着电脑打字以及"低头一族"盯着手机玩游戏等的身体姿势。更详细的讨论可参见莫斯的身体技术理论以及相关研究(马塞尔·莫斯:《人类学与社会学五讲》)。不过莫斯的分析主要是针对日常的非机器性活动,而他所谓的身体技术主要是指人的精神、心智对于身体及其各功能部位的操作使用,因此与我们所主要讨论的修身技术有所关联。
② 唐·伊德:《技术与生活世界》,第15页。
③ Pierre Bourdieu, 1980. 中文版可参见皮埃尔·布尔迪厄:《实践理论大纲》。
④ 尼采:《权力意志》,第117页。

印象已经在技术上和思想上得到了根本改观。因为灵魂观念的改变带来身体重要性的增加,身体逐渐从宗教的否弃中摆脱出来而成为艺术和科学的重要对象。尤其在西方启蒙运动后,身体不仅在文化上得到了解放,而且还在技术上真正地实现了翻身。如果说"上帝之死"更加激发了人们对身体的健康、长寿的渴望,那么"人是机器"的宣言可以说为科学强化(但同时也是控制身体)打开了方便之门。

技术知识无疑是这种身体及其文化、伦理转向的直接推动者。长久以来,从机械技术到生命技术,针对身体的各种技术为人提供了各种修身、塑身的手段,从而使身体能力得到提升和放大,以至于人们越来越相信通过技术在很大程度上可以改变自己的身体和命运。技术和技术产品也确实在很大程度上延伸和扩展了身体的官能[1]:从身体修复到身体增强,技术不断超越着自然限制而致力于打造变动中的完美身体。但反过来,身体又是技术的对象和源泉,技术仍然要植根于物质的肉身,不断满足并创造着身体的植物性和动物性需要。总而言之,身体与技术之间的这种相互作用实际上使得身体的解放与奴役成为一个硬币的两面。

当然,我们无意于主张回到所谓的自然身体,现实中也不存在现象学意义上的纯粹自然的身体。身体从一开始就是内生于文化、相伴于技术的。事实上,如唐·伊德(Don Ihde)所言,没有技术的人的生存只是一种抽象的可能性。[2] 而且,"自然的身体"并不代表完美,因此也不可能充当社会关系和个人行为的某种标准。人们运用技术改变环境、改变自身的能力和扩展人的潜能本是人类社会进步的表征。运用技术改变自我的身体意向,以顺利进入某种社会结构或成为其中的一部分也是现代人的一种较为普遍的个体行为。例如通过各种冠以"科学"名号和符合量化标准的移植术、整容术、瘦身术来顺应社会流行的价值标准,进而获得自尊感和自我感,增加自我在社会的竞争力等等。而且,身体的外在善在日常观念中自古以来就被认为是幸福的必要组成部分。因此尊重常识的亚里士多德才会由此感叹:缺少美貌将使我们的幸福失去光芒,外表丑陋的人不是我们所说的幸福的人(*NE* 1099a2-4)。在亚里士多德看来,积极、主动的技艺可以在模仿、辅助和顺应自然的意义上弥补自然的不足,从而与自然的自我调节相得益彰。而崇尚技艺的斯多亚派

---

[1] 麦克卢汉(Marshall McLuhan)就宣称媒体和技术充当着人体的延伸。在他看来,任何一个技术进步都可以作为身体感觉的某种延伸,例如衣服可作为皮肤的延伸,锤子可作为拳头的延伸,车轮可作为脚的延伸,传播媒介则可视为人的灵魂或神经系统的延伸等等(Marshall McLuhan, 1994, pp.2, 123-124)。

[2] 唐·伊德:《技术与生活世界》,第15页。

或许在某种意义也是技艺乐观主义的。他们相信技艺的施展是一种与自然相一致且与灵魂的卓越相关联的行为,因而可以使某个身体、人的生活日臻完美。自古以来,人们利用化妆品、原始的面具、穿刺、纹身等对身体的修饰和塑造一直没停止过。而发展到今天,现代医学技术已经能够弥补身体的很多先天或后天的缺陷,如矫正畸形、治疗残疾、美化不足等等。尤其是以增强人类为目标的会聚技术(Converging Technology,简称 NBIC)①,更是为人类对自己身体内外的技术性改善提供了前所未有的契机。关键问题在于,技术上的可能性使基于技术的社会控制成为可能,同时也使医学的目标和能力发生了质的变化。例如很多时候,它的目标不再是基于自然的恢复、治疗,而是更强调技术之维的生产、治愈。

正如上文所揭示的,技术的发展一方面使身体突破了多种限制,另一方面也使身体的可塑性和不确定性大为增加。身体和机器、人和动物、男性和女性、健康和疾病、活的身体和死的身体、真的身体和假的身体之间的二元边界正在被打破,在理论上将身体视为医学干预的稳定躯体的近代医学观点已经被生命科学和生物医学在一种实践的日常层面上所推翻。这就自然而然地出现一些技术的,同时也是伦理的问题:在技术本身和伦理规约的双重限制下,技术对身体的改造到底能走多远? 医学所致力于的目标是治愈还是治疗? 是恢复健康还是生产健康? 人类对身体的改造是基于治疗还是增强? 我们能否获得,以及如何获得安全的健康? 显然,医学的界限与医学体制、医学话语、身体之善的极限等一系列问题已成为尚未令人满意之答案的伦理学和医学难题。②

从医学扩展的另一个角度讲,医学不仅致力于身体的健康,而且也越来越多地占领了心灵治疗的阵地。医学对于日常生活已是无孔不入,人们如此

---

① 主要由纳米技术、生物技术(包括生物制药和基因工程)、信息技术(包括计算机与通信)和认知科学(包括认知神经科学)四个技术领域构成。
② 以健康观念为例。传统观念将健康视为一种自然的安排、秩序、稳定与平衡(按照希波克拉底文集,如果一个病人天生就有一个患病的身体或自然,他并不必然地更容易生病,但会发生体液的紊乱。同样的道理,医生也并不信任运动员的自然,因为它不稳定,容易走极端;对于这些类型的身体,一种好的状况只会维持很短的时间[καὶ τρέπεταιε φ ἑκάτερα, καὶ ἀκμάξειο λίγον χρόνον ἠευεξίηεν τοῖσι τοιουτοτρόποισι τῶν σωμάτων, Salubr. 7, Li 6. 84 = 218, 2-4 Jouanna, Nat. Hom. 22]),医学技艺则是为了使身体恢复至自然而与自然相合作的一种理智活动。但现代社会流行的一种增强意义的健康其实是基于人的能力、功能和身体结构,即超越了自然的界限。然而这并不是医学的本来任务,即指向患病的身体。如果按此标准,疾病便是身体没有得到增强,局限于自然状态的身体。人们不禁怀疑,凭借这种普罗米修斯式的傲慢,生物技术是不是开启了另一个潘多拉之盒? 技术和神性之争,这正是关涉生物技术的所有伦理之争的一个重要症结所在。

频繁地与各种药物打交道,以至于药物成为日常生活中不可缺少的一部分。最显见的例子就是安眠药、性药、避孕药等的发明。通过将这些技术产品具身为我们身体的一部分,医学就可以帮助身体有效地解决欲望、情感问题。而我们知道,控制或治疗情感正是很多古代哲学家,尤其是斯多亚派的主要使命。某种程度上可以说,对心灵疾病的治疗从古希腊时期开始就是医学与哲学相互竞争的领域,但哲学的治疗一直占据主导地位。即使是作为医生的盖伦也是主张通过反思性的心灵治疗来治愈一切情感上的疾病,只不过与柏拉图、斯多亚派相比,他更强调生理学对道德哲学的重要作用。然而在技术至上的意识形态下,很多现代人充满信心地将主要面向肉体的医学及其相关科学视为可以改造和完善自我的最优路径,却把医治心灵的伦理学视为外在强制的规则教条而任性对待。身体之善不再如亚里士多德所言的那样依赖自然,灵魂之善更不像他所说的那样具有自足性和可普遍性。但现代医学的扩张实质上并没有带来普遍的健康,用医学方法处理非医学问题还引发了大量的过度治疗、过早治疗行为。过多的医疗干预和医学资源分配的不公不仅增大了对健康的威胁,同时也给医疗纠纷创造了空间,进而陷入一种疾病与医术的恶性循环。[①] 除生存环境恶化(很大程度是直接由技术的使用所造成)诱发更多身心病患这一事实外,身体,确切地说,是被抽空意义后的肉体,其机能的正常变化在很多时候已经不能满足人们对身体之善的要求。这就使得医学的价值目标和主要功能不仅仅局限于疾病生死,而是由满足需要向填充欲望和提升身体的生理质量倾斜。或许可以说,淡化灵魂之善,推崇相互联姻的身体之善与外在之善,是表征社会现实的某种新秩序,而这种秩序也恰恰是这个时代诸多病症的主要病根之一。

庞大的医学体制的建立显然与这种社会文化的传播紧密相关。但医疗扩大化不仅表现在社会建制上,而且更重要的是集中于话语权上,因为生物医学通常被认为是关于身体最权威、最直接的知识。实际上,人们对于医学上的疾病与健康的定义、根源和分类从未有过客观、一致的界定;这些努力总是深受各种道德、宗教和文化信念的影响,甚至夹杂着某些意识形态的争论,例如精神疾病和同性恋等。或许正是部分地出于这个原因,尼采多次强调

[①] 一方面,医学话语的普及确实也揭露、印证了现代各种病症的无所不在:不仅是个人精神无根所依,精神疾患不断增多,人体怪病也不断涌现,社会身体更是疾病丛生。然而这只是问题的表面,因为社会问题的医学化其实是市场化自己的游戏,生命对医学的倚重本是工业化过程的一部分。资本携带技术不仅在主观上通过制造疾病而人为地扩大了医疗市场,而且也在客观上通过环境污染和职业压力等等生产了众多怪病新病,从而进一步要求完善医疗体系。由此也便形成一个显见的社会悖论:愈加进步的社会和愈加发达的技术面对的却是愈加多样的疾病和愈加需要和渴望的医学。

"健康"与"疾病"并非截然对立,明确区分"疾病"与"健康"不仅过时,而且荒唐无用。① 福柯则做出有些精神疾病实际上是知识和权力制造出来的相关论断。② 由于生物技术进一步混淆了医学与非医学目的、疾病与健康之间的界限,这就使以医学为名的促进身体优化的产品和行为更加大行其道。由此可见,技术之危险不仅在于其本质,而且还在于它与伦理政治因素,与现实、具身的人的相互交织。而这正是单纯的技术批判主义经常忽视的。③ 医学向政治、经济领域的深涉,则可能使得原本被视为隶属政治、伦理、法律,甚至宗教的问题越来越多地被归于医学问题④,社会和文化病症由此被简化为身体疾病语言和个体病理问题。由于普遍、抽象、无身体的伦理原则和话语不能对此做出及时、有力的回应,作为自然、社会和文化疾病在身体以及器官的共同显现,躯体疾病种类与生物学标签的剧增势必会导致社会的医学化和病痛的过度生产。⑤ 更可怕的是,疾病的增多和生物性健康标准的提高又为以医学或健康为名的,针对身体的市场化提供可乘之机,从而引发了各种日趋紧张的身体间关系。⑥ 关键问题在于,医学和身体能否承受如此之重——既是目的善之重,又是正当善之重?

总之,人的身体并不仅仅是纯粹的物理空间,它从一开始就处于某种社会文化处境下,受到各种因素的刻画和塑造,并同时深刻地折射出特定文化、社会的现实状况。因此,现代社会对医学的依赖与对身体善,尤其是单纯快感的渴求的背后是更深刻的社会结构和文化取向问题。以上所描述的社会现实既是技术的可能界限,也是身体的可能界限。这种意义上的界限与古代视野下的技艺和身体所警示的界限尽管表面上不同,但却有本质上的一致性。实际上,技术的无限可能性问题本身就值得质疑,因为技术在创造可能性的同时就要面临来自外在后果的限制。或者从斯多亚派的角度说,医学只是一种推测性技艺,除了技艺内在(自然)的限度外,技术操作的结果也是不确定的。正如人类难以获得完美的健康,要想使技术超越人的极限也是不可能的。身体本身的实在性、一贯性和排外性即会对技术发展做出某种限制。其次,从技术之外的社会因素考虑,技术本身也不可

---

① 尼采:《权力意志》,第236页。
② 详细可参见米歇尔·福柯:《不正常的人》。
③ 由于众多社会因素的介入,普通的临床判断和医学决策越来越多地掺进利益的考量(政府、保险公司、科学共同体、生物技术公司、医院和病人)和价值的权衡。在此情景下,庞大的医学体制和频繁的医学操作自然为我们身体的工具化大开方便之门。
④ 例如利用精神病医院控制不同政见者,或将酒精中毒、宗教罪恶与道德过失因素,以及由饥饿或贫穷所致的疾病与社会政治因素完全分开,而单纯地将其医学化。
⑤ Nancy Scheper-Hughes & Margaret M. Lock, 1987, p.27.
⑥ 如病人与医生、科学家与受试者、生物技术公司与病人、病人与病人之间。

能单独承载和满足人们诸多价值期望,技术操作过程更要经过伦理上的层层质询。① 总体上,今天的技术发展已经基本摆脱了古典意义上的智慧的轨道,对技术的过分倚重和理性醒思的相对缺乏,不仅是我们的微小肉体,而且包括自然宇宙这个大身体,都难堪其重。正如我们已经论证过的,这不仅缘于技术对人之身体的直接操作,而且还与各种技术通过对社会大身体的改造来间接地影响人之小身体有关。我们现在将视线主要放在技术对后种身体的影响的讨论上。

四 技术与陌生的身体

在日常生活中,我们经常与自己的身体处于一种显现与隐匿的悖论关系中。一方面,身体可以说是人一切经验的根基,最持久、最无法回避地存在于人的生活中。另一方面我们很少将身体作为有意识的体验的对象,相反,我们将身体的感知觉和活动视为理所当然,甚至倾向于从身体经验中退出来。当然,我们还能够通过关注灵魂,投身于思想生活而让灵魂短暂地与身体相"分离"。例如苏格拉底的"忘记身体"揭示的正是这种身体隐匿现象。这种对身体的"遗忘"不仅表现在高层次的认知活动中,而且还体现在需要高强度的体力的体育竞技中。从另一角度看,我们不仅对自我身体的内部器官极为陌生,而且有时对外在的身体都不甚了解。② 在未经反思的日常生活中,个人与身体的这种持久、自然的显现与隐匿之间的关系更是经常为人们所忽略。身体的这种独特的存在方式是由身体本身的结构所引起的,其中脑的不可见性尤为明显和重要。也正因如此,心灵常被认为是非物质的,理性或"我思"等活动在经验上则倾向于被认为是无身体参与的。

为了更深切地理解身体以及身心之间的关联,不少哲学思想,例如佛教、道家都主张人应反思性地、客观地体验和思考身体。斯多亚派则认为,对应于一种自我的异化和疏远状态,人天生对自我结构或构造有一种自然地依恋和爱恋。它与某种自我意识和自我认知、理解相关联,并且在个人认同的塑造与扩展中发挥重要作用。当与自己的身体处于一种自然、正常的关系中时,动物就会处于一种类似在家的状态。③ 因为"οἰκείωσις"是与"οἶκος",即"家""居所"相关的。而动词"οἰκειόω"在字义上就是"迎接进家,接受为自己的

---

① 单就医学而言,我们可以从复杂的医患关系中更清楚地认识这种技术上的界限:病人一方面全力寄托于医学,另一方面又表现出对医学之凝视的无力和无尊严;医生则因为难以满足期望,尤其是医疗的失败、病人的抱怨和可能的诉讼,甚至人身伤害,同样深陷困顿。
② Drew Leder, 1990, p. 1.
③ S. G. Pembroke, 1971, p. 115.

一部分"的意思。然而在现代社会,如很多社会学家所见,对身体的推崇与身体的异化之间已经形成一个显见的悖论。其中一个根本原因就在于,鉴于技术上的可能性和文化观念的助推——现代人拼命地想控制身体。但如爱比克泰德一贯教导我们的:身体本质上是不可控的;如果我们反其道而行之,则往往反过来受其所控。当然,爱比克泰德的真正用意其实是让人们以内在的形体,即灵魂或意志选择来规约外在的形体,而这恰恰构成另一种意义上的"控制"。而且这种控制在他看来是唯一可以把握的,人这样做同时就对身体表现出了一种自由。

我们看到,现代生活中的一个不争的事实是,身体经常受到消费文化、外在利益的日益宰制而不是自我的支配,因而产生了很多本可避免的身体恶或疾病,进而加重了一种失控感和不安全感。各种各样的身体异化现象,如精神分裂、厌食症、贪食症、成瘾、强迫症、恋物癖等,也似乎确证了这一点。可以想象,人们在经历这些身体异化现象的同时已经远离了正常的感官感觉,以及身体与食物、外界之间正常的能量交换、情感交流。与身体在大众文化中的活跃程度和在技术操作中的频繁亮相相比,另一个显见现象则是,在从手工技艺到机器技术、信息技术等技术活动的转化中,人的身体作为主体的作用和地位似乎逐渐在消失。也就是说,在技术和技术产品的作用下,身体总是以不同的方式展现着隐匿与显现之间的游戏,但总的趋势却似乎是人正经历着某种自我与身体相疏离,身体逐渐变得陌生的过程。在古希腊哲学中,身体确实经常以消极的形象而存在。可正是因为有对身体的否定,所以才有了身体在哲学讨论中的持续存在和被给予的特殊关注,以进而更好地服务于哲学实践这一最终目的。然而近代以来哲学上的旨趣转换与技术的发展都使身体趋向于隐匿和失语,其后果是,一个可以超越自身,并与世界融为一体的活生生的身体逐渐变得遥远了,而人的整个"οἰκείωσις"机制也被打破了。正如李泽厚指出的,一种常见的现代生活方式是人在工作时变成机器,工作之外则变为被欲望所控制的动物。① 伴随着大众文化的身体转向,这种身体境遇在今天的生命科学条件下体现得尤为明显。当然这个正在"去"的身体是那个自然的、本真的、经验的身体,尽管很多人或不信其有,或不屑一顾,或梦寐以求;取而代之的则是一个在某种程度上日益疏远、沉默、疏离和同质化的身体。与身体关系的这种陌生化现象其实也是人与自我失去联系的表现。由于积极、正常、健康的身体体验的缺失,身体更加变得失调、外在、被动和脆弱。但与此同时,身体愈加被视为一个可控、可塑之物。

---

① 李泽厚、刘再复:"李泽厚与刘再复关于教育的两次对话",第17—22页。

第三节　作为生活重心的身体

身体，尤其是外在的、可见的部分在现代社会又倾向于被过于放大。身体甚至成为某种标准、价值尺度，成为很多人的生活重心或心灵所关切的焦点。这种生活实际上就类似于柏拉图所描述的那种将身体的健康视为唯一生活目的的生活样态。支撑这种生活方式的根本理念在于相信，依靠越来越强大的科学技术及其各种外在手段，人的身体在很大程度上是可控、可塑、可把握的，而且这种控制、重塑对于日常生活是根本性的，对幸福生活则是必须的。

一　身体与自我认同

随着身心知识的增加以及宗教文化观念的改变，现代人越来越重视关心身体以及身体与心灵的相互作用。身心统一观念日渐深入人心，无论在学术讨论中，还是在大众文化、常识观念中皆是如此。然而所谓的身心统一与身心二分之间的界限并不总是清晰的。实质上，在强调这些身心统一观念的同时，很多人实际上又完全倒向了身体。所以又随后出现了不少对于"身体本体论"和"身体崇拜"的批评。在我们看来，身心观念的这些变化与人们自我同一性观念的改变是紧密相关的。

身体与人格（或身份）同一性（Personal Identity）问题一直是哲学史上争论不断的复杂问题。有些哲学家，例如休谟①、尼采等人，倾向于怀疑或否定自我同一性的存在；有些哲学家虽不如此极端，但认为这一问题并不重要，如当代哲学家帕菲特（Derek Parfit）②；有些哲学家提出一个薄的自我概念，将自我等同于抽象的与非物质性的人格、思想或心灵等，如笛卡尔等；有些哲学家则强调身体对于人格的保持同样是必需的，如莱布尼茨。当然这种举例与概括是相当粗浅、概略的。

（一）斯多亚派论自我的同一性

严格说来，古希腊哲学中并没有现代意义上的自我概念——不管是个体主义的，还是主—客观主义的，而且人格同一性问题也未曾真正进入古希腊哲学家的问题域。虽然他们在不同意义上使用一些近似的术语（如自我，

---

① 参见休谟在《人性论》1.4.6 处的讨论。
② 帕菲特：《理与人》第三编。

αὐτός)①和范畴来表达对人的概念以及生命结构的见解,进而从不同角度论及人的同一性或身份认同问题,但由于这些讨论总是相关于何为人性、如何过人的生活等问题,因而增强了问题的复杂性。斯多亚派的人的同一性问题即是一个饱受争议的哲学难题。以往研究或是以斯多亚派与学园派就"成长论证"的相关辩论为背景,以斯多亚派的存在四范畴说(尤其是第一、二范畴)②为主要资源来索解斯多亚派的人的同一性标准问题③,或是从斯多亚派的身体/灵魂学说角度,通过划分斯多亚派的自然/规范之我来讨论人的真实身份与或何以成人的问题。④ 但这些讨论由于未能从斯多亚哲学的整体着眼,并将第三人称视角下的人的独特性与自我对此的认知,以及在现实中的塑造相结合而不免有捉襟见肘之嫌。实际上,斯多亚派在形而上学、认识论上探讨"如何永恒地识别一个人"与从心理学、伦理学角度说明"我如何永恒地认识自己,并成为真正的人"是可以互为补充的。

斯多亚派强调每一个人的独一无二性(即具有独特规定性,ἰδίως ποιός),并试图在形而上学(应对学园派的"成长论证,ὁ περὶ αὐξήσεως λόγος")和认识论(应对学园派的"不可分辨性"论证)的双重层面维护个体身份的永恒不变性与感知上的可识别性(或这种知识的绝对可靠性)。⑤ 他们,尤其是克吕西普的首要努力便是围绕学园派所大大发挥的"成长论证"而做出相应的反驳、思考与理论建构。

为了反驳"成长论证",克吕西普举例证明了物质上的缩减并不是保持

---

① αὐτός(自己的)又有"相同的""亲自"之义,似乎传递着某种认同意识。
② 即(物质)主体(ὑποκείμενον)、特性(ποιόν)、状况(πὼς ἔχον)和相关的状况(πρός τί πως ἔχον,又译"关系",这里主要指外在关系,如时空关系、人际关系)(Simplicius, On Aristotle's Categories 66,32-67,2 = SVF 2. 369, part = LS 27F)。同一东西可以分别从第二与第三范畴看,只不过第二范畴侧重于从与第一范畴的关系上进行直接考察,而第三范畴更侧重分析灵魂的某一方面或部分(A. A. Long & David Sedley, 1987, p. 177)。另可参见汪子嵩等:《希腊哲学史》第 4 卷(上),第 443—447 页。
③ 其中最著名的即是大卫·塞德利(David Sedley)的"The Stoic Criterion of Identity"(Phronesis 27, 1982, pp. 255-275)一文,可比较阅读后文将要提到的埃里克·刘易斯(Eric Lewis)的文章"The Stoics on Identity and Individuation"(Phronesis 40, 1995, pp. 89-108)。
④ 如吉尔在"自然的自我"(即完全依照本性[理性]的)与"实际的自我"(不能完全依照理性的)之间做的区分等类似模型等就得到广泛使用(Christopher Gill, 2009, pp. 65-83)。当然,吉尔的相关讨论远不限于此,相关的文章和著作可参见"Personhood and Personality: The Four-Personae Theory in Cicero, De Officiis I", Oxford Studies in Ancient Philosophy, Vol. 6, ed. J. Annas, Oxford, 1988, pp. 169-199; "The Character-Personality Distinction", Characterization and Individuality in Greek Literature, ed. C. B. R. Pelling, Oxford, 1990, pp. 1-31。就这里的讨论而言,这些作品的一个非常有启发性的观点是,古希腊思想主要关注的是 personhood、character,即何为人性以及如何成人的问题,而不是表征人的个体性、独特性的 personality。
⑤ 可参见 D. N. Sedley, 1982, pp. 265-266。

人的同一性或个体性的必要条件(狄翁[Dion]没有因为失去一只脚而停止存在,没有失去任何身体部分的席恩[Theon]反而停止存在),并利用对存在(即形体,亚历山大:《亚里士多德〈论题篇〉评注》301,10-25 = SVF 2.329 = LS 27B)四范畴的区分而奠定起某种存在论的和形而上学的基础。①

克吕西普到底基于什么理由说"没有被截肢的席恩消亡,而脚被截掉的狄翁反而留下"?这里似乎交代的并不够清楚,因此在学者中引起了旷日已久的争论。在我们看来,至少可以确定的是,虽然克吕西普在这里可能是基于成长论证的前提而做出假设、归谬,并强调"两个有独特规定性的个体不能占据同一基质",但个体的独特性显然不取决于质料主体和大块质料。因为按克吕西普等人的观点,虽然四个范畴分别从不同方面规定着人的身份,但一个人的维存依赖于由特性、状况和相关的状况三范畴所构成的规定性(ἰδίως ποιός),而非质料主体。在严格意义上,只有"特性"中的"特殊特性"(ἴδια ποιότης,与该范畴的另一部分"共同特性"[κοινὴ ποιότης]相对应),一种独特的、内在的、可识别的,尤其是那些相对长期、稳定的特性,其存续才唯一地决定一个人如何被独特地规定,即成为独一无二的人。后来波西多尼进一步强调了质料主体与其他三范畴的不同:个体的独特规定性有生长和缩减,但却保持不变;主体则发生改变,像数字和尺寸,但无生长和缩减(Stob.1.177,21-179,17 = LS 28D)。

普鲁塔克等学园派代表大肆嘲笑斯多亚派在质料主体和独特规定性之间做划分的做法,指责这其实是制造了某种"双体人"——即质料主体和具有独特规定性的个体,甚至"四体人"(普鲁塔克:《论共同概念》1083A-1084A = LS 28A)。但正如下文将要说明的,质料主体和独特规定性是一个人的两个方面、不同描述,不是两个主体,更不简简单单地是两个独立的形体(σῶμά)。正是这两个方面,以及规定性所对应的三个范畴之间的统一关系,保证了人自身的内在协调一致。尽管如此,斯多亚派仍需面对学园派的这两条根本性质疑:是否存在这样的特殊特性?我们的印象是否能够正确地呈现它(们),即对此产生绝对可靠的知识?

---

① D. N. Sedley, 1982, pp. 266, 270-271; A. A. Long & David Sedley, 1987a, pp. 175-176. 我们可以看他的一处具体说明:"为了便于论证,把一个人考虑为四肢健全的,而把另一个人考虑为少一只脚。我们把四肢健全的人称为狄翁,把有缺陷的人称为席恩。然后把狄翁的一只脚截掉。于是出现了他们中的哪一个已消亡的问题,他声称席恩是更强大的候选者。这些话不是讲真话的人说的,而是说假话的人说的。因为没有被截肢的席恩怎么能被攫走,而脚被截掉的狄翁却没有消亡?'必然是这样的',克吕西普说,'对狄翁来说,他的脚被砍断了,已经坍缩成席恩的残缺本体(οὐσίαν,substance)。而且两个有独特规定性的个体不能占据同一质料主体(ὑποκειμένου,substrate)。因此,席恩消亡后狄翁必须留下。'"(费洛:《论世界的不可摧毁性》48 = LS 28P,部分)

上文的两个问题也可归结为一个问题:究竟何为斯多亚派视野下的人的同一性的标准呢?从现存文本看,斯多亚派对此未做过清楚的说明。大卫·塞德利在关于此论题的开山之作《斯多亚派的人的同一性标准》中认为,斯多亚派在这一问题上会欢迎现代科学的遗传规划理论——可将指纹作为一种可以认识的外在显现。① 乍看上去,这一大胆提议似乎满足永恒不变性、独特性和可识别性等条件。问题是,即使假定斯多亚派会认同塞德利的这一现代提议,但该学派难道真的没有提出一个不同于此的人的同一性标准,从而使自己的本体论成为空中楼阁吗?

埃里克·刘易斯(Eric Lewis)就对塞德利的立场提出了反驳。② 刘易斯认为独特规定性不是某种综合征(sundrome),或塌鼻、金发、秃头等特性的混合物(compound)。将指纹作为人的同一性的标准就像把塌鼻、金发、秃头作为人的独特规定性一样;但是如果"我"的手指被砍掉,"我"依然是"我"。然而,不是手指,而是通过人体的其他部分或分泌物也可以识别的基因,才是塞德利所指,因此路易斯在这一点上的反驳似乎并不具有十足的说服力。尽管如此,路易斯提出的解释路线倒是更贴近斯多亚派之要旨。他明确指出,对有灵魂的个体而言,其同一性和个体化的标准是灵魂的独特规定性(即第二范畴,特性)。按照斯多亚派的灵魂(对人而言,是心灵或主导部分)学说,没有任何一个其他个体跟我占据同一个位置,并与"我"看事物的视角(对应于心灵活动的全部——印象,进而信念、欲求、记忆、概念以及其他灵魂的特性或状态)完全一样。这个视角(即印象,$\varphi\alpha\nu\tau\alpha\sigma\iota\alpha$)是第一人称的、我独有的,所以灵魂是独一无二的。③

借助于斯多亚派的宇宙论和灵魂论,路易斯基本解决了灵魂作为生命存续之根本的独特性、可识别性问题。不仅如此,他还利用整体与部分学说、空间学说解说了个体的灵魂作为形体与个体之间既非等同、也非不等的关系,并在横向上凸显了"我"与他人的不同之处,即"个体化"这一面向。因为归根到底,"我"的独特性是由表征"我"的心灵状态的印象所决定的。

当然,这种立场并不是完全没有困难。让我们暂且搁置斯多亚派的物质、混合(物)、空间等概念的重释以及无生命物的独特性问题,而单独关注人的灵魂本身。虽然斯多亚派强调灵魂能力的统一性(从第三范畴看,可表现为不同的状况,亚历山大:《论灵魂》n. 118.6-8 = *SVF* 2.823 = *LS* 29A),但灵魂无疑有其产生、生长,甚至消亡(并非所有的灵魂),其特性也不是稳定

---

① D. N. Sedley, 1982, p. 266,
② Eric Lewis, 1995, pp. 98-99.
③ Ibid., pp. 107-108.

不变或顷刻而成的。① 正如著名古典学者埃尔文(T. H. Irwin)所强调的,品性和个性的东西对于持续性(persistence)而言既不是充分的,也不是必要的。我们并不清楚斯多亚派对于人们就持续性问题提出的反对性意见做出了怎样的回应,以及他们具体指向何种特定人的特定规定性。② 确实,斯多亚派一贯重视教育和再习惯化,中后期斯多亚者甚至强调人的道德进步,即人的灵魂状态的渐进变化。既然灵魂与它的信念、欲求、记忆、概念以及灵魂所处的其他状况,尤其是品性都可能变化,那么我们在何种意义上谈这种贯彻终生、超越时间的持久(不变)性呢？我们又该如何理解不同生命阶段的灵魂的持续不变性？是否灵魂的部分变化论(即灵魂的部分特性和状态的变化不会改变个体的同一性)就已经足够？

或许还有其他可以努力的方向和角度。从斯多亚派的核心信条出发,由于自然是世界持续、万物生长的原因(Diogenes Laertius 7. 148 = SVF 2. 1132 = LS 43A2),持久不变且独一无二的特殊特性必定体现了自然的安排(cf. Diss. 4. 5. 15),并且自然也赋予了人通过自我感知和印象来获取这种自我知识的能力。如果说存在一个埃尔文所言的时间上的、发展的维度,那么最好的解释可能就是最充分地体现了自然在人身上的规划的οἰκείωσις。正如克吕西普所言,"对每个动物来说,首要地视为己有的事物就是它自己的结构和对此的意识"(DL 7. 85 = LS 57A2)。我们发现,透过οἰκείωσις和人的生命结构,其实还存在一个基于"自我"视角的、超越时间或者说超越人的生理、心理成长的持续不变的维度。虽然在这个侧重生理学、心理学的维度上斯多亚者更多地切第三、四范畴,并且有时不再严格地遵循四范畴说,尤其是后三范畴之间的区分③,但这种偶尔的"越界"却有助于从自我的角度理解自我同一性,理解身体与灵魂之间的紧密关联对于人的同一性的重要意义,从而获得对人的同一性更为整全的理解。

从斯多亚派的角度看,贤哲不仅可以通过观察他人的行为而感知他人的品性,乃至他人的心灵(德性即是出于某种状态的心灵,Ep. 113. 24),从而认识到他人的同一性,而且还终生持续地感知着自己不断发展着的本性结构

---

① 这里所谈的持续性显然局限于一个宇宙周期,甚至此生,因为只有宙斯才能经历宇宙轮回而不消亡(Plutarch, On Common Conceptions 1077C-E = LS 28O),而且根据克吕西普,只有贤哲的灵魂在死亡后可存续至下一次宇宙大火(但克里安特认为所有灵魂死后都可以持续存在,DL 7. 157)。

② T. H. Irwin, 1996, p. 472.

③ 如布伦瑞克(Jacques Brunschwig)所指出的,对这四个范畴的命名并不是一个分类方案：因为除第一范畴外,其他三个范畴都是需要载体的形容词或分词。其实,斯多亚派的范畴说不仅是非排他性的,而且具有包容性(2003, p. 228)。

(*Ep.* 121. 15-16),意识到"我始终是我",并知道、珍爱"真正的自我"。更重要的是,对自我的感知①与认识是"我"欲求善物,感知、认识他人的基础,甚至还是他人认识、评判"我"的前提。因此我们认为,要深入探究斯多亚派的人的同一性问题,还需从第三、第四范畴角度提供更多的理据,从自我的知识、个体的历史这一路易斯没有展开讨论的纵向之维上进行说明。如此,方能在一种质的意义上区分身体上的变化与灵魂的各种状态、质性的变化,在探究"不变之我"的实质的同时赋予身体一种积极的角色。值得注意的是,由于严格说来这一维度所关涉的不是一种外在关系,而是始终关联于生命的整体及其各部分的自我关系,因此斯多亚派有时将第三范畴同义于第四范畴。实际上,在οἰκείωσις问题上(涉及与自我、我的各部分、他人之间的关系),他们基本上都不太强调二者之间的区别。

总的来说,要界定自我的持续性,还应该基于一种内在的视角或构成规定性的三范畴之间的关联,从自我意识、自我感知和认知等方面进行分析。事实上,尽管这一角度具有更强的伦理指向,但同样面临着人的同一性问题上的认识论困境:对"我"与"我的"的最初印象与认识虽然依赖于本能、感觉,但随着人的生命的成长与延续,人如果在认识上停滞不前或理性发展不健全,那么就会在自我认同问题上误入歧途——如误把自我等同于身体等非独特规定性的东西,进而偏离自然的安排,失去自我与自我的同一性。在这些方面,塞涅卡、希洛克勒斯和爱比克泰德等晚期斯多亚者贡献颇多。

在塞涅卡看来,虽然人的生命结构随着年龄而不断变化,但是人对自身结构的这种亲近或属己感,即οἰκείωσις是永恒的,因为"我"对自身的感知和认同是一贯的。它在此生内是不受时间和空间限制的。生命结构在第四范畴的意义上考察灵魂,指向身体与灵魂之间的相互关联,即συμπάθεια。动物首先亲近并感知到的即是自身的生命结构以及功能(*constitutionis suae sensus*, *Ep.* 121. 5, 9),即,使自己成为自己的东西。这种状况在人的不同成长阶段具有不同意义,其最高形态即是理性结构。

> 每一时期的生命都有其自身的结构,一个是婴儿的,一个是儿童的,一个是青年的,还有一个是成年人的。他们都视为己有地相关于他们生存所依赖的结构。……虽然我曾经是一个婴儿,一个男孩和一个青年,但我仍是同一个人。所以,尽管每一事物的身体结构都在改变,但它都

---

① 朗概括到,从希洛克勒斯的角度讲,自我感知主要包括对自身特定的身体部位及其功能、自我防御的特殊装备的感知,对身体部位的力量与弱点的评估,以及对自身相对于其他动物的能力与弱点的感知等等。从与οἰκείωσις的关系看,当感受自身时,动物似乎就是将自己所拥有的感受为自己的生命结构(A. A. Long, 1996d, pp. 255-257)。

以同样的方式对它的结构产生依恋。我天生的依恋不是对那个男孩、年轻人、成熟的人，而是对我自己。因此，婴儿是依恋他自己的身体结构，是作为婴儿的身体结构，而不是将来作为青年人所拥有的身体结构。即使它后来会在更成熟的状况下，这也并不意味着它出生的状况不符合自然。(*Ep.* 121. 15-16，格雷弗和朗英译)

这并不奇怪，它们生来就具有完全的能力，没有这些能力，它们的出生将是徒劳的。这是大自然为了它们的持续存在而赋予它们的第一个装备——对自我的依恋和对自我的爱。除非它们愿意这样做，否则它们就没有生存的能力。欲求本身不足以帮助他们，但如果没有欲求，其他任何东西都无法帮助他们。在任何动物身上，你都不会发现对自己的不尊重，甚至对自我的忽视。不会说话的生物，虽然在其他方面迟钝，但在生活方面却很聪明。你会发现，那些对别人毫无用处的生物在它们自己身上并不是有缺陷的。(*Ep.* 121. 24，格雷弗和朗英译)

尽管这里对灵魂的规定是从"关系"角度而言的，但是就个体而言，这其实是一种内在关系，一种状况。塞涅卡强调，个体对于"自我"始终处于一种觉知的状态，并自觉地依恋于它。这个自我观看的视角显然是第一人称的、自我独有的。不仅如此，尽管在一般意义上说，灵魂（特殊特性）的维存是人的同一性的标准，但灵魂的这种自我认知以及由此产生的自我关切和爱恋才是动物持续存在和繁荣生命的根基。

同样，在《伦理学基础》中，希洛克勒斯也认为动物对自己生命结构的感知、亲近或视为己有(οἰκειοῦται)是天生的、首要的、持续的，是使动物保爱自身，并持续存在的第一自然。为此，他批评了那些认为动物的感知天生是为了理解(αἴσθησις)外部对象而不是理解自身的人(I. 44-46)。其重要的论证策略便是依次考察动物自我感知(αἰσθάνεσθαι ἑαυτοῦ)的普遍性、持续性，进而论证自我感知的原初性，以及自我感知对于动物亲近自身和维持个体性的基础地位。不仅如此，希洛克勒斯还以人为例而观察到这一现象：基于灵魂的自我感知、自护自亲而产生对于"善"，尤其是属己之善的欲求与认知，进而体现出自身的品性或灵魂特性，从而易于被感知、认识和理解。例如，睡眠中的感知自身便是最为生动的例子：

[V]你可能看到一个人的追求之物也会伴随他进入睡眠。所以一个酒徒经常手握酒瓶入睡，[10]而一个吝啬鬼在打盹的时候都紧紧抓住钱包。以这种方式，我确实完全期待一个善于判断品性的人，如果他紧挨正在睡眠中的人们站着，那么就能够基于睡觉者的睡眠方式而识别出其所具有的性情——是否是强壮[15]和充满张力，或者过于柔

弱。……(文本缺失)我们所讨论的首要之事,以及一个动物作为一个整体,持续不断地感知其部分和它们的功能[40]。显然动物在感受其自身,而且从一开始就这样:因为后者(即开始)实际上是时间的一部分——首要部分。①

总之,生命伊始,人就在感知外物的同时感知自我,而且人的自我感知以及由此引发的对自身独特性的珍视与他人对自我品性的认识紧密相关。希洛克勒斯进而强调,贤哲对其他人的灵魂,即普纽玛状态的感知和认识必须奠基于对自我的感知、认识,即自我感知相对于感知外物具有优先性。

一般来说,没有对自我的感知(αἴσθησις),对某种外在物的理解(ἀντίληψις)是不可能实现的(VI 2-3)。

既然一个动物总是在出生之时就感知事物,对自我的感知自然地就关联到对其他事物的感知,显然动物必须从感知(αἰσθάνοιτο)它们自身开始。[10]一般来说,一个人一定不能忽视这个事实。任何一种主导能力都开始于它自身(VI 7-12)。

一个动物,当它已经获得对自己的首要感知(αἴσθησις),它就立即成为它自己的,并且熟悉它自身(ᾠκειώθη πρὸς ἑαυτῷ)和自身的结构(σύστασις)(VI 50-53)。

也就是说,灵魂的首要认识对象是个体本身,首要的οἰκείωσις是建构和确立自我的开始。这种由自我感知产生的对自我的拥有、熟知和亲近甚至是动物维存的基本条件,否认动物将因不能自保自爱而走向自我疏远、自我分裂、自我毁灭。这与塞涅卡等其他斯多亚者的立场基本上也是一致的。

值得注意的是,在其(现存文本)②以动物为主要对象的严肃论证中,希洛克勒斯特别强调灵魂的形体性与相对于身体的非特殊性,以及身体与灵魂的完全混合、共同作用(即συμπάθεια,III50-IV22),因为这恰恰显示了自我感知的持续性。相比之下,爱比克泰德则将人从动物中超拔出来,将视线投向成熟的人的自我感知。他用更道德化的语言反复澄清道,人的意愿才是真正的自我,泥土做的身体(Diss. 4.1.78)并不是"我",也不属于"我",因此不是理性真正要关爱的对象。他一再督促和提醒人们,一定要坚守、关爱真正的"我",只有"我"才会伤害、毁灭我自己;意愿才是"我"的权威性之所在,也

---

① 这里关于希洛克勒斯《伦理学基础》的相关引文参考了由康斯坦(David Konstan)英译过来的拉莫里(Ilaria Ramelli)的意大利译文。
② 正如很多学者指出的,希洛克勒斯的《伦理学基础》可能在第9-11栏从人的角度围绕οἰκείωσις进行了很多扩展性的伦理讨论,但这一部分大都丢失(如Ilaria Ramelli, Hierocles the Stoic: Elements of Ethics, Fragments and Excerpts, p.62)。

是"我"的责任与幸福的根基所在。具体而言,只有信念、态度、意图和决定是属己、可控的,它们完全取决于我们对印象的使用;身体、财产、名誉、与他人的关系等都只是偶然的外在之物,不是"我"的(Diss. 2. 22. 18)。然而,由于大多数人的προαίρεσις对此并不能做出"人的判断",因此他们无法做到"成己为人"(Diss. 4. 5. 20-21),进而保全自己。为了保持与神的亲近和同一,人只有并且必须将自己认同于心灵或主导部分(尤其是意志选择)。因为人的行动的基点和目的都来自并归于主导部分,"我是谁"就体现为"我"的心灵的判断(Diss. 3. 2. 12)。如前文所述,爱比克泰德当然也嘱咐人们不要忽视作为容器和工具的身体(Diss. 1. 2. 37),但对身体的照管、使用迥然不同于将身体认同为自我。身体基本是在第一范畴的意义上才介入人的身份认同——在这个意义上它不属于"我"的一部分。

虽然三位哲学家总体上没有延续克吕西普的关于个体同一性的一些技术性论证,但却基于克吕西普阐发过的οἰκείωσις理论,从人的生命和道德发展的角度更详细地讨论了人的同一性的自我判断以及在此基础上如何"成人""保"我,即不要毁灭、失去、奴役自我的问题。通过把οἰκείωσις视为一个与人的生理、心理发展相同步的道德发展过程,他们强调,虽然我们自身,尤其是身体,以及我们的历史每天都在变化,但我们对自我的亲近、关心和热爱是恒久不变的。在成年以后,我们的规划生活的能力与脆弱的身体之间的关系也应是始终如一的。对这种关系的绝对掌控对于持守真正的属己之物,保全自我的连续性、同一性至关重要(Ep. 58,Ep. 121)。① 可以说,这种自我亲近的恒定不变性与人的记忆、信念、计划等的持续变化,是灵魂活动的一体两面。当然,这不是说存在一种灵魂内外的截然对立,因为οἰκείωσις的最高层面即是灵魂特性的成熟之时,此时的"我"会意识到,人与人、我与他在理性灵魂上是平等互通、密切关联的。

如果超越个体的形而上视角,那么斯多亚派的宇宙生机论、整体—部分框架以及受其影响的οἰκείωσις理论还要求我们关照其他层面的"自我",从独特的我发展到某种普遍的我;这个普遍的我也就是扩展性的自我,并且是规范性的自我。人的本性要求人在感受、认识自己的同时还要意识到自己是内在相互关联的神意世界中的一部分,并且履行好自己在现实世界中的各种角色,唯此个体的身份才能得到真实的定位。正如西塞罗在报道斯多亚派思想时所言,"一个人是人这一事实就使得另一个人有责任将他不视为异在的"(Fin. 3. 67 = LS 57F2)。正是在这个意义上,朗用"自我"来指代"一个人

---

① 另参见 Brad Inwood, 2007, pp. 340-341。

特有的、时间上的身份"——"这种身份是由一个人在年龄、种族、性别、父母身份等方面的事实所构成的;它也是行为、意图和信念等等的中心"。基于此,他诠释了斯多亚派的不同意义上的自我:客观的自我(特性、角色)、偶发的主观的自我(当下的想法和情感)与规范的自我(应然的主观自我)。①

可见,在人的根本认同之外,斯多亚派并不否认在实际生活中一个完整的人需要承担不断变换的、持久或非持久的各种角色,因为人不是一个抽象的、分离的存在物,而是一个处于各种形体性关联的伦理共同体之中的有血有肉的具身之物。一个人身份的塑造不仅取决于他的内在本性,而且还取决于他的意志选择、在特定情况下的行为以及与神、外在物之间的关系。因此根据西塞罗的记载,帕奈提乌在论述合宜行为(officium)时曾提出了四角色(personae)理论,即认为一个合宜行为的判定取决于一个人是否能将其具有的四个角色扮演好,即人共有的理性、个人特质(例如人在性格、身体上的差异)、所处情境(如运气、机遇)造就的偶然身份(如社会地位、财富)以及职业与生活方式的选择(《论义务》1.107-117)。后来爱比克泰德似乎延续,但在更高的人性层面发展了这一独特地将人格与伦理责任相关联的四角色理论(尤其是Diss. 1.2, 1.10, 3.4, 4.12)。在这里,理性显然是成就普遍之我的原因,也是支撑人与人之间的συμπάθεια的根本,这属于我们的"共同特性"。但其他三个角色及其所内涵的社会关系、责任要求也现实地参与着我们的身份建构,使我们更清楚地认识到"我们是谁","怎样做是合宜的"(Diss. 4.12.16),其中第二角色尤其凸显了自我的独特性及其价值。因此一个人不能单独将自己认同于某个角色或某种面向而拒绝其他,因为具身之人是具有不同维度、不同生存空间的形体。然而这并不否认每一个人在宇宙中的位置是独一无二的、不可侵犯的。"正如剧院的公共性与说每个人所占的地方是他自己的这一点的正确性是一致的,在共享的城邦或世界中,每个人都拥有属于他的东西,这是不受侵犯的"(Fin. 3.67 = LS 57F7)。也就是说,每一个人在世界中的独特位置标示了自我与他者之间的界限,指明了什么才是我(的)。

与此同时,基于宇宙万物之间的相互关联与可以不断扩展的οἰκείωσις,我们是可以沟通其他个体,进而实现对他们的关怀的。如前文所述,希洛克勒斯基于οἰκείωσις概念而提出的由心灵逐渐向外扩展的同心圆理论正是对这一思想的极致表达。按此理论,一个人应该通过学习把外圆向内拉,使对家庭的亲近类似于对自我的亲近,对朋友的亲近又类似于对家

---

① A. A. Long, 2009, pp.26-27.

庭的亲近。以此推衍,"我的"这个概念就可以不断得到扩展——一直扩展到整个人类共同体,而这又恰好对应于"我"从合宜的行动(καθῆκον)到完美的行动(κατόρθωμα)的道德发展过程,从而超出了四角色理论所标识的"责任"境界。

但这种无限延展的"我的"概念并不与爱比克泰德等人的作为意愿的"我的"概念(或者说"自我"概念)相冲突。因为第一种意义上的"我的"是指"需要照管的"(mine-to-look-after),是关注、关怀的对象,而第二种意义上的"我的"则是指"属于我的善的一部分"(part-of-my-good)。① 所以,希洛克勒斯也强调一种不可侵犯的自我,而爱比克泰德也拥护一种拉近自我与他者距离的世界主义。② 表面上看,第一种意义上的"我的"是从第四范畴角度说的,第二种意义上的"我的"则是就第二范畴而言,但前者所指并不是一种纯然的外在状态。因为,借助对四角色理论的创造性读解,爱比克泰德告诉我们:对自我与他者之间关系(作为"我"的某些身份)的管理总是要置于我的意愿(作为本质的"我")之下,它不取决于别人怎么对我,他们是谁以及如何独立于我,而取决于我怎么处理与他们的关系,因而是一种我对他们,而非他们对我的单一关系。③ 也只有将自我唯一地认同于意志选择,寻求自我的善,人才能够扮演好自己的各种角色,履行好各种责任,即服务于公共的善(Diss. 1. 19. 13)。在这个意义上,复数的身份不仅不会毁坏个体性,而且还会造就更卓越的个体性。真正的"我"是一个表面上很薄,但实际上很厚的概念。

可见,对于人的同一性问题,在严格意义上我们是无法将斯多亚派在形而上学、认识论上的主张与其伦理学、宇宙论学说分开,孤立、僵硬地对应于四范畴而对其进行讨论的。或许我们无法简练、准确地从中提取出斯多亚派眼中的人的同一性标准。但从把"我"这个人与他人区分开来的独特之"我",到基于持续的自我感知和关切而最终成就的那个不变之我,再到承担对他人的责任、在理性意义上不再区分的普遍之我,这三个角度至少可以帮助我们更稳固地立足于斯多亚派哲学的整体而理解其丰富的个人同一性思想,从而避免一些过于单面化的读解。

(二)身体与自我认同关系的变化

让我们再回到近现代。近现代哲学家中,洛克讨论了著名的人格统一性问题。在此之前,我们知道,笛卡尔曾将自我视为不可见、不可触摸、没有形

---

① D. C. Russell, 2009, p. 17.
② Richard Sorabji, 2008, p. 24.
③ A. A. Long, 2004, pp. 236-237.

体的抽象"我思",可怀疑的身体被排除在自我的范畴之外("第二沉思")。出于对笛卡尔自我观念的反对,洛克坚持,与必须要有一个身体的人不同,人格尽管仍涉及对身体以及部分的关心,但它是自我、意识、记忆,不是实体。① 借此他试图将自我意识与心灵实体区分开来,并强调人的身体的变化并不一定影响人格的同一性。然而洛克终究不能很好地解决意识的延续性问题,而且他的意识概念也是相当模糊的。

值得指出的是,与斯多亚派以及笛卡尔主义不同,现代很多哲学流派普遍将身体作为自我认同的重要部分。例如梅洛-庞蒂用著名的幻肢现象(phantom limb)来解释人的身体与自我认同的同一现象。② 受到梅洛-庞蒂的影响,社会学,尤其是医学人类学等领域的学者对身体、自我、自我认同的关系等也进行了深入的讨论,并越来越将身体视为人格构成不可缺少的一部分。③ 马克思·舍勒同样是基于现象学视野(而且先于梅洛-庞蒂的身体现象学),并反对将体现自我同一性这一本质特征的位格定义为某种无身的理性或意识实体。但与梅洛-庞蒂不同,他是从先验哲学的角度,一方面将位格定义为一种超越的精神活动的中心,认为身体因无独立意义而不能作为人格的根基;另一方面则将位格作为身体的归属,将身体视为在时空中展开的现时的位格和精神活动的自明显现。因此人格的同一性在舍勒这里成为始终包有身体的、某种不断生成的、永远向世界开放的具体之物和超越意向。④

总体上,在现代思想中,身体与个体的自我认同的关系变得越来越密切。因此吉登斯有言,"身体实际上在与自我的关系上远非比以前'驯服',因为二者在自我认同的反思性投射中变得亲密协调起来了"。⑤ 迈勒斯也观察到,"朝向身体的回归,产生了一种对认同的新追求。身体作为一个神秘领域而出现,在这个领域中,只有个体掌管着钥匙,而且在那里他能够返回来寻求一种不受社会规则和期望束缚的再界定"。⑥ 不仅如此,身体同时还成为个人赢得社会期望和认可的基本路径。现代社会的身体善观念以及对于各种身体善的重视即与人们的自我认同观念密切相关。

对身体意象(bodily image)的关注或许可以较好地说明现代人对自我身体的认同度或者说身体与自我的关系。所谓身体意象,简单地说,就是个体

---

① 洛克:《人类理解论》,第309—310页。
② 梅洛-庞蒂:《知觉现象学》,第115—120页。
③ 参见许志伟在《生命伦理:对当代生命科技的道德评估》(2006年)一书中的讨论。
④ 参见吴天岳:《身体的合法性及其地位——西方哲学中的身体观与舍勒的位格价值理论》,1999年。
⑤ 安东尼·吉登斯:《现代性与自我认同——现代晚期的自我与社会》,第256页。
⑥ 转引自上书,第257页。

在思想意识中对于自我身体的描绘。换句话说,就是个体如何看自己的身体外形。① 它强调的是对身体有意或无意的一种感觉意识,包括对自己独特外貌的知识以及对自我身体的情感态度等等。这些主观体验对人们的情感和行动可以产生广泛而深刻的影响,从而渗入生活的方方面面。回到希洛克勒斯,他在描述其οἰκείωσις理论时就特别发展了克吕西普的观点,即强调刚出生的动物对自我身体的满意、亲近以及由此产生的自爱(《伦理学基础》VI.40)。尽管希洛克勒斯没有就对自我身体的不满意以及可能产生的异在感这种状况予以特别地关注,但这种对自我存在与发展的态度和设想无疑是具有深刻的伦理意义的。人对身体的知觉、态度以及变化不仅对个人的心理认同或一致具有重要影响,而且还凸现了人的肉体存在自我与他者面前的重要性。实际上,正如自古以来人们习惯于将体型等身体特质予以一种美学和道德意义的审视一样,作为一种社会价值观念的内化,身体意象在现代社会中也已经成为自我评价与社会评价的重要维度。

尽管在这里无法对这一问题展开更详细的讨论,但需要特别指出的是,将身体作为自我认同的根本,或者将身体与自我认同完全对立起来,在根本上都是违背人的本质的。身体无疑是构成人的一部分,每个人只有一个独特的、唯一的可以维存的身体,个体与这个身体共生共灭。身体在人的一生中对于如何看待、完善自己始终是至关重要的。在有些情况下,身体上的某些剧烈变化可能会对人的自我认同产生根本性的影响。这种影响如此之深,以至于某些失去身体某器官或行动能力的人会在某种程度上感到失去了自我。确实,具身性的自我不但开始于身体,而且还依赖于身体。很多关于儿童成长的研究也表明,儿童对自我与他人关系的区分始于对自我身体与他人身体之间差异的意识,并且由此逐渐发展出作为一个人的独特性。② 作为生命的一部分,身体生长的每一个阶段,其所经历的生老病死,无时无刻不具有伦理的相关性。这也使面向身体的技艺活动(例如医学等)从一开始就与伦理、道德密切相关。而从"具身"这个概念出发,我们可以说人总是居于特定的文化和自然环境中,因此身体机能的变化也代表着这个主体与周围环境关系的某种变化或生存方式的转变。

---

① Paul Ferdinand Schilder, 1950, p. 11, 转引自格罗根(S. Grogan):《身体意象》,第 25 页。格罗根则认为身体意象是一种会受到社会影响而改变的主观经验(同上书,第 4 页),包括"个体对于自己身体的知觉、想法以及感受"(同上书,第 2 页)。这具体体现为:对身体大小的推估(知觉层面),对自己外形魅力的评估(想法层面),以及对于自己体型的感觉(感受层面)等等。与之相关的是,对身体之不满意(body dissatisfaction)即是个体对于自己身体的负面想法与感觉。

② 戴维·坎特:"受侵犯的身体",第 62 页。

但是身体毕竟不是自我认同的根本。身体变化对自我认同的影响,包括幻肢现象的存在,在根本上是因为它全面地触动了人的心灵意识(或大脑等),而且这更多的是一种身体意象的改变。尽管身体是引发感觉的直接动因,并似乎拥有某种属于自身的习性、记忆,但所谓的身体意象归根到底还是心灵(或大脑)借助更高级的意识和想象等活动而对肉体状态的一种知觉和评估。这种知觉和评估不只是自然衍生的,而且还是文化、环境造就的,尤其是受到来自市场与技术的可能的附加影响。而这些身体意向又倾向于助推对身体善的追逐和放大身体本身的欲望。类似的,尽管很多精神实践活动特别强调所谓的身体意识(bodily awareness),然而这毕竟不是源自身体本身的"意识",其本质仍是精神对肉体的知觉、认识和态度。同样,由于身体的暂时性和偶在性,技术可能确实会改变自我与身体的关系,但却不能在客观上改变一个人的本质,即人的自我同一性。然而现代社会的一个显见的悖论是:将自我认同与身体相等同的趋势变得越来越强,但是技术的影响又使得身体愈来愈不稳定。于是对身体和自我认同的定义和理解也就更加多样化,甚至神秘化。

二 技术与身体之善的转移

总体上,在当下的社会生活中,身体已经越来越多地与自我认同、自我理解、自我实现以及性关系、社会伦理关系等联系在一起,成为政治、经济、文化等各种活动的重要载体。正如法国哲学家鲍德里亚所言,"身体的地位是一种文化事实"。① 每个历史时期都存在着不同形式的身体文化,其中又蕴含着特定的时代观念和集体意识。在身体的各种特性得到全方位放大的现代社会,代表今天最强势文化之一的身体文化已然与古代社会呈现出较多的差异。

上文曾指出,很多古希腊哲学家都认为身体善作为一种能力是值得并且应当欲求的。柏拉图曾在多篇对话中将善事物分为外在善、身体善、灵魂善三类(*Phaedrus*,48d-49a;*Laws*, 697b2-6)。在第欧根尼·拉尔修的记述中,柏拉图还将身体善进一步分为美丽、健壮、健康、力量四种,并且把身体善作为构成幸福的第二部分(即感官健全和身体健康)(*DL* 3.80, 3.98)。类似的,亚里士多德更明确地将身体善(尤其是生命和健康)与外在善、灵魂善一同作为幸福的必然要素(当然在不同语境下他有时也将身体善或划归于内在善,或归于外在善②),并把生命、健康、好的外貌、力量、运动能力、感觉灵

---

① 波德里亚:《消费社会》,第121页。
② Christ of Rapp, 2009, p.222;C. D. C. Reeve, 1992, pp.161-163.

敏等等作为身体善的重要因素。西塞罗则在反驳伊壁鸠鲁主义者时特别指出,即使在身体领域,力量、健康、速度和美貌也比快乐更可取(Fin. 2.114)。尽管斯多亚派对"身体善"这一说法存在分歧,但也认为健康、好的知觉、无痛苦和身体的美丽因其自身而值得寻求(DL 7.106)。① 从表面上看,现代社会仍然将这些方面视为最基本、最重要的身体善,并将其作为人的幸福生活的重要元素。但是仔细剖析却可以发现现代人在身体的文化期望、价值赋予等方面与古人有很多深层次的不同:

1. 从内在性转向外在性。尽管柏拉图所列举的四种身体善在当今社会仍然为现代人所崇尚和赞美,但其价值次序和被欣赏程度却有较大变化。在现代人眼中,身体善的重心主要落在健康和美丽上,尽管其所标识的身体状态和形态与古希腊有很大不同。荷马以来所崇尚的体壮、力量等勇士之美似乎相对靠后,不再成为人们评价和对比身体的最重要尺度,而更多地以退居于运动场上的竞技、健身健美或者以机器替代物等方式出现。健康依然是身体善中的重中之重,尤其是鉴于它与快乐(和痛苦)之间的密切关联。但是美丽由于它在社会、经济和文化方面的价值以及在个体评价和身份传递中越来越重要的作用,而经常跃居首位,并作为某种变相的普遍标准而成为人们的重要关切。因此在很多情况下,人们(尤其是女性)不仅诉诸医学来寻求内在的健康,而且更希冀以医学的手段来美化身体的表面。然而由于健康与美丽有时不可兼得,尤其是还关涉身体美感带来的满足感与不断控制口腹之欲的痛苦,因此对身体表象和形式的过于关注常导致内在的、经常是隐而不显的健康与深受外在文化规训的美丽之间,身体的享乐与痛苦之间出现各种斗争和矛盾。在纠结的身体理想中,身体的外在方面经常超出其内在方面,乃至心灵层面,由此生成了各种扭曲的身体意向。为了调和自我放纵与自我控制、追求享乐的消费与保持苗条的塑身之间的矛盾,暴饮暴食和嗑药呕吐成为现代生活中颇为常见的身体境遇。其背后则是为操心和修饰身体而付出的巨大的经济与精神支出。与之相关的另一个事实是,尽管人们关于健康这种身体善的观念在某种意义上变得碎片化,但是在美丽这一身体善上却达到了空前一致。

2. 从私人性转向公共性。洛克曾说,每个人对他自身(即身体)享有一种所有权,除他以外的任何人都没有这种权利。② 阿伦特评论道,身体是唯一不能与他人分享的东西,因为私人性是身体的重要特征。这突出体现在发

---

① 另见:J. Pomeroy, 1999, p.49。
② 洛克:《政府论》(下篇),第五章第27小节。

生于身体之内的愉悦与痛苦、劳作与消耗等事情上。① 尽管以对自己人身的所有权作为财产权的起源这一主张确实有些古典的意味(如联想到 οἰκείωσις),但这种"观"身体的视角无疑是不同于斯多亚派的中性之物或"不可控之物"之说的。我们已经反复强调过,社会文化,包括各种政治技术对身体的控制和塑造一直是身体史的一个重要组成部分。尤其在现代社会中,受到消费文化的强有力影响,人的身体在某种程度上成为可交易、展览、专利化的公共产品和消费对象。人的生物性特征日益走向公开化,成为各种(身体)文化认同的重要标志。当然,这不仅表现在对外在身体和身体修饰物的空前关注上,而且还相关于身体的健康等相对内在的方面(尤其是考虑到随着生物技术的发展,人体器官、组织、基因技术在市场化进程中日渐走向公开化)。

3. 从目的性转向手段性。不以单纯的身体善为目的,而是以身体善为手段,获取各种其他功利或利益一直是人类文明中较为普遍的现象,但这一点在今天尤为明显。一方面,由于在今天的"看脸时代"人们的身体意象趋向于负面,而生物技术的发展和身体买卖的盛行为人们控制和修饰身体又提供了可能,因此谋求身体善的手段也随之日益多样化。另一方面,身体善被大量用于其他工具性价值,这就使得身体的美和快乐、性和健康都充满了利益和权力的某种渗透。当然,除了古典时期为人们所普遍追求的各种身体善以外,各种现代技术还宣称它们可以为人们提供更多的身体善——从世界性的温饱、营养,到完美、聪慧的身体,从低层次到高要求,无所不包。因此,新的身体善也使人们对身体的管理日益倚重各种技术。

无怪乎波德里亚感叹道,在消费社会中,身体是最美、最珍贵和最光彩夺目,并且负载沉重内涵的物品。② 当今社会对身体的崇拜、对健康的迷信、对快感的期待,使身体,尤其是身体的植物性部分和动物性部分的美与善成为至上的关切。这就为市场物化欲望而占有身体并将其作为投资场所,以进一步作为资本的某种形式而赢得各种所谓的社会福利提供了可能。这种资本的顺利实现甚至被很多人视为开启幸福之门的钥匙。更多的人不再重视德性的教化对身体的塑造,而是更致力于打造一个符合社会和文化口味的身体形象,从而赢得更多自尊和生存空间。然而人的精神或灵魂与身体之间的紧张也随之加剧。尽管如此,在这种紧张中身体善还是日渐与幸福相等同起来。

---

① 汉娜·阿伦特:《人的境况》,第81页。
② 波德里亚:《消费社会》,第120页。

三 幸福与可塑的身体

在古今关于幸福的讨论中,"身体与幸福的关系"一直是一个关键性问题。在古希腊哲学中,这个问题是隶属于德性对于幸福(善)是自足的还是具有某种程度的依赖性(进而导致脆弱性)或幸福在哪里(如 Diss. 3.22.27, 3.22.38)这个问题域的。在古典希腊时期,亚里士多德尤其从功能论证的角度肯定了人的身体善对成为一个更完善的人或实现人的终极目的,即幸福的重要价值。这种价值是具有伦理意义的。而在希腊化时期,可以说除了昔尼克学派和斯多亚派之外,大多数哲学派别都将身体善视为幸福的必备条件。由于在很大程度上继承和重新解释了亚里士多德的观点,即使是中世纪的阿奎那也认为身体和外在物对于幸福是必须的。在阿奎那看来,人是整体的人,是身体与灵魂的统一。身体在灵魂的行动方面具有重要作用:身体的完善能促进理智活动的完善。因为只要这个身体是一个变得荣耀的身体,即听从于精神的灵性的身体,与之相统一的灵魂一定比分离的灵魂享有更完善的幸福。① 但值得注意的是,大多数哲学家承认身体善及其外在善并不是因为其自身,而是因为它们能促进德行或人的目的。相对而言,希腊化罗马时期的哲学家更坚定地认为,自然规定了人的幸福,人主要或完全依靠自己的品性、思想和理性的生活计划而获得幸福。② 在这一总主题之下,斯多亚派对身体与幸福的关系进行了更为独特的诠释:幸福的生活在于娴熟地运用生活技艺,人是否能按照自然合理地使用身体尤其决定着人是否能达到自己的目的。一个人如能面对各种身体处境而始终保持心灵的宁静,那么他就处于一种幸福的状态。因此幸福永远是在个人的权能之内的。

在现代文化中,关于幸福含义的一个重要变化是它的感性色彩的强化和道德色彩的褪去。尽管人们习惯从心态、状态或活动等不同角度定义幸福,但都普遍认为幸福与身体的完善是直接相关的,并且往往是短暂的、不稳定的。关于幸福的各种流行的衡量标准中总是包括一些身体方面的标准,例如生理标准、健康程度等等。有的人认为健康对于幸福最重要,有些人则认为身体的完善总是与成功相关联。但不管持何种观点,大多数人都无一例外地力图改变、修饰身体。也正是利用了人们的这种心理,大众文化和技术不断地塑造出一些所谓的完美的身体意象。凡此种种都使得身体在现代社会的幸福概念中呈现出前所未有的重要性和不稳定性。

在一种常识意义上,好生活是需要身体的,身体善的获得是幸福生活的

---

① The "Summa Theologica" of St. Thomas Aquinas, First Part, Question 76,尤其是 article 8。
② A. A. Long, 2006, pp.23-39.

重要条件。正如亚里士多德所指出的,个人的完善和对好生活的解释,涉及对身体的照料和关心(*NE* 1178b 32-35)。阿奎那则认为,身体对当下的幸福是必须的,因为包括人的理智活动的幸福需要存在于身体器官中的感觉影像。一个具有好的性情的身体,对于幸福尤其是必须的。① 因此,身体应当被纳入好生活的一部分:个人正常利益与欲望的满足、个人的完善都与身体性的认知和表达有关,与身体涉入的活动——如交流、爱和感觉有关。当然,关于好生活的想象和观念也包括身体上的审美价值,例如现代人习惯于通过对外在身体的修饰来传递和表达某种身份。因此严格地说,身体不仅是有死生命获取不朽福祉的最重要的工具与载体,而且它的善本身就有某种自足的价值。如何展现自己的身体,在视听言动中扩展自己的视域心界,提升自己的道德品性和性情,安顿好自己的人生之途,正是生命之卓越的切身体现。实际上,尽管斯多亚派坚持身体的中性本质,但同时也将对身体善的追求作为一种合宜行为而加以接受,并借此划定了不同的道德境界。因此他们并不是像某些学者指出的那样反对具身性的幸福。②

伴随着在人的生活中这种日益突出的重要性,越来越厚重的文化期望导致身体不断在生物学意义上被技术文化所塑造、修饰,从而深刻地影响了人们的思维和行为方式。问题在于,人是否仅凭借技术就可以拥有一个具有好的性情的身体,尤其是考虑到对技术的不适当地使用可能造成一系列的负面后果?在哲学伦理学层面,古希腊哲学家对身体的贬低或轻视,很大程度上正是对一种以身体为中心的生活方式的拒斥,尽管他们并不否定与身体相关的善对人的生活的价值。现代文化对身体的认同,对身体善的重视,实际很大程度上恰恰指向的是一种以身体为中心、倾心于身体表象的生活方式。尽管对身体与自我认同的关系问题仍存在争议,但如我们已指出的,对身体的态度将会影响人的心灵的状况,导致人与自我关系的改变。而如何获得身、心、灵的全面健康则与如何处理技艺和身体的关系这个古来已久的切身问题密切相关。

---

① *The "Summa Theologica" of St. Thomas Aquinas*, First Part of the Second Part, Question 4, article 8.
② 例如丹尼尔·罗素(Daniel C. Russell, 2012)就主张,斯多亚派认为具身的(embodied)活动可能使一个人面临伦理堕落的危险。斯多亚主义者拒绝一种将德行视为具体的世俗事物的思维方式。

第六章　修身:回到斯多亚派的治疗哲学

> 要想头和身体其他部分都获得健康,治疗灵魂是首要而最根本的。
>
> *Charm.* 157a
>
> 想要健康的人,应该终其一生关心自己。
>
> 鲁福斯《残篇36》

以身体健康这一身体善为窗口,在对现代的身体观念和技术效应进行了简约的解构式批判后,我们这里再次引用苏格拉底和鲁福斯的教导,以回顾古希腊思想的主题:人的健康最重要的是灵魂的健康,也就是道德的健康;只有获得关于灵魂或道德健康的知识,才更有可能保证躯体的健康;人必须为自己灵魂的健康负责,他在根本上是为关心灵魂而关心身体。这便是贯穿整个古希腊哲学,尤其由苏格拉底提出,由斯多亚派等希腊化哲学家[①]所发展的健康思想。古希腊哲学家向我们展现的深刻洞见是,由于人的特殊境遇及其肉骨形体的脆弱性,作为对自然的模仿和协助,医学等技艺对于人和人的生活是必需的。另一方面,人又是一种具有德性潜能的理性动物,经过自身努力便有希望获致德性这种特殊技艺,从而正确地看待、体验和使用身体。而且通过这种特殊的技艺改变自身的过程也是将德性具身化,并通过人的行动实践得以表达的过程。问题在于,人如何协调不同技艺来料理和改善身体和生活的脆弱性,进而通向幸福呢?是单纯依靠弃绝肉体的冥思技术,还是盲从医学技术的生理性干预,抑或是从某种生活方式和信念的角度将二者加以调和?换言之,要协调身体与技艺之间的伦理关系,需要建构怎样的"身

---

① 盖伦在《论品性特征》一文中有一个非常有趣的评论。他说灵魂的美好不像身体的美好,因为身体的健康并不一定来自身体的美好,因为身体之美好并不知道是什么东西导致了身体的疾病。但灵魂的知识产生它的美好,并知道身体由哪些因素构成以及灵魂的激情由什么产生、构成和增加……富有知识、美好的灵魂首先维护自己的健康,然后才照管身体,因为它需要身体来行动,而身体则对自己的健康一无所知,也不能保持它(43Kr. 14-22,trans. Davies)。

体"和"技艺"观念？尤其是联系今天的社会现实,如何利用作为技艺总体的德性和从技艺分化出来、不断得到推进的现代技术来管理身体显得至关重要。

当然,将古希腊的生命智慧和修身实践直接移植到今天技术条件下的现实生活中,或直接利用斯多亚伦理学解决现代技术包围下的身体伦理问题是不现实的。正如福柯所言,我们不能指望用其他人在其他时代来解决其他问题的解决方式来解决当前的问题。重要的是问题意识,而不是解决方法。[①] 因此,这里无意于宣扬一种所谓的新斯多亚主义,甚至福柯主义等,而是致力于探寻一种正确的技艺态度和身体观念。

我们看到,与古希腊哲学相比,不仅现代哲学中医学之喻所涉及的喻体与喻义都发生了深刻的变化,而且身体在医学和哲学伦理学中的地位和图景也得到根本改观。首先,如上一章我们已重点阐释的,技术一方面使人们对身体无疑有了更多的主动性,即很大程度上在生理、物理上解放了身体;另一方面,在消费和市场观念的推动下,技术也放大了人的欲望,并深刻改变了身体所栖居的环境,从而使身体(人)与世界之间的原初纽带显得更为脆弱单薄。其次,斯多亚派对肉体善的否定,尤其是在自我认同问题上的二元论倾向等等,也很难为现代常识观念所接受。但是借助关心自我思想、技艺—身体实践方法,斯多亚派也有效地教导人们如何认识和评价自我,在身体之事上进行正确选择,从而通过从容地面对身体以及我们的周身环境而获取幸福。这就有利于我们在对技艺和身体的重新理解中寻求一个超越自然本能和感官冲动,真正得到解放的身体。这其实也是哲学伦理学对现代人的科技崇拜,尤其是医学情结的一种"治疗"。因为身体与技艺的关系可展现为生物性与伦理性、个体性和公共性等诸多方面,而身体与技术修饰之间的关系只是身体与技艺互动关系的一个维度。

在生活的最终目的上,我们仍然同意古希腊人,尤其是斯多亚主义者的界定:深入对人本身的理解并与自我的身体建立一种良好的关系,进而过上一种属人的好生活。毋庸置疑,人的生命的每个阶段、人的身体的每个部分都充满了伦理性,而与之相关的道德伦理规则却经常表现出局限性、不合时宜性。尤其是在今天的生命医学革命下,伴随着身体在生物学意义上的日益强大和所关涉的伦理问题的增多,人们在哲学意义上的身体脆弱性(同时是心灵的自足性与自主性)与生物学意义上的身体可塑性之间似乎更愿意关注后者。然而这种转向同时也促使我们继续追问其伦理上的合理性:一方

---

① Michel Foucault, 1997, p.256.

面,面对愈加不确定的身体,对身体的过分投入以及由此所导致的市场和技术对身体的操作和规训实际上使我们远离身体;另一方面,身体的解放固然使我们有可能摆脱疲惫、疾病、衰退和死亡的肉体而使其更好地侍奉灵魂,但是这种肉体的善并不必然地带来灵魂的善。因此一种直面身体的伦理态度呼唤个人在关注身体境况的同时,还应在各种身体的诱惑面前守住灵魂的秩序,以一种强调自我治理、自我塑造的伦理范式,安身以立命,外化而内不化;在这种自我伦理的基础上,开启在自我关系之外的我—他良性关系的可能性。

第一节 当代伦理学的身体转向[①]

正像我们上文所揭示的,现代社会对身体善的倾注与医学的繁荣是互相推动的。医学的扩张与其发展模式的转变并没有改变医学主要面对的对象仍然是身体这一事实。面对身体空前的可操作性,技术实践中的重重风险,医学必须要接受伦理道德的层层考量。医学对生命过程的空前控制一方面昭示了医学的权力,另一方面也预示了哲学伦理学、神学的危机,当然也是医学的危机——在风险文化和健康乌托邦夹击下的医学需要承担伦理风险,满足知识期望。由于医学一直以来都是人的科学的基础,随着科学越来越迅速地转化为技术、工程和产业,身体也逐渐被分化、量化、技术化,并且由生物学而延伸出经济学、政治学和社会学(诸如生物经济、生命政治、生命权力)等诸多规定。由此,身体必将在更广阔的范围内接受道德伦理的审视和质询。可以说在伦理学视阈下,"身体"的凸显既是伦理学本身内在价值旨趣转换的表现,又是对现代生命科学与生物技术发展背景下不断涌现的身体问题的外在回应;前者在某种程度上揭示了现代所谓的道德或精神危机的重要根源,而后者则标示了伦理学研究范式的某种变化。

首先,在哲学层面,对身体的关注实际上与身心一如观念的渐入人心是密切相关的。具体的,哲学伦理学对身体的重视尤其得益于哲学的肉身化和认知科学、身体现象学的兴起。从费尔巴哈将身体作为自我的本质到尼采高呼"一切从身体出发",再到福柯的"规训的肉体"和德勒兹的"无器官的躯体",身体在现代哲学话语中的地位一再急剧上升。出于对这一哲学理路的批判性反思以及对现象学中的"本几的身体"的关注,越来越多的思想者,尤

[①] 关于这一转向,参见汪民安、陈永国:"身体转向"。

其是身体社会学和医学人类学领域的一些学者开始转向对身体技术、身体间伦理关系、身体的完整性、人格性的构成等问题的思考。例如社会学和女性主义中的肉身转向(corporeal turn)就是由批评某些叙述话语对女性、残疾者、老年人等弱势群体的身体的排斥而引起的。① 生命科学的发展更是要求伦理学从抽象概念中走出来,严肃地面对越来越不确定和多元化的身体,例如胚胎、脑死亡者和动物等缺少理性和特定心理能力的存在物的身体等。这一切都促使人们重新思考身体的概念和意义。

其次,在现代生活中,从大众文化的色情化、低俗化到文学艺术、人文研究对肉欲的倾心和偏爱,再到科学研究和市场运作中身体的优化、强化、交易合法化等话语的充斥与盛行,似乎都确证了某种"身体文化"的兴起。可以说,在现代社会,身体已经作为最直接、最流行的符号,成为各种权力关系的斗争场、集中各种社会问题的问题域和资本、技术与知识的生产源。与此同时,这种身体文化、肉体化的生活方式的合理性问题也引发了人们的检醒和深思。

再次,正如我们一直强调的,由技艺而衍生或分化而来的现代技术的发展是直接的催化剂。技术上提供的可能性与人们对身体善的渴求促使身体及其各部位(基因、组织等等)成为市场利润和技术操作的直接来源。人的生物性特征也成为一些社会组织和活动的有效基础。更重要的是,身体与技术的互渗以及互相延伸使身体视角对反思人的文化、生活越发显得必要。

总之,哲学转向肉身、整个社会的医学情结以及个人欲望的放大引发了医学和伦理学上的众多身体问题。当然,上文对医学扩张事实的指认并不意味着否定医学技术的巨大进步或确认伦理学与医学之间的福柯式的权力争夺关系,而是试图在接受技术的同时探索更多的可以完善技术的使用方式以及其他善待身体、优化生活的可能路径。在我们看来,伦理学对身体的关注重点,不是作为医学对象的身体,也不是道德化的身体,而是身体的伦理问题。换言之,这一关注的核心是将身体也纳入伦理思考的对象,甚至把身体作为解决问题的入手处,尽管并非将身体作为伦理善的终点。

当然这种修身技艺的真正对象不是身体,而是心灵及其活动,或者如斯多亚派所说的,是心灵对身体的信念和态度。因为技术的发展对身体极限的不断变更,市场逻辑对身体的奴役以及消费文化对身体的操控,所带来的一系列需要深入讨论和反思的身体伦理问题,其实亦是更需现代人料理和关注

---

① Anne Witz, 2000, p.13.

的心灵问题以及全整的生命存在问题。因此当代种种与身体有关的伦理困境的背后,其根本问题还是长久以来困扰我们的身心问题。而通过对身体之维的开掘,不仅可以在人与技艺的历史互动中重新反思人与自身的关系,人的在世状态和生存方式问题,还可以管窥人的生物性特征的公共性,即人的身体的政治、经济和文化面向,进而勘寻平衡身心关系、关心自我、关照他者的可能性。这种对身体应然态度的探求,就集中体现在我们如何利用各种技艺对待不断变化的身体上。因而这种探求必定既是医学的,又是哲学伦理学的。其真正含义则在于,在有效地结合技术上的塑身与道德上的修身的基础上,更加依赖于由内向外的方式作用于身体,使身体真正成为个体生命中积极性的建构力量。

第二节　如何认识身体

对于斯多亚派来说,真正重要的是一个人的生活方式和生活目的,即他想获得什么,而不是真正获得的东西,因为前者才是一个人可真正把握的。人对目的的把握又是由对自我本性的理解和心灵发展的状况决定的。因此一个人要了解自己的目的,要过一种好生活,首先需要自知,即获取自我知识。所以按照这一理路,确立一种身体的概念,建立一种关于自我的正确观念对于解决很多关乎身体的伦理问题是至关重要的。尽管如此,是否能真正确立一套关于身体的普遍的概念和理论还是值得怀疑的。因为在今天后现代哲学以及受其影响的哲学思潮中,通过一些人为的、复杂的方式,身体日益被形式化、抽象化为某种过程、生成和具有环境连续性的东西,因而不再是一个有着清晰界限和确定特征的概念。无怪乎吉登斯说:"与自我一样,身体也不再能够被当作是一种固定的生理学上的实体,而是已经深深地具有现代性的反思性的那种复杂难懂性。"[1]诚然,作为抵制二元论的努力和重新打量人的历史与现时生活的新视角,现代哲学(如"身体现象学")对人的具身化理解和后现代主义对身体的多元化界定无疑都是富有启发性的。技术操作中的很多伦理问题[2]也证实了在一种哲学人类学的基础上,以一种更为具体、实质的方式理解身体以及具身性的重要性。但总体上,现象学易将身体概念化、意识化,而后现代主义哲学则易解构掉身体的任何确定性,因此这两种思路在帮助普通人寻求健康、健全、健美的身体这一问题上都似乎缺少真

---

[1]　安东尼·吉登斯:《现代性与自我认同——现代晚期的自我与社会》,第256页。
[2]　例如涉及生物技术的器官交易、生物剽窃等事例。

正的建设性。因为否定一个统一的身体概念或将身体描述为什么都是,实际上都是将身体沦为虚无。

相比之下,我们对身体的思考更倾向于采取一种常识的或前科学主义的视角。从这一视角出发,我们认为身体是将"生理现象"和"心理现象"联系在一起的一个具有伦理意义的具身物。身体既是一个情境中的、有感知能力的、积极的活生生的个体身体,又是由历史、文化和社会建构的复数身体,即是一个通常所言的天性/教养(nature/nurture)的综合体。① 面对这样复杂的身体,人确实需要不断更新、增进对自我、身体的知识,从而最大程度地挖掘身体的潜能,也就是完成身体自身的目的。这种理解与斯多亚派视域中的"统一的身体"实际上是一致的。② 当然,从现代人的视角看,斯多亚派对身体、自我的理解或许还不够整全、科学,但这恰恰说明人关于自身的知识是不断增加和完善的。而且通过对其身体和技艺观点的阐释,我们仍然认同并欣赏斯多亚式的生活理念:一种好的生活是建立在对什么是好的理解以及自我知识的基础上的。对身体的理解便是其中的一个重要部分。

以这种"看"身体的视角为基础,尽管我们承认现代技术对身体的塑造和再定义这一事实,也不反对将身体问题化的某些哲学尝试,但是我们认为回归一种常识意义上的身体概念还是可能的。总体上,我们主张通过将第一人称视角与第三人称视角相结合来认识身体:身体是一个有着独特、神奇体验的活生生的身体,但在生命结构上构成人的这个物质的身体并不是人格认同的根本。鉴于具身化(embodiment)③观念在各种身体研究中的凸显,我们将结合对斯多亚派的形体主义的反思,从多个方面进一步探索身体的具身性特点和相关问题。

一 本体论上——多面向的身体

身体是生命个体的情感、欲求、经验之丰富性、多元性和独特性的象征,内在地释放着一种视角的多元性,尤其是当被置于某一具体情境中时。"身体"与"躯体"有所不同,因此德语分别用"Körper"与"Leib"两个词对

---

① 唐·伊德区分了三种维度的身体,即物质身体(身体一)、文化身体(身体二)和技术身体(身体三)。其中技术身体主要是以技术或者技术化人工物为中介,并在与技术的关系中生成。参见 Don Ihde, 2002, xi。
② 斯多亚派形体主义的现代意义,尤其是这一原则是否可以与梅洛-庞蒂的现象学相融通,是一个值得讨论的问题。不过梅洛-庞蒂确实可能从斯多亚派关于人与世界的思想中受到启发。
③ 其他两种常见翻译为"涉身性"与"即身性"。

应于这两个概念,其中前者单纯指生理性的客观躯体,而后者则是指活生生的身体。现代哲学普遍摒弃前一种看身体的方式而推崇后一种,或者认为前者只是后者的一个方面。舍勒曾进一步指出身体与躯体之间的区别和统一:躯体(Körper)是从外部感知的,自身受到可触及之物质形态的限制,又在自我认识中被直接给定;而身体(Leib)则是从内在感知(第一人称意义上)的确定的"身体心灵"(Leibseele),它归属于位格。两者是一个统一的整体。①

我们也认为,身体是多向度的,它并不是单纯的生理性存在,也不是纯粹的自我。从整体上看,"身体"既是个体的、暂时的、可变的,又同时是社会的、历史的、文化的;既是可见的,又是不可见的;既是物质的,又是灵性的。身体既可分为内部空间和外部空间,即外显的身体和隐蔽的身体,又有单数和复数两个维度。身体不仅拥有生理和心理的同一结构,而且还是一个伦理的载体。② 对于个体的人来说,身体既是身体善的当然承载者,又是外在善的直接来源。但身体又不仅仅是自我的图画,它还是社会、文化的缩影,并从内向外地被描绘着和显现着。反过来,文化价值也通过这种对身体的内在影响与外在刻写得到表达。这些其实都是斯多亚派所揭示过的。通过这种多维视角,"身体"概念就在某种程度上避免了诸多的二元对立与机械论,进而在综合与逾越中达到一种含混性。但这种含混是有魅力的、有生命力的。正是这种含混性和多维性决定了我们不可能只通过科学就可以完全、彻底地认识身体,弄清主观体验的本质,也不可以将身体纯粹地归于物质客体或主观感受。

所以身体不是完全可视、可组合的机器或者被动、静止的客体。它既有可见的物质表面,也有科学和意识所无法触及的不可见的深度。之所以古代形而上学的理智之思无法深入到身体的内在空间,近现代解剖学、生物学的经验观察无法真正触摸到身体的本质,是因为身体不是单向度的、可还原的。我们无法仅通过智性分析或生理观察来认识和把握身体及其与灵魂的内在关联,而只能依赖于哲学和科学的双重探索来无限接近身体的本质。所以即使是拉·梅特里也承认,提供身体知识的感官和感觉根本无法报告身体的真正状态和潜藏于身体最深层基质的属性。③ 它们所提供的只是部分真理,即

---

① 参见马克斯·舍勒:"自我认识的偶像",第114—207页。
② 在社会学意义上,克里斯·希林(Chris Shilling)曾有工作态身体、运动态身体、音乐态身体、社交态身体、技术态身体之界分(《文化、技术与社会中的身体》);约翰·奥尼尔(John O'Neoll)则将身体划分为世界态身体、社会态身体、政治态身体、消费态身体和医疗态身体(《身体形态:现代社会中的五种身体》)。
③ 转引自 Kathleen Wellman,1992,p.54。

生存所必须的实用性知识。在这个意义上,笛卡尔也是对的——他认为心与物的性质很多是由形而上学的观察所决定,而并不依赖于感觉经验。[①] 亚里士多德曾用潜能和现实、形式和质料这两对范畴(包括普纽玛思想)来表达一种含混性思路:灵魂即是有生命潜能的自然身体的形式(《论灵魂》411b8-15)。梅洛-庞蒂则在更大程度上受到这种思路的启发,将身体视为一种在世存在[②],一个具有含混性的主体—客体。它不仅是主体在世的方式,还是人之自我理解的起点以及个体与他者进行交往的基点。作为个体偶在的表征,它还是理解人神关系、人物关系的重要维度。

总之,身体不仅是自然的,还是文化的、技术的。关键问题在于如何在具体情境下调和这几个角度而尽可能真实地呈现人现时的生存状态。我们无法否认人的生理学宿命,人的自然基因确实先天地设定了很多难以冲破的本能、冲动和欲望。然而这恰恰反过来证明我们需要,而且应当不断修炼、改造身体。这正是斯多亚派教导我们的。在身体与技术的历史互动中,技术确实延伸、扩展和改造了身体的自然能力,提供了越来越多的身体知识,并同时密切了身体与人工物之间的关系。然而这依然不能剥夺身体的"主体性"和完整性,而且身体的自然本体性与不确定性反过来为技术干预设置了更多的伦理上的规约。因此身体的强大与脆弱其实是一枚硬币的两面,这恰恰需要心灵在身体的开放与保守、身体的伦理价值与工具价值之间维持一种相对的平衡。

由于身体不仅仅具有其本源的生理维度,这意味着我们一方面可以在现象学视角下反思身体感知和具身体验,另一方面又要将身体视为由自然、文化、技术等结构性力量所共同塑造的肉体。身体在自然赋形时即具有了它的独特性、伦理性和潜能性,并作为人的结构的一部分和文化教化、规训的产物,以及人与自我、他者、世界建立伦理关系的载体而贯穿于人生命过程的始终。正如上文所指出的,如果执其一端,就会要么将身体视为完全弹性的和含混性的,即只是某种投射的空间;要么完全拒绝稳定的身体知识而将身体降为虚无,从而导致身体确定性的丧失或隐匿。因此社会学家布赖恩·特纳(Bryans S. Turner)提到,明智的策略或许是一种认识论的实用主义,即根据研究问题的性质来选择认识论立场、理论取向和方法手段。[③] 当然在一般意义上,我们则既要从社会出发,关注文化、历史对身体的多样性塑造;又要从

---

① G.哈特费尔德:《笛卡尔与〈第一哲学的沉思〉》,第288页。
② 梅洛-庞蒂:《知觉现象学》,第218—219页。
③ 布莱恩·特纳:"身体与社会学导论"。

身体出发,关注具身性的生命体验和源自身体本身的问题。① 简单来说,身体是一个关涉自我与社会关系的整体,是主体与关系、环境共同塑造的结果。因此身体不能被理解为某种"容器"或复杂的"机器",而是更应被视为古人所理解的与宇宙相对应的微观世界。

最后,身体是有多种面向的。尽管我们可以根据具体情境呈现给我们的印象而突出某一方面,但却不能人为地对其完全加以分割。"我"并不是单独有一个价值中立的医学的躯体,也不是单独有一个形而上学意义上的脆弱、可朽且充满欲望的道德化的肉体,而是总体上只有一个生存于世、与"我"始终在一起的身体。因此技术的身体与道德的身体是同一个身体,都是居于特定处境的具身自我,都是需要自我照料和他人尊重的伦理对象。人的存在状态和身体形构,本就应放置在科学与哲学的视阈融合中去理解,而这正是进行伦理考量的基点,也是订立伦理规则的起点。而现代生命科学对身体的认识和改造将使伦理的身体与技术的身体更加密切地结合在一起。只有物性的身体才会有医学,医学必须面向具身的人,但是疾病是身心相连的,健康则取决于身体与灵魂、生理与心理的和谐互动。只有灵性的身体才会有自己的哲学,因为哲学必须面向精神;没有物性的灵魂早已远离了人的生活,哲学也将无所依傍。无论从何种角度讲,身体都是有价值的。

二 价值论上——有价值的身体

斯多亚派的"οἰκείωσις"学说内含的一个重要思想就是,人对自我身体有一种天生的爱恋,对身体完整性则有一种本能的热爱。身体并非个体价值的消极承受、承载者;不同于同为中性之物的工具性的财富、名誉等价值,身体性价值既因其自身,也因其生产物而值得寻求。从现代的眼光看,一个活生生的身体总是承载某种道德重量,而非价值中立的。这一见解在某种程度上已经成为生命伦理学领域内的共识。例如作为生命伦理学四大原则之一的不伤害原则即是作为一种道德义务而预设了一个能够感知痛苦和易被损害的身体。因此关于痛苦的身体的人类学和认识论假设是不能被忽视的。除了这种非正常状态下的身体状态外,身体无可厚非地具有医学价值、美学价值、人类学价值,甚至某种内在价值。人格意识和自我认同的形成在某种

---

① 以疾病为例。人的疾病并不是一个孤立的事件,而往往是自然、环境和文化等多种因素共同作用的结果,但是现代生物医学常常将身体和自我视为不同且分离的实体,而将社会关系因素排除在外。但很多民族医学体系实际上并不在逻辑上区分身体、心和自我,因此病痛不只处于心或身之中,社会关系也被理解为影响个体健康和病痛的关键性力量(详见:Nancy Scheper-Hughes & Margaret M. Lock 1987)。

程度上相关于人们对身体以及活动的感知、意识,这既是个体自我形构的起点,也是进行交往活动的基点。身体的这些价值维度并不因其不稳定性和不确定性等特性而被取消。因此,身体不应该仅仅被视为纯物质性的或任由支配的个人财产。我们或许不能避免对身体的工具性利用,但不能因此危及保持个人身体完整性的自然基础。这也就自然而言地涉及身体与自主性的关系问题。这与上文讨论过的人格同一性问题显然密切相关。

西方古代哲学似乎一直倾向于将理性、智性视为人的自主性的唯一标准。从柏拉图对理性自主性的论述,到斯多亚派将理性、主导部分或意志选择能力作为人之所是,无不如此。但斯多亚派这里主要指向的是一种道德的主体性,即一个驱使自我行动的、具有规范性的"δαίμων"。在根本上,斯多亚派对身体本身的力量以及心灵和身体的相互作用确信不疑,我们也很难将斯多亚派对人的结构及其发展过程的描述、对人的自爱本性的观察、对宇宙目的性与和谐的关怀等与对身体的否定相提并论。直到近代哲学将身体作为一个解剖学上的客观的身体,身体与自我才似乎在主客观框架下分离开来。对身体的非正常状态及其在认识、道德上的后果的关注仍然得到延续,但是这里的身体更多的不是第一人称视角下的"我"的身体,即"这个身体",而是基于第三人称视角的一种普遍躯体。如很多思想者所指出的,这种主客思维的一种极端的社会后果是,"自我"甚至被当作一个在市场价值占主导的社会中的理性筹划者。[1] 身体及其各器官则与产权紧密联系在一起,进而在与社会环境和自然环境的动态活动中逐步被商品化。人的身体的工具化利用由此成为普遍的文化现象。因此有学者指出:"人类身体在今天正经历着自然曾经历过的相同过程。实际上,技术最初指向自然,今天它变得对人类身体极感兴趣并正在发展身体的技术。"[2] 可以说,从人的身体到动、植物的身体的种种遭遇——生态灾难、环境危机、生物多样性破坏等等,在某种程度都是与近代社会的身体观念密切相关的,或者说,向自然领域与向身体空间的技术性入侵具有某种逻辑的连贯性和必然性。

因此,身体的价值主要是社会及其文化赋予的,它经过了一个从文化灌输到个体认同的过程。但鉴于身体本身的隐匿性趋向,一个活生生身体的价值还是有待我们发掘的。不管怎样,一个分离、孤立的身体不可能是真正的自我,只有类似于苏格拉底的"δαίμων"和斯多亚派的主导部分(ἡγεμονικόν),即那个能够从第一人称角度评价、改变和规范自身的东西才具有最高的价值。而且也正是这种第一视角("我""我的")直接或间接赋予"我的身体"以意

---

[1] 可参阅 Drew Leder, 1990; António Damásio, 1994。
[2] Leopoldino Fortunanti & James E. Katz, Raimonda Riccin, 2003, p.3.

义,并在根本上决定着身体如何"思维"。

三 生存论上——作为栖居场所的身体

从柏拉图的"身体是灵魂的坟墓"到圣保罗的"身体是圣灵的庙宇",再到笛卡尔"人类的身体可以被视为一架机器",最后到萨特的"身体是我当下之我所是……我是我的身体"①,哲学史上身体观念的以上变迁是引人注目的。但是将身体置于世界中而不是将身体与世界相对立,从而更多的与人的生存状态联系起来,却被认为是存在主义哲学、生命哲学、现象学等对古希腊思想(至少是某些人所理解的古希腊思想)的深刻回应。例如海德格尔将身体问题转化为具身性问题,认为"我们并非'拥有'(haben)一个身体,而毋宁说,我们身体性地'存在'(sind)着"。② 柏格森则将身体视为行动的中心,认为"我"的身体处于世界的中心,并标示着向外在世界的可能行动。③ 而梅洛-庞蒂则认为人是一种身体性的存在,即不仅有一个身体,而且就是身体本身。"身体生存至少建立了在世界上真正呈现的可能性,缔造了我们与世界的第一个条约。"④用梅洛-庞蒂的话说,持这样一种立场的首要目的就是拒绝单纯将身体视为一个病理学、心理学和解剖学意义上的对象化的客体,而把身体的主体性挺立起来。⑤

我们认为,以上观点并不构成对西方古代思想的反对。从一种经验的具身性观点出发,确实可以将身体视为一种具有肉身、心灵和世界三重维度的独特的蕴涵结构。这与斯多亚派的形体主义显然有契合之处。首先,人与身体保持着独特的语言、沟通渠道,并从中获得一种独特的自我知识。其次,可见的、经验的身体也更直接地展现着人的生存状态,隐喻地展示着人与世界的所有关联。再次,身体意味着一个人在世界中的存在和在世界中活动的可能性。人最早通过身体与世界打交道,通过身体自下而上的践行、修行,认识、感知世界,最终走完整个的生命过程。可以说,身体是实践的场所、对象和工具,是人的第一空间。尽管身体不能单独支撑起人的意义世界,但在现象世界中,人的生存空间在某种意义上可以看作以人的灵性身体为第一个圆圈的不断扩展的同心圆。

人对身体的使用和展示与使用和表现其他物理事物也是很不相同的。

---

① 转引自 Anthony Synnott, 1992, p. 79。
② 海德格尔:《尼采(上卷)》,第 116 页。
③ 具体参见亨利·柏格森:《物质与记忆》。
④ 梅洛-庞蒂:《知觉现象学》,第 218 页。
⑤ 同上书,第 220 页。

我们总是借助一种特殊的身体感来获得关于自己身体的知识。借助这种知识,人首先跟自己的身体建立联系。身体确立了人最早的自我意识,人的在场和行动的所在,并使伦理学一开始就与这种具身性密切连接。这种关联或许也可以从古希腊语中"ἠθική"(伦理)一词的由来看出来。众所周知,"ἠθική"来自"ἦθος",其主要含义就是有关"ἦθος"的学说。而ἦθος本意就是"品格",最初被理解为"生物的栖息地、惯居之地","习惯、习俗"。亚里士多德则进一步观察了希腊语中"伦理"与"习惯"之间的亲缘关系:实践着的人的居留地,就在于作为值得赞誉之习惯的德性(NE,第二卷第一章)。因此伦理一开始就与身体性的经验活动,即人的具身生存密不可分。身体是人栖息、寓居的场所,主体性的形成依赖于身体的存在。身体是成就自我的条件,因此与自我不可分离。身体确立了"我"的在场和实践的场域,因此还是人的社会性、交往关系的基础。也正因如此,身体及其状况潜在地或直接地影响着我们的日常行动和选择。进一步而言,人的身体体验和感受作为一个社会文化事件,必然使因习惯、风俗而演化形成的伦理一开始就带有一定的处境性。

不可否认的是,在古希腊罗马时期,身心二元观念(包括人格认同和生活方式意义上的)就已经在很多哲学和医学思想中根深蒂固,身体经常作为一个异在物被打量着。但它毕竟不是一种对象化、主客二分式的思维方式。而且古希腊哲学家关于身体的生理学探讨始终是在生物学和物理学意义上的目的论指导下。尽管其宇宙目的论观念在现代科学的审问下似乎是幼稚的,但从伦理学的角度讲,这种贯通神人的身心观念确实孕育了一种哲学的修身实践方式或生活方式。身体在如何获得和实践这种生活方式的努力中是承担重要角色的(尽管很多情况下是在消极的意义上)。近代以降,尽管人们对身心结构及其关联有了更为科学的理解和认识,但是身心二分(mind-body dualism)观念作为一种意识形态也逐渐统摄了近代的自然科学与社会科学领域,并成为近代民主政治的基本假定。以平等的全体公民为基本对象,公民与自己的身体好像发生了分离,从而可以被理解为具有理性意志的纯粹的、合逻辑的原子。① 正是出于对这种政治哲学的反思和批判,才有了众多现代思想者更多的在微观意义上的对生命政治(bio-politics)的关照。他们也用"具身"(embodiment)这个概念代替笛卡尔的身心二元论,用以表达身心元素的相互交织。在这里,所谓的"主体"(subject)的形成是依赖于

---

① 罗伯托·埃斯波西托:"极权主义还是生命政治?关于20世纪的哲学阐释",第68—73页。

身体的。人不只是拥有身体(have a body)或把身体作为一种工具,而且还把身体当作自我认同的必要条件。当然,身体和主体的关系既是统一的,也是不稳定的、暂时的、可变的。①

毋庸置疑,身体在人的自然构成及其社会构成中承担着重要角色。即使那些纯技术的躯体仍然要植根于一定的社会文化和科学文化。但如我们在第五章中所论证的,身体并不能展现人的全部内涵,通过具身性概念而将身体与自我认同相等同的思路是有问题的。身体的不确定性并不必然地决定着自我或者人格在根本上的改变。实际上,由于自我与外物之间的身体经常是隐匿的,身体可能与许多关于自我的事实无关,例如我们说某人评上教授、在负债等等。尤其当涉及已死之人时,这更与身体无直接关系。可见,在日常的生活环境中,身体经常因为隐而不显而和外在物、周围环境一样被认为是理所当然的。另一方面,身体与心灵尽管内在紧密联系,但是这种相互作用并不意味着任何身体部位(尤其是毛发、指甲等植物性部分,尽管它们也属于自身的一部分)对意识以及自我关系都是必须的,就像眼睛对于视力是必须的一样。② 总之,身体不是区分人与非人的所在,真正决定人格的东西是复杂的心灵属性,是一种从"我、我的"角度进行思考,并将自我的身体和心理状态设想为自我之物的自我意识。③ 从这个角度我们也可以部分地解释为什么伦理学首先是一种关于心灵的科学。

四 感知身体及其限度

身体是普遍性与特殊性、公共性与个体性交织的身体。尽管身体是个体性的,人对身体的经验是独特的,但是身体的自然特征决定了人们的身体体验又具有某些共通性。因此,为了理解和呈现自我和他人的身体体验,我们必须超出身体的特殊性,借助一种可以同质、交流、互换的活生生的肉体性来达到一种相对的普遍性。而基于具有相对普遍性的身体及其体验,我们就可以通达一定意义上的真理性知识。当然,这种普遍性是一种有限的、特殊的普遍性,因为它更多的是借助于情感、感觉、符号等。例如柏拉图曾试图寻求身体在质上的可替换性,因为一切美丽的东西都是相同的。④ 孟子则由"身"

---

① 进一步而言,生物医学和人工智能的发展和应用使一些可以说没有肉身、性别、历史、个人和集体叙事的电子人、机器人(但仍有争议)成为可能,这无疑使得内在身体与外在身体、人与机器、自然与非自然等的界限变得日益模糊,从而导致"具身自我"这一概念变得更为复杂,同时使重新认识所谓的"具身性"概念的物质性和意义建构变得更为迫切。
② James Beattie, 1790, p. 718.
③ Lynne Rudder Baker, 2000, p. 4.
④ 纳斯鲍姆:《善的脆弱性》,第 242 页。

及其感觉的普遍性推知"心"及"理"的普遍性。① 庄子强调身体是认知宇宙的中介,身体的感知是获取真知、由技入道的必要手段。② 从日常生活体验开始,早期佛教的四念住中的"以身念住"要求从自己的呼吸开始,观察身体的姿势、活动和身体的各种可能处境,通过观身如身,帮助我们亲近、认识、感知身体的共同本质。如此,修行者就可以意识到自己的物质性存在,以及这种存在方式所带来的源源不断的具身性体验。不仅如此,一个人还可以借助推理性思维,由思考自己的身体进而思考他者的身体,因为身体的本性是相对普遍的,性质是相对同一的。通过感受自我的身体活动以及生灭变化,体验身体的实相,还有利于感知心灵活动和检验心灵状态。因为身体与心灵之间总是密切关联,而且牵一发可动全身,一个人在关注身体、感受身体的同时也是在体察他的直觉、感情、意识和意志。进一步的,通过体验身体和身体性感觉,修行者不仅可以获得自我知识,而且还可以感受和理解现象世界——通过将注意力投向身体感觉,修行者将开始感知他们自己,进而领悟整个世界的变幻,觉醒到身体与外在世界本质上的一致性。尽管基于不同的宇宙论和自我观,佛教的这种修行之法与斯多亚派将身体表象为中性之物的训练方式颇有相似之处。③

但是,我们对身体的感知又是有限的。从斯多亚派的身体学说到今天的身体哲学,它们无疑都启示我们:对于我们自身来讲,身体既熟悉,又陌生;既具有亲密性,又具有异在性;既是自在的,又是为他的。而在一种后现代主义的视域下,鉴于技术和语言所带来的身体的不确定性、流动性和破碎性,尤其是诸多二元界限之间的模糊对主体的去中心化和去身体化,似乎不再存在关于身体的确定知识和永恒真理,肉体的实在性和稳定性因此受到严重的质疑。更有甚者,由于观察身体的角度千差万别,加之惯用身体隐喻的后现代主义癖好,今天的身体及其身体善概念更加飘忽不定和难以捉摸。然而如果避开一种过于激进的思维方式而静心思之,其实我们根本无法否认身体的相对普遍性和稳定性——或许只是由于技术和市场等多种因素的影响而使人感知身体的能力、方式和效果发生了显著变化,使我们更加深刻地理解到感知自我身体与他人身体的相通之处的困难性。也正因此,一种身体现象学的观点总是显现出一种有益的悖论性:它试图关注活生生的身体,但同时又通

---

① "口之于味也,有同耆焉;耳之于声也,有同听焉;目之于色也,有同美焉。至于心,独无所同然乎?心之所同然者何也?谓理也,义也。圣人先得我心之所同然耳。故理义之悦我心,犹刍豢之悦我口。"(《孟子·告子上》)
② 如庄子讲的"庖丁解牛""醉者坠车"等。
③ 参见拙文:Jiangxia Yu, 2014, pp.158-177。

过寻求一种普遍的肉体性而倾向于取消这种鲜活的个体性。①

因此另一方面,身体体验和感知方式具有个体和文化的差异性。我们对身体的体验和感受与文化习性密切相关。不同文化之间对身体以及部分的感受与理解是具有很大差异的。② 这种积习的经历,包括身体技术方面的经验,影响着我们对身体的普遍观照和基本理解;同时外在技术,如伊德的技术现象学所揭示的,也在限制和扩展两个面向上改变了我们对世界的知觉。对身体的感知与个体的私人经验具有一定关联:在某种程度上可以说,个人可以更多地分享思想、观念和价值,但却不能共享在某种意义上更具独特性的身体。所以柏拉图在他的理智主义关切下坚持认为:身体在一起不会持久,而心智的交流则可以持续永恒。③ 斯多亚派基本上继承了这一点,即将公共之事限定在理性层面。众所周知,列维纳斯曾用"脸"这一意向来展示自我与他者的距离。他者的脸禁止我将我的解释范式和框架强加于人。如果这种见面仍然是伦理性的,那么应当以绝对的他者性对待他者。④ 当然这种强调"绝对的他者"的伦理是非常不同于古希腊罗马以自我指涉为特点的伦理思想的。

我们不仅要尊重出于特定文化和社会处境下的身体理念,而且还要关注个体身体的不稳定性。人无法真正地从内部感知自己的身体,这也使身体具有某种程度上的神秘性。尤其在身体出现失衡、失常的情况下,身体往往以一种异化、疏离、失控的状态存在,并由此深刻地改变了身体、自我与世界的常态秩序。而且这种身体状态下的痛苦总是个人的,与其生活处境、个人赋予这种体验的意义和重要性密切相关。⑤ 由此可见,伊壁鸠鲁、塞涅卡和爱比克泰德对身体的关注(不管从哪一角度,在何种意义上)都有其来自日常生活的切身根基。随着现代科学技术的发展,身体的流动性和不确定性也日趋明显。尤其是鉴于技术越来越多地具身化为我们的感知觉,人体验身体、看待身体内外的方式不断发生微妙变化,进而导致身体在心灵中所呈现印象的诸多差异。

理解了这一点,我们就应当考虑到人们感知自我身体和其他身体的方式的局限,因而不能仅仅以给予某些弱势群体"自由"的知情同意为由,就认为

---

① 例如巴特勒就通过"谁的身体?谁的性?"这两个问题而对梅洛-庞蒂进行了批评。可见:Judith Butler, 1989, p.85。
② 例如在非工业化、非机器化的原住民文化中,血液、生物材料等特殊的身体器官与组织,往往作为一个非本质主义的、关系性的精神性概念而承载了厚重的伦理文化和价值信仰。
③ 纳斯鲍姆:《善的脆弱性》,第245页。
④ 参见 Emmanuel Levinas, 1969; 1985; 1987。
⑤ S.K.图姆斯:《病患的意义》,第135页。

实现了公平正义；也不能因为现代技术，尤其是生物技术在某种程度上消灭了身体的差异，就认定其在道德上是有问题的。同样的，我们也不应将自我感知和认定的理想的身体意象强加于他人。因而正如我们一再强调的，身体体验是一个特殊的文化和历史事件，不能总是抽离于具体的文化和社会情境，而还原为一个共享的、普遍意义的身体。由于我们的身体体验、体验世界的方式总是处在一定的文化之中，并通过文化的赋义和实践的异质性来得以表达，因此很多身体的事实只有在日常生活的社会和文化实践中才具有意义。所以，在使用身体概念时需要承认它的多元性，以一种开放的方式对待关于身体的不同的认识论和人类学假设。

最后值得补充的是，现象学所主张的关注身体体验，尤其是对隐匿的身体部分的体验或者说对隐匿的身体性现象的揭示，对于人的自我认知和理解无疑是极富教益的。但是这种有限的体验首先必须基于人的身体内外的自然的、正常的活动。从另一个角度说，如上所言，这种体验总是受到文化的内生性影响，新生的、地方性的文化对某种普遍性身体概念可能有某种强大的解构力量。总之，一个所谓的完美身体是不存在的，宣扬、放大这种观念本身其实就是一种文化或思想上的殖民。因此我们需要在维持这种普遍性与特殊性平衡的基础上去探求一种规范性的理解，以在多样的实践中合理地对待身体。

第三节　如何关心身体

> 身体的恶也有时是出于意愿的，因而受到谴责。尽管没有人会谴责一个生来失明或由于得病或意外而失明的人，相反，我们反而怜悯他。但是我们谴责一个因不自制或放纵而失明的人。
>
> 亚里士多德（*NE* 1114a23-28，廖申白译）

在古希腊哲学与医学中，从苏格拉底到斯多亚派，从希波克拉底到盖伦，都坚持或暗示这一点：尽管我们不会称赞那些身体天生健全的人或者责备那些天生患有不可避免的疾病的人，但完全由于不关心，即出于意愿而造成的身体和心灵上的任何虚弱状态都是可耻的；身体是需要关照、锻炼和重塑的。人应尽其所能使身体服务于人的德性的获得、品格的完善和好的生活。在重新认识了身体之后，我们必须考虑在具有更多控制身体的手段的情形下如何真正关心身体的问题。这种真正的关心显然不是局限于对身体的外在料理或对身体感官的无限满足,而是内在地反思身体(和心灵)的本质及其需要。正如我们反复论说的,尽管身体不是自我认同的根本,但也时刻不能与自我相分离,因而始终需要好的管理和看护。更重要的是,这种对身体的照管对整个生命的健全是至关重要的。只有真正地关心身体才能真正地关心灵魂,关心整体的生命本身。这意味着我们要注重涉身的灵魂修炼,或者说以一种最好的方式体验身体;通过修身实践,内在地体悟,反思身、心与世界的关联,避免无限放大心灵关于身体的"欲"。这既需要从古人的技艺和身体观念中获取精神资源,也需要从现代的身心研究中汲取物质营养,以通过合理的修身方式来规整身体与技艺的关系。当然,关心身体并不意味着高扬身体而贬低灵魂、精神或心灵;重拾技艺观念的重心也不仅在于如何从医学上保障身体的健康,而更在于从哲学上探寻对身体的应然态度。

一 何种身体,何种合理性

在今天,拥有一个怎样的身体,已成为一个关涉宗教、伦理、医学、技术的复杂问题。尼采曾启示我们,哲学上的自我治疗既是对肉体的治疗,也是对伤害身体的灵魂的治疗,而其根本就是处理好肉体与精神的关系。如果采纳这一药引,那么相应的基本药方或许应是,在认识身体的基础上,利用修身技艺用心、切身地训练身体,从内向外做自主的身体。这更多的不是一种技术上的控制,而是一种意志上的自制。人既不能让自己的身体被医疗机构和市场逻辑所俘获,也不应把生老病死等生命进程的每个阶段都交给药物、器械和医院。在我们看来,否弃身体与崇拜身体作为两个极端其实都是不尊重身体、仅注重身体表面的表现。因此要使身心和谐,追求一种好的生活,就必须以哲学治疗某些技术的狂妄症,用可获致的灵魂健康来统摄难以完全获得的躯体健康。如此,很多涉及身体的伦理困境或许能得到缓解,并在很大程度上实现一种对身、心(灵)的真正关怀。当然,持一种正确的健康观至关重要。作为我们在世的一个方面,"健康"观念固然不同于好生活观念,但有其独特的性质和意义,并甚至可以作为理解人的生活的某种进路。生理和心理的健康是一种特定的善,一种借助医生和病人的共同解释和行动而达到的一种获得好生活的条件。因此亚里士多德尽管将哲学视为更高形式的人类活动,但并没有否认政治学的价值和医学等其他科学对通向幸福的重要性。但是正像苏格拉底—斯多亚派一再告诫人们的,我们任何时候都不会将身体与整全的人相等同,人更需要的是一种道德的健康;而且生理和心理的健康在很大程度上依赖于道德的健康。古代哲学家所一贯坚守的这一信念是极富教益的:只有道德上的健康才能真正担保一种幸福的生活。

而通过各种技艺对自我进行合理的关注,人可以最大程度地享受一种全方位的健康。

单从科技角度讲,现代医学的发展固然为获取一种积极的健康,以更好地服务于好善生活提供了更大的可能性,并在塑造和应对人类痛苦方面扮演着极为重要的角色。但其作用范围仍然是有界限的,这主要体现在技术突破和价值评价两方面。首先,医学不仅对肉体病痛没有绝对的权威性,而且对人的心灵疾患也可能束手无策。如上文所揭示的,现代医学经常被指责不加批判地将用于肉体的医术推广至一切疾病。因此医学的对象问题应成为一个限制医学的有效标准。其次,医学的目标,即健康标准的多元化使技术的这种有限性更加突出。关于医学资源分配的争论表明人们对于健康的实质视野投向何种医疗目标并不存在一致意见,因为人们无法就医疗应服务于何种善这一问题达成一致见解,不同人群对医学所服务的众多善有不同的认知和评价。医学实践的分割化固然在很大程度上是医学专业化的结果,但还部分地基于麦金太尔所描绘的这一事实:"今日道德的语言——从而在某种程度上也包括今日道德的实践——处于严重失序的状态。"①在现代社会中,可以说伴随着人们灵魂的善观念或德性概念的多元化,关于健康这种身体善的观念在某种意义上也变得碎片化。尤其是伴随着生命科学的发展,医学的专门化和疾病分类的细化使身体善观念变得更加破碎,这在某种程度上也使身体感知和情感共鸣变得更加困难。

我们面对的是一个活生生的,但始终从内外表征着人之脆弱的身体。我们希望它摆脱疾病、痛苦和无能的困扰,并尽可能的健康、美丽,甚至达到在有关能力、状态和运动等方面的理想状态。身体的可用性、技术的可能性和人类社会的复杂性也决定了对身体的某些工具性利用成为必需。但是我们还不应仅仅满足于拥有一个理想的外在身体,我们更希望通过精神的洗礼和修炼而使这个身体不断提升、富有灵性、与自我相一致。这就需要依靠一个德性的、相对确定和坚强的灵魂,以更好地理解、守护人之为人的价值、意义。如此,我们至少可以以一种更为淡然的心境来从容地面对现代技术和生命科学所带来的身体不确定性。或如古希腊人所启发的,通过逻各斯和善目的的注入而规约各种政治技术、科学技术的发展,用一种合乎自然的方式,对待大地的身体和人自身的身体。

当然在今天的处境和语境下,是否存在规约技术的作为"一"的善、逻各斯或自然受到了人们愈来愈多的质疑。尽管如此,越来越多地遭遇"不自

---

① 阿拉斯戴尔·麦金太尔:《追寻美德》,第 326 页。

然"的现代人毕竟仍抱有各种各样的"自然情结",即"自然"仍然具有普遍意义上的规范性。更何况,古人也从来就没有就善或好观念达成完全一致的共识。但他们从来没有停止过对定义、遵从生命和身体之自然的探索。身体的命运实际上取决于如何对待生命与如何利用技艺之间的博弈。我们同意斯多亚派的观点,真正重要的不是就身体问题而解决身体问题,而是要通过锻炼心灵而重塑身体,从而使身体问题不再是问题。也可以说,我们需要训练的是相关于身体的各种印象、判断和态度;这种心灵训练是一种需要以身体为质料、道具的持续实践。爱比克泰德曾言,人是对自我和自我的意志决定的审查者和解释者(*Diss*. 1.6.20, 29-40)。一个习得正确观察和解释自我生活的过程其实就是通过修身实践或训练而获得德性这门生活技艺的过程。借助这个过程,一个好的自我关系才能真正建立起来。

二 修"身"技艺与技艺修"心"

在斯多亚哲学中,技艺总是与系统的知识体系、对生活的效用、人的持久训练与自我完善联系在一起的。它通过对人的身心的塑造和生命潜力的发掘,可帮助人架构起一种好的生活方式。作为"技艺之技艺",德性的首要内涵即是持续不断地训练。其中的一个重要方面就是以一种有德性的方式,合适地使用中性之物,尤其是照管好对身体的使用。反过来只要内心充盈德性,就可以心灵宁静地、正确地对待身体和一切外在物。

类似的,在今天的很多对身体的技术修饰中,当抽象伦理规则和后果论的功利计算面对动态的身体束手无策时,我们也需要借助一种具身化的思维方式。换言之,通过自我感知、自我控制、自我治理,以及诉诸更为可靠、稳定的德性与人格,来合理地对自我或他人的身体进行操作。总之,为了真正地实现一种对身体和自我的关心,需要哲学伦理学实施对单向的身体情结的规正。当然如我们反复强调的,这种规正归根结底还是对人的灵魂的"治疗"。因为欲望是身体的,更是灵魂的,错误的意见和观念是使我们远离身体、任性地对待身体的根本原因。而这种对灵魂的治疗不仅关涉对自己身体的态度,而且还相通于对他者、对世界的态度;不仅是对修身技艺的发掘,还是对科学技术之涉身性的谨慎审视。其中一个关键之点就是重新阐释和理解技艺观念,并结合各种"技艺"以一种最好的方式塑造自我,照管身体。其实质内容是训练、检审,但目的是自爱、自我关切:既不是为了规避自私自利的自我批评,也不是一味地重申对他者的伦理义务的优先性。这种自我教化方法将聚焦于身体的可见与不可见部分,围绕自我的各种实践活动而将人的心理、生理、情感和精神维度联系起来。

(一) 从塑身转向修身

毋庸置疑，人在生活的某个点上都可能成为病人，尤其是生理意义上的病人。由于很多情况下人的不健康更多的是来自社会文化方面的原因，因此对身体实施纯技术的治疗、增强和提高就可能剥夺了以更健康的方式改造身体及其周身处境的机会。但反向观之，尽管身体是社会中的身体，这并不意味着一定可以通过改变社会文化和行为而真正地将身体解放出来。即使理论上是这样的，但现实上也是困难的。尤其是当把身体预设为一个被动的、可被任意刻写之物时，这实际在根本上就排拒了这种可能性。再者，尽管来自社会文化的影响是不可避免的，但个人的处境和态度毕竟存在千差万别，这就决定了不仅要从社会整体、微观政治视角考虑，而且更要从根本性的个体修身实践着手。

尽管我们与古人同样面临技艺、自然、身体、健康等几大生活主题，但是身体问题或身心问题却以不同于古代的形式而存在，并在某些维度上更为突出。另一方面，与古代相比，现代身心健康的具体境遇和标准，技艺的作用方式、影响范围固然发生了很大变化，但是一种合理的伦理精神却是古今贯通、持久开放的。我们反复重申的一种贯通的路径就是：通过对身体与技艺观念的解释和践行，真正地将灵魂的修炼与身体的修炼相结合而非单面地修饰、放大或隐匿身体，从而建立或重塑人的主体性。

我们曾重点阐述过，古希腊人，尤其是斯多亚哲学的"技艺"（τέχνη）不仅包括经济上的制造、生产技术，而且还包含政治、文学、音乐等艺术，甚至关乎人的精神训练和德性修为。人在对技艺的练习中不仅获得某种结果或产品，而且还治疗心疾、塑造品性。尤其是当从最后一种理解切入，即将哲学或智慧作为一种需要身、心不断训练的生活技艺时，技艺、身体和德性就密切相关起来。或可用现代的语言说，这里的技艺是一种大艺术，因此不仅仅局限于感性官能和造型表现等。它与古希腊的悲剧美学以及尼采的道德艺术化、福柯的生存美学有相似之处而又有所区别。因为它更多的是关注如何通过切身的精神实践，尤其是将身体作为灵魂训练的场所、材料而实现对理性的磨炼，从而逐渐过上一种理性指导下的幸福生活。正如本书第三、四章所提到的，尽管开始于苏格拉底，但哲学被真正视为一种生活技艺并加以系统的实践是从希腊化时期开始的。斯多亚派与伊壁鸠鲁派都无一例外地把哲学作为一种治疗自我的生活技艺，并将获致这种保证心灵健康的最高级技艺作为各自哲学的唯一追求。也正是受此启发，所以福柯对道德和伦理进行了重新规定①,并依据"伦理"之新解而从希腊人的生活中读出了一种所谓的美学伦理和主体性伦理。尽管福柯可能过度解释了古希腊的性伦理和性文化,但他对希腊化罗马哲学的实践精神的把握却是深刻的。正是通过将哲学视为一种生活技艺,并在身心物质一元观念的基础上践习各种修身技艺和治疗各种心灵疾患,这一时期的哲学家们,尤其是斯多亚派,真正地践行了一种德性伦理。

当然与东方哲学的修身实践相比,精神修炼对身体的内在影响,尤其是开放性、反思性的"身体性意识"(bodily awareness)在斯多亚派的修身实践中并不十分明显。更重要的是,鉴于在价值论上对身体的贬低,尽管有各种专门针对身体的训练,但身体在斯多亚派修身训练中的角色很大程度上被遮蔽着。② 然而古希腊哲学中的修身传统或精神实践毕竟不同于诺斯替派的禁欲实践或笛卡儿、黑格尔式的精神旅行,也不同于近代的义务论、功利主义伦理学的按道德法则行事。通过将生活作为哲学的素材,并以照管自我为基本哲学主题,古希腊哲学家发明和创设了一系列的实践性技艺来达至身与心的和谐美善。应当说,技艺通过帮助仅凭身体构造而无法生存的人类创造属人的生活是古希腊思想中的一个基本命题。例如希波克拉底文集中有关于人凭烹调技艺而在残酷的自然环境中得以维存等的记载,饮食法、养生法被认为是保持健康的重要技艺(*VM* V-VIII)。柏拉图的《普罗泰戈拉》则通过论证政治技艺是神赋于人、拯救人并可以使人摆脱非理性和运气等因素影响的一种技艺,从而树立起技艺的重要地位(*Prot.* 321a-323a)。而亚里士多德也强调技艺,尤其是政治技艺的目的不是为了服务一种"ξωή"的生活,而是服务于一种"βίος"的生活,即属人的、幸福的生活。希腊化时期则扩充了技艺的内涵并赋予"τέχνη"概念以强烈的伦理性,其特点是将哲学视为一种治疗灵魂的生活技艺,并设计了很多具体的修身技艺来治疗心灵病患,进而创

---

① 不同于对"伦理"和"道德"的通常理解,福柯将"道德"界定为一整套相对稳定的社会普遍性规范或戒律,并激进地宣称一种所有人都必须接受和服从的道德形式,将是"一种灾难",而将"伦理"理解为一种自我关系——主体与自身保持的一种关系。米歇尔·福柯:《福柯集》,第526页。另见拙文:"在'道德'与'伦理'之间——论康德与福柯的晚期斯多亚学情结之殊异",第138—145页。
② 当然在东方的修身教化、艺术实践中,身体性技艺的重要性相对更为明显。这种技艺同样不是做外在修饰、释放欲望之用的技术,而是基于生命原理和大化流行而发展的修身文化,包括养生文化。儒家的中庸之道、养气工夫,道教的摄生智慧,都是通过以身"体"道,而展现与道合一、生生不息的生命气象,进而彰显身心一如基础上的重生、厚生等基本命意。借助敬身、立身、安身等对身体的整修,当然更是对心灵的历练和对精神的升华,践行者可在德性修为中完善自我,完成事亲、立命、事天之要务。然而本书对斯多亚派的精神训练的讨论是相当粗浅的,仅仅局限于对一种可能性的探索上。

造真正、独立的自我。斯多亚派尤其在一种多维的身体图景中,从人的自然结构和功能的发展角度,将人的在世生活视为一种通过自我锻炼、反省和检验而活在当下的技艺性生活。而他们所设想和实践的诸多修身知识更是为实践这种生活方式提供了直接的入口和路径。

现代哲学家从这些古老智慧中重拾灵感,试图为新的文化和科学危机寻找良药。例如尼采主张科学与道德的艺术化,强调艺术是生命的最好使命①,可以滋补强身、增加体力、激发快乐。② 尼采哲学的基本命意就在于,变精神对肉体的压制为精神对肉体的提升,使肉体扮演积极的角色。因为人作为一个未完成的动物,并非一定是既定的习惯和环境的产物,其生命的完善还必须依赖于不懈的创造和实践的考验。不仅如此,尼采真正地将哲学作为一种有身体的生活方式来实践。在他看来,哲学家不是超然于生活世界,作为生活的旁观者而进行思辨的说教和书写,而是通过具身的、在场的生活(例如他的面神、举止、穿着、营养和习惯)而使哲学理论具身化并将自身树立为榜样。③ 这恰恰又与斯多亚派主张的实践训练相契合。

海德格尔在很大程度上受到尼采"人是一个未完成的动物"这一论断的影响。不过他深刻地领悟到技术关乎人在世生存的"存在"之源,因此主张实现技术与艺术的重新结合。对技术的关注可以说贯穿海德格尔一生思想的始终。早期的海德格尔对技术本质的追问,主要是借助对亚里士多德实践理智的读解(尤其是追随亚里士多德对实践[πρᾶξις]与制作[ποίησις]的划分),而将实践理智化作本真的存在方式,即良知的呼唤和技术的去蔽,并最终确立了"φρόνησις"(明智)的优先性。④ 然而中晚期的海德格尔则回到前苏格拉底的自然哲学,在对"自然"的发现的基础上又倾向于将明智贬低为"技术",并将"技艺"(τέχνη)的另一义项即"艺术",视为对技术进行根本性沉思的领域而将其升格至与"思"(智慧,"σοφία")同等的地位。因为在这时的海德格尔看来,柏拉图、亚里士多德思想中的"φρόνησις",甚至本应纯之又纯的"σοφία"由于被当作服务于行动和制作的思维方式而都被技术化了,开始于智者的对存在(dasine)的遗忘正是在柏拉图、亚里士多德的思想中达到了顶峰。⑤ 因此海德格尔的主要思路就是回到现代技术的源头,通过追溯技艺与智慧、艺术的亲缘性(因为艺术的本质是真理的发生,可

---

① 尼采:《悲剧的诞生:尼采美学文选》,第2页。
② 尼采:《权力意志》,第353页。
③ Friedrich Wilhelm Nietzsche, 2008, chapter 3.
④ 参见海德格尔的1921—1922年弗莱堡讲座《对亚里士多德的现象学解释——现象学研究导论》(PIA, GA61)、《柏拉图的〈智者篇〉》(Sophistes, GA19)等著作。
⑤ 这里的解读参考了韩潮在《海德格尔与伦理学问题》一书中的相关讨论。

以通过艺术品开启存在者之存在)拯救现代技术。通过对"怎样用手思考",手与技艺等问题的思考,海德格尔深入地考察了人的具身性生存与技艺的关系问题。① 然而在某种意义上,海德格尔的这种思路不是在亚里士多德那里,而是在斯多亚派这里才能找到更坚实的古代根基。当然,海德格尔可能并不认同自我治疗这样一条思维范式,这从他对本文第二章中提到的亚里士多德的医生给自己治病之例的质疑中可以看出。②

凭借对技艺的独特理解,福柯在其对医学史的考察、生命政治的建构以及自我技艺的新颖解释中也对现代技术进行了多维而深刻的反思。在对前期"主体仅仅是权力的产物"等观点进行自我检讨后,晚期的福柯秉承尼采的"生命"主题,将自己的医学之眼同样落到希腊化罗马时期的"治疗哲学"和问题化模式上。借此,他不仅完成了从关注主体如何被支配技术所治理到主体如何利用修身技术进行自我治理的旨趣转向,而且发掘了一种以"关心自己"为基本主题,以自我技艺为主要手段的针对个体自身的自我伦理③,从而没有停留于广受诟病的生存美学解释。因此如果说海德格尔的态度是借助神的力量为技术划定界限,在与自然的友谊中生成自己,那么福柯的启示则是将技艺解释为生命体验世界、成就自己的中介。总体上,两位思想家似乎都是试图通过发掘"τέχνη"的艺术维度以反拨"τέχνη"的技术取向,用以拯救作为艺术之产品的大地身体与人的身体。海德格尔是用前柏拉图的希腊方式,即诗意的去蔽、栖居,从艺术和诗中寻找与自然最原初的关联,追寻本源的展现和始源的真理。④ 福柯则是从他所理解的古希腊的主体化技艺实践中得到启发,寻求如何将修身技艺纳入到关心自己的自我实践中,通过持续不断地自我批判、自我修炼和自我管理,把生活打造为一件独特的艺术品,把自我塑造为一个自由的主体。在福柯看来,与自我塑造有重要关联的艺术创造是定义自我的重要方式。作为技艺的技术,可以不是制造物品的物化技术、规训身体的权力技术,而是与艺术相整合,塑造自我,并且沟通人与世界的自我技术。⑤ 在福柯看来,艺术家与艺术品的合二为一、作品与德性的和谐统一,才是古希腊的"存在美学"。

由此可见,强调技术和艺术相统一的"技艺"或凸出技艺的伦理维度,用

---

① 因为在海德格尔看来,亚里士多德使用自我治疗这一模式,无论是从 *phronēsis* 角度,还是从 *technē* 角度讲,都不免掺杂了机巧之意,造成 *phronēsis* 和 *technē* 的技术化。参见韩潮:《海德格尔与伦理学问题》,第 270 页。
② Heidegger, 1998, p. 196.
③ 参阅福柯的《性经验史》《主体解释学》等著作。
④ 参阅海德格尔的《林中路》《路标》《依于本源而居》等著作。
⑤ 参阅米歇尔·福柯:"自我技术",第 239—266 页。

与技术同源的艺术之维来应对生活世界中的一些技术与身体问题,是很多哲学家寻求走出伦理困境的一条出路。中西方很多古代的哲学实践和精神修养方式也都主张人应该在日常生活中观察自然身体,了解身体的真实。而透过身体的感官知觉,人又可以进一步了解、感知内在自我。这些哲学智慧既符合我们的生存体验,也与我们的认知逻辑相一致。例如斯多亚派主张,幼时基于自我知觉的对自我结构的亲近和依恋是自我意识的开始。在人的整个生命过程中,只有真正感受和观察自我的结构及其功能,才能最终在获得自我知识的基础上进行自我管理和维护公益,真正作为一个人而有目的地生活。佛教则主张以身观身,通过自我观察、自我觉知,认识身体的实相。只有深入身体的可见处与不可见处,才能从可见处觉知不可见处,真正地了解身体。

总起来可以说,有意识地将身体纳入精神实践活动,强调体验身体的本真和训练身体的感知,思考自身与自然之身的联系、自我知识与世界知识的相通,从而重塑、改善和美化身体,既是古代思想家留给我们的宝贵资源,也是为很多现代哲学家所普遍认同的良药。因为人的肉体表现或形体性活动并不是简单地局限于体力训练,它还可能是精神升华的一种实现。[1] 不同于纯粹的概念思考,这种艺术体验更强调的是通过积极、健康的身体性体验,在自然的柔性空间中体悟真实、自由之感,建立身体内外与天地自然的和谐一致。身体在饮食、呼吸、感受、运动这些简单的,但很少被予以反思的体验活动中可以超越其自身的脆弱和渺小,真正与外在的大身体融为一体。相反,机器式的身体体验则不会造成这种与周身环境形成良好互动关系的审美和精神体验。这种技艺概念的更重要之处则在于它与作为目的的善以及整体生活密切相连,并在其训练和使用过程中不断显现着人的可能性与有限性。关键在于如何通过这种教化与实践,改变人对身体、周身之物和世界的态度,并将特定的生活情境作为磨砺德性的伦理场域,避免在与他人、自然的交往过程中迷失自我。尤其是当考虑到身体趋向于隐匿正常的状态而经常以问题化的形象而存在这一事实,我们更应该善于去发现、感受和锻炼身体,从而发掘身体向人的生活所展现的可能价值,并在此过程中检验、训练和强健心灵。反过来,由于无时不在的身体欲求最直接、最频繁地与意志打交道,人在借助各种技艺作用于身体的活动中总是具身地显现着其心灵状态。所以按照斯多亚哲学,作为一个健全、成熟的个体,这种对身体的关心奠基于健全的理性的这个更高级、更本真的自我,即对灵魂的关心。在对灵魂的关心的基

---

[1] Drew Leder, 1990, p.118.

础上,我们对身体的体验、观察和思考就成为一种批判性和反思性的哲学注视。在这个过程中我们从宇宙环境的视角重新检省身体本身,适当地自我节制,赋予不同状态下的身体以不同价值,最终运用实践理智(或智慧)这门生活艺术做出正确的选择。不仅如此,从伦理学角度讲,人或许由于非意愿原因而拥有一个不完美的躯体或肉体,但人可以通过身心修炼而获致一个充满灵性的身体和一个向善的心灵,从而在更根本的意义上改善身体。因此斯多亚派身体观念所引而未发的是,正如积习的训练可以训练心灵的状态,持久的修习还会培养一种身体的习性或肉体的记忆,这本身也是教化、教养的目的。① 由此,身体就表现出在技艺面前的一种有益的主动性和积极性,而不是面对技术的进攻性、规训性而无所作为。

(二)重开技术的技艺之维

因此,身体与机器、身体与技术的交织并不意味着身体一定会成为技术实践中的被动者和被解构的对象,因为人也可以在技术与身体的互动中通过有意识的反思和主动性的节制,在世界中,包括各种技术情境,甚至虚拟环境中进行积极的作为。我们并不主张将现代技术作为τέχνη的一种退化形式而加以拒斥,但我们也同时认为,对古希腊技艺观念的关照和反思至少有利于人们更为谨慎地与日新月异的科学技术打交道。就一般意义上的技艺而言,人是一种具身性的技艺存在物。技艺通过人的身体而习得,同样潜藏于身体内,变成身体性的"我能"。这种"我能"并不会因为身体放下工具而丢失,工具需要寄生于、依附于身体才能发挥其功能。身体与工具的内在关系可以在希腊词"ὄργανον"中体现出来:该词可以同时指"身体"(及各部分、感觉、理解器官)与"工具"。② 就对人的改造、提高和修饰而言,技艺对人类身体痛苦、恐惧的减轻和消除,对健康、健美的促进和承诺,进而对幸福的重要意义是断然不能轻易低估的。但仅就技术活动而言,它也并不是纯粹无伦理的机器活动。生产活动和审美活动、德性活动是不能截然分开的。基于共同的器官基础,无论是将身体作为质料的技术活动、艺术活动,还是两种因素均有的技艺活动,都内在地需要一种伦理的考量,即将对身体的使用服务于人的真正目的。因此无论是技术的实践者还是被实践者,都可将这个过程视为一个展示自我和实践德性的过程,这也是技艺的原初目的所在。在西方技术史上,将工业、手工艺与艺术相结合,使审美意识贯穿于工业设计和生产制

---

① 莫斯(Marcel Mauss)的"身体技术"理论正是揭示了这一点。参见 Marcel Mauss, 1973, pp. 70-88;repr. 1992, pp. 455-477。
② 参见相关讨论:Drew Leder, 1990, p. 31。

作过程当中①,即所谓技术美学的起源、兴起和发展可以说正是西方社会和文化对"τέχνη"理念的实践结果。其所抒发的价值旨趣无疑是,工具性的技术与创造性的艺术可形成一种相辅相成、相得益彰的关系,进而达致一种"技近乎道",真、善、美交融的状态。

然而对于回到古希腊思想中的τέχνη概念这一主张,有学者也担忧地指出,哲学家们总是试图利用这一概念做太多事情、赋予它太多意蕴,即使是亚里士多德的τέχνη概念也是有些模糊不清的。② 确实,这一问题似乎在医学这个特殊的例子中最为明显。尽管如此,我们认为τέχνη的这种模糊性在某种程度上恰恰凸现了人的技艺活动,甚至整个人类生活的复杂性,我们不能因此放弃这种努力。柏拉图曾留给我们两个关于医生的有趣问题。第一个问题是知识论问题:医生如何获得作为范型的知识意义上的医术?第二个问题则是伦理学问题:只知道健康知识的医生如何可能幸福(Charm. 173e-174a)?如果加以硬性分割的话,可以说第一个问题是涉及医生作为医生的问题,第二个问题则是关涉医生作为人的问题。但要解决这两个问题,最根本的还是在于探索一种合理的技艺观念。

在古希腊,医学(尤其是养生法)典型地体现为一种集科学知识、艺术和技术为一体的活动:因为如果仅是纯粹的技术,医学不可能将整全的人作为其终极目的,进而帮助每一个病人;如果是纯粹的艺术,医术又可能意识不到它的界限并对其活动做出理性的估计。③ 因此如果硬将"技"和"艺"分开,就可能会导致医学本身的"疾病"。针对现代医学离τέχνη的艺术性越来越远,而愈靠近技术性的现实,伽达默尔主张更多地把医疗看成是一种艺术,而不是一种技术,因为艺术总是本源地与自然相关联。而其根据则与海德格尔的思路(尤其是《存在与时间》)有相通之处。通过诉诸古希腊哲学与医学所共有的整体意识,伽达默尔这样疏解医学之道:不拥有关乎存在整体的知识就无法治疗身体④,相反只会在技术的幻象和镜子的碎片中迷失自我。因此他主张以一种自然、整体的方式来运用艺术关心身体,以应对公共医疗领域和技术进步所带来的身体问题。

伽达默尔的哲学药方或许在实践上被认为是困难的,但在理论上却是相对圆融的、值得尝试的。由这个药引返回到柏拉图的两个问题,我们认为,尽

---

① 如19世纪末起始于英国,并波及欧洲和美国的"工艺美术运动",德国的"德意志制造联盟"等等。
② 请参阅 Joseph Dunne, 1993。
③ 可参见霍夫曼的讨论:Bjørn Hofmann, 2002, pp.135-149。
④ Hans-Georg Gadamer, 1996, p.73.

管没有直接论述过医学的性质和目的等问题,但斯多亚派的技艺观念却似乎能更好地回答柏拉图的上述两个问题。也正是借助这一古今会通的思路,我们或许可以再次以医学为例来讨论很多关涉身体的现代技术的运用问题。

第一个问题实际上涉及的是医学的独立性与合法性问题。尽管医学的合法性问题在现代不再是问题,但是医学如何保持其本色,限定其界限却是一个很突出的社会伦理问题。医学作为一门技艺具有其独立性,显然应关注其分内之事。然而由于医学所服务之善的外在性、多元性和一定程度的手段性,超越其性质和目标的现代医学活动已经引发了众多以医学为名的权力专制行为和以私利为目的的伦理失范行为,进而导致医疗资源的分配、生命价值的衡量、技术的风险性评估等领域出现一些引人注目的问题。因此面对现代医学,尤其是生命科学领域内的众多身体问题,对医学的目标做出合理的界定和规制,成为医学内外的一种普遍呼声。当然,由于关涉经济、伦理、法律,尤其是不同文化、群体间健康标准的不可共度性等多方面问题,医学如何保持一种节制的德性,即如何限制自身的途径和标准等问题仍然要面对利益妥协和价值调和的漫长过程。这就更清楚地表明,健康以及其他身体善,不仅是一个医学和技术问题,而且是一个伦理学问题。

由此看来,柏拉图在《理想国》中为医学划界的想法以及对其膨胀后果的担忧是极具现实意义的。医学的社会化、医学与伦理的互渗实际上使医学活动与实践理智有了更深层的关联。接近和远离之间,凸显了医学的性质、医学与伦理学的关系(或技艺活动与实践活动)在现代社会情境下的复杂化。而作为对众多医学悲剧和伦理学困境的集中折射和强烈回应,一种深刻的医学人文转向愈加引起人们的关注。这场医学的人文化运动在现象学、解释学与存在论的视阈融合中,呼吁将身体视为一个情境化的、活生生的具身主体,将健康和病患视为一种在世方式和生存状态而非仅仅是机械的生理化学现象。其实践目标就在于,通过切身的对话交流和情感沟通来联接医患双方的生活世界,并基于病人的具身处境,即对其生活整体的最大关照而非单纯的治愈目的而进行医学决策。① 医学在根本上固然不是实践理智活动,但却是一种强烈地需要理智德性与道德德性加以规约、引导的典型技艺。这就需要人借助实践理智认真思考作为生存之谜的健康问题,并以哲学治疗医术、哲理导引医理这样一种古典的方式,促成和实现医学活动的合理性。

这实际上就自然地引出柏拉图的第二个问题。一个柏拉图式的回答是,医生要想获得幸福,也需要掌握关于善的知识,具有好的德性。如此才可能

---

① 参见这方面的有益讨论,图姆斯:《病患的意义》。

防止医术被滥用,从而真正成就一门医学。对于这个问题,斯多亚派则予以了更直接地揭示:具有德性这种技艺之技艺的人会使德性之外的一般性的技艺(如医学技艺)成为一种改进、优化了的技艺,并且将之完美地融入德性的行动。因此一个有德性的作为知识权威的从医者,会关心对象的患病体验,合理地运用自己的权威,以恰当地选择治疗方案,艺术地实施治疗之术;通过伦理地关注他人、改造自己,促成一种适应于患者的更好的生活方式,同时也就选择了一种有德性的职业生活。这个过程也是修炼品格和成就德性,进而获得幸福的过程。现代技术,尤其是生物技术的发展固然通过对不同身体的修饰、分离、改进、强化而推动了医学的发展与繁荣,但生物医学毕竟不等于生物技术,生物医学的技术干预也决然不同于市场化的技术操作。海德格尔关于现代技术本质的描述既不是医学的本然状态,更不是它的应然方向。因为宽泛意义上的医学概念本身就带有强烈的伦理因素,医学活动本质上应是实现手段和行动目的、技术上的正确与道德上的善的统一。更何况,生物技术的使用使得医学活动由于可能牵涉伦理关系、身份认同等的改变而变得愈加复杂,这就更加需要实践理智基于生活整体的善而进行筹划、判断和选择。作为特定的,植根于普遍人类经验的人类活动,医学与伦理学不仅在类比意义上密切相关,而且还因为它们共同指向那个唯一的身体而内在关联。尤其是伴随着现代技术的内化式发展,医学技艺与伦理学意义上的修身技艺也会产生更多交汇和勾连:身体及其欲望是这两种技艺所要医治的首要对象,而人的心灵状态恰是很多疾病发生的真正本源。借伽达默尔的话说,我们每个人都应当通过"自己的生活方式来关心自己的健康"[1],将对灵魂的治疗置于优先地位,进而使技艺更好地服务于善的选择和好的生活。

  从一种更为宽泛的意义上讲,作为技术受惠者的个体更应对技术持一种合理的态度。尽管技术推动下的现代医学为获得一个强健的身体、一种积极的健康,以更好地通达好善生活提供了更大的可能性,但其所导致的善终究是偏重生理层面的。这种善只是一种短暂的、非自足的条件善,尤其是在这种暂时的感性满足是通过药物或技术的强压和催逼而获得的情况下。因此技术不可能单独构成使人维持生命存在的全部意义。另一方面,在一种对技术的正确态度的基础上,个体应该将这种自我的身体与技术的关系更多地纳入到自我管理中来。斯多亚派认为贤哲关于如何选择、如何行动的知识是与他对事物如何在自然中运作的所知所想是分不开的。换言之,人应该在适当理解其在宇宙中的位置以及人与世界的关系的基础上做出正确的判断。就

---

[1] Hans-Georg Gadamer, 1996, viii.

个体的人来讲,面对越来越多的关于身体和世界的知识和资源,个人无疑应当积极地利用这些简易、轻松的维持身体健康和获取身体善的途径和方式,即按照知识而生活。尤其是面对生态恶化、环境污染等给人的身体健康带来的威胁和恐惧,对身体,即内外意义上的"自然"的保护、管理、关心更是必要的。重要的是如何处理好技术的节制与身体的节制以及二者之间的结合,因为对身体的关心与对身体的节制本质上是一个问题的两面。

总之,现代技术下的人类生活,困扰我们的身心问题,仍与古人有相通之处。如何利用现代技术处理好与自身的关系,恐怕关键还是回答好"我能知道什么""我应当做什么""我可以期望什么""人是什么"这四个康德问题。科学技术的发展没有改变这一事实:大多医学实践仍然要植根于作为自然的健康和源于自然的肉身,人们对于大多数疾病仍然有基于常识的一致意见。在这样一个技术机遇与风险并存、身体的开放性和不确定性并行的时代,如何将日益专业化的技术和人们的理解参与以及总体的生活目的结合起来,在技术的限度和欲望的适度、技术能力和实践选择之间进行合理地权衡显得至关重要。

(三)艺术救世之可能迷误

从τέχνη的艺术之维切入,灵动的身体可以说正是艺术的具身化呈现。艺术通过创造新的时间和空间,塑造着超越现实之界限的新的身体。然而,艺术不仅是一种身体的表达或效应,而且还是精神的一种展现与释放。美的享受背后是从艺者经年习练的实践品格和对艺术的执着热爱,肢体的表达同时传递着心灵的告白。因此本真的艺术同时作为一种实践活动,可帮助、激励人越过大众文化的肤浅与表面,体悟身体的真实、真美、真善之处。如此,艺术的伦理维度也就凸显出来,而此时的身体也就体现出对技艺的一种能动性。

从苏格拉底到斯多亚派,其技艺之喻和对身体之思,是与对德性的追寻,进而与实践一种哲学的生活密切相关的。哲学的技艺内涵在于,以生活本身为对象,它不仅是一种纯思,而且是一种实践(伴随好的情感),依赖于技艺式的训练。尤其对斯多亚派来说,"φύσις"(自然)观念加"οἰκείωσις"理论即沟通了"是"与"应当",奠定了伦理的根基,因此不需要在道德上给出一套特别的行为规则,指导个人,甚至他人怎样行动。这种依靠人之感官认知和理性把握、依循自然之和谐的实践生活,其实就类似于一种具有伦理性的艺术生活,而每个人都近于一个照看自我灵魂和塑造个体生活的艺术家。不仅如此,斯多亚派还尤为推崇诗学,提出音乐治疗等具体的艺术训练方式。[1]

---

[1] Martha C. Nussbaum, 1994, p. 307, n. 24.

而众所周知,在古希腊,广义的诗学或音乐实践①(μουσική τέχνη,即缪斯的技艺)与"教化""教养"近义,因而在德育和涵养、传递哲学义理(哲学被苏格拉底称为"最高级的音乐")和道德理想等方面发挥着重要角色。尤其是在毕达哥拉斯传统中,数字、比例等音乐元素都是具有伦理性的,表征着灵魂和世界的和谐共鸣。而斯多亚派则认为美和善相等同,指向同样的东西(DL 7.101)。由于音乐是作为一种表演中的活动而表达自身,因此音乐在其最本源处绝非一种已完成的、客观的和给定的作品。相应的,音乐教育只能在动态的音乐活动中才能进行。然而正如柏拉图对话中所揭示的诗与哲学之间的长久争吵,以模仿自然为本质(亚里士多德语)的艺术,尤其是一些世俗的音乐也会威胁灵魂的理性主导性,威胁构想和实践有序的好生活的哲学。②当然这是个非常古老且复杂的古希腊论题,我们无法在这里详细展开。

但笼统地说,的确是受到这种思路的启发,如上文已经谈及的,很多现代哲学家试图利用τέχνη在艺术上所具有的揭示真理的作用,进而诉诸"艺术"与哲学之"思"的结合,以艺术实践活动来拯救技术困境中的"生命"(尼采)、"主体"(福柯)和"大地"(海德格尔)。而身体以及感性被认为是艺术创造的源泉,也是艺术实践的重要场域。这种进路拒绝一种抽象的道德原则或规范对丰富多彩的生活和活生生身体的无情打压和宰制,试图从多变中创造和提升自我,塑造艺术化的个体生活。

这种文艺救世之路首先是值得同情的,而且它至少不完全是技术悲观主义和浪漫主义的。海德格尔和福柯都未曾落入以"实践"或"自然"为名完全贬低技术的窠臼,我们也不能片面地将尼采的"超人"等同于高呼突破身体有限性的所谓的超人类主义。但是在具体的现代技术—艺术实践中,脱离共同体之伦理性实践的自我拯救式治疗往往是难以见效的。而且将一切身体操作艺术化,通过身体的自我诉说、自我舞蹈来建构一种多元、具身的伦理是远远不够的,甚至是危险的。更有甚者,艺术很难逃脱技术合理性逻辑的操控,从而沦为"技术的性感秀"。③

首先,这种艺术进路倾向于假定,人们很难认同于一个普世的幸福和德性观念,更毋宁说承认"自然"这一普遍标准及其所具有的目的论意义。而一种没有目的指导的艺术实践是任意的,甚至冒险的。其根由在于,技艺的目的可能会被无休止地加以解释而被消解。因此技艺的目的本身并不会限制和规约技术的发展,或者说技艺需要外在于它的更高级的目的对其做出引

---

① 在古希腊,音乐被界定为缪斯所掌管的所有技艺(Robert Scott, 1889, p.520)。
② Babette E. Babich, 2002, p.174.
③ 张志扬:"技术全球化时代,艺术空间在哪里?"。

导。因为艺术,如康德所言,也包含着某种技巧和机械的东西。[①] 纯艺术的任意性很可能使技术的发展最终脱离伦理的轨道。一个显见的现代文化现象是,伴随着审美情趣的下移,面向身体的现代艺术与技术的结合、文化和市场的联姻,已经使文化工业和生命工业成为当下最为热门的产业。[②] 尽管现代艺术形式如何转换和创新并不是我们要讨论的主要问题,但我们仍然想强调的是,艺术无论如何多样化、跨学科化、游戏化,在涉及对生命物的修饰和创造时,都要关照伦理价值,否则就可能导致其本身在极端的多样性和世俗性中死去。这种艺术的终结显然不是黑格尔意义上的被哲学所代替的终结,而是一种在自由、任性的游戏中的沉沦。因为这样的生物艺术不是对自然的模仿、复制、再现,也不是海德格尔意义上的"座架"或真理的发生,生命在这里不仅是表现的对象,而且是模拟的自然;它同时成为艺术的表达方式和艺术发生的场地。然而这种以生命神圣性的丧失为代价的艺术形式可能并不美,也可能没有任何意义。在这种情境下,我们很难保证被工具理性包围的个人,尤其是那些不以实践本身为目的的非艺术家能够仿照希腊人的"自我关心",打造一件体现古典精神,而又不失现代气质的生命艺术品。[③] 正如对技术与艺术做出同样拒斥的卢梭式进路是不可取的,单纯拒绝技术与艺术相结合的可能性也是荒谬的。但是我们至少可以得出结论,单凭艺术之力量还远远不够,尤其是考虑到艺术的工业化和专业化(正如法兰克福学派所讨论过的)与身体的商品化成为并行不悖的现代发展线路这一点。

其次,古希腊伦理学的核心是对道德真理的不懈追求,它不是反理论的,而是强理性的。这就不仅需要情感、习惯和悲剧来切近普通人的生活,还要运用理性的力量,包括理性的技艺、实践和理论等来担保人的健全生活。然而,尼采将艺术创造力等同于肉体活力的"艺术生理学"即使不会沉沦于身体感性,也有欲斩人的社会之根,并使自我塑造成为一种冒险、失范之旅的嫌

[①] 李秋零编:《康德著作全集》,第5卷,第316—317页。
[②] 所谓的生物艺术(bioart)的兴起就是一个例子。"生物艺术"目前还是一个比较松散、模糊的概念,主要用于与生物学、生物技术和生命体相关的艺术形式。大多学者将"bioartist"界定为把生命或活的生命形式作为媒介或素材的艺术家。这种艺术的基本构想就是将传统用于医学之需的生物材料,尤其是人体材料用于各种艺术品的创作,从而可视为将技术与艺术相融合的某种现代尝试。就艺术本身而言,"bioart"似乎通过艺术对技术的最后退让而宣告了艺术救世的失败。因为这意味着艺术家不再隐喻地通过大地身体与人之肉体以及自然神性与人之灵性的互构互通性来理解人的自然和自然的人,沉思自然的美,而是利用DNA技术、信息技术等现代技术作为艺术媒介,直接对生命本身进行操作。参见相关讨论:Maria Antonia González Valerio, 2012, pp. 327—334。
[③] 尤其是克隆技术已经使得克隆人成为可能,身体和智力完全被他者所订制的克隆人在某种程度上即是他人意志的作品,但这样的生命体如何实现自我形塑、自我创造的伦理自由更是值得怀疑的。

疑。而出于以沉思性思想抵制算计性思维的考虑,作为实践哲学传统先驱的海德格尔不仅排拒了技术,而且最后也似乎远离了实践理智。但形而上学的思维范式是否是古希腊技艺转化为现代技术的唯一原因？福柯的理论分析则主要驻足于希腊人对自我与自身关系的个人实践领域,而较少关心希腊人对城邦整体、理性、自然的思考。

再次,尤其在斯多亚派的生活技艺中,作为目标的"ἔργον"不管是强调技艺的手工艺向度,还是艺术向度,最重要的都是要不断地努力实践和练习。这一点也可以从斯多亚派通常所举的射箭、医学等例子中得到印证。当然艺术同样需要持久的训练,而从艺者值得人们赞美、钦羡的品格也会在这种训练过程中显现出来。但理性的论证、规范性的实践与相伴随的自我塑造至少是不能相互分离的。不仅如此,这种知行合一的技艺是一种始终渗透公共关怀的集体性实践,最终要回归共同体生活。

由此可见,艺术之路是否真正地能为技术和风险夹击中的现代社会设计一套合理的生命秩序是值得怀疑的。海德格尔以艺术拯救技术的构想中充满了浪漫主义情愫,而曾一度倾心于希腊化哲学的尼采、福柯在总体上则是反规范性的、主张个体主义的。尽管不能否认这里的个体和他们所主张的"伦理"是反对各种先验设定、道德专制或意识斗争的产物。他们虽然成功地将以生理性治疗为主的医学技艺拓展到治疗心灵、文化的个体实践,但没有继续以一种积极的姿态投身于公共生活中。这种寻求独立于外在规则以及外化物的"转向自身"或许在某种程度上确实守护住了某种纯然的心境,但是缺少信任和合作,不涉及规范的自我疗救、自我康复是否可能？尽管治疗之本性决定了个体治疗总是优于不加区分的集体治疗,但是缺少一种总体性的观照和指引,如何担保治疗的科学性和持续有效性,即由一次治疗转化为一门医术？①

总之,纯粹的艺术救世之路可能最终使人陷入自我迷误之困境。关键问题在于,作为生活技艺的德性或实践理智是区别于其他任何技艺的,其他技艺必须接受这种总体技艺的指导。我们更需要一种涉身的伦理,而不是涉身的美学来理解人们不同的具身体验。艺术的重要特点是它的个体性,尽管不能否认它在某些意义上的普遍性。然而单纯寻求没有善和逻各斯规约的艺术化,正是艺术低俗化、表象化的重要原因,也是很多现代人远离本真身体而迷失自我,从而陷入各种虚无主义的重要根源。例如嗑药的快乐主义等都可以视为这种例子。从医学视角来看,如果将其界定为只针对特定病人的一般

---

① 关于这一点,亚里士多德在《尼可马可伦理学》的一处对教育和医学的类比说明中做出了最为清晰的说明(1180b)。

技艺,这种个体主义的技艺思维也会导致对公共性的忽视,从而不能在普遍层面上提高整体的公共健康状况。因为艺术进路限制了那些与增进健康密切相关的、并非针对个人的行动,因而限制了医术普遍、公平地提高人们健康的程度。

正如麦金太尔所言,人是具有自身脆弱性与相互依赖性的理性动物,无论是生物性事实还是伦理学理论,都已充分证实了这一点。① 人生命本身的脆弱性与悲剧性以及源自自然与社会环境的不稳定性,即一种本体论意义上的不安全,显然既需要一种自我管理,又需要一种集体合作,这两者在古希腊哲学家那里是相通的、一致的。因此需以一种维系公共性和规范性的实践理智,沟通个体存在与普遍共在、自我关心与关切他人、自我伦理与普遍道德。或许只有将二者适当地调试,我们才有勇气、有信心治疗人类百病,最终像苏格拉底一样向医神献一只鸡以表明自己的疗救。

总之,这里所强调的技艺并不是单纯的艺术活动,而是一种有目的、有规范的实践活动。对于我们面临的伦理问题,技术不是唯一的罪魁祸首,艺术也不可能是唯一的灵丹妙药。因为这不仅仅是技术或艺术的问题,而是作为整体的技艺问题;它与基于人的生活整体的实践理智可约同、会通。这也是斯多亚派技艺概念的规范性意义之所在。

三 身体间的意义共享与规范向度

基于一种自然主义立场,在考察人性和理解神性的基础上,斯多亚派认为人的健康的创造、延续和恢复是与道德原则相统一的。进一步的,他们将人的理性行为能力与道德规则、健康生活相关联,从而赋予人通过实践理智获得自我健康的可能性。因此作为一种整全意义上的德性,实践理智的最重要意义就在于应对人的各种虚弱、病态、无助,使人愈来愈接近一种道德意义上的健康。

(一)具身性与实践理智

我们在第三章已重点说明了斯多亚派将技艺视为知识,称实践理智或德性为τέχνη的做法。尽管亚里士多德反对斯多亚派的这一主张,但他同斯多亚派都无一例外地承认技艺的偶然性、可变性、具体性和实践性等特点。我们还曾提到,斯多亚派就实践理智所做的主要说明和理解其实与亚里士多德是相一致的。亚里士多德的实践三段论基本上是松散的,中道原理强调的是通过对地点、时间、对象等多方面的慎思而在生活的各种不确定性面前做出

---

① 具体参见麦金太尔:《依赖性的理性动物:人类为什么需要德性》。

选择;而斯多亚派之所以在很多情况下将实践理智与技艺相等同,具有重要意义的缘由就是他们更为关注人的生活(尤其是不幸生活)的具身性、情境性,强调对生活技艺的习得而不是某种既定规则的运用。这一点在根本上部分地源于斯多亚派的形体主义视角,其次则与其人格角色理论密切相关。因为对于斯多亚派来说,顺应自然就意味着遵循知识和事实。所有关于自然和物理的可识别的事实和所有在个体行为体特定情境下的可获得事实都必须先于对规则的考虑。规范性结论是被建构的,并且后于这些经验的杂多的事实。而且由于我们关于事实的经验知识不断改变,各种规范性命题也必须基于这些变化而得到调整。① 尤其是对于生活技艺这门总体技艺,它不仅表征了人的生活的实践性和情境性,同时还体现了对伦理规则的尊重和品性倾向的重视。因为基于这种技艺的行为是一致的、合宜的行为。它不仅意味着贤哲总是按照某种可以维持行为一致性的道德法则(即正确的逻各斯)行动,而且还表征着人的品格倾向的稳定性和协调性。② 对于斯多亚派来说,人的个性化、主体性不是取决于某种特殊的本质,而在于与道德行动相关的与自我、他人、神性等关系的集合。而人的道德行动是特定的人在某种特定的情形下适当行动。早期斯多亚主义者阿里斯通(Ariston of Chios)曾言,有些中性事物之所以值得追求,并不是因为它们自身值得追求且有助于幸福生命的获得,而是因为情境(περιστάσεις)使然。因此斯多亚派极为重视角色选择与具体性情境之间的关系;他们始终未对如何适应或顺应具体性情境提出某种普遍的规则,因为合宜的行为不是合于某种既定的规定或规则。③

上文曾提到,纯粹的艺术救世药方的重要缺陷就在于它可能导致对规范性、主体间性的消解,进而最终限制了它的治疗功效。实际上,修身与塑身等各种围绕"身"的活动本身就内涵和标示着一种实践维度。从一种常识的观点看,面对林林总总的介入身体的伦理问题,我们要不断地面临着现实的生死抉择和利益的交织等各种伦理难题,因而需要基于总体目的的实践理智而做出抉择。斯多亚派的建议是,无需严格区分实践理智、技艺理智和理论理智,因为理性即是实践性的,各种理智德性在实践中需要相互融合、相互补充。重要的是认识到德性只有基于慎思和总体的目的而经过不断的学习、练习才能化为习性、凝为心智,同时使行为体在追求德性知识的过程中自觉地转化为正确行动的主体。

尽管某些后现代主义理论对身体研究贡献颇多,但从一种多元、流动的

---

① Lawrence C. Becker, 1998, Chapter 5.
② A. A. Long, 1968, p. 343.
③ 详见安纳斯(1993)的相关讨论。

身体观念出发,他们普遍质疑伦理基础的可能性,批评古典意义上的实践理智的精英主义色彩,以至于使一种真正关心身体的生命伦理几乎变得不可能。另一方面,一种基于实践理智的解释学视野或许为我们如何伦理地面对身体提供了某种出路:这种伦理努力主要反对的是抽象的原则主义,但并不绝对地排拒规范性;它将充分关照古典语境下的实践理智概念,但又审慎地注意到现代社会的不同境遇。伽达默尔、麦金太尔和纳斯鲍姆等实践理智的现代阐释者都在此方面做了诸多有益的尝试。

但这些尝试并非尽如人意。正如很多学者指出的,古代语境下的实践理智和生活技艺观念不仅扎根于个人和共同体的生活经验、成长轨迹,还要必须依托于一个总体或终极意义上的最高善。与这个最高善相一致、与理性密切相关的德性构成人的好生活的根本。而所谓的自我关心必定是有规范导引的实践活动,这样人才可以在慎思笃行中,改变自身旧的价值观、生活方式。简言之,伦理学必须内在地植根于一种深刻的形上学,一种对道德真理的不懈追求。然而如果真像很多后现代主义者所描述的,这个善已经被解构掉,所谓的自然观念也是可笑的,理性是无法通向真理的,那么实践理智在今天将没有任何意义。因为既然我们不能阐发和叙述总体的好生活,那么实践理智及其指导下的行动也就无从可能。因此在很多思想者看来,实践理智无法为我们提供一个起点,进而使我们从充斥着道德争论的疑惑和不确定中得出道德结论。

尽管如此,或许我们无需借助宗教和超验哲学来修复某种意义上的自然目的论,单从人的经验生活、存在意义的角度即可赋予善以某种普遍意义上的价值。在今天这个人类生活空前紧密的时代尤为如此。联系至今日之现实,我们无法否认,与日常生活中善(德性)观念的多元化和相对主义观的盛行相对应,科学研究和技术操作以及身体、健康观念和疾病标准的不确定性也愈加明显。但实践理智在技术活动中的伦理意义恰恰还在于提醒人们关注身体的独特性和技术条件下的身体的不确定性。一种与技艺概念紧密相关的斯多亚派的实践理智观念尤其具有这种优势。因此我们认为,关注实践理智的一个重要之点可能在于意识到既有道德话语提供完全充足的根基的不可能性,以帮助我们更清楚地认识到内在于各种道德反思中的危险。① 因此它更多地强调的不是确定性,而是在做伦理决定时可能存在的模糊、不完整、不确定等因素。但是可以确定地是,一个有德性的人或"贤哲"会比别人

---

① 另一个关涉实践理智的重要之点在于,个体不能仅仅执着于"机心",利用实践理智来权衡和计算各种利益得失,否则就会彻底地扭曲实践理智而使其堕落为亚里士多德所言的"聪明"(尤其是 *NE* 1144a23-28)。

更懂得在具体情况下根据德性的要求对待和管理身体。因为实践理智会帮助人们在意识到知识和人性的局限性的基础上，寻求如何应对这种不确定性的路径，而不是践行某种既定的道德行为模式。而对于实践理智的这种理解，实际上也凸显了具身性思维的重要意义。

因此，身体及其身体性的生活并不总是稳定的、普遍的，一种合理的生命伦理不可能聚焦于一种抽象的幸福或权利观念。相反，我们应该尊重不同文化的身体观，即承认、关注"地方性的身体"（local body）。基于身体的特性，如身体的个体性、处境性和关联性，通过倾听和了解不同身体所诉说的生命叙事和价值系统来做出合理的伦理选择。总体上而言，由于对身体相对持一种更为开放的态度，某些文化实体凭借技术和资本上的优势，在今天的消费文化和技术操作中对身体的修饰、重塑都远远走在前列。然而它们并不能将这种强势的文化和话语强加于其他文化上。在这里，如何保持一种合理的对话伦理至关重要：这种对话所展现的不仅是一种情感态度，还是一种理性选择；它不是完全主观性的，而是还需要关照客观性。实践理智的基点或许不是单纯的普遍主义，但也不是绝对的特殊主义。它所作用的是一个既独立于柏拉图、康德意义上的理念直观或理性直观，也有别于纯粹主观经验和感官欲望的问题域。而且，人的科学的非精确性和不确定性也并不等于无原则主义和无规范性。总之，对于各种善或好，我们需要结合个人的生活情景、身体的具体需要，利用成熟的情感、健全的推理来理解、选择。而实践理智则是一种需要日常的长久磨炼，并在结合个人生活以及权衡各种善基础上的理性选择和价值判断。我们既要运用解释的、叙述的实践理智，以尊重各种身体处境；又要超出身体经验，运用始终遵循目的善的实践理智来寻求道德真理和道德德性。在被认为善（或好）已经多元化和碎片化的今天，尤其需要实践理智在各种善之间进行权衡。

（二）身体的公共性与规范向度

身体既是自我与世界交往的桥梁，也是人与人之间伦理关系的桥梁。作为内在世界与外在世界的交织物，其存在本身就意味着一种交互性。佛教禅修实践提倡通过对身体（如自我呼吸）的观察与思考来体察人的身体内外之间的沟通和关联。而现代人类学、现象学也注重身体与外部世界之间的沟通、交流和互惠，强调主体趋向外部世界的能动性。因为人总是处于特定情境中的交往关系或伦理关系中，而不是作为一个原子式的、抽象的实体而存在。我们对自我身体的感知可能会影响到对他人身体、周身世界的感知，进而充当着沟通自我与世界的重要媒介。通过灵魂或心灵，我们还借助身体交往、交流、交感和共处、共存、共享，从而更好地与其他生命共同在世。因此身体与身体之间,人类与共在的其他生物之间是一种原始的生命关联。身体始终与自我、他人、大地联系在一起;心、身、世界总是纠葛在一起。身体的这种特点自然地就将我们引到一种主体间的伦理。

我们曾多次提到斯多亚派处理自爱与他爱之间关系的重要理论:οἰκείωσις。按照斯多亚派的这一理论,(灵魂)健康的人不仅对自我和周身环境有一种在家感或熟悉感,而且还会产生对他人的福利的兴趣。由此,基于个体的同心圆,这种在家感会慢慢地向最亲近的人、家庭、城市,一直到整个人类社会,即不同形式的"身体"扩展。尽管这种兴趣在不同个体身上有不同表现,不同哲学观点之间的分歧也是真实存在的,但这并不妨碍我们学习哲学、拥抱生活,更不会导致对真正的自我利益的贬损——将这种在家感扩充的过程局限于个体、地方性或者仅对我们有直接工具性、愉悦性价值的事物是错误的。因为在神(宇宙)的父母般的关爱下,自我与他人作为宇宙的部分与子女有一种本源上的关联性:个体是作为整体的个体,活在当下是活在作为整体的生命的当下。人总是具有复杂的知识、审美、社会和心理需要,因此需要根据不同情境处理各种身体间关系。身体的体验也不仅仅是一种个体的体验,而且还是一种需要向外拓展的公共体验——修身实践在某种意义上其实是一种社会实践,自我关切和训练会最终生发出一种照管他者之存在的公共维度。可以说,对身体的认识和反思不仅为我们提供了一个反思自我关系的有力视角,而且还使得思考与他者身体上的相关联系,尊重、关心他者的身体完整性及其所具有的规范性意义成为必要。既然身体是一种带有含混性的,即生理性和社会性相结合的存在物,因此对身体的修饰必须在一种兼顾个人利益、社会义务和互惠关系结构的框架内进行。

诚然,今天身体的新境遇引发了新的伦理体验和伦理要求,种种新的伦理挑战也呼唤新的伦理和道德实践。它所带来的文化效应以及对不同身体体验的冲击是迥然不同的。尽管我们可能没有共同的上帝、人性和善(好)观念,更没有一种普遍的身体(观念),但这并不意味着生命之间不能相互交流、共同分享。更何况身体总是关系中的身体,调和的主体间性总有一个具身的基础。具身的自我只存在于与他者的关系当中。只有通过对话和交流,才能借助一个走出自我、返回自我和丰富自我的过程,逐步发展出一个完善的我。身体就是这样一个标示我与他者的共在,而又与他者相区别的节点。自生命的开始我们就侍奉于身体,只有"我"能最真切地感觉到它的快乐和痛苦。但它也将我与他者相关联:我不仅与发生于我身上及各部分的事情相一致,而且还可以与其他的共同在世者相协调,以某种方式感受着他者的苦痛。对于斯多亚派而言,尽管他们表面上将身体上的苦乐(尤其是"苦")彻底地与道德领域相分离,但他们不否认人与人之间、人与他物的这种共通感(συμπάθεια)①,也不鄙视对此所做出的自然反应。作为某些斯多亚派眼中的典范式人物,昔尼克派第欧根尼在这之前甚至用质朴的语言说道,

> 一切元素都包含在万物之中,并渗透于万物,因为在面包里有肉,在蔬菜中有面包;而且所有其他形体(καὶ τῶν σωμάτων τῶν λοιπῶν)也都通过某些不可见的通道、颗粒在它们当中,并以蒸汽的形式与之结合在一起(DL 6.73,希克斯[R. D. Hicks]英译,有改动)。

因此尽管处于不同的生活世界,但鉴于在常识思维方式、概念结构、解释理论和情感认知,尤其是身体的物质构成等方面可能存在的相似性,我们对身体及其感觉必定有一些相通的体验,身体由此成为可共享的。

由于在现代社会,身体更多地从私人空间走向公共舞台,这就不可避免地造成了更多特殊的身体间关系及其相关的伦理问题。因此这种在相互理解、共通感受基础上的良性的身体间伦理关系的建立对于促进不同行为体之间的身心互动和相互理解与关心是至关重要的。通过倾听他者的声音,站在共同体的立场去容纳他者,可以在理解、感觉和联系他者的视野中最终显发生命共通体的本性。

我们不妨再次以医学实践中最核心的身体间关系——医生与病人的关系为例。柏拉图在《法义》中有趣地记述到,雅典的陌生人曾描述过奴隶医生和自由医生之间的区别。奴隶医生匆匆忙忙地给病人看病、开处方,也不询问病人的病情。身为自由人的医生则向病人了解病情,尽力调理病人的症状,并通过这种交流、合作获得病人的支持以及病人对药方的服从和对健康知识的理解(Laws, 720 b-d)。这不仅暗示了经验派与理论派这两种理论范式对医学的不同理解,而且还在不同的医患模型中揭示了对身体的照管与关涉合理生活方式的自主意识之间的关联以及对共同体生活规范的一种依循。医生与患者的合作、对话和交流是一种独特的面对面关系。它不可避免涉及情感的交流和生活经验的共享。一种理想的关系是建立在双方生活世界的基础上:医生不是把疾病作为一种抽象体验,而是在一种身心的互动中,用自己的身体倾听、观察、体会和理解病人的患病体验和身体处境,在充分考虑到疾病的心理和社会层面的基础上,努力恢复其身体及其所处生活世界的完整性。因此许多医学人文主义者把叙述伦理作为生命伦理实践中的有效伦理进路和资源。临床叙述是来自人的生活世界的一种关乎生命的叙述,医生通

---

① 亚当·斯密的同情感(sympathy)或许即是受到该概念以及由斯多亚派重点阐发、发展的另一概念"οἰκείωσις"的影响。

过将病人置于一种特定的生活场景中,关注病人的身体体验和周身处境,尽量关照其价值取向和文化习惯,可以更有效地理解其疾病,并帮助其选择一种更好的生活方式。这既是对病人身体的一种关照(包括医治病人的身体以及帮助病人获得关于自我身体的知识),也是对医生感受自我身体能力的一种预设。身体是人生存的场所和空间:身体不仅是疾病发生的场域,而且还是理解互动的场域,因此医生的身体和感受力可以成为理解病人处境并帮助其改善、优化的重要因素。

  从一种身体间性出发,我们似乎也能解释一些较为普遍的伦理难题;这似乎指向一种更高的伦理要求和生存境界,但其实也是回到更为本源的伦理基点。用斯多亚派的哲学话语说,这是一种基于人的实践理智和德性的、回归消融自我与他者之间的界限的神性理智的"οἰκείωσις"。在真正认清了一个人在世界中的位置、身份和地位的基础上,我们可以就依此进路而重新审视很多伦理问题,从而更多地将人与人、个体身体与社会身体联系在一起。既然身体不是机器,而是构成个人栖息于世界的方式,那么宇宙万物、其他人都可以通过我的身体,我的感觉、情感等而向自我打开。而我的身体性存在,因而我的伦理关切也会持续地向外扩展——这些关切活动即是我的德性的展现、我的产品或我本身。不仅我的生命需要和欲求赋予这个世界以意义和动力,我的身体也本源地是这个世界的一部分,并且时刻与他者、大地等其他身体保持一种本体论的连续性。作为自然的馈赠,身体在某种程度上也可视为人可以给予的"礼品"(如在器官移植中)①,因为这个礼品本是被给予的——这种给予与被给予不必然地是通过"神",而是借助血缘、新陈代谢等自然而具体的连接方式与媒介。② 这不是在宣扬一种彻底的普世之爱或要求人们平等地爱所有人(正如人们对斯多亚派οἰκείωσις学说通常所产生的误解那样),但这种身体间联系确实伴随着一种情感、观念和自我知识的植入,一种生命之间的接力和延续,体现着一种个体自我的扩展与整体的和谐、一致。用斯多亚派的话说,这是一种在宇宙一致性基础上的、相互依赖的各种形体之间复杂的原因性(或身体性)关联。基于对这种关联的认知,我们可以基于自己的意愿在某些情况下赠予我们的肢体。我们如果不需要身体继续生存,捐赠在某种意义上也跟逝去一样可视为一种"归还"。③ 如爱比克泰德所言:"你自身中属于火的归于(ἄπεισιν)火,属于土的归于土,属于气

---

① 可参见相关讨论:M. G. Kuczewski, 2002, pp. 53-56; F. L. Delmonico, R. Arnold, N. Scheper-Hughes, et. al. 2002, pp. 2002-2005。
② Fredrik Svenaeus, 2010, p. 171.
③ Ibid.

的归于气,属于水的归于水。"(Diss. 3.13.15)当然,身体作为捐赠品还始终带有"我"或"我的"的印记:不仅是身体的,而且还是灵魂的(德性的),因为捐赠身体的行为可视为我的某种有德性的生产活动或者说我的德性的具身化。这与法律意义上的财产权和所有权无关,而是一种基于本源上的身体间的共同在世和个体德性的外化、物化,一种基于生命之间的深层的相互依赖性和共同体感。这种认识和实践方式会激发个体更多的正义、仁慈行为,从而最终在我们的身体与他人的身体之间建立一种更为直接的联系。① 由此,身体在某种程度上就可以被看作一种集体(扩展的自我)的资源。当然,反过来,从一种自然设计和理性自爱的角度看,我们也可以借这种身体间性来呼吁对身体完整性的尊重。从自我角度说,如果这种身体上的馈赠是带有伤害或其他不合理之处的,那么一种基于对自我的关切或对理性(德性)的尊重就可构成一种拒绝他者要求的否定性理由。从他我角度看,如果将对他者的尊重理解为一种以德性为基础的自爱和互惠关系,那么他者的身体完整性和合宜行为也得到同样的尊重。

当然,以上的伦理进路似乎仍是理想的、高阶的。鉴于经济利益、血缘亲情、文化传统等诸多因素的掺入,如果单纯依靠人们的伦理自觉和道德觉解无法达成一种伦理共识,或许就需要借助公共理性来进行公平分配。而在现实生活中,医学与政治关系的混乱确实导致了医学情境中伦理关系的紧张,制度的不合理性也通过医患之间复杂、扭曲的面对面关系释放出来,这就进一步凸显了正义之政治建制的重要性。我们仍需牢记柏拉图和亚里士多德的提醒:身体是不自足的,医学是隶属于社会结构与秩序的;更重要的技艺不是医学,而是政治技艺。斯多亚派的这一呼吁也是重要的:身体并不是何时何地都是为我所有的,作为中性之物的身体难以避免被工具性的利用,并同时被烙上各种社会印记。在某些情况下,政治技艺可以帮助权衡、排列和落实各种活动的优先性,以使人不断接近一种好生活。我们不能因为追求无边界的健康而危害更为重要的德性活动、人生目的和社会目标。尽管古希腊哲学家总体上对医学技艺的客观性和真理性确信不疑,但这毕竟已经超乎医学等知识的范围,这就需要依靠高于医学技艺的政治技艺来权衡健康和其他善目的。换言之,面对自己的身体,在医学实践中所涉及的何为坏的、有害的、应该躲避和害怕的或善的、有益的、不该躲避和害怕的知识都已隶属于高于医学知识的伦理学知识。这种知识不仅涉及个人,还关涉共同体内如何实现善(好)目的和正义。只有按照一种总体的伦理知识,个人才能将实践理智

---

① 相关文献可参见 Lesley A. Sharp, 1995, pp. 357-389; Drew Leder, 1999, pp. 233-264。这在某种程度上回击了德里达等人的观点,即对利他主义的质疑。

用于各种具体情境。

然而与古代话语不同,现代生命政治的伦理模式是利益中心和权利中心模式;"需要""权利""自主性",而非"德性""品性""整体生活",常常被置于伦理思考的中心。由于所谓的最佳利益经常无法界定和权衡,因此不得不陷入一种在众多利益冲突之间两害相权取其轻的功利主义选择。更有甚者,鉴于个体的自主权利并非完全取决于个人偏好和欲望满足,具有主观性、可错性,无伦理立足点的抉择更容易使人们陷入相对主义和后果论。因此伦理政治必须基于一种真正属人的好生活,而好生活不只单纯是身体性的生活,这对于生理不健康的人甚至都不例外。

这无疑说明,一种超乎(而非脱离)身体及其经验的道德真理和善目的是必需的。不同情境下的伦理陈述不能代替理性审查和分析,这种具体陈述的不同也并不意味着伦理话语的不可衔接、必然相隔。我们需要一种相互依存的伦理。为了这样一个目的,我们不否认应当珍存从日常生活经验中所提纯的叙事及其所内含的经验一致性和道德意义。但是我们不会满足于此,因为我们还需要真理,一种包含对自然善的理解以及在此基础上的实践理智与善(好)的结合。尽管身体对技术及其所承诺的善永远保持开放性,但是人的本性、尊严,以及人所应有的心性修养等道德形上学和道德真理对技术实践仍然具有永恒的约束性。

(三) 技术活动的具身性及其德性之维

正如我们一再重申的,批判和反思技术尤其是医学实践中出现的种种身体问题的目的并不是批评科学技术本身,因为技术总是在其被使用中成为其所是。① 而且技术的使用还是人生命能动性的展示和类存在的证明——身体通过行动直接介入世界,生命在于自由自觉的活动,科学技术的对象性和创造性活动首先应是展现和滋养生命,促进生命创造与繁荣的生命活动样式。是技术和生产等具身性的实践活动,以一种外化的形式最早将人与动物区分开来,同时历史地建构人与自然的关系。自然(包括人的内在自然)与文化间的变动不居的历史关系正是在人的自然化与自然的人化的这个双向过程中得到展现的。因此从未直接面对自在自然的人类在打造自身的不懈努力中,得以不断向前推移着自然的限制,冲击着自然秩序。然而随着与古代伦理学相辅相成的目的论(自然目的论)逐步被近代科学理性驱除出科学实践的场域,科学的推动力由最初的惊异逐渐更多地转向了各种利益,进而产生了更多的伦理空白。但科学活动并非是无身体的单纯理智的产物,而是

---

① 唐·伊德:《技术与生活世界》,第74页。

以特定情境下的具身结构与活动为基础，并通过其对象性活动对人、其他生命形式以及自然环境等各种身体不断施加影响。因此技术和工业必然要对其作品和现实担负更多的伦理责任。面对科学技术，尤其是改变了身体的生物学宿命的生物技术、生物医学日益增加的风险性、不可预测性及其后果的不可逆性，如何在市场逻辑面前守护真正的科学精神，并在研究自由与责任、功利与真理之间保持有效的均衡，将是科学共同体，尤其是实践科学的个人义不容辞的伦理责任。古代科学家盖伦早就指出，越是技术专家，负的责任就越大，因为他掌握的是神性的技术，他在这一方面是明智的，并且意味着掌握某种神性的东西（盖伦：《论品性特征》48 K8）。①

尽管亚里士多德将医学作为典型技艺与政治学作为典型实践进行了著名的区分与比较，但是医学作为技艺与政治活动作为实践的性质、目的，古今却有所不同。② 换言之，尽管医学在古希腊，尤其是在亚里士多德哲学中被认为是一个技艺而不是实践理智的范例，但这并不意味着实践理智概念与医学实践无关。如斯多亚派所致力于揭示的，在理论上表面看似周全的划分往往很难在实践中加以施行：技艺作为制作活动和实践、思想不可能完全分开。而且从广义上说，技艺为特定情境下的活动，活动与人不分，而有人即涉及伦理。一个完整的活动必有前因后果，有些则涉及内在于行动本身的目的。如果完全将这两者分开，我们就可以利用一种割裂式的认知思维方式轻易地为所有技术，包括核技术、克隆技术做辩护。但技术过程不可能是一个无关涉身之伦理的单纯理性活动，相反，技术的力量越强大，对实践推理的需求就越迫切。

因为正如医学的身体、文化的身体与哲学的身体面向的是同一个活生生的身体，人的生活世界与科学世界是不能截然分开的。人是一种有技艺的、有理性的存在，科学与技术活动体现了人性卓越的一面。但同样显而易见的是，如果没有清晰的健全的生活观，没有将技术与智慧（或爱）相结合，即使拥有良好技艺的人也会带来一定的风险和损害。技术具身化的他异性正是人们对技术总是持一种想获得而又不想获得的矛盾态度的根由之一。③

诚然，现代科学技术活动越来越诉诸工具。在技术过程中，工具作为活

---

① 柏拉图和斯多亚派等显然也会同意盖伦的这一观点。
② 可参见 Fredrik Svenaeus, 2003, pp.407-431。
③ 我们也倾向于同意，在理解科学活动及其社会责任时，具身性确实是一个有效的概念，而且这种自我的具身性与实践理智的作用的确又有相通之处。科学活动的具身性不仅表现在科学主体及其活动、工具的具身性上，而且还体现在科学知识的情境性、地方性上。

动者延伸了身体的功能,进而可能对他者或环境施加影响,但同时也将身体和科学技术活动相连接,赋予后者以具身性。科学技术不是天生向善,每一门学科、每一个科学家、每一种技术都要不时面临各种选择。除了对世界进行数学化、模型化和形式化的理性创造外,科学还通过科学工作者的身体以及作为其身体的衍生物的工具感知、操作这个世界。因此科学活动既是思想的外化,也是身体的所为。如上文所述,简单的科学价值中立的观念已经受到越来越多的质疑,今天的科学活动经常充满了知识和权力的斗争和利益权衡。从福柯的视角看,生命医学其实就可视为知识/权力模式的一个主要场所。尽管医学并不是一门自足的科学,但鉴于医学的社会化,医学早已随着"身体"的凸显而广泛地进入政治和伦理领域,这就使得医学不仅可以表现为技术上的控制,而且还可能表现为生活上的控制,从而可能使人远离更大的善和更重要的人类活动。尽管这种生命政治转向不可阻挡,而且并非完全无益。因此宽泛意义上的医学不仅是一种技艺活动,还是一项社会事业。我们不仅需要在技艺限度的操作范围内充分利用实践理智来面对活生生的个体之身,以在过度与不足、适宜与不适宜、常规与非常规等非单纯认知性的治疗界点中做出选择,而且还需要在总体上运用明智之眼对各种善的优先性进行的合理的排序,并对医学的本质、功能和目的,即何为医学问题、如何理解和划归医学问题等做出清晰的判定。如此才可更好地应对负载众多价值和利益负荷的身体间问题,最终将技术上的可能性化为伦理上的合理性。

  总之,关涉身体的伦理规范不是刚性的、体系性的和一成不变的,它始终需要运用实践理智去把握。对于科学实践活动亦是如此。根据约纳斯的观察,"在现代自然研究中,从前在'纯粹的'和'应用的'科学之间,即在理论与实践之间的区分明显减弱了,因为二者已经在研究程序本身中消融了。"①确实,由于技术与知识(科学)、政治关系的日益紧密,尤其是随着现代主体技术的发展,亚里士多德所做的古典式的知识划分在今天看来只是某种形式上的。据此我们认为,一种理想的科学活动应当实践某种斯多亚式的技艺概念,即将亚里士多德意义上的技艺理智德性、理论理智德性、实践理智德性相结合,将生活技艺与具体技艺相关联,督促人谨守节制这种对人的行为进行限制的最重要的德性——其所内涵的自省、自知和自制是人与技艺互动过程中的必需要素。在崇尚科学和重视技艺的古代社会,人们总是依靠神和对神的虔诚与敬畏来实现对技艺的划界或规约。技艺在今天的境遇确实已经发

---

① 汉斯·约纳斯:《技术、医学与伦理学——责任伦理的实践》,第79页。

生了根本性变化,即愈来愈多地受到各种外在力量的推动。但这这种转向另一方面也使得科学活动与伦理学的关系更为密切:科学在某种意义上更多的与肉身联系起来,进而使伦理责任的担当问题显得更为复杂。

结语 一种关心自我的生活方式如何可能

盖伦曾从自然哲学角度对人的身体的脆弱性进行了一种希波克拉底式的说明。在调和了古希腊哲学的目的论与医学的机械论的盖伦看来，人并没有被赋予比动物更优越的自然武器；不仅人的身体缺少武器，人的灵魂也缺乏技巧。这就是人所面临的特殊悖论：一方面，人是地球上最为尊贵的生物；另一方面，人在身体毫无装备的条件下无助地生活在这个世界上。为了解决此问题，自然赋予人以双手和逻各斯，借此人既可以模仿动物本能的、与生俱来的技艺，也可以习得神性的技艺（protr. 1）。换言之，人仅依靠身体和直觉是不能维存于世的，技艺对于人是必需的，而且伴随人的历史始终。爱比克泰德也做出过类似的判断，他认为动物是不需要自我关心的，因为自然为之提供了一切必备的身体所需之物，并使之为人所用。人的情况则相反：人的职责不是关心他物，而是关心好自己（Diss. 1.16）。总体上，盖伦与斯多亚派都一致认为，照看好对人的自我结构和功能的使用本身也是一种人特有的技艺；而且这种技艺就是始终对人开放的、关乎生活总体的德性、实践理智或智慧。这一问题特别地关涉人如何获得技艺以对待身体的脆弱性并改善自身的生活境遇。实际上，在古希腊的哲学、文学甚至医学著作中，经常有相关于人与技艺关系的类似论证。然而这个问题不仅是一个古人要面对，而且更是现代人所要面临的永恒而迫切的问题。

我们并没忘记，斯多亚派，尤其是晚期斯多亚派处于一个通常被认为肉体上放纵、荒诞和无安全感的时代；反思身体之本质，通过努力训练、自我关心以求得灵魂宁静正是在这种情境下占据了主流的哲学话语。在今天这样一个身体善凸显，欲望、市场、技术同时投向身体的社会，由最为充分展现技术复杂性的生命科学实践带来的伦理问题同样引起了人们日益增多的关注。尽管技术及其文化已深刻地改变了人们感受、看待身体的方式，但它们终究无法撼动人的本质及其目的，尤其是人对一种整体健康的生命状态的追求。尼采曾发人深省地说道，医生应富有哲思，哲人则应关心身体需求及其健康①;之所以强调哲学的慰藉与治疗,是因为科学对宗教的摧毁,对哲学的挤压,使人们往往执着于科学所承诺的健康,却忘记了古代哲学的治疗智慧。另一方面,当下日渐式微的哲学也早已失去了治疗的功用,哲学家反而成了文化的毒药。② 因此从尼采的角度看,当务之急是以一种"医学—哲学的治疗"医治病入膏肓的个人与文化,寻回肉体,同时也是肉体化的精神的健康。本研究同样也是带着由类似兴趣激发的返乡情结,沿着哲学—医学类比这条线索,试图从古希腊,尤其是斯多亚派的治疗哲学中寻找药方,同时对现象学等现代哲学对身体的观察、讨论做出某种反思和回应,寻找古今精神资源的可对话、可沿承之处。

我们的初步观察是,作为对后世伦理学影响最大的西方古代哲学流派③,斯多亚派因其意义丰富的身体和技艺概念而为我们重新理解身体在古希腊哲学生活或修身实践中的作用提供了重要资源,进而为解决很多现实问题开启了有益思路。借助其惯用的医学类比和医学之喻(但又常超出其隐喻含义),斯多亚派强调,健康与人的德性始终是联系在一起的;要获得一种道德意义上的健康并进而过上一种和谐一致的生活,这就需要持久的哲学训练、实践和检验。身体在这种特殊的训练中既是工具,又是质料,还是训练场。因为这里的身体是一个值得担忧、照管,但又可以训练、改造和完善的身体,而非一个需忘记、分离、否弃的身体。人这种使用自我身体结构的管理能力与其生活目的始终是联系在一起的。而实践这种能力本身就是践行一种寻求什么是"好"和自我的最好部分,并源于生活,又回归生活的哲学技艺。也只有获得这种技艺才能真正地关心自我。因为在斯多亚派眼中,人本质上是一个技艺动物,自然地具有德性这种技艺天赋和能力;人的责任就在于通过生活的历练而践行德性或哲学这种技艺,并使其得到良好地施展。这种锻炼需要身与心的共同参与——人不仅可以通过对身体的认识而理解灵魂,而且还可以通过对身体的锻炼而强健和治愈灵魂。因此这个"可训练的身体"显然不同于禁欲主义者所推崇的被弃绝的身体,也不同于享乐主义者所拥抱的可放纵的身体。进一步而言,斯多亚派不仅注意到一个生理和道德上可能非正常、有病的身体,而且还致力于创造一个健康、充满活力的身体。从这个意义上可以说,哲学的生活表面是最远离身体的,但其实又是最亲近身体的。因为它不仅时刻需要身体作为最直接的训练素材,而且最全面地使身体处于一种最好的属于它的状态。不管是外在的肉体身体,还是内在的具身灵魂,

---

① 尼采:《快乐的科学》,第37—38页。
② 尼采:《哲学与真理——尼采1872—1876年笔记选》,第97页。
③ A. A. Long, 2006, pp.23-39.

皆是如此。

由于身体的脆弱性和人的条件的有限性，当然也是基于人的本性、潜能、创造力和技艺本身的性质，身体与技艺的互动、互渗无时不在，并可能呈现出多种形式、多面效应。在这种相互作用中，身体既是主动的，又可能是被动的。以各种技艺为媒介，我们与自己的身体，进而与他人的身体可以展开多向度的关联。关键是如何在"自我关心"这一生活主题下有效地加以协调、互补，与身体，也是与自我建立一种健康、积极、良性的关系，进而营造一种属人的好生活。作为分别面向人的生命之学与智慧之学，医学与哲学可以说是事关关心自己的两种最重要的学问。如何利用这两门学问，保证身体、心灵的健康，尤其是道德的健康，恰是好生活的根本表征，也是人与自我关系的最佳境界。斯多亚派的哲学理论和实践，尤其是对身体和技艺问题的探索、讨论不仅为处于特殊情境下的古人提供了行为规则和生活智慧，而且还广泛地适合于包括现代人在内的一般意义上的个人。换言之，这种将存在之物（从人的身体到万事万物）作为可训练材料的哲学生活方式并不是专属于某个哲学家，而且适应于所有按照斯多亚派的基本学说而生活的每一个人。其主要思路就是我们一再强调的：人应该充分发掘其德性本性和禀赋并不断地加以训练，在哲学化的生活中做一个优秀的技艺施展者，在最大程度上展现一种健康气质。

当然，我们并不否认由其他伦理学理论所引导的生活技艺的合理性（以及与斯多亚哲学的某些兼容性），而且现代社会也很难教条地实践一种斯多亚主义的生活方式——因为用拉尔修的方式说，它毕竟不只是一种生活方式，而且更是一种严肃的哲学。同时我们也承认，仅从"科学"的角度看，斯多亚派的普纽玛等自然哲学理论在现代科学看来似乎是幼稚的，其内在思想旨趣和当时医学技艺的现状使得他们对心灵疾病的生理治疗不予重视，而且其所主张的哲学治疗也很难治愈一些急性的或严重的心理疾病。但反过来看，即使是在科技发达的今天，生理治疗的作用机制在某种程度上仍是不安全的、短暂的、非自控的。而且与哲学治疗的自足性相比，技术的具身化总是有一定的异他性。作为这些技艺所作用的共同对象，身体所对应的角色显然也是不同的：哲学实践中的身体训练本身是没有界限的（尽管可能受到外在的限制），其实践路径总是以一种自然、自足、安全、持久的方式进行；但是技术中的身体却始终需要外在地加以伦理的规约，它通常具有一种自我限制自身行动的倾向。因而在根本意义上，哲学的治疗要优越于纯技术的治疗，并比艺术的治疗更本源；哲学上的修身可以指导、规约一般技艺意义上的塑身。

而上述所有治疗的有效性都基于并且进一步证明，身心合一是最具有说服力的关于身心关系的解释。尽管各种思想传统中的身心合一学说并非都有十足的解释力,但身体与灵魂的健康和疾病相互影响(包括斯多亚派所言的"共通感"现象),已经成为人们普遍接受的常识。过分执于一端,无论是执于形躯之身的欲望,还是执于意识主体的机心,都会最终造成身或心或生命总体的不健全。在哲学上,笛卡尔以来的身心二元论一直被指认为是造成很多涉及人本身的问题以及人与自然关系危机的思想罪魁。正是在相继涌现的各种批判身心二元的哲学思潮中,才出现了由近现代的意识哲学到梅洛-庞蒂等人的身体现象学,再到米歇尔·亨利等哲学家所主张的生命哲学的转向。而在科学界,PNI(psychoneuroimmunology)研究表明在分子和细胞层面上,心灵和身体在生理上是不可辨别的。这种主张是建立在将传统相互分离的脑科学、内分泌学与免疫学以及它们各自所指向的器官——大脑、腺体、脾脏和骨髓相互关联的基础上的。①

由身心关系再回到伦理学与医学及其所服务的善之间的关系,显然,古希腊哲学家一直喜用的医学之喻正是源于医学与哲学及其服务对象的可类比性和内在关联性。纳斯鲍姆甚至据此认为,伦理学能够、也应该被作为一门诊断性的学科来设想和实践,她称之为伦理哲学化的医学模式。② 换言之,医学和哲学可以分享某些共同的概念分析框架和致思方式。然而,这种类比关系是非常复杂的。而且在这种理路内部,还存在着不同的哲学伦理学的思维范式。本书所论证的一个重要之点就在于,从剖析这种类比关系入手,进一步深入到医学与伦理学的内在关联,在身体层面突出哲学修身对医学塑身的规约作用,从修身技艺角度发掘身体的价值和技艺(术)的解放性,并以此为切入点来探寻现代人对身体和技艺(术)的应然态度。实际上,只要身体与灵魂的统一关系日益得到重视与强调,各种一般意义上的技艺(术)与实践理智的关系也会随之愈来愈紧密,进而由一种方法上的外在类比转化为一种功能性的内在缠结(尤其在"以心治身"这一维度上)。普鲁塔克早就有言,"医学与哲学接触的是同一领域(mia chora)"。③

历史地看,在原初意义上就内在亲和的伦理学与医学虽经历了持久的竞争和力量的此消彼长,但在最终目的上却互相促进、缺一不可。鉴于"技艺"一词在古希腊的特殊而广泛的含义,医学本来即是艺术与技术的合二为一,治疗过程则应是认识身体和关心身体的相互统一。正如本书第一章就已指出的,作为希波克拉底医学传统首要内容的饮食与锻炼之法本就可视为一种

---

① 详见 Candice Pert, 1999。
② Martha C. Nussbaum, 1994, Chapter 1.
③ 转引自米歇尔·福柯:《性经验史》,第338页。

服务于好生活的生活技艺。致力于灵魂之善的哲学则是一门总体的生活技艺，可以对医学的范围、对象和界限予以探索和引导。因此作为保证人类身心健康的最重要的两种技艺，哲学的教化与医学的凝视共同担保着生命的完善和生活的幸福，共同构成好生活的重要根基，只不过指向不同的善，其选择的幸福指向和所处的善之层级有所区分。因为心灵的健康更是幸福，即生活之目的的根本。而且，这种灵魂的健康，正如古希腊哲人（柏拉图、斯多亚派、盖伦等）告诉我们的，它不仅是智力的健全，而且更是一种道德意义上的健康。甚至后天要想获得身体的健康，首先需要保证这种灵魂上的健康。因此柏拉图以及其笔下的苏格拉底反复申明，追求外在的善，必须首先具有内在的善。因为后者是通神的善，前者是属人的善，前者必须由后者来引导。对于身体的健康或善，人经常无法用一些普遍、稳定的标准加以界定，因为它往往是不可企及的理想，而且对于人来说始终是有界限的或总依赖于外在之物。但对于灵魂的健康或善，人却有着无限可以努力的空间，并且它更多地取决于个体自身。① 因此，在古希腊哲学中，身体的不可控本质得到反复的强调和论说。在哲学家们看来，只有灵魂的健康才是自我可以把握的，也是最为强大的，而且只有后者才是幸福的保障和真谛，甚至是幸福本身。苏格拉底也多次阐明这一点，有德性的人是不能被伤害的（*Apology*, 41c9-d2）。只要能获致这种内在的心灵健康，加之基本健全的身体条件，人就可以完全掌控好自己的生活。

总之，自我关心、面向生活是医学和哲学实践的共同主题。这是我们从斯多亚哲学，以及它与当时医学，尤其是盖伦医学之间的互动事实中得到的重要启示。通过习得和实践哲学与医学知识，避免和治好一切身心疾病，以与自身建立一个最好的关系，使身心都有好的归宿，这即是本源的人生目的，也是人的共同体同心圆得以不断向外扩展的圆心所在。然而正如柏拉图所暗示的，对身体的关心和对灵魂的关心存在着内在的张力，对照管身体的医学技艺的过度使用可能影响到对灵魂的恰当守护。因此医学与哲学并非是本源地相互吸引、相互补充的。尽管在某种程度上都是要应对人的有限性，但哲学是在促使人反思这种有限性的同时发掘人的无限的可能性，而医学等其他塑身技艺在与人的有限性互动的过程中却潜存着遮蔽人本身及其有限性的危险。而这就需要人时刻转向自身，从整体生活和人的目的的角度时常进行自我检醒、反思。因为医学并非只医"身"，伦理学也并非只治"心"；身体更是问题场，心灵更是问题源。不可否认的是，由于生活习惯和语言、思维

---

① 因此斯多亚派认为贤哲可能会因为物理、生理上的创伤而失去心理能力，但却不会因为过度的激情而至于此。

惯性等多方面因素的影响，身与心将仍然作为两个范畴而出现在日常话语和学术讨论中。但既然身心如此关联，身体的挑战同样是对心灵的历练，身体问题本质上就是心灵问题。而且，身体固然是脆弱的，但灵魂和理性也并不是绝对的坚不可摧的。由于身与心的治疗密切相通，我们要做的是促进科学与伦理学的相互了解，返回德性的心灵，解决身体的新问题。

现实问题在于，随着身体在技术和文化上的强大，现代人愈来愈多地将身体与幸福相并列，甚至只注重生理、心理的健康而不是道德的健康。其结果是，人对自我所实施的技艺主要不是哲学的慰藉，而是技术的规制；不是对灵魂的治疗，而主要是对身体的修饰。由于技术发展的缘故，古代与现代视域下的身体所彰显出的不确定性是非常不同的：一种是源自自然的本源的不确定性，一种更多的是技术带来的不确定性。针对这种现状，在关照尼采、福柯的问题意识，但更多地借鉴斯多亚派所提供的药方的基础上，本研究试图在日常生活实践中寻求知识、技术与艺术的某种结合，反思性地感受、照管被隐匿、陌生化的身体。我们认为，身体作为始终伴随人的存在的、生活中各种技艺的材料，其工具性、外在性、不可控性是不可避免的。但重要的是如何将身体做好哲学这门生活技艺的质料，进而合理地将身体作为技术和艺术的质料，并真正地赋予身体、自我一种合理的关注。当然我们并不主张安于现状，拒绝利用技术来强健、提高和美化我们的身体，尤其是对于那些处于身体残疾，人身自由受到限制的人而言。这里只想重申的是，人的技艺是多面的，人有可能充分利用各种技艺而过一种更好的、自主的生活，获得生活的一致性。因此我们并非致力于构建或设计某种指导性的伦理原则和伦理体系，而是力图在进一步开发、探寻身体的秘密的基础上，为理解和解决身体问题提供某种思维进路和可能视角。这种努力既是一个从身体角度审视伦理学领域内的种种困境的过程，也是从伦理学视角质询日益增多的身体问题的过程。伦理学要关注的身体不仅仅是作为客观躯体的医学的身体或承载负面价值的道德的身体，而且还是技术化、市场化的问题身体，因而需要自我关心和他者尊重的身体。而这种关注不仅需要具身化的思维和实践，而且更需要借助精神训练和德性的塑造，以对个体和公共等不同维度的身体进行真正的关心和照料，并实现心灵的提升。其简易的实践进路便是：基于"身体"的特性和身体的现实，从感受自身的身体出发，了解、认识、阅读和体知自己的身体、心灵、整个生命。尽管今天的身体日益强大却易被异化，但基于人永恒的向善目的和实践性努力，古今哲学在通过自我教化而关心自己这一点上仍有共通之处。从伦理学与医学所共同关注的、具有多重内涵的"身体"视点出发，结合今天身体的各种遭遇，有利于反思各种修身、塑身技艺的根本性质和相互关系,尤其是从修身层面探索对身体的应然态度。正像我们一直所强调的,一个多面向的"身体"和一种具身化的思维方式是至关重要的。这个反思身体的过程也是灵魂的洗礼过程;它既有利于在理论上拓展身体研究的视角,又有助于在实际中解决生命伦理学所遭遇的诸多困境。首先,我们需要一种新的身体观念,这个"身体"是一种带有含混性的,即生物性和社会性相结合、个体性与公共性相结合的身体。其次,在将身体作为各种生活技艺的对象时,我们不仅要关心自己的身体,同时也要根据自己所处的社会角色关照他人身体、共同体的身体,并借此审视、改造自己。同时,我们也需要一种合理的技艺观点和态度,不论是哲学家还是医生等从事其他技艺的人,他们都在操持着某种特定的生活方式。在不同的生活方式中,身体总是在场并与某种技艺、某种角色身份相互形塑的。

当然,关于古希腊哲学,尤其是斯多亚哲学中的个人主义和整体主义还存在争论。这里的讨论更倾向于采取一种解释学的策略。但这种解释学上的努力并不是现代意义上的自我主义或利己主义的,因为这是一种奠基于平等、普适的自我概念基础上,以自我教化、自我完善、自我受益为圆点的不断向外扩充的过程。而且这个向内的过程本身就是一个向外的过程。因此在教化自我上,一个人已经开始面向他者。用斯多亚派的语言说,有"身"的修身过程也是一种持续地准备适当回应外在世界的过程,一个人德性上的成就和理性上的完善会内在地有利于所有具有德性的人(*Stob*. 2.101,21-102.3 = *LS* 60P)。当然这种自我关心的根基是由个人的理性和实践所担保的,一种不屈从于外在的世俗规范和权力系统,而力争活出自己的哲学生活策略。而一直深深吸引我们的正是斯多亚主义的这种生活态度、精神品性和哲学姿态。当越来越多的西方人转向健身房、自助自疗书籍和东方的冥想、瑜伽时,当被制度性、个体性的各种"压力"包围而不能自拔的东方人试图向古人寻求生活智慧时,我们越发感到了将这种兴趣转化为行动的迫切。

参考文献

中文部分

阿拉斯戴尔·麦金太尔：《依赖性的理性动物：人类为什么需要德性》，刘玮译，译林出版社，2013年。

阿拉斯戴尔·麦金太尔：《追寻美德》，宋继杰译，译林出版社，2011年。

爱比克泰德：《爱比克泰德论说集》，王文华译，商务印书馆，2009年。

爱比克泰德：《哲学谈话录》，吴欲波等译，中国社会科学出版社，2008年。

安东尼·吉登斯：《现代性与自我认同——现代晚期的自我与社会》，赵旭东、方文译，生活·读书·新知三联书店，1998年。

安东尼·朗：《心灵与自我的希腊模式》，何博超译，刘玮校，北京大学出版社，2015年。

奥古斯丁：《奥古斯丁选集》，汤清、杨懋春、汤毅仁译，宗教文化出版社，2010年。

柏拉图：《柏拉图全集》，王晓朝译，人民出版社，2002—2003年。

柏拉图：《理想国》，郭斌和、张竹明译，商务印书馆，1986年。

波德里亚：《消费社会》，刘成富、全志钢译，南京大学出版社，2008年。

布莱恩·特纳：《身体与社会》，马海良、赵国新译，春风文艺出版社，2000年。

布莱恩·特纳：《身体与社会学导论》，汪民安译，"实践与文本"，http://ptext.nju.edu.cn/home4.php?id=1362,2007-04-30/2011-01-06。

戴维·坎特："受侵犯的身体"，斯威妮、霍德编：《身体：剑桥年度主题讲座》，贾俐译，华夏出版社，2006年。

丹纳：《艺术哲学》，广西师范大学，2000年。

德勒兹、加塔利（又译瓜塔里，笔者注）：《资本主义与精神分裂（卷2）：千高原》，姜宇辉译，上海书店出版社，2010年。

德里达：《书写与差异》（上下册），张宁译，生活·读书·新知三联书店，2001年。

德里克·帕菲特:《理与人》,王新生译,上海译文出版社,2005年。
笛卡尔:《第一哲学沉思集》,庞景仁译,商务印书馆,2008年。
第欧根尼·拉尔修:《名哲言行录》,徐开来、溥林译,广西师范大学出版社,2010年。
多罗西娅·弗雷德:《柏拉图的〈蒂迈欧〉:宇宙论、理性与政治》,刘佳琪译,北京大学出版社,2014年。
G.E.R.劳埃德:《早期希腊科学:从泰勒斯到亚里士多德》,孙小淳译,上海科技教育出版社,2004年。
G.哈特费尔德:《笛卡尔与〈第一哲学的沉思〉》,尚新建译,广西师范大学出版社,2007年。
韩潮:《海德格尔与伦理学问题》,同济大学出版社,2007年。
汉娜·阿伦特:《人的境况》,王寅丽译,上海人民出版社,2009年。
荷马:《伊利亚特》,罗念生、王焕生译,上海人民出版社,2012年。
黑格尔:《精神现象学》,贺麟、王玖兴译,商务印书馆,1979年。
亨利·柏格森:《物质与记忆》,姚晶晶译,安徽人民出版社,2013年。
H.T.恩格尔哈特:《生命伦理学基础》,范瑞平译,北京大学出版社,2006年。
靳希平:"西方文化史中的休闲(schole)与学术(scholarship)———一个西方语文学资料的简单译介",《"生活哲学与现代人类生存"学术会议论文集》,浙江大学,2016年5月。
卡洛琳·麦茜特:《自然之死——妇女、生态与科学革命》,吴国盛、吴小英、曹南燕、叶闯译,吉林人民出版社,1999年。
卡斯蒂廖尼:《医学史》,程之范主译,广西师范大学出版社,2003年。
康德:《道德实践批判》,韩水法译,商务印书馆,1999年。
康德:《道德形而上学原理》,苗力田译,上海人民出版社,2002年。
克里斯·希林:《文化、技术与社会中的身体》,李康译,北京大学出版社,2011年。
拉·梅特里:《人是机器》,顾寿观译,商务印书馆,2002年。
李秋零编:《康德著作全集(第5卷):〈实践理性批判〉〈判断力批判〉》,中国人民大学出版社,2007年。
李泽厚,刘再复:"李泽厚与刘再复关于教育的两次对话",《东吴学术》,2010年第3期,第17—22页。
栗山茂久:《身体的语言:古希腊医学和中医之比较》,陈信宏、张轩辞译,上海世纪出版集团,2009年。
列维-斯特劳斯:《野性的思维》,李幼蒸译,商务印书馆,1987年。

刘小枫:"舍勒现象学中的身体",《个体信仰与文化理论》,四川人民出版社,1997年。

罗伯托·埃斯波西托:"极权主义还是生命政治?关于20世纪的哲学阐释",《国外理论动态》,2010年第3期,第68—73页。

罗念生,水建馥编:《古希腊语汉语词典》,商务印书馆,2004年。

罗念生:《修辞学》,生活·读书·新知三联书店,1991年。

罗斯:《亚里士多德》,王路译,张家龙校,商务印书馆,1997年。

洛克:《人类理解论》,关文运译,商务印书馆,1981年。

马丁·海德格尔:《存在与时间》,陈嘉映、王庆节合译,熊伟校,生活·读书·新知三联书店,2006年。

马丁·海德格尔:《尼采(上下卷)》,孙周兴译,商务印书馆,2010年。

马丁·海德格尔:《依与本源而居——海德格尔艺术现象学文选》,孙周兴编译,中国美术学院出版社,2010年。

马可·奥勒留:《马上沉思录》,何怀宏译,陕西师范大学出版社,2003年。

马克思、恩格斯:《马克思恩格斯文集》第42卷,人民出版社,1979年。

马克斯·舍勒:"自我认识的偶像",《舍勒选集》,上海三联出版社,1999年。

马塞尔·莫斯:《论技术、技艺与文明》,施郎格编选,蒙养山人译,世界图书出版公司,2010年。

马塞尔·莫斯:《人类学与社会学五讲》,林宗锦译,广西师范大学出版社,2008年。

梅洛-庞蒂:《知觉现象学》,姜志辉译,商务印书馆,2001年。

米歇尔·福柯:《不正常的人》,钱翰译,上海人民出版社,2003年。

米歇尔·福柯:《福柯读本》,汪民安译,北京大学出版社,2010年。

米歇尔·福柯:《福柯集》,杜小真编,上海远东出版社,1998年。

米歇尔·福柯:《规训与惩罚:监狱的诞生》,刘北成、杨远婴译,生活·读书·新知三联书店,1999年。

米歇尔·福柯:《性经验史》,佘碧平译,上海人民出版社,2005年。

米歇尔·福柯:《主体解释学》,佘碧平译,上海人民出版社,2005年;第二版,2010年。

纳斯鲍姆:《善的脆弱性》,徐向东、陆萌译,译林出版社,2007年。

尼采:《悲剧的诞生:尼采美学文选》,周国平译,生活·读书·新知三联书店,1987年。

尼采:《查拉图斯特拉如是说》,钱春绮译,生活·读书·新知三联书店,2007年。

尼采:《快乐的科学》,黄明嘉译,华东师范大学出版社,2007年。

尼采:《权力意志》,贺骥译,漓江出版社,2000年。

尼采:《权力意志》,张念东、凌素心译,商务印书馆,1991年。

尼采:《哲学与真理——尼采1872—1876年笔记选》,田立年译,上海社科院出版社,1997年。

皮埃尔·布尔迪厄:《实践理论大纲》,高振华、李思宇译,中国人民大学出版社,2017年。

普罗提诺:《九章集》,石敏敏译,中国社会科学出版社,2009年。

S.K.图姆斯:《病患的意义》,邱鸿钟等译,青岛出版社,2000年。

S.格罗根:《身体意象》,黎士鸣译,弘智文化事业公司,2001年。

塞涅卡:《哲学的治疗》,吴欲波译,中国社会科学出版社,2007年。

色诺芬:《回忆苏格拉底》,吴永泉译,商务印书馆,1984年。

石敏敏:《希腊化哲学主流》,中国社会科学出版社,2012年。

石敏敏,章雪富:《斯多亚主义:Ⅱ》,中国社会科学出版社,2009年。

唐·伊德:《技术与生活世界》,韩连庆译,北京大学出版社,2012年。

梯恩·蒂勒曼、于江霞:"芝诺与心理一元论:关于文本证据的一些观察",《清华西方哲学研究》,2018年第2期,第121—145页。

汪民安、陈永国:"身体转向",《外国文学》,2004年第1期,第36—44页。

汪子嵩、陈村富、包利民等:《希腊哲学史(共四卷)》,人民出版社,1988—2010年。

维特根斯坦:《哲学研究》,陈嘉映译,上海人民出版社,2005年。

吴国盛:"技术释义",《哲学动态》,2010年第4期,第86—89页。

吴国盛:《科学的历程》,北京大学出版社,2002年。

吴国盛:"希腊数学作为自由学术的典范",《文汇报》,2016年5月27日9—10版。

吴天岳:《身体的合法性及其地位——西方哲学中的身体观与舍勒的位格价值理论》,北京大学哲学系本科学年论文,1999年。

西塞罗:《论至善和至恶》,石敏敏译,中国社会科学出版社,2005年。

夏可君:《身体——思想的触感》,基督教文化学刊,2009年第6期。

萧旭智:"差错、生命科学与认识论:从傅科回到刚居朗",《文化研究月报》,2006年第60期。

邢莉、常宁生:"美术概念的形成——论西方'艺术'概念的发展和演变",《文艺研究》,2006年第4期,第105—115页。

休谟:《道德原则研究》,曾晓平译,商务印书馆,2007年。

休谟:《人性论》,关文运译,商务印书馆,2009 年。

许志伟:《生命伦理:对当代生命科技的道德评估》,中国社会科学出版社, 2006 年。

亚里士多德:《灵魂论及其他》,吴寿彭译,商务印书馆,1999 年。

亚里士多德:《尼各马可伦理学》,廖申白译注,商务印书馆,2003 年。

亚里士多德:《物理学》,徐开来译,中国人民大学出版社,2003 年。

亚里士多德:《形而上学》,苗力田译,中国人民大学出版社,2003 年。

亚里士多德:《政治学》,吴寿彭译,商务印书馆,2009 年。

杨大春:"从身体现象学到泛身体哲学",《社会科学战线》,2010 年第 7 期,第 24—30 页。

伊壁鸠鲁、卢克来修:《自然与快乐:伊壁鸠鲁的哲学》,包利民译,中国社会科学出版社,2004 年。

于江霞:"存在一种生活技艺吗———从古代怀疑派与斯多亚派之争看",《哲学评论》,2017 年第 1 期,第 46—59 页。

于江霞:"论古希腊的'工匠精神'",《自然辩证法研究》,2017 年第 5 期,第 59—63 页。

于江霞:"身体与关心伦理的诞生",《道德与文明》,2017 年第 3 期,第 87—96 页。

于江霞:"自爱与他爱是一:论期多亚学派 oikeiosis 观念的内在一致性",《清华西方哲学研究》,2018 年第 2 期,第 189—208 页。

于江霞:"作为一种生活方式的技艺——析斯多亚派的技艺概念",《自然辩证法研究》,2014 年第 5 期,第 73—78 页。

于奇智:《凝视之爱》,中央编译出版社,2002 年。

俞吾金:"问题意识与哲学困境——梅洛-庞蒂知觉现象学探要",《学术月刊》,2013 年第 4 期。

约翰·奥尼尔:《身体形态:现代社会的五种身体》,张旭春译,春风文艺出版社,1999 年。

约纳斯:《技术、医学和伦理学——责任原则的实践》,张荣译,上海译文出版社,2008 年。

张志扬:"技术全球化时代,艺术空间在哪里?","预见艺术的未来——全球化的本土视点"研讨会,未刊稿。https://www.douban.com/group/topic/34192784/2016/8/18。

章雪富:《斯多亚主义:Ⅰ》,中国社会科学出版社,2007 年。

英文部分

Alberti, A. & Sharples, R. W. (eds.), 1999, *Aspasius: The Earliest Extant Commentary on Aristotle's Ethics*, Berlin: de Gruyter.

Algra, K. & Barnes, J. & Mansfeld, J. & Schofield, M. (eds.), 1999, *The Cambridge History of Hellenistic Philosophy*, Cambridge: Cambridge University Press.

——, 2009, "Stoics on Souls and Semons: Reconstructing Stoic Demonology", Dorothea Frede & Burkhard Reis (eds.), *Body and Soul in Ancient Philosophy*, Berlin-New York: de Gruyter, pp. 359-388.

Analayo, B., 2004, *Satipatthāna the Direct Path to Realization*, Cambridge: Windhorse Publications.

Angier, Tom P. S., 2008, *Aristotle's Ethics and the Crafts: A Critique*, Toronto: University of Toronto.

——, 2010, *Technē in Aristotle's Ethics: Crafting the Moral Life*, New York: Continuum International Publishing Group.

Annas, J. E., 1990, "The Hellenistic Version of Aristotle's Ethics", *The Monist*, 73(1): 80-96.

——, 1992, *Hellenistic Philosophy of Mind*, Berkeley: University of California Press.

——, 1993, *The Morality of Happiness*, New York/Oxford: Oxford University Press.

——, 2003, "The Structure of Virtue", Michael De Paul, Linda Zagzebski (eds.), *Intellectual Virtue: Perspectives from Ethics and Epistemology*, Oxford: Clarendon Press, pp. 15-34.

Annas, J. E. & Barnes, J. (eds.), 2000, *Sextus Empiricus, Outlines of Scepticism*, Cambridge: Cambridge University Press.

Annas, J. (ed.), Woolf, R. (trans.), 2001, *Cicero: On Moral Ends. Cambridge Texts in the History of Philosophy*, Cambridge: Cambridge University Press.

Arnim, H. von. (ed.), 1903-5, *Stoicorum Veterum Fragmenta*. 3 vols, Leipzig: Teubner.

Babich, B., 2002, "*Mousikē Technē*: The Philosophical Practice of Music in Plato, Nietzsche, and Heidegger", *Articles and Chapters in Academic Book Collections*. 23. https://fordham.bepress.com/phil_babich/23/2012.2.8.

Bader, D. W., 2010, *Platonic Craft and Medical Ethics*, Dissertation, University of Toronto.

Baker, L. R., 2000, *Persons and Bodies: A Constitution View*, New York: Cambridge University Press.

Barton, J., 2002, "Hippocratic Explanations", in Philip J. van der Eijk (ed.), Hippocrates in Context. Papers read at the XIth International Hippocrates Colloquium, University of Newcastle upon Tyne, *Studies in Ancient Medicine* 31, Leiden: Brill, 2005.

Bartoš, H., 2006, Varieties of the Ancient Greek Body-Soul Distinction, *A Journal for Ancient Philosophy and Science*, 1: 59-78.

——, 2015, *Philosophy and Dietetics in the Hippocratic On Regimen: A Delicate Balance of Health*, Leiden: Brill.

Bartsch, S. & Wray, D. (eds.), 2009, *Seneca and the Self*, Cambridge: Cambridge University Press.

Beare, J. I. (trans.), *On Sense and the Sensible* [De Sensu et Sensibilibus] http://classics.mit.edu/Aristotle/sense.html/2016.12.2.

Beattie, J., 1790, *Elements of Moral Science*, Edinburgh: William Creech; London: T. Cadell.

Becker, L, C., 1998, *A New Stoicism*, Princeton: Princeton University Press.

——, 2003, "Human Health and Stoic Moral Norms", *Journal of Medicine and Philosophy*, 28(2): 221-238.

——, 2004, "Stoic Emotion", Steven K. Strange, Jack Zupko (eds.), *Stoicism: Traditions and Transformations*, New York: Cambridge University Press, pp. 250-276.

Beresford, E. B., 1996, "Can Phronesis Save the Life of Medical Ethics?" *Theoretical Medicine*, 17(3): 209-224.

Berryman, S., 2002, "Aristotle on Pneuma and Animal Self-motion", *Oxford Studies in Ancient Philosophy*, 23: 85-97.

Bett, R., 1997, *Sextus Empiricus Against the Ethicists*, Oxford: Oxford University Press.

Billson, C. J. (trans.), 1930, *Pindar: Odes of Victory*, The Nemean and Isthmian Odes, Embellished with Wood Engravings by John Farleigh. Oxford: Blackwell.

Blank, D. L., 1998, Sextus Empiricus. *Against the Grammarians* (Adversus

Mathematicos I, Oxford: Clarendon Press.

Bloom, A. (trans.), 1968, *The Republic of Plato. Translated with an Interpretive Essay*, New York and London: Basic Books, Inc.

Bodhi, B. (trans.), 2000, *The Connected Discourses of the Buddha*, Somerville: Wisdom Publications.

Boeri, D. M., 2001, "The Stoics on Bodies and Incorporeals", *The Review of Metaphysics*, 54(4): 723-752.

Bourdieu, P., 1972, *Esquisse d'une théorie de la pratique, précédé de Trois études d'ethnologie kabyle*, Paris: Droz; Eng. 1977, Outline of a Theory of Practice, Cambridge: Cambridge University Press.

Brennan, T. & Brittain, C. (trans.), 2002, *Simplicius: On Epictetus, Handbook 1-26*, Ithaca, N. Y.: Cornell University Press.

Brennan, T., 1996, "Reasonable Impressions in Stoicism", *Phronesis*, 41(3): 318-334.

——, 2000, "Reservation in Epictetus", *Archiv für Geschichte der Philosophie*, 82(2): 149-177.

——, 2003, "Stoic Moral Psychology", Brad Inwood (ed.), *The Cambridge Companion to the Stoics*, Cambridge: Cambridge University Press, pp. 257-294.

——, 2009, "Stoic Souls in Stoic Corpses", Dorothea Frede & Burkhard Reis (eds.), *Body and Soul in Ancient Philosophy*, Berlin-New York: de Gruyter, pp. 389-408.

Brian, P., 1979, Galen on the Ideal of the Physician, *South Africa Medical Journal*, (52): 936-938.

Brink, C, O., 1956, "Οἰκείωσις and Οἰκειότης: Theophrastus and Zeno on Nature in Moral Theory", *Phronesis*, 1(2):123-145.

Broadie, S., 1990, "Nature and Craft in Aristotelian Teleology", Devereux, D. & Pellegrin, P. (eds.), *Biologie, Logique et Métaphysique chez Aristote*, CNRS: Paris, pp. 389-403.

——, 1991, *Ethics With Aristotle*, New York: Oxford University Press.

——, 2001, "Soul and Body in Plato and Descartes", *Proceedings of the Aristotelian Society*, 101: 295-308.

——, 2012, *Nature and Divinity in Plato's Timaeus*, Cambridge: Cambridge University Press.

Brunschwig, J., 2003, "Stoic Metaphysics", Brad Inwood (ed), *Cambridge Companions to the Stoics*, Cambridge: Cambridge University Press, pp. 206-232.

Burnet, J. (ed.), 1903, *Platonis Opera*, Oxford: Clarendon Press.

Butler, J., 1989, "Sexual Ideology and Phenomenological Description: A Feminist Critique of Merleau-Ponty's *Phenomenology of Perception*", Jeffner Allen, Marion Young (ed.), *The Thinking Muse: Feminism and Modern French Philosophy*, Bloomington: Indiana University Press, pp. 55-100.

Campbell, A. V., 2009, *The Body in Bioethics*, London: Routledge.

Carrick, P., 2001, *Medical Ethics in the Ancient World*, Washington, D. C.: Georgetown University Press.

Carter, R. B., 1983, *Descartes' Medical philosophy: The Organic Solution to the Mind-Body Problem*, Baltimore: The Johns Hopkins University Press.

Charles, D., 1984, *Aristotle's Philosophy of Action*, Ithaca: Cornell University Press.

——, 1986, "Aristotle: Ontology and Moral Reasoning", Michael Woods (ed.), *Oxford Studies in Ancient Philosophy*, 4 (1):19-144.

——, 2009, "Aristotle on Desire and Action", Dorothea Frede, Burkhard Reis, *Body and Soul in Ancient Philosophy*, Berlin-New York: de Gruyter, pp. 291-307.

Clarke, M., 1999, *Flesh and Spirit in the Songs of Homer*, Oxford: Oxford University Press.

Claus, D. B., 1981, *Toward the Soul. An Inquiry into the Meaning of* Φυχή *Before Plato*, New Haven and London: Yale University Press.

Colish, M., 1985, *The Stoic Tradition from Antiquity to the Early Middle Ages*, 2 volumes, Leiden: E. J. Brill.

Cooper, J. M. (ed.), 1997, Plato: Complete Works, Indianapolis: Hackett.

——, 2004, "Moral Theory and Moral Improvement: Seneca", *Knowledge, Nature, and the Good: Essays on Ancient Philosophy*, Princeton: Princeton University Press, pp. 314-320.

——, 2012, *Pursuits of Wisdom: Six Ways of Life in Ancient Philosophy from Socrates to Plotinus*, Princeton: Princeton University Press.

Cooper, J. M. & Procopé, J. F. (ed. & trans.), 1995, *Seneca: Moral and Political Essays*, Cambridge: Cambridge University Press.

Cunningham, A. & French, R. (eds.), 1990, *The Medical Enlightenment of the Eighteenth Century*, Cambridge: Cambridge University Press.

Damásio, A., 1994, *Descartes' Error: Emotion, Reason and the Human Brain*, NY: GP Putnam.

Davidson, A., 1994, "Ethics as Ascetics: Foucault, the History of Ethics, and Ancient Thought", *The Cambridge Companion to Foucault*, Gary Gutting (ed.), Cambridge and New York: Cambridge University Press, pp. 115-140.

——, 2004, *The Emergence of Sexuality: Historical Epistemology and the Formation of Concepts*, Cambridge, Mass.: Harvard University Press (Revised edition).

Derrida, Jacques, On Teaching: Jean-Lue Nancy, Christine Irizarry (trans.), Stanford: Stanford University Press, 2005.

Descartes, R., 1959, *Principles of Philosophy*, Anscombe, E. & Geach, P. T. (trans.), London: Thomas Nelsons & Sons.

——, 1972, *Treatise of Man*, T. S. Hall (tr.), Cambridge, MA: Harvard University Press.

——, 1989, *Passions of the Soul*, S. H. Voss (tr.), Indianapolis: Hackett.

——, 1998, *The Philosophical Writings Of Descartes*, 3 vols., J. Cottingham, R. Stoothoff & D. Murdoch (ed. & trans.), volume 3 including Anthony Kenny, Cambridge: Cambridge University Press.

Diels, H, & Kranz, W. (1952), *Die Fragmente der Vorsokratiker* (in three volumes), 6th edition, Dublin and Zurich: Weidmann.

Dillon, J., 2009, "How Does the Soul Direct the Body, After all? Traces of a Dispute on Mind-Body Relations in the Old Academy", Dorothea Frede & Burkhard Reis (eds.), *Body and Soul in Ancient Philosophy*, Berlin-New York: de Gruyter, pp. 349-353.

Dobbin, R. (trans.), 1998, *Epictetus. Discourses Book 1. Translated and with an introduction and commentary*, New York: Oxford University Press.

Dohmen, J., 2003, Philosophers on the "Art-of-living", *Journal of Happiness Studies*, 4 (4): 351-371.

Donovan, K., 2011, "Askesis: A Multi-disciplinary Study Investigating a First Century Christian Concept", Dissertation, Cardiff University.

Dunne, J., 1993, *Back to the Rough Ground: Phronesis and Techne in Modern*

Philosophy and in Aristotle, Notre Dame: University of Notre Dame Press.

Edelstein, L., 1966, *The Meaning of Stoicism*, Cambridge, Mass.: Harvard University Press.

——, 1967, "The Dietetics of Antiquity", Edelstein, *Ancient Medicine: Selected Papers of Ludwig Edelstein.* eds. Temkin, O, & Temkin, C, L, Baltimore, MD: The Johns Hopkins Press, pp. 303-318.

Eichorn, R. E., 2014, "How (Not) To Read Sextus Empiricus", *Ancient Philosophy*, 34(1): 121-149.

Erler, M., 2002, "Stoic Oikeiosis and Xenophon's Socrates", Theodore Scaltsas and Andrew S. Mason (eds.), *Zeno of Citium and his Legacy: The Philosophy of Zeno*, Larnaka, Cyprus, pp. 239-258.

F. L, Delmonico, R, Arnold., N, Scheper-Hughes et. al., 2002, "Ethical Incentives-Not Payment-for Organ Donation", *New England Journal of Medicine*, 346(25): 2002-2005.

Fambek, M. & Strathern, A. (eds.), 1998, *Bodies and Persons: Comparative Perspectives from Africa and Melanesia*, Cambridge: Cambridge University Press.

Fiedler, W., 1978, *Analogiemodelle bei Aristoteles: Untersuchungen zu denVergleichen zwischen den einzelnen Wissenschaften und Künsten*, Amsterdam: B. R. Grüner.

Fortenbaugh, W. W. (ed.), 1983, *On Stoic and Peripatetic Ethics: The Work of Arius Didymus*, New Brunswick and London: Transaction Books.

Fortunanti, L., 2003, James E. Katz, Raimonda Riccini. *Introduction to Mediating the Human Body: Technology, Communication and Fashion*, Mahwah, New Jersey: Lawrence Erlbaum Associates.

Foucault, M., 1997, "On the Genealogy of Ethics: An Overview of Work in Progress", *Ethics, Subjectivity and Truth*. Volume 1 of *The Essential Works of Foucault, 1954-1984*, Paul Rabinow(ed.), Robert Hurley et al. (trans.), New York: The New Press.

——, 1999, "Techniques of Parrhesia", *Discourse and Truth: the Problematization of Parrhesia*, Joseph Pearson(ed.), Digital Archive: Foucault.info.

——, 2004, *The Hermeneutics of the Subject: Lectures at the Collège de France 1981-1982*, Gros F. (ed.), Burchell G. (trans.), New York: Palgrave Macmillan.

——, 2011, *The Courage of the Truth*. Gros, F, Davidson, A I. (eds.), Burchell, G. (trans.), New York: Palgrave Macmillan.

Francis, J. A., 1995, *Subversive Virtue: Asceticism and Authority in the Second-Century Pagan World*, University Park: Pennsylvania State University Press.

Franklin, S. & Lock, M., 2003, *Remaking Life and Death: Toward an Anthropology of the Biosciences*, Santa Fe: School of American Research Press.

Frede, D, & Reis, B. (eds.), 2009, *Body and Soul in Ancient Philosophy*, Berlin-New York: de Gruyter.

Havelock, E. A. 1972, "The Socratic Self as It Is Parodied in Aristophanes' Clouds", *Yale Classical Studies* 22: 1-18.

Frede, M., 1987, *Essays in Ancient Philosophy*, Minneapolis: University Of Minnesota Press; Minnesota Archive Editions.

Freeman, K, & Diels, H., 1957, *Ancilla to the Pre-Socratic Philosophers: A Complete Translation of the Fragments in Diels*, *Fragmente der Vorsokratiker*, Cambridge: Harvard University Press.

Freiberger, O. (ed.), 2006, *Asceticism and Its Critics: Historical Accounts and Perspectives*, Oxford: Oxford University Press.

Gadamer, Hans-Georg., 1996, *The Enigma of Health: The Art of Healing in a Scientific Age*. Gaiger, J, Walker, N. (trans.), Stanford: Stanford University Press.

Gagarin, M. (ed.), 2010, *The Oxford Encyclopedia of Ancient Greece and Rome*, New York: Oxford University Press.

Gallop, D., 1975, *Plato: Phaedo*, translated with notes, Oxford: Clarendon Press.

——, 1990, *Aristotle on Sleep and Dreams: A Text and Translation with Introduction, Notes, and Glossary*, Petersborough, Ontario and Lewiston, NY: Broadview Press.

Gibbon, S, & Novas, C. (eds.), 2007, *Biosocialities, Genetics and the Social Sciences: Making Biologies and Identities*, Routledge: Abingdon, UK.

Gill, C., 1997, "Galen versus Chrysippus on the Tripartite *Psyche* in Timaeus 69-72", T. Calvo and L. Brisson (eds.), *Interpreting the Timaeus-Critias*, Sankt Augustinpp: Academia Verlag, pp. 268-273.

——, 2003, "The School in the Roman Imperial Period", B. Invood(ed.), *The Cambridge Companion to the Stoics*, Cambridge: Cambridge University

Press, pp. 33-58.

——, 2008, "The Structured Self in Hellenistic and Roman Thought", *Review by: Gretchen Reydams-Schils Classical Philology*, 103(2): 189-195.

——, 2009, Seneca and Selfhood: Integration and Disintegration, in Shadi Bartsch & David Wray (eds.), *Seneca and the Self*, Cambridge University Press, pp. 65-83.

——, 2013, "Philosophical Therapy as Preventive Psychological Medicine", W. V. Harris, (ed.), *Mental Disorders in the Classical World*, Columbia Studies in the Classical Tradition, Leiden: Brill, pp. 339-360.

Gill, C., Whitmarsh, T. & Wilkins, J. (ed.), 2009, *Galen and the World of Knowledge*, Cambridge, UK/New York: Cambridge University Press.

Gill, M. L. & Pellegrin, P. (eds.), 2006, *A Companion to Ancient Philosophy. Blackwell Companions to Philosophy*, Malden, MA: Blackwell.

Gleason, M. W., 2007, "Shock and Awe: the Performance Dimension of Galen's Anatomy Demonstrations", Princeton/Stanford Working Papers in Classics. http://www.princeton.edu/~pswpc/pdfs/gleason/010702.pdf/2013.2.6.

Godley, A. D., 1920-1925, *Herodotus: The Persian Wars: Volume I – IV: Books 8-9*, Cambridge, MA: Harvard University Press.

Gracia, D., 1978, "The Structure of Medical Knowledge in Aristotle's Philosophy", *Sudhoff Archiv* 62 (1): 1-36.

Graver, M. (trans.), 2002, *Cicero: On the Emotions: Tusculan Disputations 3 and 4*, Chicago: University Of Chicago Press.

——, 2007, *Stoicism and Emotion*, Chicago: University of Chicago Press.

Graver, M. & Long, A. A., 2015, *Lucius Annaeus Seneca, Letters on Ethics: To Lucilius*, translation with introduction and commentary, Chicago: University of Chicago Press.

Grgic, F., 2006, "Sextus Empiricus on the Goal of Skepticism", *Ancient Philosophy*, 26: 141-160.

Grmek, M. D. & Fantini, B. (eds.), 2002, *Western Medical Thought from Antiquity to the Middle Ages*, Shugaar, A (trans.), Cambridge, Mass: Harvard University Press.

Gummere, R. M. (trans.), 1917-1925, *Seneca: Moral letters to Lucilius* (Epistulae morales ad Lucilium), 3vols, Cambridge, Mass: Harvard University Press.

Hadot, I. S., 1969, *Seneca und die griechisch-römische Tradition der Seelenleitung*, Quellen und Studien zur Geschichte der Philosophy Bd. 13, Berlin: de Gruyter.

Hadot, P., 1995, *Philosophy as a Way of Life*, Oxford: Blackwells.

——, 2002, *What is Ancient Philosophy?* Cambridge, MA: Harvard University Press.

Hahm, D. E., 1977, *The Origins of Stoic Cosmology*, Columbus: Ohio State University Press.

Hankinson, R. J., 1991, "Greek Medical Models of Mind", *Psychology. Companions to Ancient Thought 2*, S. Everson (ed.), Cambridge: Cambridge University Press, pp. 2-194.

——, 1994, "Values, Objectivity and Dialectic: The Sceptical Attack on Ethics: Its Methods, Aims, and Success", *Phronesis*, 39(1): 45-68.

——, 1993, "Actions and Passions", *Passions and Perceptions*, M. C. Nussbaum (ed.), Cambridge: Cambridge University Press, pp. 192-197.

——, 2006a, "Body and Soul in Galen", R. A. H. King (ed.), *Common to Body and Soul. Philosophical Approaches to Explaining Living Behaviour in Greco-Roman Antiquity*, Berlin: de Gruyter, pp. 232-258.

——, 2006b, "Body and Soul in Greek Philosophy", *Persons and Their Bodies: Rights, Responsibilities, Relationships*, M. J. Cherry (ed.), Dordrecht: Kluwer Academic Publischers, pp. 35-56.

——, 2008, *The Cambridge Companion to Galen*, Cambridge/New York: Cambridge University Press.

Haraway, D, J., 1997, *Modest_Witness@Second_Millennium. FemaleMan© _Meets_OncoMouse^{TM}: Feminism and Technoscience*, New York: Routledge.

Hard, R. (trans.), 1995, *Epictetus: The Discourses of Epictetus.* Christopher Gill. (ed.), London: J. M. Dent; Rutland, Vt.: C. E. Tuttle.

Harris, W, V. (ed.), 2013, *Mental Disorders in the Classical World*, Columbia Studies in the Classical Tradition, Leiden: Brill.

Heidegger, M., 1998, *Pathmarks*, McNeil, William (trans.), Cambridge: Cambridge University Press.

Hine, H. H. (trans.), 2010, *Seneca: Natural Questions, The Complete Works of Lucius Anneaus Seneca*, E. Asmis, S. Bartsch, and M. Nussbaum (eds.), Chicago and London: University of Chicago Press.

Hofmann, B., 2002, Medicine as Practical Wisdom (Phronesis), *Poiesis & Praxis*, 1(2): 135-149.

Holmes, B., 2009, *Early Medical Analogies: Taking Care of Body and Soul*, Department of Classical Studies, Dissertation, University of Pennsylvania.

——, 2010a, *The Symptom and the Subject: The Emergence of the Physical Body in Ancient Greece*, Princeton: Princeton University Press.

——, 2010b, "Body, Soul, and the Medical Analogy in Plato", Euben, J, P & Bassi, K. (eds.), *When Worlds Elide: Classics, Politics, Culture*. Lanham, Md.: Lexington Books, pp. 345-385.

Ierodiakonou, K., 1995, "Alexander of Aphrodisias on Medicine as a Stochastic Art", *Clio medica*, 28: 473-485.

Ihde, D., 2002, *Bodies in Technology*, Minneapolis, London: University of Minnesota Press.

——, 2003, "Postphenomenology-Again?" Working Papers from Centre for STS Studies Department of Information & Media Studies, University of Aarhus, Published by The Centre for STS Studies, Aarhus, 1-30.

Illich, I., 1989, *ASCESIS. Introduction, Etymology and Bibliography*, http://www.davidtinapple.com/illich/1989_Ascesis.pdf//2015-3-6.

Inwood, B., 1985, *Ethics and Human Action in Early Stoicism*, Oxford: Clarendon Press.

——, 1986, "Goal and Target in Stoicism", *The Journal of Philosophy*, 83(10): 547-556.

——, (ed.), 2003, *The Cambridge Companion to the Stoics*, Cambridge: Cambridge University Press.

——, 2005, "Seneca and Self Assertion", *Reading Seneca: Stoic Philosophy at Rome*, Oxford: Oxford University Press, pp. 322-252.

——, (trans.), 2007, *Seneca: Selected Philosophical Letters, with an introduction and commentary*, Oxford: Oxford University Press.

Inwood, B. & Donini, P., 1999, "Stoic Ethics", Keimpe Algra & Jonathan Barnes & Jaap Mansfeld & Malcolm Schofield(eds.), *The Cambridge History of Hellenistic Philosophy*, Cambridge: Cambridge University Press, pp. 675-738.

Irwin, T. H., 1996, "Stoic Individuals", *Noûs*, Vol. 30, Supplement: Philosophical Perspectives, *Metaphysics*, 10: 459-480.

Jaeger, W., 1957, "Aristotle's Use of Medicine as Model of Method in His Ethics", *The Journal of Hellenic Studies*, 77: 54-61.

Johansen, T. K., 2014, "Why the Cosmos Needs a Craftsman", *Phronesis*, 59: 297-320.

John M., Rist, 1996, *Man, Soul, and Body: Essays in Ancient Thought From Plato to Dionysius*, Brookfield: Ashgate Publishing.

Jones, W. H. S., et al. (trans.), 1923-1995, *Hippocrates*, Loeb Classical Library, London: Heinemann; New York: Putnam.

Jonsen, A & Toulmin, S., 1990, *The Abuse of Casuistry: A History of Moral Reasoning*, Berkeley: University of California Press.

Jouanna, J., 1999, *Hippocrates*, M. B. DeBevoise(tr.), Johns Hopkins Medicine & Culture Series, Baltimore and London: Johns Hopkins University Press.

——, 2012, *Greek Medicine from Hippocrates to Galen: Selected Papers*, Studies in Ancient Medicine 40, Philip van der Eijk(ed.), Neil Allies (trans.), Leiden and Boston: Brill.

Kahn, C. H., 1985, "Democritus and the Origins of Moral Psychology", *American Journal of Philology*, 106(1): 1-31.

——, 2001, *Pythagoras and the Pythagoreans: A Brief History*, Indianapolis, Indiana and Cambridge, England: Hackett Publishing Company.

Kenny, A. (trans.), 2011, *Aristotle: The Eudemian Ethics*, Oxford: Oxford University Press, USA.

Kerferd, G, B., 1972, "The Search for Personal Identity in Stoic Thought", *Bulletin of the John Rylands Library* 55: 177-196.

King, C., 2011, *Musonius Rufus: Lectures and Sayings*, Irvine, W, B. (ed.), Seatle: CreateSpace.

Kittel, G. (ed.), 1964, *Theological Dictionary of the New Testament*, Vol. I, Geoffrey W. Bromiley(trans.), Grand Rapids: Wm. B.

Klein, J., 2016, "The Stoic Argument from *Oikeiōsis*", *Oxford Studies in Ancient Philosophy*, 50: 143-200.

Knight, K., 2007, *Aristotelian Philosophy: Ethics and Politics from Aristotle to MacIntyre*, London: Polity.

Kuczewski, M. G. & Polansky, R. (eds.), 2000, *Bioethics: Ancient Themes in Contemporary Issues*, Cambridge: M. I. T. Press.

Kuczewski, M. G., 2002, "The Gift of Life and Starfish on the Beach: The Ethics of Organ Procurement", *American Journal of Bioethics*, 2(3): 53-56.

Kühn, C. G., 1821-1833, *Galeni Opera Omnia*, Leipzig: C. Cnobloch, rpt. Hildesheim, 1965.

Laertius, D., 1925, *Lives of Eminent Philosophers*, R. D. Hicks(trans.), Cambridge: Harvard University Press.

Laks, A., 2018, *The Concept of Presocratic Philosophy: Its Origin, Development, and Significance*, Glenn W. Most(trans.), Princeton & Oxford: Princeton University.

Lapidge, M., 1973, "Αρχαί and Στοιχεῖα: A Problem in Stoic Cosmology", *Phronesis*, 18(3): 240-278.

Leder, D. (1990), *The Absent Body*, Chicago/London: University of Chicago Press.

Levin, S. B., 2014, *Plato's Rivalry with Medicine: A Struggle and Its Dissolution*, New York: Oxford University Press.

Levinas, E., 1969, *Totality and Infinity: An Essay on Exteriority*, Alphonso Lingis (trans.), Pittsburgh, PA: Duquesne University Press.

——, 1978, *Existence and Existents*, The Hague: Nijhoff.

——, 1985, *Ethics and Infinity*, Pittsburg: Duquesne University Press.

——, 1987, *Time and the Other*, Pittsburgh: Duquesne University Press.

Lewis, E., 1995, "The Stoics on Identity and Individuation", *Phronesis* 40: 89-108.

Liddell, H. G. & Scott, R., 1996, *Greek-English Lexicon*, with a Revised Supplement, Oxford: Clarendon Press.

Lidz, W. J., 1995, "Medicine as Metaphors in Plato", *The Journal of Medicine and Philosophy* 20: 527-541.

Lloyd, G., 2007, "Pneuma between Body and Soul", *The Journal of the Royal Anthropological Institute*, *Wind, Life, Health: Anthropological and Historical Perspectives*, 13: S135-S146.

Lom, P., 2014, *Limits of Doubt, The Moral and Political Implications of Skepticism*, Albany: SUNY Press.

Long, A. A., 1968, *The Stoic Concept of Evil*, The Philosophical Quarterly, 18(73): 329-343.

——, (ed.), 1971, *Problems in Stoicism*, London: Continuum.

——, 1974, *Hellenistic Philosophy: Stoics, Epicureans, Sceptics*, London: Duckworth.

——, 1996a, "The Harmonics of Stoic Virtue", *Stoic Studies*, Cambridge: Cambridge University Press, pp. 202-223.

——, 1996b, "Soul and Body in Stoicism", *Stoic Studies*, Cambridge: Cambridge University Press, pp. 224-249.

——, 1996c, "The Socratic Tradition: Diogenes, Crates, and Hellenistic Ethics", in Branham, R, Bracht& Cazé, Marie-Odile Goulet. (eds.), *The Cynics: The Cynic Movement in Antiquity and Its Legacy*, Berkeley: University of California Press, pp. 28-46.

——, 1996d, "Hierocles on Oikeiosis and Self-perception", *Stoic Studies*, Cambridge: Cambridge University Press, pp. 250-263.

——, 1999a, "The Scope of Early Greek Philosophy", A. A. Long (ed.), *The Cambridge Companion to Early Greek Philosophy*, Cambridge: Cambridge University Press, pp. 1-21.

——, 1999b, "Stoic psychology", Keimpe Algra & Jonathan Barnes & Jaap Mansfeld & Malcolm Schofield(eds.), *The Cambridge History of Hellenistic Philosophy*, Cambridge: Cambridge University Press, pp. 560-584.

——, 2004, *Epictetus: A Stoic and Socratic Guide to Life*, New York: Oxford University.

——, 2006, "Hellenistic Ethics as the Art of Life", *From Epicurus to Epictetus: Studies in Hellenistic and Roman Philosophy*, Oxford: Clarendon Press, pp. 23-42.

——, 2009, "Seneca on the Self: Why Now?" Shadi Bartsch & David Wray (eds.), *Seneca and the Self*, Cambridge: Cambridge University Press, pp. 20-38.

——, 2010, "Socrates in Later Greek Philosophy", Donald Morrison (ed.), *The Cambridge Companion to Socrates*, Cambridge: Cambridge University Press, pp. 355-380.

——, 2015, *Greek Models of Mind and Self*, Cambridge, MA, London: Harvard University Press.

Long, A, A, & Sedley, D., 1987a, *The Hellenistic Philosophers 1: Translations of the Principal Sources with Philosophical Commentary*, Cambridge: Cambridge University Press.

Long, A, A, & Sedley, D. , 1987b, *The Hellenistic Philosophers Volume 2: Greek and Latin Texts with Notes and Bibliography*, Cambridge: Cambridge University Press.

López Férez, J. A. (ed.), 1992, *Tratados Hipocroticos*, Madrid: Universidad Nacional de Education a Distancia.

Lorenz, H. , 2006, Varieties of the Ancient Greek Body-Soul Distinction, *A Journal for Ancient Philosophy and Science*, 1: 59-78.

——, 2009, "Ancient Theories of Soul", Stanford Encyclopedia of Philosophy, https://plato.stanford.edu/entries/ancient-soul/2011.8.13.

Lutz, C. E. , 1947, "Musonius Rufus: 'The Roman Socrates'", *Yale Classical Studies* 10, Yale: Yale University Press, pp. 3-147.

Mackenbach, J. P. , 2009, "Politics is Nothing But Medicine at a Larger Scale: Reflections on Public Health's Biggest Idea", *Journal of Epidemiology & Community Health*, 63 (3): 181-184.

Madison, L. A. , 2002, "Have We Been Careless with Socrates' Last Words? A Rereading of the Phaedo", *Journal of the History of Philosophy*, 40 (4): 421-436.

Marchant, E. C. (trans.), 1997, *Xenophon: Memorabilia*, The Loeb Classical Library, Cambridge, Mass. : Harvard University Press.

Martin, W. , 2006, Stoic Self-Consciousness, Self-Comprehension and Orientation in the Stoic Theory of Oikeiosis, University of Essex, presented in Sheffield University, http://privatewww.essex.ac.uk/~wmartin/SSC.pdf./2014.1.2.

——, 2015, "Stoic Transcendentalism and the Doctrine of Oikeiosis", Sebastian Gardner and Matthew Grist (eds.), *The Transcendental Turn*, Oxford: Oxford University Press, pp. 342-368.

Mates, B. , 1996, *Sextus Empiricus: Outlines of Pyrronism*, Translated, with Introduction and Commentary, Oxford: Oxford University Press.

Mattingly, J. R. , 1939, "Early Stoicism and the Problem of its Systematic Form", *Philosophical Review*, 48 (3): 273-295.

Mauss, M. , 1973, "Techniques of the Body", Ben Brewster (trans.), *Economy and Society* 2 (1): 70-88, ARG; repr. in *Incorporations*, 1992, Jonathan Crary and Sanford Kwinter (eds.), New York: Zone Books, pp. 455-477.

McLuhan, M. , 1994, *Understanding Media: The Extensions of Man*, London:

The MIT Press.

Mcpherran, M. L., 1990, "Pyrrhonism's Arguments against Value", *Philosophical Studies*, 60(1): 127-142.

Merleau-Ponty, M., 1992, *Sense and Non-sense*, Patricia Allen Dreyfus (trans.), Evanston IL: Northwestern University Press.

Meyer, S. S., 2009, "Chain of Causes: What is Stoic Fate?", Salles, R. (ed.), *God and Cosmos in Stoicism*, Oxford: Oxford University Press, pp. 118-134.

Mihai, Constantin-Ionut, 2016, "Competing Arts: Medicine and Philosophy in Aristotle's Protrepticus", *Hermeneia*, 17: 87-96.

Mikkola, M., 2011, "Ontological Commitments, Sex and Gender", in *Feminist Metaphysics*, C. Witt (ed.), Dordrecht: Springer, pp. 67-83.

Mill, J. S., 2009, *Three Essays on Religion*, Matz, Louis J. (ed.), Ontario: Broadview Press.

Moi, T., 1999, *What is a Woman?* Oxford: Oxford University Press.

Morrow, G. R. 1950, "Necessity and Persuasion in Plato's *Timaeus*", *Philosophical Review*, 62 (2): 234-250.

Mure, G. R. G., 1932, *Aristotle*, New York: Oxford University Press.

Nehamas, A., 1998, *The Art of Living: Socratic Reflections from Plato to Foucault*, Berkeley and Los Angeles: University of California Press.

Nicholas, P. W., 1990, "Stoic Values", *The Monist*, 73(1): 42-58.

Nietzsche, F., 1974, *The Gay Science*. Walter Kaufmann (trans.), New York: Random House.

——, 2006, *Thus Spoke Zarathustra-A Book for All and None*, Adrian Del Caro (trans.), Cambridge: Cambridge University Press.

——, 2008, *Schopenhauer as Educator*, Collins, A. (trans.), Gloucestershire: Dodo Press.

Nightingale, A. W., 2004, *Spectacles of Truth in Classical Greek Philosophy: Theoria in Its Cultural Context*, Cambridge: Cambridge University Press.

Nussbaum, M. C., 1987, "The Stoics on the Extirpation of the Passions", *Apeiron*, Fall 20(2): 129-177.

——, 1994, *The Therapy of Desire: Theory and Practice in Hellenistic Ethics*, Princeton, N. J.: Princeton University Press, 3 edition (2009).

——, 2001, *The Fragility of Goodness: Luck and Ethics in Greek Tragedy and*

Philosophy, Cambridge: Cambridge University Press, 2 edition.

Olivelle, P., 2006, "The Ascetic and the Domestic in Brahmanical Religiosity", Freiberger Oliver, *Asceticism and Its Critics: Historical Accounts and Comparative Perspectives*, Oxford and New York: Oxford University Press, pp. 25-42.

Pagis, M., 2009, "Embodied Self-Reflexivity", *Social Psychology Quarterly*, 72(3): 265-283.

Parker, R., 1996, *Athenian Religion: A History*, Oxford: Clarendon Press.

Parry, R. D., 1996, *Plato's Craft of Justice*, Albany: State University of New York Press.

——2004, "Episteme and Techne", *Stanford Encyclopedia of Philosophy*, https://plato.stanford.edu/entries/episteme-techne/2012.9.2.

Peck, A. L. (trans.), 1942, *Aristotle: On the Generation of Animals*, Loeb Classical Library, Cambridge, MA: Havard University Press.

Pellegrin, P., 2006, "Ancient Medicine and its Contribution to the Philosophical Tradition", Mary Louise Gill, Pierre Pellegrin (eds.), *A Companion to Ancient Philosophy*, Malden, MA: Blackwell, pp. 664-686.

Pembroke, S. G., 1971, "Oikeiosis", A. A. Long (ed.), *Problems in Stoicism*, London: Continuum, pp. 114-149.

Pert, C., 1999, *Molecules of Emotions: The Science Between Mind-Body Medicine*, New York: Simon & Schuster; 1 edition.

Peters, F. E., 1967, *Greek Philosophical Terms: A Historical Lexicon*, New York: New York University Press.

Pinsent, J., 1995, "Ascetic Moods in Greek and Latin Literature", Vincent L. Wimbush & Richard Valantasis (eds.), *Asceticism*, New York: Oxford University Press, pp. 211-219.

Pohlenz, M., 1940, *Grundfragen der stoischen Philosophie*, Gottingen: Vandenhoeck & Ruprecht.

——, 1970, *Die Stoa. Geschichte einer geistigen Bewegung*, 4th ed., 2 vols., Gottingen: Vandenhoeck & Ruprecht Collection.

Pomeroy, J. (ed.), 1999, *Arius Didymus, Epitome of Stoic Ethics, Texts and Translations 44, Graeco-Roman 14*, Atlanta, GA: Society of Biblical Literature.

Ponesse, J. (Reviewed), 2011, Tom P. S. Angier, *Technē in Aristotle's Ethics:*

Crafting the Moral Life, New York: Continuum International Publishing Group, 2010, *Bryn Mawr Classical Review*.

Porter, R., 1982, "Was there a Medical Enlightenment in Eighteenth-Century England?" *Journal for Eighteenth-Century Studies*, 5 (1): 49-62.

Preus, A., 1983, "'Euemptosia'—Proneness to Disease", *On Stoic and Peripatetic Ethics, The Work of Arius Didymus*, W. W. Fortenbaugh (ed.), New Brunswick/London: Routledge, pp. 107-113.

Prince, S., 2015, *Antisthenes of Athens Texts, Translations, and Commentary*, Ann Arbor: University of Michigan Press.

Rabel, R. J., 1981, Diseases of Soul in Stoic Psychology, *Greek, Roman and Byzantine Studies*, 22(4): 385-393.

Race, W. H. (trans.), 1997, *Pindar: Pythian Odes* (English and Greek Edition), Loeb Classical Library; annotated edition Cambridge, MA: Havard University Press.

Ranocchia, G., 2012, The Stoic Concept of Proneness to Emotion and Vice, *Archiv für Geschichte der Philosophie*, 94: 74-92.

Rapp, C., 2009, "Nicomachean Ethics VII. 13-14 (1154a21): Pleasure and Eudaimonia", Carlo Natali (ed.), *Aristotle: Nicomachean Ethics*, Oxford: Oxford University Press, pp. 209-235.

Reeve, C. D. C., 1992, *Practices of Reason*, Oxford: Clarendon Press.

Remes, P. & Sihvola, J. (eds.), 2008, *Ancient Philosophy of the Self*, Dordrecht: Springer.

Renehan, R., 1979, "The Meaning of ΕΩΜΑ in Homer: A Study in Methodology", *California Studies in Classical Antiquity*, 12: 269-282.

Reydams-Schils, G., 2010, "Philosophy and Education in Stoicism of the Roman Imperial Era", *Oxford Review of Education*, 36(5): 561-574.

Richert, R. A. & Harris, P. L., 2006, "The Ghost in My Body: Children's Developing Concept of the Soul", *Journal of Cognition and Culture*, 6: 409-427.

Rist, John M., 1985, "On Greek Biology, Greek Cosmology, and some Sources of Theological Pneuma", *Prudentia*, Supplement.

Romanell, P., 1984, *John Locke and Medicine, A New Key to Locke*, New York: Prometheus Books.

Roochnik, D., 2007, *Of Art and Wisdom: Plato's Understanding of Techne*, University Park: Penn State University Press.

Rose, N. & Novas, C., 2004, "Biological Citizenship", *Global Assemblages: Technology, Politics, and Ethics as Anthropological Problems*, Ong, A, & Collier, S. (eds.), Maiden, MA: Blackwell, pp. 439-463.

Rosen, S., 2002, *Ancients and the Moderns: Rethinking Modernity*, South Bend, Ind. : St. Augustine's Press.

——, 2013, "*Techne* and the Origins of Modernity," Stanley Rosen, Martin Black(ed.), *Essays in Philosophy: Ancient*, St. Augustines Press.

Rothschild, C. K. & Thompson, T. W., 2012, "Galen's On the Avoidance of Grief: The Question of a Library at Antium", *Classical Philology*, 107(2): 131-145.

Rubarth, S. M. (Reviewed), 2001, Adolf Friedrich Bonhöffer, 1996, *The Ethics of the Stoic Epictetus: An English Translation*, New York: Peter Lang, Bryn Mawr Classical Review, 08, 41.

Russell, D, C., 2012, *Happiness for Humans*, Oxford: Oxford University Press.

Rutherford, D., 2004, "On the Happy Life: Descartes vis-à-vis Seneca", Steven K. Strange & Jack Zupko (eds.), *Stoicism: Traditions and Transformations*, Cambridge: Cambridge University Press, pp. 177-197.

——, 2014, "Reading Descartes as a Stoic: Appropriate Actions, Virtue, and the Passions", *Philosophie Antique* 14: 129-155.

Salles, R., 2012, "Oikeiosis in Epictetus", A. Vigo (ed.), *Oikeiosis and the Natural Basis of Morality Hildesheim, Zurich*, New York: Olms, pp. 95-121.

Sambursky, S., 1987, *The Physical World of the Greeks*, Dagut, M. (trans.), New Jersey: Princeton University Press.

Scheper-Hughes, N, & Lock, M., 1987, "The Mindful body: A Prolegomenon to Future Work in Medical Anthropology", *Medical Anthropology Quarterly*, 1(1): pp. 6-41.

Schicktanz, S., 2007, "Why the Way We Consider the Body Matters-Reflections on Four Bioethical Perspectives on the Human Body", *Philosophy, Ethics, and Humanities in Medicine*, 2(30): 2-30.

Schilder, P. F., 1950, *The Image and Appearance of the Human Body*, New York: International Universities Press.

Schlosser, J. A. (Reviewed), 2012, Brooke Holmes, *The Symptom and the Sub-*

ject: *The Emergence of the Physical Body in Ancient Greece*, Princeton: Princeton University Press, 2010, *Foucault Studies*, 13 (5): 196-200.

Schmid, W., 1998, *Philosophie der Lebenskunst: Eine Grundlegung*, Frankfurt: Suhrkamp.

——, 2000, *Schönes Leben? Einführung in die Lebenskunst*, Frankfurt: Suhrkamp.

Scott, R., 1889, *An Intermediate Greek-English Lexicon, Founded Upon the Seventh Edition of Liddell and Scott's Greek-English Lexicon*, Liddell, H. G. (ed.), Oxford: Clarendon Press.

Sedley, D., 2011, Matter in Hellenistic Philosophy, D. Giovannozzi & M. Veneziani (eds.), *Materia*, Florence: Leo S. Olschki, pp. 53-66.

Sellars, J., 2003, *The Art of Living, The Stoics on the Nature and Function of Philosophy*, Aldershot and Burlington, VT: Ashgate; 2nd Edition, London: Duckworth, 2009.

Shapiro, L. (ed.), 2007, *The Correspondence between Princess Elisabeth and René Descartes*, L. Shapiro(trans.), Chicago: University of Chicago Press.

Sennett, R., 2008, *The Craftsman*, New Haven, CT: Yale University Press.

Sharp, L. A., 1995, "Organ Transplantation as a Transformative Experience: Anthropological Insights into the Restructuring of the Self", *Medical Anthropology Quarterly*, 9(3): 357-389

——, 2000, "The Commodification of the Body and Its Parts", *Annu. Rev. Anthropol*, (29): 287-328.

Sharpe, M., 2005, "Critique as Technology of the Self", *Foucault Studies*, 2: 97-116.

Shildrick, M. & Mykitiuk, R. (eds.), 2005, *Ethics of the Body: Postconventional Challenges*, London: The MIT Press.

Singer, P. N., 1992, "Some Hippocratic Mind-Body Problems", Lopez Ferez, Juan(ed.), *Tratados Hipocroticos*, Madrid: Universidad Nacional de Education a Distancia, pp. 131-143.

——, 1997, *Galen: Selected Works*, translated with an Introduction and Notes, Oxford: Oxford University Press.

——, (ed.), 2014, *Galen: Psychological Writings*, Cambridge: Cambridge University Press.

Snell, B., 1953, *The Discovery of the Mind*, T. G. Rosenmeyer (trans.), Oxford: Blackwell.

Sorabji, R., 2004, "Stoic First Movements in Christianity", Steven K. Strange, Jack Zupko (eds.), *Stoicism: Traditions and Transformations*, Cambridge: Cambridge University Press, pp. 95-107.

Sorabji, R., 2006, *Self: Ancient and Modern Insights About Individuality, Life, and Death*, Oxford: Clarendon Press.

——, 2008, "Graeco-Roman Varieties of Self", Pauliina Remes, Juha Sihvola (eds.), *Ancient Philosophy of the Self*, Dordrecht: Springer, pp. 13-34.

Sparshott, F. E., 1978, "Zeno on Art: Anatomy of a Definition", *The Stoics*, Rist, J, M. (ed.), Berkeley, CA: University of California Press, pp. 273-290.

Stalnaker, A., 2004, "Spiritual Exercises and the Grace of God: Paradoxes of Personal Formation in Augustine", *Journal of the Society of Christian Ethics*, 24(2): 137-170.

Stanhope, G., 2011, *Epictetus his Morals, with Simplicius his Comment Made English from the Greek*, Eebo Editions.

Staum, M. S., 1980, *Cabanis: Enlightenment and Medical Philosophy in the French Revolution*, Princeton, N.J.: Princeton University Press.

Steel, C., 2001, The Moral Purpose of the Human Body A Reading of Timaeus 69-72, *Phronesis*, 46 (2):105-128.

Stobaeus, J., 2010, *Ioannis Stobaei Florilegium: Ad Optimorum Librorum Fidem Editum*, Charleston: Nabu Press.

Stock, B., 2011, "Self, Soliloquy, and Spiritual Exercises in Augustine and Some Later Authors", *The Journal of Religion*, 91(1): 5-23.

Strange, S. K & Zupko, J. (eds.), 2004, *Stoicism: Traditions and Transformations*, Cambridge: Cambridge University Press.

Striker, G., 1996, *Essays on Hellenistic Epistemology and Ethics*, Cambridge: Cambridge University Press.

Sutton, E. W. & Rackham, H. (trans.), 1942, *Cicero: De Oratore, De Fato, Paradoxa Stoicorum, Partitiones Oratoriae*, 2 volumes, Cambridge, Mass.: Harvard University Press.

Svenaeus, F., 2001, "The Phenomenology of Health and Illness", *Handbook of Phenomenology and Medicine*, Toombs, S, K. (ed.), Dordrecht: Kluwer, pp. 87-108.

——, 2003, "Hermeneutics of Medicine in the Wake of Gadamer: the Issue of

Phronesis", *Theoretical Medicine and Bioethics*, 24(5): 407-431.

——, 2010, "The Body as Gift, Resource or Commodity? Heidegger and the Ethics of Organ Transplantation", *Bioethical Inquiry*, 7:163-172.

Synnott, A., 1992, "Tomb, Temple, Machine and Self: The Social Construction of the Body", *The British Journal of Sociology*, 43(1): 79-110.

Tabachnick, D. E., 2004, "Techne, Technology and Tragedy", *Techne: Research in Philosophy and Technology*, 7(3): 91-112.

Taylor, C., 1989, *Sources of the Self: The Making of the Modern Identity*, Cambridge, MA: Harvard University Press.

Taylor, C. C. W., 1999, *The Atomists: Leucippus and Democritus, Fragments, A Text and Translation with Commentary*, Toronto: University of Toronto Press.

Taylor, T. (trans.), 1986, *Iamblichus' life of Pythagoras*, Rochester, Vermont: Inner Traditions/Bear & Co.

The Fathers of the English Dominican Province (trans.), 1981, *The "Summa Theologica" of St. Thomas Aquinas*, Christian Classics.

Thomas, G., & Geoffrey, G., 1988, *The Evolution of Leisure*, State College, PA: Venture Press.

Thorsrud, H., 2003, "Is the Examined Life Worth Living? A Pyrrhonian Alternative", *Apeiron* 36(3): 229-249.

Tieleman, T., 1996, *Galen and Chrysippus on the Soul: Argument and Refutation in the De Placitis, Books II-III*, Leiden: Brill.

——, 2002, "Zeno and Psychological Monism: The Evidence Reconsidered", T. Scaltsas & A. S. Mason (eds.), *The Philosophy of Zeno, Zeno of Citium and His Legacy*, Larnaca: Cyprus, pp. 185-219.

——, 2003, *Chrysippus' On Affections: Reconstruction and Interpretations*, Leiden: Brill.

——, 2008, "The Art of Life. An Ancient Idea and its Survival", ΣΧΟΛΗ, 2: 245-252.

——, 2015, *Galen on Medicine as a Science and as an Art*, *History of Medicine*, 2 (2): 132-140.

——, 2018, Stoicism and the Natural World—Philosophy and Science, Paul Keyser & John Scarborough (eds.), *The Oxford Handbook of Science and Medicine in the Classical World*, Oxford: Oxford University Press.

Ure, M. , 2007, "Senecan Moods: Foucault and Nietzsche on the Art of the Self", *Foucault Studies*, 4: 19-52.

Vaage, L. E. , 1995, "Ascetic Moods, Hermeneutics, and Bodily Deconstruction: Response to the Three Preceding Papers", in Valantasis, Richard, and Wimbush, Vincent L. (eds.), *Asceticism*, New York: Oxford University Press.

Valantasis, R. , 1999, "Musonius Rufus and Roman Ascetical Theory", *GRBS*, 40: 207-231.

Valerio, M. A. G. , 2012, "Bioart on the Verge of Abstract Ontology", *ANNALES*, Ser. hist. social, 22(2): 327-334.

Van der Eijk, P. J. , 2005, *Medicine and Philosophy in Classical Antiquity, Doctors and Philosophers on Nature, Soul, Health and Disease*, Cambridge: Cambridge University Press.

Van Ophuijsen, J. M. (trans.), 2001, *Alexander of Aphrodisias On Aristotle's Topics 1*, Ithaca: Cornell University Press, London: Duckworth.

Vogt, K. , 2015, "Seneca", *Stanford Encyclopedia of Philosophy*, http://plato. stanford. edu/entries/seneca/2015. 11. 12.

von Staden, H. , 2002, "Body, Soul, and Nerves: Epicurus, Herophilus, Erasistratus, the Stoics, and Galen", J. P. Wright & P. Potter (eds.), *Psyche and Soma: Physicians and Metaphysicians on the Mind-Body Problem From Antiquity to Enlightenment*, Oxford: Clarendon Press, pp. 79-116.

Wallach, J. R. , 2003, *The Platonic Political Art: A Study of Critical Reason and Democracy*, University Park, Pennsylvania; The Pennsylvania State University Press.

Waring, D. , 2000, "Why the Practice of Medicine is Not a Phronetic Activity", *Theoretical Medicine and Bioethics*, 21(2): 139-151.

Wellman, K. , 1992, *La Mettrie-Medicine, Philosophy, and Enlightenment*, Durham: Duke University Press.

Williams, G. D. , 2012, *The Cosmic Viewpoint: A Study of Seneca's Natural Questions*, Oxford: Oxford University Press.

Wing-Kai, Lok, 2011, *Foucault, Levinas and the Ethical Embodied Subject*, Dissertation, Amsterdam: Vrije Universiteit.

Wittern-Sterzel, R. , 2003, "Politics is Nothing Else than Large Scale Medicine——Rudolf Virchow and His Role in the Development of Social Medicine", *Verhandlungen der Deutschen Gesellschaft fur Pathologie*, 87: 150-157.

Witz, A., 2000, "Whose Body Matters? Feminist Sociology and the Corporeal Turn in Sociology and Feminism", *Body & Society*, 6(2): 1-24.

Wolfe, C. T., 2009, "A Happiness Fit for Organic Bodies: La Mettrie's Medical Epicureanism", Leddy, N& Lifschitz, Avi S. (eds.), *Epicurus in the Enlightenment*, Oxford: Voltaire Foundation, pp. 69-83.

Wright, J. P. & Potter, P. (eds.), 2000, *Psyche and Soma: Physicians and Metaphysicians on the Mind-Body Problem from Antiquity to Enlightenment*, New York: Oxford University Press.

Yu, J. X., 2014, "The Body in Spiritual Exercise: A Comparative Study between Epictetan *Askēsis* and Early Buddhist Meditation", *Asian Philosophy*, 2014(24): 158-177.

——, 2017, "The Moral Development in Stoic *Oikeiōsis* and Wang Yangming's 'wan wu yi ti'", *Asian Philosophy*, 27(2): 150-173.

缩写语表

AT: Charles Adam & Paul Tannery (eds.), *Oeuvres de Descartes*, 11 vols., Paris: Librairie Philosophique J. Vrin, 1983.

Diss.: Arrian, *Discourses of Epictetus* (*Epiktētou diatribai*)

Ench.: Arrian, *The Enchiridion of Epictetus* (*Enkheirídion Epiktētou*)

DK: Diels, Hermann, and Walther Kranz 1952 [1903], 6th ed., rev. Kranz, *Die Fragmente der Vorsokratiker*, Berlin: Weidmann

DL: Diogenes Laertius, *Lives of Eminent Philosophers* (*Bioi kai gnōmai tōn en philosofia eudokimēsantōn*)

Alc. 1: Plato, *Alcibiades* 1

Apology: Plato, *Apology*

Charm.: Plato, *Charmides*

Gorg.: Plato, *Gorgias*

Phaedo: Plato, *Phaedo*

Laws: Plato, *Laws*

Parm.: Plato, *Parmenides*

Phileb.: Plato, *Philebus*

Phaedrus.: Plato, *Phaedrus*

Prot.: Plato, *Protagoras*

Rep.: Plato, *Republic*

Tim.: Plato, *Timaeus*

Ep.: Seneca, *Moral Letters to Lucilius* (*Epistulae Morales ad Lucilium*)

LS.: A. A. Long & D. N. Sedley, *The Hellenistic Philosophers*, 2 Vols, Cambridge: Cambridge University Press, 1987

M: Sextus Empiricus, *Against the* Mathematicians (*Adversus Mathematicos*)

EE: Aristotle, *Eudemian Ethics* (*Ethica Eudemia*)

NE: Aristotle, *Nicomachean Ethics* (*Ethika Nikomacheia*)

Met.： Aristotle, *Metaphysics* (*Metaphysica*)
Pol.： Aristotle, *Politics* (*Politika*)
Stob.： Joannes Stobaeus, Thomas Gainsford, *Ioannis Stobœi Florilegium*
SVF： H. von Arnim, *Stoicorum Veterum Fragmenta*, Leipzig 1903-1905, 3 vols.
Acad.： Cicero, *On Academic Skepticism* (*Academica*)
Tusc.： Cicero, *Tusculan Disputations* (*Disputationes Tusculanae*, *Tusculanae Quaestiones*)
Fin.： Cicero, *On Moral Ends* (*De Finibus*)
Off. Cicero, *De Officiis* (*On Duties*)
Helm.： Georg Helmreich
protr.： Galen, *Exhortation to the Arts* (*Exhortatio ad Artes Addiscendas*)
PH： Sextus Empiricus, *Outlines of Pyrrhonism* (*Pyrrhōneioi hypotypōseis*)
VM： Hippocrates, *On Ancient Philosophy* (*De prisca medicina*)
Acut.： Hippocrates, *On Regimen in Acute Diseases* (*De diaeta in morbis acutis*)
Aer.： Hippocrates, *On Airs, Waters, and Places* (*De aere aquis et locis*)
Art.： Hippocrates, *On Art* (*De articuli*)
Vict.： Hippocrates, *On Regimen* (*De diaeta*, *De victu*)
QAM： Galen, *The Faculties of the Soul Follow the Mixture of the Body* (*Quod Animi Mores Corporis Temperatura Sequantur*)
Xen. Mem.： Xenophon, *Memorabilia*

后　记

　　从动笔撰写博士论文到现在修订出版,竟有十年之久。可惜又可叹的是,学术生涯不过几十载,十年之功却未能成就一部满意之作。

　　我最早是通过福柯而接触斯多亚哲学,并开始阅读晚期斯多亚哲学家爱比克泰德的。福柯的阐释进路虽然并不为很多古典学者所认同,但却深深吸引了当时的我。通过福柯,我惊奇地发现,在古希腊哲学尤其是斯多亚哲学中可能存在着深厚的道德修养传统,而且这一传统是以"关心自我"(而非"认识自我")为中心要义。借助爱比克泰德,我隐约地觉得,"身体"与"技艺"或许是发掘这一传统的两个关键概念(尽管这种看法似乎同样很福柯)。按照我对斯多亚哲学的理解:关心自我(灵魂)可以说是人最重要的技艺;身体则是这种技艺最直接、贴己的训练材料和场所。由于我博士在读期间一直有意识地以一种今人的视角(源于对生命伦理学领域的一些问题的关注)审视、研读斯多亚哲学,所以博士论文最终未能成为某种专门的伦理史研究,它与后学的对话以及对现实的关注可能会因为铺陈太广而致使某些讨论陷入空泛。毕业后,随着对古希腊医学、小苏格拉底哲学的涉猎以及对斯多亚哲学的深入阅读,我终于慢慢走出了福柯。尽管福柯的影子还在,但总体上修改后的文稿更加关注文本分析与核心论证,以及对问题史的梳理、考证,形式上则主要表现为对古代部分的扩充与对近现代部分的压缩。但由于初心未改,骨架自然也不好拆卸。尽管它看起来仍然有些庞大臃肿、不伦不类,但至少比之前清爽、正派了很多。

　　在本书的写作、修改与出版过程中,我受到了很多师友的帮助和鼓励,在此一并向他们表达诚挚的谢意。首先要感谢我的博士生导师晏辉教授的悉心指导。晏老师虽幽默诙谐、教学活泼,但治学严谨、眼光犀利。尽管他的细节指导不多,但总能击中自己的软肋。感谢对我的研究与生活都一直关怀备至的廖申白老师。可以说,廖老师是我走上古希腊哲学研究之路的最重要的引路人,而且他在某种程度上就是本书在写作中始终萦绕于怀的、一个现实中的"贤哲"形象。感谢我的论文评委之一、同样让我万分敬佩的聂敏里老师对我一直以来的鼓励与帮助。论文的最终成果可能未曾达到聂老师对自己的期许,惟愿在以后希腊化研究的道路上能踏实前行,少些懈怠。

感谢我的合作导师、朋友美国宾夕法尼亚大学的 *Susan Meyer* 教授与荷兰乌得勒支大学的 *Teun Tieleman*,以及美国加州大学伯克利分校的 *A. A. Long* 教授,与他们的讨论交流促成了本书一些重要的修改,疫情使我们之间的友情显得愈加弥足珍贵。感谢美国圣约瑟夫大学的荣休教授 *John Tudor* 对我亦父亦师亦友般的关心与鼓励,使我更为从容地走完这段思想之旅。

感谢我的博士论文评审老师、答辩委员会专家以及国家社科基金项目的评审专家所提出的宝贵意见。特别感谢本书编辑王晨玉老师的细心审校与理解支持,使本书得以不断完善并顺利出版。

最后,感谢我的亲人朋友,尤其是父母亲的倾力支持和无限关爱。女儿的每一点成长都无不牵动着你们的心,感谢你们陪我度过人生中(可能是)最为重要的十年。感谢丈夫波波的"陪读"与"较真",希望我们在各自的思考与相互的争论中共同获得对古代智慧更真实的理解。

于江霞
2021 年春于杭州